LEARNING ENGLISH

GREEN LINE NEW 2

Ausgabe für Bayern

LEHRERBUCH

von

Renate Ehrlinger
Carmen Hoffmann
Renate Leive
Raimund A. Mader M. A.
Alexandra Neuberger M. A.
Hans-Peter Rosen
Anja Schmidt

Ernst Klett Verlag
Stuttgart Düsseldorf Leipzig

LEARNING ENGLISH **GREEN LINE NEW 2**
Ausgabe für Bayern

LEHRERBUCH

von
Renate Ehrlinger, Nürnberg; Carmen Hoffmann, Herzogenaurach; Renate Leive, Sonnefeld; Raimund A. Mader M. A., Eschenbach i. d. Oberpfalz; Alexandra Neuberger M. A., Würzburg; Hans-Peter Rosen, Nürnberg; Anja Schmidt, Höchberg

Illustrationen
Elsie Lennox, London; Dorothee Wolters, Köln

Zeichenerklärung

PB 00 Dieses Symbol verweist auf passende Texte und Übungen, die auf der Begleit-CD zum Schülerbuch (PB = Pupil's book) aufgezeichnet sind (Klettnummer 547228).

LC 00 Dieses Symbol verweist auf passende Texte und Übungen, die auf der Begleit-CD zum Hörverstehen (LC = Listening comprehension) aufgezeichnet sind (Klettnummer 547229).

Dieses Symbol steht für Partnerarbeit.

Dieses Symbol steht für Gruppenarbeit.

⟨ ⟩ Diese Klammern zeigen an, dass die Übung fakultativ ist.

Bildquellenverzeichnis
US1: (1) Getty Images/Reese, Stone; (2) Getty Images/Photodisc; (3) IFA/Heron; (4) ZEFA/Studio Wartenberg; S. 230: Ernst Klett Verlag; S. 261: Getty Images/PhotoDisc; S. 262: Getty Images/PhotoDisc; S. 263: Corbis/Thomas Wiewandt; S. 263: AP/Joe Cavaretta (1), Corbis/Kevin R. Morris (2), Corbis/David Stoecklein (3); S. 272: Robert Harding Picture Library Ltd./RF

1. Auflage 1 5 4 3 2 | 2008 07 06 05

Alle Drucke dieser Auflage können im Unterricht nebeneinander benutzt werden, sie sind untereinander unverändert. Die letzte Zahl bezeichnet das Jahr des Druckes.

Redaktion: Heinz-Peter Gerlinger (Projektleitung), Gaby Bauer-Negenborn M. A. (Außenredaktion)
Gestaltung: Marietta Heymann

Umschlaggestaltung: Christian Dekelver, Weinstadt
Reproduktion: Meyle + Müller, Medien-Management, Pforzheim
Druck: Fa. Gutmann, 74388 Talheim
ISBN 3-12-547223-7

9 783125 472235

Inhalt

Allgemeiner Teil

Unitbegleitender Teil

Anhang

AT Allgemeiner Teil

A Didaktisch-methodische Konzeption

1 Konzeptionelle Schwerpunkte

Neukonzeption **Green Line New Bayern** ist ein sechsbändiges Lehrwerk für Englisch als 1. Fremdsprache an Gymnasien in Bayern. Es wurde auf der Grundlage des neuen, ab Schuljahresbeginn 2004 in Kraft tretenden bayerischen Lehrplans für das achtjährige Gymnasium entwickelt. **Green Line New Bayern** knüpft an die bewährten Grundlagen des Vorgängerlehrwerks *Green Line Ausgabe Bayern* an, stellt aber durch seine völlig neue Gestaltung, die Orientierung an neuen Rahmenbedingungen, die neue Schwerpunktsetzung analog zu den Vorgaben des bayerischen Lehrplans und die Berücksichtigung zahlreicher Erfahrungen aus der Unterrichtspraxis eine Neukonzeption dar.

Green Line New Bayern 2 setzt die in Band 1 begonnene Linie konsequent fort. Dies gilt für alle wichtigen Lernbereiche. Die in **Green Line New Bayern 1** angebahnten Fähigkeiten und Fertigkeiten werden kontinuierlich aufgegriffen und altersgemäß erweitert. Ein besonderer Schwerpunkt liegt in Band 2 auf der Entwicklung der mündlichen Kommunikationsfähigkeit. Mit **Green Line New Bayern 2** erreichen die Lernenden die Stufe A1+ des Gemeinsamen Europäischen Referenzrahmens. Der Aufbau von Buch und *Units* wird in Band 2 beibehalten. **Green Line New Bayern 2** trägt allerdings der reduzierten Wochenstundenzahl durch eine verringerte Anzahl der *Units* Rechnung.

Kontinuität Die didaktisch-methodischen Schwerpunkte für Band 2 in Klasse 6 liegen wie bisher in einem durchgehend hochwertigen Textangebot, einem umfassenden, variationsreichen Übungsteil, einem klaren und transparenten Aufbau von Buch und *Units*, einem authentischen landeskundlichen *setting* und einer ausgefeilten *constellation of characters*. Der Stoff wird in einer Progression dargeboten, die das Voranschreiten nach strukturellen Gesichtspunkten mit dem nach kommunikativen Aspekten verbindet. Diese Grundlagen haben sich in der Praxis bewährt und als erfolgreich erwiesen. Sie bilden auch für **Green Line New Bayern** einen wesentlichen Eckpfeiler, wurden in vielen Details optimiert, entsprechend den zahlreichen Rückmeldungen aus der Unterrichtspraxis weiterentwickelt und den aktuellen Anforderungen angepasst.

Weiterentwicklung So werden z. B. die handelnden Personen zur Erhöhung der Motivation und zur Verstärkung der landeskundlich-interkulturellen Aspekte nicht nur zeichnerisch, sondern auch auf zahlreichen Fotos dargestellt. Die Navigation durch das Buch wird durch die konkrete Benennung der *Unit*-Abschnitte und eine entsprechende inhaltliche Ausrichtung erleichtert. Das Übungsmaterial enthält u. a. ein vermehrtes Angebot anspruchsvoller Übungen (z. B. *Mixed bag*-Übungen), die Möglichkeiten zur Festigung und Wiederholung werden ausgeweitet (*Let's check* und *Revision*), die Erarbeitung des Stoffs wird durch das Einschalten von *Focus on …* und *Revision* zwischen die *Units* aufgelockert.

Integration **Green Line New Bayern 2** integriert ebenso wie Band 1 die bewährten Elemente und die neueren Tendenzen der Fachdidaktik sowie der neuen bayerischen Lehrpläne zu einem wirkungsvollen Ganzen. Die neue Schwerpunktsetzung bezieht sich im Wesentlichen auf folgende Punkte:

Lernerorientiert **Green Line New Bayern 2** orientiert sich konsequent an den Interessen und Bedürfnissen der Lernenden. Die Vermittlung bedeutsamer und ansprechender Inhalte steht im Vordergrund, weil ihre Relevanz für einen nachhaltigen, erfolgreichen Spracherwerb außer Frage steht. Deswegen werden die im neuen bayerischen Lehrplan vorgesehenen Themen in einer spannenden, interessanten und humorvollen Art und Weise und mit psychologischem Tiefgang präsentiert. Text- und Materialienangebot sind vielfältig und können in abwechslungsreichen Verfahren genutzt werden.

Zahlreiche Kommunikationsanlässe befähigen die Lernenden, ihre eigenen Kommunikationsbedürfnisse alters- und situationsgerecht in Bezug auf potenzielle Partner auszurichten. Partner- und Gruppenarbeit, Lernspiele, Lieder, Aktivitäten und kleine Projekte sind Bestandteil des Lernprozesses. Sprachhandeln wird von den Lernenden stets abgefordert. Das gilt z. B. für die *Your turn*-Übungen oder die Vergleiche bei den landeskundlich-interkulturellen Aspekten. Auch in den zentralen Bereichen Grammatik, Wortschatz, Hörverstehen, Umgang mit Texten bietet **Green Line New Bayern 2** zahlreiche schüleraktivierende Aufgaben und Verfahren.

Prozessorientiert

Die bisher vorherrschende Produktorientierung wird ergänzt durch eine Bewusstmachung der einzelnen Schritte, die nötig sind, um ein angestrebtes Sprachprodukt oder Lernziel zu erreichen. In **Green Line New Bayern 2** werden die Prozesse altersgerecht und behutsam unter aktiver Teilnahme der Lernenden erarbeitet und stets sprachhandelnd an Ort und Stelle geübt. Hieß es früher *Now write a story*, so heißt es heute *How to write a story*. Durch die Erarbeitung der notwendigen sprachlichen Mittel (Strukturen, Wortschatz, Redemittel), möglicher Inhalte und der jeweiligen Textmerkmale werden die Lernenden an ein systematisches, reflektierendes Verfahren herangeführt, das sie in Zukunft selbstständig anwenden sollen. Textrezeption und Textproduktion bilden so zunehmend eine Einheit, Prozess- und Produktorientierung stehen im Dienst einer effektiven Textarbeit und Sprachproduktion.

In **Green Line New Bayern 2** ist die Prozessorientierung besonders deutlich bei der Arbeit mit Texten, beim Umgang mit unbekanntem Wortschatz und bei den *Role plays* im Rahmen der Entwicklung der Sprechfertigkeit. *Role plays* stehen häufig am Ende einer Übungssequenz, so dass auch auf diesem Weg der Prozess vom Lernen der sprachlichen Mittel bis hin zu einer gelungenen Sprachproduktion deutlich wird. Bei der Gewichtung der Bereiche geht **Green Line New Bayern 2** davon aus, dass die Erarbeitung und das Üben der sprachlichen Mittel (Strukturen, Wortschatz, Redemittel) nach wie vor einen sehr hohen Stellenwert haben muss.

Lerntechniken

Lernmethoden und Strategien des selbstständigen Arbeitens spielen in **Green Line New Bayern 2** von Anfang an eine wichtige Rolle. Dies beginnt z. B. mit Hinweisen an die Lernenden für eine effektive Benutzung aller Teile des Schülerbuchs. Entsprechend dem neuen bayerischen Lehrplan stehen die Methoden und Strategien im Rahmen der Wortschatzarbeit im Mittelpunkt. Der Textteil von **Green Line New Bayern 2** enthält zahlreiche Übungsformen, die das Strukturieren und Sammeln von Wortschatz unter verschiedenen Aspekten verlangen. Diese werden so angeboten, dass sie von den Lernenden zur eigenen, selbstständigen Wortschatzarbeit jederzeit eingesetzt werden können. Im *unit*begleitenden Vokabular werden diese Techniken wieder aufgegriffen und durch Tipps erweitert. Die Tipps sind bewusst vielfältig gestaltet, so dass die Lernenden auch die Möglichkeit haben, mit Methoden zu experimentieren und die für sie geeigneten herauszufinden. Aber auch in den *Units*, den *Focus*-Teilen und den Aufgaben zu *Mediation* gibt es zahlreiche Tipps und Hinweise zu Lern- und Arbeitstechniken. Charakteristisch ist, dass sie an Ort und Stelle praktisch umgesetzt und geübt werden.

Fertigkeiten

2 Kommunikative Fertigkeiten

Hörverstehen

In **Green Line New Bayern 2** nimmt das Hörverstehen entsprechend der Gewichtung der Fertigkeiten im Lehrplan eine zentrale Rolle ein. Alle Texte, Dialoge, *Songs* sowie *Poems* und *Rhymes* sind auf den CDs enthalten und können zu Zwecken des Hörverstehens eingesetzt werden. Diese Texte sind alle mit einem grünen CD-Symbol gekennzeichnet. Darüber hinaus enthält **Green Line New Bayern 2** eine hohe Anzahl von speziell auf das Hörverstehen ausgerichteten Texten und Übungen, die an einem blauen CD-Symbol zu erkennen sind. In einer sorgfältig aufgebauten Progression üben sie das Hörverstehen vom Verstehen einzelner Details über das Verstehen längerer und komplexerer Informationen bis hin zum Globalverstehen von Äußerungen in typischen *Lingua franca*-Situationen. In Band 2 nimmt die Länge der Hörverstehenstexte zu, Übungen zum Detailverstehen überwiegen. Die *Listening tasks* wurden vermehrt in umfangreichere Aufgaben integriert, wobei die Ergebnisse des Hörverstehens im weiteren sprachlichen Handeln genutzt werden müssen. Die Aktivitäten der Lernenden im Rahmen des Hörverstehens sind vielfältig und reichen vom Sortieren von Informationen über die zeichnerische Verarbeitung bis hin zur Beantwortung von Quiz-Fragen und zur verlässlichen Weitergabe von Informationen. Besonders geschult werden die Arbeitstechniken im Umgang mit Hörtexten (z. B. *note taking*, Sammeln von Informationen über *grids*). Die Hörverstehenstexte enthalten weitgehend bekanntes bzw. leicht erschließbares Wortmaterial.

Sprechfertigkeit

Auch im Rahmen der Schulung der mündlichen Ausdrucksfähigkeit bietet **Green Line New Bayern 2** ein sorgsam gestuftes, quantitativ wie qualitativ hochwertiges Angebot an Übungen, das sich durchgehend an Alltagssituationen und den vertrauten Themen orientiert. Die *Your turn*-Übungen gehören nach wie vor zum Grundbestand des Übungsangebots. Darüber hinaus werden deutliche Schwerpunkte zur Entwicklung der mündlichen Ausdrucksfähigkeit gesetzt, die auch von altersgerechten Reflexionen begleitet werden. Die Anzahl der *Role plays* wurde stark erhöht. Alle freien Übungen zur Sprechfertigkeit folgen dem Prinzip von *information* bzw. *opinion gap*. Die Schulung der mündlichen Ausdrucksfähigkeit beschränkt sich in **Green Line New Bayern 2** aber nicht auf das dialogische Sprechen. Auch das mündliche Berichten über Ereignisse und die einfache Darstellung von Sachverhalten wird ähnlich systematisch aufgebaut.

Leseverstehen

Die Übungen zum Umgang mit Lesetexten knüpfen nahtlos an das umfang- und variationsreiche Material von Band 1 an. Neben den zahlreichen Übungen zur Verständnissicherung in den *Language*- und *Text*-Teilen der *Units* werden vielfältige Übungen zu einem vertieften Umgang mit Texten angeboten. Dazu gehören neben dem Erfassen von Hauptaussagen z. B. Überschriften finden, einen Text strukturieren, Strukturen grafisch darstellen, Textteile vergleichen, Leerstellen von Texten ausarbeiten, Charaktere beschreiben, Wortfelder erarbeiten, Texte bewerten, Perspektivenwechsel durchführen, die Lösung zu einem mysteriösen Vorfall finden. Diese Aufgaben sind Teilbereiche des prozessorientierten Umgangs mit Texten in schüler- und altersgerechter Form, der letztlich von der Textrezeption zur Textproduktion führt. Wie in allen anderen Lernbereichen wird die in Band 1 begonnene Linie auch hier aufgegriffen, erweitert und stärker systematisiert. Markante Beispiele hierfür sind die Aufgaben im Anschluss an den Haupttext in *Unit* 2 *How to write a picture story* sowie in *Unit* 3 *Reading practice* und in *Unit* 4 *How to plan and write a story*, in denen die Lernenden sich weitere Kenntnisse zu einfachen Konstruktionsmerkmalen von Texten erarbeiten.

Schreiben

Die bereits erwähnte Entwicklung von der Textrezeption zur Textproduktion wird in **Green Line New Bayern 2** durch Übungen ergänzt, die die schriftliche Ausdrucksfähigkeit schrittweise erweitern. Ähnlich wie bei der Entwicklung der mündlichen Ausdrucksfähigkeit bildet die Kombination von geschlossenen und halb-offenen bzw. offenen Übungen ein dynamisches, sich ergänzendes Ganzes. Unabhängig von der jeweiligen Aufgabenstellung im Buch können zahlreiche Übungen zur Entwicklung der schriftlichen Ausdrucksfähigkeit herangezogen werden. Neben den Aufgaben im Schülerbuch bietet das *Workbook* umfangreiche Übungsmaterialien für den schriftlichen Umgang mit der englischen Sprache. Die *Workbook*-Übungen ergänzen und erweitern das Angebot des Schülerbuchs und bieten abwechslungsreiche Aufgabenstellungen für die individuelle schriftliche Nachbereitung des Unterrichts.

Sprachmittlung

Abgesehen von einigen Übungen innerhalb der *Units* wird der Bereich der Mittlung zwischen den Sprachen in **Green Line New Bayern 2** in einem eigenen Buchteil angeboten (*Mediation*). Die Texte und Übungen verlangen die sinnentnehmende, zusammenfassende Wiedergabe von Informationen und eigenen kommunikativen Bedürfnissen der S in der Zielsprache. Sie sind entsprechend angelegt. Das möglichst exakte Übersetzen ist – entsprechend den Intentionen des Lehrplans – nicht länger Ziel dieses Übungsangebots und sollte daher von den S auch nicht verlangt werden. Tipps und Tricks für die Lernenden helfen beim nachhaltigen Aufbau der Kompetenz der Sprachmittlung.

3 Sprachliche Mittel

Lautung

Green Line New Bayern 2 orientiert sich an der britischen Norm der *Received Pronunciation*. Die phonetische Umschrift basiert auf der 16. Auflage des *English Pronouncing Dictionary* von Daniel Jones. In den auf die USA bezogenen Texten und Inhalten wird von amerikanischen Sprechern eine neutrale Version von *American English* gesprochen. Im Rahmen von *Sound practice* stehen Fragen der Intonation vermehrt im Mittelpunkt. Es werden auch Fragen der unterschiedlichen Aussprache gleicher oder ähnlicher Wörter im Deutschen und Englischen thematisiert. *Sound practice* wird außerdem im Rahmen der Verständnissicherung authentischer Texte eingesetzt. Das *unit*begleitende Vokabular enthält weitere Hinweise zu den Zusammenhängen von Lautung und Schreibung, zum Teil auch in Übungsvorschlägen. Die *Sound practice*-Übungen werden auf den CDs auch in den *Units*, die sich thematisch mit den USA beschäftigen, in *British English* gesprochen.

Wortschatz

Die Wortschatzarbeit gehört auch in **Green Line New Bayern 2** zu den zentralen Bereichen. Das beginnt mit der wortfeldorientierten Einführung in den *Intro*-Teilen der *Units*, setzt sich fort mit zahlreichen, eng mit den übrigen Lernbereichen vernetzten *Word power*-Übungen im gesamten Textteil und endet im *unit*begleitenden Vokabular mit seinen zahlreichen Lerntipps für das Vokabellernen und einer systematischen Umwälzung des Wortschatzes durch Beispielsätze und Definitionen in der Mittelspalte. Wortfeldarbeit, Kollokationen, *Word groups, Odd word out*-Übungen, *Word formation, Opposites, Definitions, Spelling, False friends,* Synonyme sind Bestandteile der Übungstypologie. Auch der Umgang mit unbekanntem Vokabular sowie *Mixed bag*-Übungen zur integrativen Wortschatzwiederholung sichern den systematischen Aufbau des Wortschatzes auf Seiten der Lernenden. *Revision* 4 enthält einen zusammenfassenden Schwerpunkt ‚Wortschatz'. Die Übungsformen können weitgehend auch von den Lernenden selbst für die häusliche Organisation ihres Vokabellernens verwendet werden. Wie dies im Einzelnen geschehen kann, zeigen die Lerntipps und Organisationsübungen im *unit*begleitenden Vokabular. Diese nehmen zugleich Bezug auf verschiedene Lernertypen.

Grammatik

Green Line New Bayern 2 bietet alle Strukturen des neuen bayerischen Lehrplans an. Die Einführung und das Üben der Strukturen geschieht in den *Language A*- und *B*-Teilen der *Units*. In den Haupttexten der *Units* werden die Strukturen erneut in anderen Zusammenhängen verwendet und im Übungsapparat wieder aufgegriffen. Weitere Übungsmöglichkeiten bestehen in den *Let's check*-Teilen sowie in den *Revisions*. Sämtliche Pensen sind so aufgebaut, dass eine induktive Grammatikarbeit jederzeit möglich ist, die Lernenden können nach den Prinzipien des entdeckenden Lernens Regeln und Gesetzmäßigkeiten selbst herausfinden. Dazu stehen zahlreiche Übungen (*Find the rules*) zur Verfügung, die mit Hilfe von Visualisierungen, *grids* und Kategorisierungen den selbstständigen Umgang mit der Grammatik ermöglichen und allmählich zum Aufbau einer Metasprache beitragen. Auch der Kontrast mit dem Deutschen wird explizit angesprochen, wenn es sich sprachlich anbietet. Bei den Texten handelt es sich aber nicht um reine Strukturen-Einführungstexte. Vielmehr wurde auch in diesen Unterrichtsphasen besonderer Wert auf die Textqualität und auf natürlichen Sprachgebrauch gelegt. Es ist ein wichtiges Ziel, den Lernenden von Anfang an motivierende Inhalte anzubieten.

Die Grammatik wird in **Green Line New Bayern 2** umfassend geübt. Die Übungsformen sind vielfältig. In der Regel steigt die Übungsfolge vom Einfachen zum Schwierigen an. Stark vermehrt werden *Mixed bag*-Übungen angeboten, die verschiedene grammatische Strukturen (und Wortschatz) integrierend üben und von den Lernenden eine explizite Entscheidung für die ein oder andere Struktur verlangen. Charakteristisch für die Grammatikarbeit in **Green Line New Bayern 2** ist auch – ähnlich wie in den anderen Lernbereichen – die integrierende Verknüpfung mit den sprachproduktiven Aufgaben. Die Strukturen werden stets solide geübt und gleichzeitig im Rahmen der bereits beschriebenen Prozessorientierung sinnvoll sprachhandelnd angewandt. Es ist davon auszugehen, dass diese Verfahren zu besseren Lernergebnissen und Behaltenseffekten führen. Der grammatische Anhang wurde wie gewohnt übersichtlich und durch Farbgebung freundlich gestaltet. Er ist bewusst in einer besonderen Metasprache gehalten, die dem Lerngegenstand angemessen ist. Hauptinhalt jedes Kapitels sind ausführliche Beispiele, die Formenbildung und die Sprachverwendung. Die Begriffe werden durchgehend zweisprachig verwendet, Lerntipps sind integriert und Abbildungen dienen als Lernhilfen. Auf besondere Schwierigkeiten wird intensiv eingegangen. Eine kontrastive Betrachtungsweise ist dominant, auf die Vernetzung der Erscheinungen wurde – wo möglich – besonders geachtet.

Sprachreflexion

Lerntipps und Verfahrensweisen bei den Fertigkeiten, bei der Grammatik- und Wortschatzarbeit, im *unit*begleitenden Vokabular und im Teil *Mediation* geben zahlreiche Anlässe zur Sprachreflexion. Anzahl und Variationsbreite der *Find the rule*-Übungen wurden erheblich erweitert.

4 Texte und Medien

Texterschließung

Green Line New Bayern 2 bietet zahlreiche unterschiedliche Textsorten, die die Fähigkeiten zur Texterschließung auf Seiten der Lernenden breit fördern. Zu diesen Textsorten gehören Dialoge, Hörverstehenstexte unterschiedlicher Art, *Songs*, Reime und Gedichte, *Jokes*, landeskundliche Sachtexte, verschiedene Arten von Geschichten, Gebrauchstexte wie ein Stundenplan, *Notice board*, Auszüge aus einer Schulordnung, authentische Broschüren, Fahrplan, Landkarten, Speisekarte, Tagebuch, Werbung, Verkehrszeichen, *Cartoons*, eine *Internet-Homepage*, eine E-Mail, ein Auszug aus einem *Scrapbook*. Das klassische Angebot erzählender, beschreibender und dialogischer Texte sowie poetischer Kurzformen bleibt erhalten und wird durch die neuen Textsorten lehrplangemäß erweitert. Zahlreiche Übungen bieten entsprechende Formen der Texterschließung an und gewährleisten einen vielfältigen Umgang mit den Texten. Die in *Extra line* enthaltenen fakultativen Zusatztexte bieten die Möglichkeit, die erlernten Verfahren an speziellen Texten anzuwenden, ohne dass ein jeweils voll gültiger Aufgabenapparat vorgegeben wird.

Texterstellung

Wie bereits erwähnt, bilden Textrezeption und Textproduktion in **Green Line New Bayern 2** eine Einheit. Die Lernenden werden auf der Grundlage des prozessorientierten Vorgehens an eine systematische, planvolle Erstellung von Texten herangeführt. Das Angebot des Schülerbuchs wird im *Workbook* sinnvoll ergänzt und erweitert.

5 Methodenkompetenz

Strategien

Green Line New Bayern 2 geht grundsätzlich von einem schüleraktivierenden, auf die Beherrschung von Lern- und Arbeitstechniken ausgerichteten Ansatz aus. Ziel ist es, die Lernenden zum eigenständigen und damit effektiven Lernen zu befähigen. Dazu gehören die bereits erwähnten Verfahren im Rahmen von Wortschatz- und Grammatikarbeit und eine generelle Prozessorientierung. Von besonderer Bedeutung ist auch ein Angebot für die Arbeit in unterschiedlichen Sozialformen in der Klasse. Dieses umfasst Klassenaktivitäten, *Activities* bzw. kleinere Projekte sowie Gruppen- und Partnerarbeit. **Green Line New Bayern 2** bietet zudem einen ersten Umgang mit dem zweisprachigen Wörterbuch sowie weitere Techniken und Strategien zur Fehlervermeidung. Umgehungsstrategien spielen ebenfalls eine wichtige Rolle, z. B. bei der Erarbeitung der Relativsätze, die bewusst weit an den Anfang des 2. Bandes gestellt wurden. Auch der Bezug zum Lernen weiterer Fremdsprachen wird thematisiert.

6 Interkulturelles Lernen und Landeskunde

Landeskunde

Green Line New Bayern 2 realisiert die im neuen bayerischen Lehrplan vorgesehenen Themenbereiche in lernerorientierten Inhalten und Formen. Die USA und das UK werden in etwa gleichgewichtig behandelt. Landeskundliche und interkulturelle Bezüge sind vielfach vorhanden und werden in Texten und Übungen thematisiert. Das Leben in einer multikulturellen Gesellschaft wird besonders in *Unit* 5 und in *Focus* 4 dargestellt. Die Präsentation eines vielfältigen Bildes der Zielländer wird angestrebt. Figuren der Moderne (Harry Potter, Batman, Lara Croft) sind ebenso vertreten wie Klassiker (Tom Sawyer, Huck Finn, Robin Hood, Pocahontas, Cinderella). Kulturelle und situationsgebundene Sprachkonventionen werden ebenfalls zahlreich angeboten. Oberstes Ziel von **Green Line New Bayern 2** ist es, Verständnis für andere Lebens- und Verhaltensweisen und die Bereitschaft zur Akzeptanz anderer Kulturen zu entwickeln.

Charaktere

Die aus Band 1 bekannten Charaktere werden in **Green Line New Bayern 2** erweitert. Neben Becky Burton, Sarah Dixon, David Penrose und Robert Croft mit ihren Eltern und Geschwistern lernen die Schülerinnen und Schüler (künftig: S) Scott Johnson kennen, der mit seiner Familie von Denver in den USA nach Sherwood gezogen ist. Außerdem begegnet ihnen Carina Maier, eine deutsche Austauschschülerin aus München, die eine hervorragende Möglichkeit zur Identifikation bietet. Der Handlungsort ist zunächst wieder Nottingham mit der bereits bekannten *Haywood School*. In *Unit* 2 lernen die S die Geschichte von Robin Hood näher kennen. Sie erfahren vom *Robin Hood Festival* in Nottingham und lesen eine spannende Geschichte. *Unit* 3 stellt die Musikkultur in den Mittelpunkt. Die S begleiten die englischen Jugendlichen bei einem Konzertbesuch. In *Unit* 4 wird der Handlungsort von Nottingham in eine Ferienregion verlegt. Jenny

Leinert verbringt mit ihren Eltern und ihrem Cousin David Penrose eine Woche im *Lake District*. In *Unit* 5 wird der Übergang zu den USA geleistet. Über die *Website* von Scott Johnsons ehemaliger Schule in Denver nähern sich die S dem amerikanischen Schulsystem. Es folgt *Unit* 6 mit einem Ferienangebot auf einer *Guest Ranch* in den USA und *Unit* 7 mit der Auseinandersetzung mit Helden aus Film und Fernsehen.

7 Grundwissen

Wiederholung

Green Line New Bayern 2 bietet umfangreiche Wiederholungseinheiten, die gezielt zur Sicherung des Grundwissens konzipiert wurden. Diese Wiederholungseinheiten sind sowohl innerhalb der *Units* angesiedelt (*Let's check*) als auch zwischen den *Units* als zusätzliche, *unit*übergreifende Übungsblöcke (*Revision* 1–4). Die Wiederholungsteile innerhalb der *Units* sind durch die Navigation oben auf der Seite rasch auffindbar, die *Revision*-Seiten wurden zusätzlich durch eine blaue Unterlegung hervorgehoben. Die spiralcurriculare Anlage und der systematische Aufbau aller Fertigkeitsbereiche sichert darüber hinaus das Grundwissen der Lernenden. Der Forderung nach der Verwendung eines Drittels der Unterrichtszeit für Wiederholung, Vertiefung und Verknüpfung wird in **Green Line New Bayern 2** durch deutlich mehr Übungen (*Revision*), durch spezielle Übungen zur Lernzielkontrolle am Ende jeder *Unit* (*Let's check*), durch anspruchsvolle *Mixed bag*-Übungen und durch Übersetzungs- und Dolmetschübungen im Kapitel *Mediation* Rechnung getragen. Ergänzt werden diese Lehrbuchteile durch *Extra line* mit Lesetexten, die zu einem kreativem Umgang mit der Sprache anregen.

B Überblick über das Lehrwerk

1 Lehrwerkteile

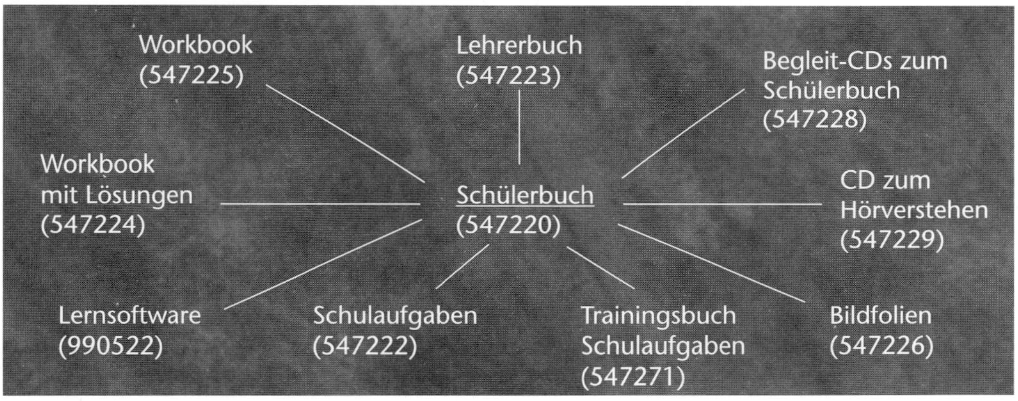

2 Schülerbuch

Aufbau

Green Line New Bayern 2 besteht aus sieben *Units* von zehn oder zwölf Seiten. Die Abfolge der *Units* wird alternierend durch zwei Seiten *Focus on ...* und *Revision* (*Revision* 4 umfasst vier Seiten) unterbrochen. Dies geschieht einerseits, um einer möglichen Eintönigkeit vorzubeugen, andererseits, um den Notwendigkeiten des Lernprozesses in Klasse 6 möglichst flexibel und effektiv gerecht zu werden. Fakultativ sind die Kapitel *Extra line* und *Revision*. Die fakultativen Lehrwerkteile sind mit Spitzklammern ⟨ ⟩ gekennzeichnet. Der Aufbau des Schülerbuchs im Überblick:

- *Unit*
- *Focus on ...*
- *Unit*
- ⟨*Revision*⟩
- ⟨*Extra line*⟩
- *Mediation*
- *Grammar*
- *Vocabulary*
- *Dictionary*

Unitaufbau

Jede *Unit* in **Green Line New Bayern 2** besteht aus fünf Teilen. Der Aufbau bleibt stets gleich, es gibt lediglich minimale Variationen beim Seitenumfang. Die sieben *Units* wurden wegen der Transparenz des Aufbaus, der optimalen Nutzung gestalterischer

Möglichkeiten und einer reibungslosen Orientierung bis auf ganz wenige Ausnahmen konsequent nach dem Doppelseitenprinzip gestaltet.

Intro Den *Unit*-Auftakt bildet die reichhaltig illustrierte Doppelseite *Intro(duction)* mit der Einführung in das Thema. Der Schwerpunkt liegt hier auf der Einführung des neuen Wortschatzes, auf den landeskundlich-interkulturellen Bezügen sowie auf den unterschiedlichen Textsorten im Sinne eines erweiterten Textbegriffs. In der Regel ist dieser Teil der *Unit* frei von neuer Grammatik und neuen Strukturen.

Language A / B Beide Teile umfassen in der Regel wieder jeweils eine Doppelseite. Sie dienen der Einführung und dem Üben der neuen Strukturen sowie der Umwälzung von Wortschatz und Redemitteln.

Text Es folgt der Haupttext der *Unit* (2–3 Seiten). Auch in Band 2 sind gelegentlich weitere Texte enthalten. Die Haupttexte wurden als Lesetexte konzipiert. Sie bieten eine große inhaltliche und formale Bandbreite mit interessanten, spannenden, humorvollen, aber auch ernsthaften Erlebnissen aus der Erfahrungswelt der Kinder. Dieser Teil der *Unit* greift die bisherigen Lernziele wieder auf und übt sie speziell unter dem Gesichtspunkt der Textarbeit.

Let's check Den Abschluss der *Unit* bildet *Let's check* mit jeweils ein bis zwei Seiten. Hier erfolgt die integrierende Wiederholung der Lernziele der *Unit* und ggf. von *Focus on ...* .

Focus on ... Im Falle von *Focus on ...* geht es darum, thematisch notwendige Kurzeinheiten (je eine Doppelseite nach den *Units* 1, 3, 5 und 7) zu präsentieren. Hier wird der Blick auf spezielle Themen und landeskundliche Schwerpunkte gerichtet und den Anforderungen des neuen Lehrplans nach der Vermittlung von interkulturellem Lernen, vermehrter Landeskunde, Methodenkompetenz, Hörverstehen, Sprechfertigkeit und besonderer Berücksichtigung der Schülermotivation gezielt entsprochen.

⟨Revision⟩ Im Falle von *Revision* geht es um die fakultative, *unit*übergreifende Wiederholung wichtiger sprachlicher Mittel zur Sicherung des Grundwissens. Die insgesamt zehn Seiten (nach den *Units* 2, 4, 6 und 7) sind an der blauen Unterlegung sofort zu erkennen. Sie ergänzen die *unit*bezogene Wiederholung auf den insgesamt acht *Let's check*-Seiten. **Green Line New Bayern 2** entspricht hier in besonderem Maße den Anforderungen des neuen Lehrplans nach einer optimalen Sicherung des Grundwissens. Der Forderung, ein Drittel der Unterrichtszeit für Wiederholung, Vertiefung und Verknüpfung von Inhalten zu verwenden, wird u. a. durch *Revision* 1–4 Rechnung getragen.

⟨Extra Line⟩ Im Anschluss an die *Units* folgen acht Seiten *Extra line* mit zusätzlichen Texten unterschiedlicher Art und Länge einschließlich der Angabe, ab welchem Zeitpunkt der Einsatz sinnvoll ist. Dieser fakultative Zusatzteil dient der Erweiterung der Textsorten und der Vertiefung der landeskundlichen und interkulturellen Bezüge. Die Lernenden finden die neuen Wörter der *Extra line*-Texte nach dem *unit*begleitenden Vokabular.

Mediation An *Extra line* schließt der Sprachmittlungsteil *Mediation* an, der ebenfalls acht Seiten umfasst und mit einer Steuerung über den optimalen Einsatzzeitpunkt versehen ist. *Mediation* meint im Sinne des Lehrplans die Vermittlung zwischen den Sprachen. Sie wird in **Green Line New Bayern 2** über Dolmetschübungen und Aufgabenstellungen zur Wiedergabe von Sprechabsichten realisiert.

Grammar Die ansprechende farbige Gestaltung des grammatischen Anhangs dient der visuellen Gliederung und unterstützt den Lernprozess in altersgemäßer Weise. Die Bebilderung ist rein funktional und lenkt nicht vom Lerngegenstand ab. Die grammatischen Erklärungen sind in angemessener, schülergerechter Metasprache gehalten. Den Auftakt des Kapitels *Grammar* bildet eine Bedienungsanleitung zur Handhabung des grammatischen Regelwerks, die den Lernenden die Erstorientierung erleichtert. Es folgt eine Übersicht über die im Lehrwerk verwendete grammatische Terminologie. Die englischen Begriffe werden durch einen Beispielsatz erläutert und anschließend ins Deutsche bzw. Lateinische übertragen. Neben dem englischen Terminus finden die Lernenden Hinweise auf die entsprechenden Grammatikparagraphen (**G1–G33**).

Um den S die Zuordnung der Grammatikparagraphen zu den grammatischen Informationen innerhalb der *Unit* so transparent wie möglich zu machen, wird bei jedem Grammatikkapitel die Seitenzahl der *Unit* angegeben, auf der die jeweilige Struktur behandelt wird. Umgekehrt befinden sich innerhalb der *Units* unten auf der Seite auffällige Pfeile mit den Nummern der Grammatikparagraphen.

Vocabulary Das *unit*begleitende Vokabular wurde vollständig neu konzipiert mit dem Ziel einer stärkeren Vernetzung zur Steigerung der Lerneffizienz. Der Lernwortschatz ist fett gedruckt, fakultative Wörter werden mager angegeben. *Cognate words* sind im *unit*begleitenden Vokabular mit einem schwarzen Punkte (•) gekennzeichnet. Dadurch wird bei den S der Blick für die Verwendung ursprünglich englischsprachiger Wörter im Deutschen geschärft. Auch in Band 2 werden dabei nur solche Wörter als *cognate words* ausgewiesen, die sowohl in der Schreibung als auch in Aussprache und Bedeutung ein hohes Maß an Entsprechung im Deutschen haben.

Die vielseitige Mittelspalte, die dabei hilft, die Tendenz zur Wortgleichung zu vermeiden, enthält neben Definitionen und Beispielsätzen auch gezielte Hinweise auf Lernschwierigkeiten sowie Lerntipps zum Vokabellernen. Trotz der zahlreichen Informationen bleibt das *unit*begleitende Vokabular durch die gemäßigt farbige Gestaltung klar strukturiert und gut überschaubar. Auch in **Green Line New Bayern 2** gibt es die ‚Spielwiesen' zum praktischen Einüben von Ordnungsverfahren beim Vokabellernen.

Dictionary Der Anhang im Schülerbuch wird durch das *Dictionary*, die *Classroom phrases* und die Liste mit den unregelmäßigen Verbformen abgerundet. Die alphabetische Wortschatzliste enthält neben der phonetischen Umschrift und der deutschen Übersetzung auch die Angabe der genauen Fundstelle der Wörter. Das Schülerbuch bietet verstärkt Aufgabenstellungen an, in denen gezielt zum Umgang mit dem *Dictionary* aufgefordert wird. Die S werden auf diese Weise an die Verwendung eines Wörterbuchs herangeführt.

3 Workbook

Nachbereitung Die *Workbook*-Übungen zu **Green Line New Bayern 2** ergänzen und erweitern das Übungsangebot des Schülerbuchs. Sie dienen vorwiegend als zusätzliche schriftliche Übungen zur Nachbereitung des Unterrichts in Form von Hausaufgaben und sind genau auf die Pensen des Schülerbuchs abgestimmt. Ein Teil der Übungen kann zum Methodenwechsel oder zur Vertiefung auch mündlich im Unterricht durchgeführt werden. Das *Workbook* enthält weitere Hörverstehensübungen, die auf der CD zum Hörverstehen aufgezeichnet sind. Die Hörtexte des *Workbooks* sind im Anhang des Lehrerbuchs (Seite 197 ff.) abgedruckt. Die jeweilige *Track*-Nummer ist in der Randspalte zur raschen Orientierung angegeben. Längere Hörtexte wurden zur leichteren Handhabung in mehrere *Tracks* unterteilt. In der Mitte des *Workbooks* befinden sich vier Ausschneidebögen, die für den weiteren Ausbau des handlungsorientierten Unterrichts gedacht sind. Die Lösungen zu den Übungen der *Let's check*-Teile sowie der *Revisions* sind am Ende des *Workbooks* im Sinne der Lernerautonomie zur Selbstkontrolle abgedruckt.

Die *Workbook*-Übungen folgen strikt der Progression des Schülerbuchs. Die Verzahnung wird durch die Angabe des optimalen Einsatzortes hinter jeder Übung (Ausnahme: *Revision*) dokumentiert. Die zentralen Lernbereiche wie Wortschatz- und Grammatikarbeit, Schulung von Hörverstehen und Sprechfertigkeit, Aufbau der schriftlichen Sprachproduktion stehen auch im *Workbook* im Mittelpunkt. Tipps zu Lern- und Arbeitstechniken in altersgerechter Form runden das Angebot ab. Die *Revision*-Teile im *Workbook* bieten Materialien für eine unabhängige Wiederholungsphase. Sie sind dem Schülerbuch nicht zugeordnet, da sie eigenständige, über die Ziele des Schülerbuchs hinausgehende Lernziele für die schriftliche Übungsphase abdecken. Im Anhang des *Workbooks* befindet sich – analog zum Schülerbuch – das Kapitel *Mediation*. Es enthält weitere Übungen zur Sprachmittlung.

Besonderer Wert wurde bei der Konzeption des *Workbooks* auf die Möglichkeit zum selbstständigen Umgang der S mit dem Medium gelegt. Dazu dienen neben den vorhandenen Elementen zur Selbstkontrolle (Lösungen zu *Let's check* und *Revision*) die einfach, aber klar formulierten Übungsanweisungen. Um das Übungsangebot möglichst abwechslungsreich zu gestalten, werden auch Übungen angeboten, deren Bearbeitung nicht ausschließlich im *Workbook* stattfindet (*Write in your exercise book*).

Lehrerausgabe Neben der Schülerausgabe des *Workbooks* gibt es zur Erleichterung der Unterrichtsvorbereitung eine Lehrerausgabe mit eingearbeiteten Lösungen. Zu den kreativen Übungen ist ein Erwartungshorizont angegeben. Die Lösungsvorschläge zu den Übungen mit dem Arbeitsauftrag *Write in your exercise book* befinden sich am Ende der Lehrerausgabe des *Workbooks*.

4 Tonträger

PB-CDs

Entsprechend der stärkeren Gewichtung der Fertigkeit Hörverstehen kommt den Tonträgern zu **Green Line New Bayern 2** eine zentrale Rolle zu. Alle Textteile, die auf den CDs aufgezeichnet sind, sind mit CD-Symbolen ausgewiesen. Das grüne Symbol kennzeichnet die beiden Schülerbuch-CDs (*PB-CD*), die alle Texte, Lieder, Gedichte und *Sound practice*-Übungen enthalten. Diese CDs wenden sich an Lehrerinnen und Lehrer (künftig: L) und S. Die Angabe der *Track*-Nummer im CD-Symbol erleichtert den reibungslosen Einsatz im Unterricht. Längere Textabschnitte wurden in mehrere *Tracks* unterteilt. Im Schülerbuch weist ein grünes Viereck (■) zu Beginn eines Textabschnitts auf einen neuen *Track* hin.

LC-CD

Nur für die Hand des L ist die CD zum Hörverstehen (*LC-CD*). Sie enthält alle Hörverstehenstexte und ist im Schülerbuch durchgängig mit dem blauen CD-Symbol gekennzeichnet. Neben den Hörverstehenstexten des Schülerbuchs sind auch die Hörtexte des *Workbooks* auf dieser CD aufgezeichnet. Die Hörverstehensübungen des *Workbooks* befinden sich nach den Schülerbuchaufnahmen. Alle Hörtexte sind zur schnellen Orientierung auch hier im Lehrerbuch – analog zu Schülerbuch und *Workbook* – mit dem CD-Symbol und der entsprechenden *Track*-Nummer gekennzeichnet.

5 Bildfolien

Folienordner

Zu **Green Line New Bayern 2** gehört weiterhin ein Folienordner mit 27 farbigen Bildfolien. Die Sammlung bietet in einem ausgewogenen Anteil neu konzipierte Transferfolien, Folien mit identischen Illustrationen wie im Schülerbuch sowie Folien mit modifizierten Abbildungen. Zu einer Reihe der Bildfolien ist ergänzend die Verwendung der CDs vorgesehen. Sie sind mit dem entsprechenden CD-Symbol gekennzeichnet.

Die Folien können mit unterschiedlicher Zielsetzung eingesetzt werden. Sie eignen sich zur Semantisierung, zum Nacherzählen von Geschichten, zum Transfer oder einfach als zusätzliches Übungsmaterial zu den strukturellen Schwerpunkten. Der Einsatzort der Bildfolien ist nicht starr festgelegt. In den *unit*begleitenden Hinweisen hier im Lehrerbuch wird ein möglicher Einsatzort entsprechend den Anregungen im Folienordner vorgeschlagen. Im Unterrichtsablauf können sich aber durchaus mehrere Einsatzmöglichkeiten für einzelne Bildfolien ergeben. Konkrete Hinweise zum vorgeschlagenen Einsatzort und zur Semantisierung befinden sich im Folienordner. Dort werden außerdem nützliche Vorschläge zur Erarbeitung der Folieninhalte angeboten.

6 Schulaufgaben

Lernzielkontrolle

Ein weiterer Bestandteil des Lehrwerks **Green Line New Bayern 2** sind die Schulaufgaben mit sorgfältig ausgewählten Vorschlägen zur Leistungsüberprüfung. Die vielfältigen Aufgabenformen erscheinen in editierbarer Form und orientieren sich genau an den lexikalischen, strukturellen und kommunikativen Pensen des Schülerbuchs. Die Hörtexte der Schulaufgaben können mit der CD-ROM auf jedem handelsüblichen CD-Player abgespielt werden.

Versionen

Um eine möglichst große Flexibilität zu gewährleisten werden die vier Schulaufgaben in jeweils drei Versionen angeboten, die unterschiedliche Pensen abdecken. Auf diese Weise können die Schulaufgaben flexibel zu verschiedenen Zeitpunkten eingesetzt werden. Die Schulaufgaben decken die Bereiche Hörverstehen, Grammatik, Sprechfertigkeit, Dolmetschen / Übersetzen, (Lücken-)Diktat, Wortschatz und Textproduktion ab. Sie werden ausschließlich auf CD-ROM angeboten und können deshalb leicht entsprechend der individuellen Bedürfnisse der Lerngruppe zusammengestellt, gekürzt oder erweitert werden.

Trainingsbuch

Zur Vorbereitung auf die Schulaufgaben gibt es ein Trainingsbuch für die Hand der S. Der Schulaufgabentrainer bietet Übungsmaterialien zu den sieben *Units* des Schülerbuchs, die genau auf die *Unit*teile (*Intro, Language A / B, Text, Let's check*) abgestimmt sind und mit denen die S sich selbstständig auf eine Schulaufgabe vorbereiten können. Jede Übung ist explizit einem Abschnitt innerhalb der *Unit* zugeordnet. Die Übungen halten die Progression des Schülerbuchs konsequent ein. Ihre Anordnung gewährleistet eine optimale Vorbereitung in allen

Lernbereichen für jede mögliche Schulaufgabe. Der Schulaufgabentrainer hat *Workbook*charakter und enthält Übungen zu allen wichtigen Lernbereichen des Lehrplans. Er ist bewusst nicht ausschließlich auf die Schulaufgaben der CD-ROM ausgerichtet, um auch für die S eine sinnvolle Möglichkeit zur Vorbereitung zu bieten, deren L eigene Schulaufgaben erstellen.

Pro *Unit* stehen ca. acht Seiten an Übungsmaterialien zur Verfügung. Die Lösungen sind separat beigelegt und können aus dem Schulaufgabentrainer herausgenommen werden. Die S erhalten im Vorwort eine ausführliche Anleitung zum Umgang mit den angebotenen Materialien. Neben den gängigen Übungstypen (Entscheidungsübungen, Wortschatzübungen, *Crosswords, Mixed bag*-Übungen, *Mediation,* Vorbereitung von Textproduktion, Leseverstehen, *Cloze test,* bildgesteuerte Textproduktion nach Vorgaben usw.) sind auch Hörverstehensübungen und Lückendiktate enthalten, die auf einer eingelegten CD aufgezeichnet sind.

7 Lehrerbuch

Aufbau

Das Lehrerbuch zu **Green Line New Bayern 2** besteht aus drei Teilen: dem Allgemeinen Teil mit den wesentlichen Informationen zur didaktisch-methodischen Konzeption des Lehrwerks, dem *unit*begleitenden Teil mit ausführlichen Kommentaren zum konkreten Einsatz der Schülerbuchmaterialien sowie einem umfangreichen Materialienteil im Anhang. Neben den Hörtexten zum *Workbook* befinden sich dort zu jeder *Unit* zwei zusätzliche Diktat- und Transfertexte, ein abwechslungsreicher Fundus an Kopiervorlagen mit Lösungsvorschlägen sowie das kumulierte alphabetische Wörterverzeichnis von Band 1 und 2 mit genauer Angabe der Fundstelle.

Kommentare

Die Kommentare zu den *Units* beginnen mit einer ganzseitigen Planungsübersicht zur Erstorientierung. Hier sind neben den *Unit*-Abschnitten die veranschlagten Unterrichtsstunden, die Themen / Ziele, die Strukturen, die Punkte im Grammatischen Anhang sowie alle Übungen und Begleitmaterialien zusammengestellt. Es folgen Erstinformationen zur *Unit* und bei Bedarf Hintergrundinformationen in englischer Sprache. Die Kommentare zu den Texten und Übungen enthalten Lernzielangaben, den neuen Wortschatz und Hinweise auf die zur Verfügung stehenden Begleitmaterialien. In den Wortschatzangaben wurde aus Gründen der Übersicht auf Doppelnennungen verzichtet, es sei denn, die einzelnen Wortbestandteile haben eine andere Bedeutung als die Kollokation. Der fakultative Wortschatz ist jeweils am Ende in Spitzklammern zusammengefasst. Die folgenden unterrichtspraktischen Hinweise sind je nach Bedarf in die Abschnitte ‚Hinführung', ‚Erarbeitung', ‚Alternativen' und ‚Erweiterungen' untergliedert. Zur Veranschaulichung wurden an vielen Stellen Vorschläge für Tafelbilder aufgenommen. Sie können von den S in ihr Schulheft übertragen oder zusammen mit den *Sound practice*-Übungen und den Kopiervorlagen in einem Hefter gesammelt werden. Bei Übungen, die durch die Arbeitsanweisungen selbsterklärend sind, wird auf eine Kommentierung verzichtet. Die Eintragungen in der Randspalte ermöglichen die sofortige Einordnung der zu erwartenden Informationen. Den Abschluss der Kommentierung bilden die Lösungen bzw. Lösungsvorschläge. Bei den Semantisierungen wurden in moderater Form lexikalische und grammatische Vorgriffe eingearbeitet. Sie unterstützen die selektive Konzentration der S auf Bekanntes und stehen im Einklang mit den Anforderungen an das Hörverstehenstraining. Durch dieses didaktische Prinzip wird die Anwendung von Erschließungstechniken kontinuierlich erweitert.

Materialienteil

Das Übungsangebot im Schülerbuch und *Workbook* wird durch ca. 8–10 Kopiervorlagen (KV) pro *Unit* ergänzt, die mit unterschiedlicher Zielsetzung eingesetzt werden können. Die Arbeitsblätter eignen sich neben der Erweiterung der vorhandenen Übungsmaterialien auch zur Freiarbeit, zur Differenzierung innerhalb der Lerngruppe oder zum Einsatz in Vertretungsstunden. Die Kopiervorlagen sind vielfältig und werden den unterschiedlichsten Bedürfnissen gerecht. Alle Kopiervorlagen sind im Kommentarteil hier im Lehrerbuch in den Unterrichtsablauf integriert. Sie sind als fakultatives Angebot gedacht, aus dem L je nach den Bedürfnissen der Lerngruppe auswählen kann. Die Arbeitsblätter können auch unter folgenden Gesichtspunkten verwendet werden:

• **Grammar plus**

Die Kopiervorlagen *Grammar plus* bieten ein zusätzliches Übungsangebot zu den Strukturen. Sie können als Hausaufgabe, zur Vorbereitung von Schulaufgaben oder zur Behebung deutlich gewordener Schwächen während der Bearbeitung von *Let's check* bzw. *Revision* herangezogen werden. Mit diesen Kopiervorlagen stehen ergänzende

Grammatikübungen über das Angebot im Schülerbuch und *Workbook* hinaus zur Differenzierung innerhalb der Lerngruppe zur Verfügung. Als bevorzugter Einsatzort für die *Grammar plus*-Kopiervorlagen werden in der Regel die *Language*-Teile der *Units* vorgeschlagen. Selbstverständlich ist auch ein späterer Einsatz unter dem Aspekt der Wiederholung möglich.

• **Communication skills**
Neben den Arbeitsblättern zum Bereich Strukturen bietet die Materialsammlung auch ausgewählte Übungen zur Unterstützung der mündlichen Ausdrucksfähigkeit. Es handelt sich überwiegend um Partnerübungen, häufig in Form von Tandembögen, die vor allem in größeren Lerngruppen Gewinn bringend eingesetzt werden können. Die Sprechanteile der einzelnen S werden bei dieser Form der Partnerarbeit deutlich erhöht.

• **Cloze test**
Mit den *Cloze tests* stehen zu jeder *Unit* Kopiervorlagen zum gezielten Üben der Textrekonstruktion zur Verfügung. Es handelt sich dabei um an den Inhalten der *Units* ausgerichtete Transfertexte, deren Lücken die S sinngemäß ergänzen müssen. Diese Kopiervorlagen werden bevorzugt während der Bearbeitung der *Let's check*-Teile eingesetzt, da sie den gesamten Wortschatz der *Unit* voraussetzen. Bei den *Cloze tests* sind die einzusetzenden Wörter unten auf der Seite in alphabetischer Reihenfolge angegeben. Je nach Niveau der Lerngruppe entscheidet L, ob die *Cloze tests* mit oder ohne Lösungshilfen eingesetzt werden.

• **Word power 1 + 2**
Ebenfalls während der Bearbeitung von *Let's check* kommen die beiden *Word power*-Kopiervorlagen zum Einsatz. Sie wälzen den bekannten Wortschatz nochmals um, wobei *Word power* 1 zur weiteren Vernetzung des *Unit*-Wortschatzes dient, *Word power* 2 dagegen zur Vernetzung des Gesamtwortschatzes konzipiert wurde. Besonderer Wert wurde auf ökonomisches Üben gelegt, wobei es nicht in erster Linie um das Einzelwort, sondern um die Verwendung der Wörter im Kontext geht. Die Übungstypen sind vielfältig, aber aus Schülerbuch und *Workbook* hinreichend bekannt. Sie werden bewusst immer wieder verwendet, um den S ein festes Repertoire zur Strukturierung ihres Wortschatzes anzubieten und so zum Aufbau eines mentalen Lexikons beizutragen.

• **Extras**
Die letzte Rubrik innerhalb der Materialsammlung wird unter der Bezeichnung *Extras* zusammengefasst. Es handelt sich dabei pro *Unit* um ca. 3–4 Arbeitsblätter, die unterrichtsbegleitend eingesetzt werden können. Die *Extras* unterstützen entweder die im Kommentarteil angebotenen Alternativen oder sie erweitern den vorgeschlagenen Übungsapparat. Auch spielerische Übungsformen zur Auflockerung des Unterrichts kommen hier zum Tragen. Diese Kopiervorlagen runden das Gesamtangebot ab und stehen unter dem Stichwort ‚Methodenvielfalt'.

Alle Arbeitsblätter sind den einzelnen *Units* zugeordnet und entsprechend dem vorgeschlagenen Einsatzort durchnummeriert. Zusätzlich zur Nummer des Arbeitsblatts wird der *Unit*-Teil, zu dem die Kopiervorlage konzipiert wurde, ausgewiesen. Selbstverständlich können alle Arbeitsblätter auch zu einem späteren Zeitpunkt innerhalb der *Unit* oder zum selbstständigen, wiederholenden Lernen eingesetzt werden. Mit den 68 Kopiervorlagen im Anhang des Lehrerbuchs wird das Übungsangebot zu **Green Line New Bayern 2** noch einmal erheblich erweitert.

8 Zeitplan

Zeitbedarf

Ausgangspunkt für die folgende Übersicht sind 35 Unterrichtswochen mit vier Wochenstunden, d.h. insgesamt ca. 140 Unterrichtsstunden. Der Zeitplan schließt die Arbeit mit dem *Workbook* ein und umfasst auch alle fakultativen Elemente, die einen Zeitbedarf von ca. 4–5 Wochen haben. Spielräume zur Gestaltung und Schwerpunktsetzung sind im Schuljahr gegeben und sollten auch genutzt werden. Zur Erleichterung der Standortbestimmung sind die Monate im Verlauf des Schuljahres mitangegeben.

Die vorgesehenen Stundenzahlen sind zusätzlich in den Planungsübersichten eingetragen. Im direkten Zusammenhang mit den Themen / Zielen und Strukturen kann L sich dort rasch orientieren, wie viele Unterrichtsstunden pro Abschnitt veranschlagt werden. Selbstverständlich sind diese Angaben nur Richtwerte. Die individuellen Unterrichtsbedingungen können hier zu Abweichungen führen.

Zeitplan

Monat	Unit 1	Stunden
September	Introduction	2
	Language A	4
	Language B	4
Oktober	Text	3
	Let's check	2
	Summe	**15**
	Focus 1	**3**
	Unit 2	
	Introduction	3
	Language A	4
November	Language B	4
	Text	4
	Let's check	2
	Summe	**17**
	⟨Revision 1⟩	**2**
	Unit 3	
Dezember	Introduction	3
	Language A	3
	Language B	3
	Text	4
Januar	Let's check	2–3
	Summe	**15–16**
	Focus 2	**3**
	Unit 4	
	Introduction	3
	Language A	3
Februar	Language B	4
	Text	4
	Let's check	2
	Summe	**16**

Monat		Stunden
	⟨Revision 2⟩	**2–3**
	Unit 5	
	Introduction	3
März	Language A	3
	Language B	4
	Text	5
	Let's check	2
	Summe	**17**
April	**Focus 3**	**2–3**
	Unit 6	
	Introduction	3
	Language A	4
	Language B	4
	Text	5
Mai	Let's check	2
	Summe	**18**
	⟨Revision 3⟩	**2–3**
	Unit 7	
Juni	Introduction	3
	Language A	3
	Language B	4
	Text	5
	Let's check	2
	Summe	**17**
Juli	**Focus 4**	**2–3**
	⟨Revision 4⟩	**3–4**
	⟨Extra Line⟩	**8**
	Mediation	**6–7**
	Gesamtsumme	**148–155**
	Gesamtsumme ohne ⟨ ⟩	**131–135**

Unit 1: Back to school / Focus 1: Focus on Halloween (Planungsübersicht)

Abschnitt	Seite	Stunden	Themen / Ziele	Strukturen	Grammatischer Anhang	Übungen	Workbook	CDs	Folien	Kopiervorlagen	Diktat-/ Transfertexte
Intro	8, 9	2	Ferienerlebnisse; Neue Freunde; *School timetable;* Personen beschreiben	*Revision: Simple past*		1–3	1, 2 / LC	PB 1/1; LC 1		1, 2	
Language A	10–12	4	Besonderheiten britischer Schulen; *Notice board*; Regelfindung (T) ; Gesprächstechnik (T)	*Going-to future; Question tags*	G1, 2	1–8	1–4	PB 1/2, 3; LC 2		3	
Language B	13, 14	4	Zeitstrukturen im *past tense*; Regelfindung (T); *Prepositions*	*Past progressive; Past tense* in Haupt- und Nebensatz	G3	1–8	1, 2	PB 1/4	1, 2	4–6	1
Text	15, 16	3	Eine Schulgeschichte lesen und verstehen; Perspektivenwechsel; *Working with a dictionary* (I) (T); *Song: We are the champions*			1–4	1–4	PB 1/5–7, 8	3		
Let's check	17	2	Integration der Lernziele von *Unit* 1		G1–3	1–5	1–6 / LC			7, 8	
Focus 1	18, 19	3	Einen Festtag aus dem englischsprachigen Raum kennen lernen; Eine Gruselgeschichte lesen und verstehen; *Halloween cartoon*			1–5	1, 2 / LC Ausschneidebogen AB 1	PB 1/9, 10; LC 3	4	9, 10	2

Erstinformation

Wie in **Green Line New Bayern 1** wendet sich auch die erste *Unit* in Band 2 zunächst dem Thema Begrüßen und Vorstellen zu. Die vergangenen Ferien, Erwartungen an das neue Schuljahr, unter denen mögliche Begegnungen mit neuen Klassenkameraden eine besondere Rolle spielen, bieten viele Gesprächsanlässe, bei denen die S mit den für diese Situationen typischen Redewendungen vertraut gemacht werden.

Daneben bekommen sie in den Teilen *Intro* und *Language A* interessante landeskundliche Hinweise (Stundenplan, außerunterrichtliche Aktivitäten an der Schule usw.). Ein weiterer Schwerpunkt dieses *Steps* ist die Einübung partnertaktischen Sprechens: Die S unterhalten sich über ihre Pläne für die Zukunft und sie erhalten Redemittel, die es ihnen ermöglichen, ein Gespräch nicht nur in Gang zu bringen, sondern auch fortzusetzen (*going-to future, question tags, feedback words and phrases*).

In *Language B* konzentrieren sich die Inhalte auf Vorkommnisse neben dem Unterricht und bieten somit einen weiteren Anreiz zum miteinander Reden: Ein lustiger Vorfall während einer Theateraufführung und eine weniger erfreuliche Konfrontation zwischen S auf dem Nachhauseweg veranlasst die Jugendlichen, sich über ähnliche Begebenheiten auszutauschen.

Der Abschnitt *Text* hat eine weitere Auseinandersetzung unter Jugendlichen zum Thema. Es wird versucht, *bullying* sportlich zu bewältigen. Auch hier bietet der zwar nicht offene, aber eine Reihe von Implikationen nahe legende Schluss Anlass zum Gespräch.

Die Einführung der grammatischen Pensen ist in den Lernschwerpunkt (durch Gespräche informieren, sie beginnen und fortsetzen) sinnvoll integriert. Sie bieten die Gelegenheit, über Pläne für die Zukunft zu sprechen (*going-to future*), veranlassen den Gesprächspartner zu reagieren (*question tags*), strukturieren die Wiedergabe von Vorgängen und machen sie so nachvollziehbarer (*past progressive*).

intro **Back to school** (S. 8/9)

Thema

Ferienerlebnisse, neue Freunde in der Schule, Stundenplan und Schulfächer

Redeabsichten

Sich über Erlebnisse austauschen, berichten, was man zu einem bestimmten Zeitpunkt in der Vergangenheit getan hat, Personen beschreiben

Wortschatz

Would you like ...?, to have, to break, Nice to meet you., Me, too.

Materialien

PB-CD 1, Track 1

Hinführung

L nutzt die Mitteilungsbereitschaft der Jugendlichen nach den Ferien und lässt sie spontan über ihre Ferienerlebnisse berichten. Es empfiehlt sich, die Erzählung möglichst wenig zu unterbrechen und nur mit kurzen Fragen bzw. Impulsen die Gesprächsbereitschaft aufrecht zu erhalten.

Alternative

• Ein entspannterer Zugang, der sich besonders für Klassen eignet, die sich nur zögerlich äußern, entsteht, wenn L zunächst Folien (DIN A5 genügt) und Folienstifte austeilt. Die S zeichnen Markantes über ihren Ferienort oder über eine Ferientätigkeit. Anschließend werden die Folien eingesammelt und L präsentiert eine Auswahl über den Tageslichtprojektor. Die S müssen erraten, wer die entsprechenden Zeichnungen angefertigt hat. Der oder die Urheber(in) gibt auf – vom L angeregte – Fragen zusätzliche Erläuterungen.

• Die S formulieren zunächst in Stillarbeit Fragen, die sie ihren Klassenkameraden stellen wollen. In einem Losverfahren werden jeweils zwei Partner einander zugeordnet, die sich die gesammelten Fragen gegenseitig stellen und beantworten. Eine weitere kommunikative Möglichkeit ohne L-Beteiligung entsteht, wenn die S nach der Phase der Fragefindung einen Doppelsitzkreis bilden. Es werden entweder die S im Außen- oder im Innenkreis aufgefordert, anhand der Fragen von ihren Ferien zu erzählen. Nach einer bestimmten Zeit berichtet der Gegenüber. L lässt die S danach einen oder mehrere Plätze weiterrutschen, um neue Gesprächpartner zu gewinnen. Abschließend werden besonders interessante Ferienerlebnisse im Plenum vorgestellt.

Erarbeitung

Wortschatz: Das Vollverb *to have* bietet keine Verständnisschwierigkeiten. Es kann mit der Eingangsfrage *Did you have a nice holiday?* eingeführt werden, ohne auf den Unterschied zu *have got* einzugehen. Anschließend werden die S aufgefordert, weitere Fragen mit *to have* zu formulieren, evtl. mit leichten Hilfestellungen (z. B. ... *a walk yesterday?/... a swim every day?/... breakfast early or late in the morning?*) *To break:* Kommt während der Hinführungsphase ein S auf einen Unfall zu sprechen, wird dieses Verb bereits dort eingeführt und gefestigt. Ansonsten wird *to break* durch einen Beispielsatz erklärt: *You can break your arm when you fall down a tree.* Es empfiehlt sich, das *simple past* der beiden unregelmäßigen Verben gleich mitlernen zu lassen.

Redemittel: *Would you like ...?* führt L über eine direkte Frage an die S ein: *Would you like to hear where I was on holiday?* Im nachfolgenden Gespräch werden die S aufgefordert, sich gegenseitig von ihren Ferienerlebnissen zu erzählen, wobei jeder zunächst die Frage an seinen Partner richtet: *Would you like to hear when ... / where ... / what ... / who ... with?* Der informelle Charakter der Anredeformen *Hi, there ...! Hey, ...!* wird von L angesprochen. Die S werden darauf hingewiesen, dass die Begrüßungsformel *Hi, there ...!* vor allem bei einer Erstbegegnung benutzt wird. Die Wendung *Nice to meet you.* und die Antwort *Me, too!* müssen nicht vorentlastet werden.

Text: Die S hören die drei kurzen Dialoge der Texte A und B jetzt von der CD. Mit Hilfe von Kontrollfragen wird das Textverständnis nach dem ersten Durchgang gesichert:
Dialogue A / 1: Who is talking to Jenny?
What does she want to know?
What did David do on his trip to America?
Does Jenny want to see the photos?
Can she see them now?

Dialogue A/2: What does Robert ask Becky?
What does she want to know about him?
Did Robert like his holiday? Why?/Why not?

Dialogue B: What's the name of Simon's new friend?
Where is he from?
Is Scott visiting Haywood School?

Nach dem zweiten Hören formulieren die S selbst weitere Fragen an ihre Klassenkameraden. Um die kommunikative Kompetenz der S zu fördern, werden die drei Dialoge auswendig gelernt und in Rollenspielen vorgetragen. Zusätzlich kann L bereits jetzt die Aufgabe stellen, die Gespräche fortzusetzen, entweder aus dem Stegreif oder schriftlich vorbereitet. Bevor L auf den *timetable* eingeht, wird Übung 1 zur Festigung der Redemittel eingesetzt.

Festigung

1 Old friends

Ziel: Erarbeitung und Festigung von informellen Redemitteln zum Nachfragen und emotionalen Reagieren

Wortschatz *to hurt*

Materialien → WB ex. 1

Erarbeitung Das Verb *to hurt* muss nicht semantisiert werden. Die S können es von dem aus Band 1 bekannten *to be hurt* ableiten. Die beiden Dialoge in A werden mit verteilten Rollen gelesen und die S machen sich anschließend Notizen über ihre eigenen Ferien. Natürlich auch diejenigen, die zu Hause geblieben waren. Um die Wörter und Phrasen sinnvoll sammeln zu können, schlägt L vor, sie nach bestimmten Gesichtspunkten zu gruppieren (Begrüßung, Höflichkeitsfloskeln, Rückfragen usw.). Die S erhalten den Auftrag, neben den in Übung 1 erwähnten Formulierungen auch die Redemittel aus den Texten A und B zu berücksichtigen (*Hi, there ...!, Hey, ...!, Hi, ...!, Hello, ...! Would you like ...?, Nice to meet you.*). Die Gespräche werden entweder in Partnerarbeit geführt oder zu Hause auswendig gelernt und in der nächsten Stunde im Plenum vorgetragen.

Alternative Eine anspruchsvollere Variante ist es, die S zunächst die Dialoge ausarbeiten zu lassen und sie anschließend aufzufordern, sich Stichpunkte zu ihren Aussagen zu notieren und das Gespräch nur mit Hilfe des Stichwortzettels vorzutragen.

Lösungsvorschlag: *Michael: Hi, there, Thomas. How are you? How were your holidays?*
Thomas: *Hi, Michael. They were great! We were in the Alps, in Füssen.*
Michael: *Oh really? Didn't it rain there all the time?*
Thomas: *Well, not really. Sometimes it did.*
Michael: *And what did you do when it rained? Tell me about it!*
Thomas: *We played cards, read a lot and watched TV. Spending a day or two in a house isn't too boring.*
Michael: *And what did you do when the weather was fine?*
Thomas: *I went to the mountains very often – by bike. That was great fun!*
Michael: *Wow! Maybe we can do that together some day?*
Thomas: *Sure, why not. Listen, there are some hills near our house. We can climb them on our bikes and then race down.*
Michael: *Great! I'm sure I can take my brother's mountain bike.*
Thomas: *OK, let's go there after school tomorrow. See you then, Michael. Bye.*
Michael: *Bye, Thomas.*

Festigung

2 New friends

Ziel: Auskunft erteilen, die bisher gelernten Redemittel anwenden

Wortschatz *timetable, technology, history, science, art, break, drama, health, RE (Religious Education), PE (Physical Education), What's it like?, yet*

Materialien Kopiervorlage 1 (*Communication skills*) • → WB ex. 2

Erarbeitung **Wortschatz:** L skizziert entweder an der Tafel oder auf Folie einen leeren Stundenplan. Es werden nur die Uhrzeiten und die Wochentage vorgegeben. L geht mit den S die einzelnen Fächer durch, wobei der Stundenplan entsprechend der Vorlage im Schülerbuch entsteht. Um nicht mit neuen, schwierig auszusprechenden Wörtern zu beginnen, trägt L zunächst die Fächer ein, die bereits bekannt sind (*French, Maths, English, Geography, German, Music*). Die neuen Fächerbezeichnungen werden danach über Beispielsätze (siehe **Alternative**) eingeführt.

Alternative Anregender für die S ist es, wenn die englischen Fächer in Form eines Ratespiels erarbeitet werden: L umschreibt das Fach, die S raten die Bezeichnung auf Deutsch, L nennt die englische Entsprechung, gibt das Wort in einem kurzen Satz wieder, lässt die S nachsprechen und trägt den Fächernamen in den Stundenplan ein. Das Wort <u>*timetable*</u> wird erst eingeführt, nachdem der Stundenplan erstellt ist.

Beispiele für Umschreibungen der bereits bekannten Fächer:
French: People in Paris speak this language.
Maths: In this subject you work with numbers.
English: A lot of people all over the world speak this language.
Geography: Here you learn about countries and people.
German: You speak this language in Switzerland, in Austria and in Germany.
Music: You sing and learn how to play an instrument.

Umschreibungen der neuen Fächer:
<u>Technology</u>: Here you learn about computers, for example.
<u>History</u>: In this subject you learn about people in the past.
<u>Science</u>: Here you find out about animals, and you learn to explain why there is rain or why the sun shines.
<u>Art</u>: Here you learn to draw nice pictures.
<u>Drama</u>: In this subject you read and act plays.
<u>Health</u>: Here you learn what you can do if you're hurt.
<u>RE</u>: In this subject you learn about the church.
<u>PE</u>: In this subject you run, jump, throw balls, play in teams …

Das schönste ‚Fach' kommt zum Schluss:
<u>Break</u>: Here you eat your sandwich, have a drink and talk to your friends.

Das Wort <u>*yet*</u> wird durch Fragen mit *have got* geklärt: *Have you got your textbooks <u>yet</u>? What about your notebooks, have you got them yet? Have you got the money for our trip to … yet?* Die Wendung <u>*What's it like?*</u> wird eingeführt, indem L einen S über den Ort oder das Land erzählen lässt, in dem er oder sie die letzten Ferien verbracht hat: *Where were* *you on holiday this summer?* Nach der Nennung des Namens stellt L die Frage: *What's it like?* Wird keine passende Antwort gegeben, stellt L ergänzend Entscheidungsfragen: *Is it nice there?* Auf die Kurzantwort folgt die Frage: *Is it hot there or cold? What's it like?*

Redemittel: L spielt mit zwei S eine Szene, in der alle bisherigen Begrüßungsformeln angewendet werden. Die neuen Redemittel werden an der Tafel festgehalten:

Hi, there, … !	*What's it like?*
Hey, …!	*Nice to meet you!*
Hi, …!	*Me, too!*

Jetzt werden Scotts Fragen an Sarah reihum beantwortet. Zur Beantwortung der Frage *What else do you think Scott wants to know?* am Ende von Aufgabe a) gibt L Anregungen: *Think about the time after school, where Sarah and her friends live, and what Scott can do if he does not like the lunch. Maybe he wants to know something about his teachers?*

Lösung: a) *1. My friends are Becky, Robert and David. They're in my class, too.*
2. Yes, you do. You must wear school uniform. But don't worry, it looks nice.
3. It starts at 8.45 and finishes at 3.15.
4. There are six lessons in a day.
5. They are 50 minutes long.
6. Oh dear, let me think about it! We have Maths, Technology, Science etc.
7. Of course we do. We learn German and French.
8. We must do homework every evening for about 20–30 minutes.
9. Yes, there are. We've got two breaks: at 10.45, this break is ten minutes long. And then we have lunch for one hour. This break starts at 12.35.
10. All the classes meet in a big hall. And yes, we have it every day.
11. Oh, they go on foot, by bus or train. Their parents often drive them to school, too.
12. Yes, I have.
13. It's Technology.

Lösungsvorschlag: *1. Do my parents have to pay for my uniform?*
2. Can we do our homework at school?
3. Can I buy lunch at school?
4. Can I buy chips in the breaks?
5. Do all pupils and teachers go to Assembly?
6. Are we always in the same classroom?

b) *British pupils wear school uniform. We don't do this. And we don't have Assembly: we just go to our classrooms. Our lessons start at 8 o'clock, and they end at 1 pm. Lessons at British schools start at about 9 o'clock. We have school on only one afternoon. In England, pupils have lessons every afternoon. And they have lunch at school, too. We don't. We only have sandwiches when we have school in the afternoon.*

c) *Our school building is very big and has a lot of classrooms so that you feel you can get lost if you are here for the first time. I like our school very much because I usually see my friends here. Almost all teachers are friendly and we can learn a lot of interesting things in the different subjects. If I want to, I can stay at school after the lessons, do my homework here and be together with my friends in the playground.*

Erweiterung Zu Beginn der nächsten Stunde bietet sich der Einsatz von **Kopiervorlage 1** (*Paul Driver's timetable*) an. Das Arbeitsblatt enthält eine Partnerübung zum Training der Sprechfertigkeit. Die beiden Partner haben unterschiedliche Lücken in ihrem Stundenplan, die sie im Gespräch schließen müssen. Dabei wird das neue Vokabular umgewälzt und gefestigt. Den Abschluss des Arbeitsblatts bildet ein kleines Rätsel.

Transfer

3 Two interviews

Ziel: Hörverstehen, Fragenstellen für ein Interview, Schreiben eines Steckbriefs

Wortschatz *profile, to interview, someone, age, nationality, address, hobby, like, dislike, bully, band*

Materialien LC-CD, Track 1 • Kopiervorlage 2 (*Extras*)

LC 1

Text: *Becky: Hi, my name's Becky Burton, and I'm interviewing new pupils for our school magazine. Can I ask you some questions, please?*

Carina: *Well, I'm not a new pupil. I'm just visiting from Germany.*
Becky: *That's OK. It's still interesting for our readers.*
Carina: *Oh, er, all right. Yes!*
Becky: *What's your name?*
Carina: *Carina. Carina Maier.*
Becky: *Is that Carina with a 'K'?*
Carina: *No, it's with a 'C'. C-A-R-I-N-A.*
Becky: *And could you spell Maier for me, too, please?*
Carina: *M-A-I-E-R.*
Becky: *Got it. OK, how old are you, Carina?*
Carina: *I'm 12 and a half.*
Becky: *When's your birthday?*
Carina: *It's, er, the 12th of March.*
Becky: *And where are you from, Carina?*
Carina: *I live in Munich, in Bavaria.*
Becky: *Bavaria! Isn't that where Neuschwanstein is? Do you live near there?*
Carina: *No! But my address is Schlossallee 1!*
Becky: *Oh, yes. 'Schloss' means 'castle', doesn't it? We learned that in German. German is my favourite subject.*
Carina: *Is it? My favourite subject is PE. I love PE. Oh, and English, too, of course.*
Becky: *What do you do in your free time, Carina?*
Carina: *Oh, I like reading and drawing. And tennis. Oh, and I play table tennis sometimes.*
Becky: *(slowly, as she writes) Reading ... drawing ... tennis, table tennis ... And have you got any brothers or sisters?*
Carina: *I've got two brothers. One is 16 and the other is 9.*
Becky: *What about pets, Carina? Have you got any?*
Carina: *Yes, I've got a dog. He's called Wau-wau.*
Becky: *How do I spell that? V-O-W?*
Carina: *No! W-A-U! That's how dogs bark in German. Wau-wau!*
Becky: *Ha! In England they go 'woof woof'!*
Carina: *Really? How funny.*
Becky: *Just two more questions, Carina. What's your favourite band?*
Carina: *Blue. And before you ask, blue is my favourite colour, too!*
Becky: *Is it? Well, thanks for answering my questions, Carina.*
Carina: *You're welcome. Bye!*

Erarbeitung

Wortschatz: Für diese Hörverstehensaufgabe empfiehlt sich eine möglichst zügige Vorentlastung. Folgende Vorgehensweise bietet sich an: L liest den Steckbrief Zeile für Zeile vor, erläutert die unbekannten Wörter und schreibt sie an die Tafel, wobei zu jedem Wort ein Satz gebildet wird. Beispiel:
This is Scott Johnson in the picture.
He's 12 years old. His age is twelve. What's your age?
Where is Scott from? He's from America. He's American.
His nationality is American. What's your nationality?
His address is 34 Larwood Grove, Sherwood. What's your address?
He likes the colour red and parties. His likes are the colour red and parties. What are your likes?
He doesn't like unfriendly people. He dislikes unfriendly people. His dislikes are unfriendly people (mimisch und gestisch unterstreichen!). *What are your dislikes?*
And he dislikes bullies. Many pupils are scared of bullies. Do you know a bully?

Die Wörter *band* und *hobby* sind selbsterklärend. Das Verb *to interview* wird von dem bereits bekannten Substantiv abgeleitet: *interview* → *to interview*. *Someone* = *somebody*. Der Ausdruck *profile* wird erst am Ende des Durchgangs vorgestellt. Als deutsche Entsprechungen werden ‚Kurzbiographie', ‚Lebensdaten', ‚Porträt' oder ‚Steckbrief' genannt.

Alternative

L kann zur Bearbeitung der Aufgaben a) und b) **Kopiervorlage 2** (*A profile*) heranziehen. Dort ist das Raster des Steckbriefs zweimal abgedruckt, so dass die S die Angaben von der CD (Aufgabe a) bzw. von ihren Interviewpartnern (Aufgabe b) nur noch einzutragen brauchen. Die Teilnehmer am Interview werden am besten mit einem Losverfahren ausgewählt, um möglichst viele ‚echte' Interviewsituationen zu schaffen. Einige Steckbriefe werden anschließend vorgelesen, ohne die Namen der Befragten zu nennen. Die Klasse muss erraten, von wem die Rede ist. Die Zettel mit den Interview-ergebnissen werden in der Klasse aufgehängt. Wurde die Klasse neu zusammengesetzt, kleben die S Fotos ihrer Interviewpartner an die vorgesehene Stelle in der Kopiervorlage.

Lösung: a) ***Profile***
Name: Carina Maier
Age: 12 and a half
Birthday: 12th March
Nationality: German
Address: Schlossallee 1, Munich
Hobbies: Reading, drawing, tennis and table tennis
Likes: The colour blue
Dislikes: –
Favourite band: Blue
Favourite subjects: PE, English
Brothers and sisters: Two brothers, one 16, the other 9
Pets: Dog

language

A Activities at Haywood (S. 10–12)

Thema Besonderheiten britischer Schulen, außerhalb des Unterrichts angebotene Aktivitäten

Hintergrundinfo ***Extracurricular activities:*** *In general, British schools offer pupils a very large variety of extracurricular activities. The following activities are listed by a boys' secondary school: archives, bookbinding, bridge, carpentry, chamber ensembles, chemistry projects, chess, Chinese, computer composition, cricket, debating, design technology, drama, electronics projects, football, Hindi, instrumental groups, Italian, Japanese, juggling, karate, modern Greek, orchestra, photography, printmaking, shooting, video-making. Only cuts in the budget seem to reduce such a list. For those schools who are financially well off the motto is in this respect: "You name it, we have it." In most schools, the participation in such activities is voluntary. But if they are selected and agreed, students are committed for the term. Some schools, however, expect their students to choose a certain number of activities (about two).*

Redeabsichten Sich unter Gleichaltrigen informell begrüßen, über Pläne für die Zukunft sprechen, ein Gespräch aufrechterhalten

Wortschatz *activity, basketball, club, second-hand shop, activity centre, table tennis, to dance, to join, stage, hall, great, Halloween, to be going on, well, to miss, I'd, allergic, to make sb do sth, to sneeze, What a pity!, to prefer, to look for, actor, guy, musical, Atishoo!, bless you, to joke, I see., ⟨snooker⟩, ⟨pool⟩, ⟨bird watching⟩, ⟨You can say that again!⟩*

Strukturen *going-to future, question tags*

Materialien PB-CD 1, Track 2

Hinführung Die neuen Wörter werden in zwei Etappen erarbeitet: a) *Notice board*, b) Dialog. Einen Teil des neuen Wortschatzes kennen die S aus ihrem Alltag oder die Wörter sind selbsterklärend (basketball, club, second-hand shop, hall, Halloween, table tennis, musical).

Erarbeitung **Wortschatz: a)** *Notice board*: L knüpft an die Freizeitaktivitäten der S an und fragt: *What do you usually do after school?* Die verschiedenen Betätigungen werden (an der Tafel oder auf Folie) gesammelt. Die deutschen Bezeichnungen werden dabei von L ins Englische übertragen. Im günstigsten Fall werden einige Aktivitäten des im Schülerbuch abgedruckten Anschlagbretts genannt. Die übrigen Tätigkeiten werden durch L-Vortrag beigesteuert: *Pool and snooker are games. They are like billiards* (gleich an die Tafel schreiben). *Some children like birds very much. They like watching them: they do bird watching. Others like singing and dancing: they go to a drama group. They sing and dance* (vormachen) *on the stage so that everybody can see what's going on. Playing in a drama group or doing bird watching is an activity. British children do a lot of activities in the activity centre. When you go to a drama group, you join the group. And when you play a role in a drama,* *you're an actor. Would you like to come with me to the school play? – Well, I don't know. I can't come to your birthday party. – What a pity! I didn't know anybody at the party last week. I really missed you. I'd = I would, great = big.*

b) Dialog: L leitet über zum Thema Haustiere und Allergien: *Not all people can come near a pet. Suddenly they start crying, they get red in the face or they must sneeze* (vormachen). *When someone sneezes, it sounds like "Atishoo!" Then you say, "Bless you." Many people are allergic to pets* (die Schreibung klärt das Wort). *They can't stay in the same room with a pet, because a pet makes them sneeze. Do you like musicals? Don't play in the musical 'Cats' if you're allergic to cats! Well, I'm just joking* (mimisch unterstreichen). *What do you prefer – playing basketball or table tennis? Where's Martin? I'm looking for him. – He isn't at school today. – Oh, I see. And what about the other guys? Are they all in? You can call your friends – boys and girls – guys.*

Strukturen: Die Erarbeitung der Strukturen erfolgt induktiv in den Übungen 2 (*going-to future*) und 7 (*question tags*).

Text: Nach der Wortschatzvorentlastung öffnen die S die Bücher und lesen jeder für sich zunächst die Aushänge am Anschlagbrett. L stellt nach der Stillarbeit Verständnisfragen:
Where do the basketball fans meet?
What can you do with your old clothes?
What can you do in the Activity Centre?
When does it open?
Why is the Pet Club for small pets only?
What must you do when you want to join the bird watching club?
What must you know when you want to go to the Halloween Party?
When is it and where?

PB 2

Die Präsentation des Dialogs erfolgt nach diesem Einstieg direkt von der CD. Nach dem zweiten Hören wird das Verständnis durch Kontrollfragen gesichert. Sie werden durch Impulse, die zu Schlussfolgerungen anregen, unterbrochen (Fragen 1. und 3.):
Can Carina really not go to the Pet Club?
Who's got a dog at home?
Does Carina really teach Becky table tennis?
Why does Carina say that Scott comes from Hollywood?
Why does Carina sneeze?
Anschließend wird der Text im Schülerbuch mit verteilten Rollen gelesen. Als **Hausaufgabe** lernen die S entweder den ersten Teil des Dialogs (Zeilen 1–22) oder Teil 2 (Zeilen 23–45) auswendig und spielen ihn in der nächsten Stunde vor.

Lern- und Arbeitstechniken: Die S suchen Belegstellen aus einem Dialog heraus und erarbeiten die Regeln zu den neuen grammatischen Phänomenen induktiv. Anschließend wenden sie die Strukturen im Gespräch an. Sie erkennen die Notwendigkeit der Intonation und erhalten Einblick in wichtige Gesprächstechniken zum Aufrechterhalten und Weiterführen einer Unterhaltung.

Transfer

1 The activities board

Ziel: Textverständniskontrolle und Transfer auf die persönliche Situation der S

Wortschatz *to offer*

Erarbeitung Das Verb *to offer* muss nicht semantisiert werden. Es wird von dem Substantiv *offer*, das aus Band 1 bekannt ist, abgeleitet. Aufgabe a) wird mündlich im Plenum besprochen. Zur Bearbeitung von b) lässt L Gruppen von 4–5 S bilden, die sich über das Zusatzangebot an ihrer Schule austauschen.

Lösungsvorschlag: a) *Becky likes animals. She would like to go to the Pet Club.*
Sarah would like to join the Drama Group because she likes musicals.
Carina would like to go to the Pet Club, too, but she's allergic to cats. She also likes playing table tennis. So she would like to go to the Activity Centre.
Scott did drama at school in America. He wants to do the same at Haywood.

→ G1 (p. 118)

2 Going to

Ziel: Induktive Erarbeitung der Bildung des *going-to future*

Wortschatz *future*

Erarbeitung Das Wort *future* wird von dem bekannten lateinischen Wort abgeleitet. Die S notieren die Beispiele für Aufgabe a) in Stillarbeit. Die Regel zur Bildung des *going-to future* hält L an der Tafel fest.

Lösungsvorschlag: a) *You make the forms with 'to be' + going to + infinitive of the verb.*
b) *You use 'going to' when you are talking about the future.*

Festigung

3 Plans for the new school year

Ziel: Anwendung des *going-to future* zum Ausdruck von geplanten zukünftigen Handlungen

Materialien → WB ex. 1

Erarbeitung Die Übung wird entweder mündlich im Unterricht gemacht oder als schriftliche **Hausaufgabe** aufgegeben.

Lösung: *Carina: **I'm not going to** join the basketball club. I prefer table tennis. Becky and I **are going to** meet for a game every Monday at lunchtime. **Are** you **going to** come, too?*
*Scott: Maybe. **I'm going to** join the drama group. They**'re going to** do a musical this year. Why don't you come, too?*
*Carina: No, thanks. **I'm not going to** sing and dance in front of the others! Anyway **I'm only going to** be here for two weeks.*
*David: **Are you going to** take Barker to the pet club?*
*Becky: No, **I'm not.** It's for small pets only. And we**'re not going to** bring our pets to school every week. We**'re going to** learn about what they need and talk about them. And we**'re going to** take photos of them, too.*
*David: Oh, I see. So that's what you**'re going to** do. **Is Sarah going to** join the club, too?*
*Becky: Yes, **she is.** But Carina **is not going to** come. She's allergic to cats, you know.*

Festigung

4 What are they going to do?

Ziel: Anwendung des *going-to future* zum Ausdruck von geplanten zukünftigen Handlungen

Materialien → WB ex. 2

Lösung: *2. Carina and Becky are going to go to the activity centre.*
3. Sarah is going to take a photo of her cat Tabby.
4. David and Mark are going to ride their bikes.
5. Robert is going to do his Maths homework.

Festigung

5 A trip to London

Ziel: Ausarbeitung eines Dialogs, Verwendung des *going-to future* zum Ausdruck von Plänen für die Zukunft

Erarbeitung L entscheidet je nach Leistungsniveau der Klasse, ob die Übung nur mündlich in Partnerarbeit erfolgt oder ob sie zusätzlich als schriftliche **Hausaufgabe** aufgegeben wird.

Lösungsvorschlag: *José: … Are you going to stay in the city centre?*
Scott: No, I'm going to stay with friends. We're going to take the bus to the city centre.
José: And what are you going to do there? Are you going to visit museums?
Scott: No, that's boring! We're going to ride on the London Eye. And we're going to take lots of photos there.
José: Are you going to eat at McDonalds?
Scott: No, I'm not going to eat American food all the time. We're going to have fish and chips.

Transfer

6 Role play

Ziel: Transfer auf die persönliche Situation der S, Ausarbeiten eines eigenen *activity board*

Wortschatz *to imagine, to ask for*

Erarbeitung Nach der Gruppenarbeitsphase erläutert L kurz die beiden neuen Wörter: *You need a pencil from your neighbour, so you ask if you can have it. You ask for it.* Zur Klärung von *to imagine* verweist L auf eine Situation aus dem Bereich *activities. Think about this: a boy or a girl from another school comes to us and he or she wants to know about our activities here. Imagine this* (mit Gestik unterstützen und auf die Stirn zeigen): *he or she is new in our school what can you tell him or her?* Kontrollfrage: *What do you do when you just think about this? You imagine it.* Die S werden vor der Ausarbeitung des *Role play* aufgefordert, gesprächsfördernde Ausdrücke und Phrasen zu verwenden, am besten nach einer festen Vorgabe: *Use about six words and phrases like 'well', 'actually', 'you can say that again', …*

7 Question tags

Ziel: Induktive Erarbeitung der Regeln zur Verwendung von *question tags*, Sammeln und Kategorisieren von Beispielen aus dem Text (a), Festigung der neuen Struktur und Selbstkontrolle anhand der CD (b)

Wortschatz *question tag, grid, to complete, to repeat*

Materialien PB-CD 1, Track 3 • Kopiervorlage 3 (*Communication skills*) • → WB ex. 3

Erarbeitung L zeichnet die Tabelle aus dem Schülerbuch an die Tafel oder auf Folie und erklärt gleichzeitig: *Look, I'm drawing a grid.* Es empfiehlt sich, beim Anschreiben der Plus- und Minuszeichen die Adjektive *positive* und *negative* einzuführen, um die nachfolgenden Erläuterungen einsprachig vornehmen zu können. Der Terminus *question tag* wird durch Hinweise auf die entsprechenden Beispiele geklärt. Für *tag* kann ein Schildchen (Etikett) gezeigt werden. *To complete = to put in what's missing, to repeat = to say something again.* Die Sätze werden entweder mit der gesamten Klasse gefunden und an der Tafel oder auf Folie in die entsprechenden Spalten eingetragen oder die S bereiten diese Sammel- und Ordnungsaufgabe in Partnerarbeit bzw. in Dreiergruppen vor.

→ G2 (p. 118)

+	−	−	+
Carina comes from Germany,	*doesn't she?*	*They don't wear school uniform,*	*do they?*
She can speak English,	*can't she?*	*Scott isn't from Hollywood,*	*is he?*
You like animals,	*don't you?*	*The Pet Club isn't a good idea,*	*is it?*
There's a lot going on,	*isn't it?*	*You don't come from Munich,*	*do you?*
You like basketball,	*don't you?*		
You can teach me,	*can't you?*		
We thought of the same thing,	*didn't we?*		
I'm lucky,	*aren't I?*		
They did a great musical,	*didn't they?*		

Im Anschluss daran formulieren die S die Regel zur Bildung der *question tags* zunächst in Einzel- oder in Partnerarbeit. Im Plenum werden die Ergebnisse diskutiert und es wird eine gemeinsame Formulierung erarbeitet. Die die Regel betreffenden Satzteile werden analog zum Schülerbuch farbig hervorgehoben oder unterstrichen. Vorschlag:

1. *When the sentence is positive, the question tag is negative.*
2. *When the sentence is negative, the question tag is positive.*
3. *The question tag must always have 'is', 'are', 'can', 'must', 'have (got)'. These verbs must be in the first sentence.*
4. *If there is no verb like 'is', 'are', 'can', 'must', etc. in the first sentence, you must use 'do/does' in the question tag.*

Ist der Begriff *auxiliary verb* eingeführt, wird die Regelfixierung kürzer und damit übersichtlicher. Auf die nicht vorhandene Kongruenz zwischen dem Hilfsverb *to be* und der ersten Person Singular (*aren't I?*) wird gesondert eingegangen. L greift dazu die Klassensituation auf: *I'm so happy that I'm your teacher! I'm lucky, aren't I? And you, you're happy that you're in this class, aren't you? And your neighbour likes it here, too, doesn't he?* Die drei Satzbeispiele werden an die Tafel geschrieben. Zur Festigung wird vorgeschlagen, dass sich die S überlegen sollen, wie sie eine Situation empfinden und eine Äußerung mit einem *question tag* machen. Dabei kann L geeignete Adjektive vorgeben, z.B. *poor, funny, late, boring, fast, big, huge, interesting, etc.* (*I'm a poor thing, aren't I? I'm funny, aren't I?*). In Minidialogen verwenden die S anschließend zwei Sätze mit *question tags,* einmal mit der ersten Person, dann mit der zweiten oder dritten Person. (*I'm funny, aren't I? – Yes, you are. But he's very boring, isn't he?*)

PB 3

Jetzt wird Aufgabe b) der Übung in einer Stillarbeitsphase bearbeitet. Die S notieren die fehlenden *question tags* und überprüfen ihre Lösungen anschließend selbst anhand der Tonaufnahme.

Lösung: a) siehe Tafelbild, Seite 25

b) *1. aren't you?*	*6. was he?*
2. hasn't she?	*7. did they?*
3. don't they?	*8. wouldn't he?*
4. isn't it?	*9. were they?*
5. don't you?	*10. does he?*

Erweiterung

Bevor zu Übung 8 übergegangen wird, bietet sich der Einsatz von **Kopiervorlage 3** (*A school crossword*) an. Es handelt sich um eine Tandemübung zum Training der Sprechfertigkeit. Den beiden Partnern liegen die gleichen Kreuzworträtsel, aber mit unterschiedlichen Lücken vor. Ihre Aufgabe ist es, die Lücken durch Rückfragen beim Partner zu schließen.

Festigung

8 How to keep up a conversation

Ziel: Die Bedeutung der Intonation für die situationsgerechte Anwendung von *question tags* erkennen, den richtigen Gebrauch üben, Gesprächstechniken kennen lernen

Wortschatz *how to do sth, to keep up, conversation, statement, direct, to want sb to do sth, to agree (with/on), feedback, feeling*

Materialien LC-CD, Track 2 • → WB ex. 4

LC 2

Text: a) 2. *1. A: You speak French, don't you? (falling intonation on tag = certainty)*
B: You speak French, don't you? (rising intonation on tag = uncertainty)
2. A: She isn't going to wear that, is she? (rising intonation on tag = uncertainty)
B: She isn't going to wear that, is she? (falling intonation on tag = certainty)
3. A: You'd like some jelly, wouldn't you? (falling intonation = certainty)
B: You'd like some jelly, wouldn't you? (rising intonation = uncertainty)
4. A: He hasn't got a pet mouse, has he? (rising intonation = uncertainty)
B: He hasn't got a pet mouse, has he? (falling intonation = certainty)

Erarbeitung

Wortschatz: L beginnt mit der Semantisierung der neuen Wörter: *to keep up = to go on, conversation = talking together, to feel → feeling*. Zur Klärung des Wortes *statement* greift L eine S-Aussage auf, wiederholt sie, schreibt sie an die Tafel und erläutert: *What you say in a sentence is a statement. A statement shows what you think. It's not a question.* Weitere Erklärungen sind nicht erforderlich. *To want sb to do sth:* L stellt eine Frage, auf die die S mit ‚ja' antworten. *Do you want me to finish this lesson now? Oh, I see, you agree to my idea! I must be very direct now: you're a bit lazy!* (*direct* wird durch die Schreibung geklärt). *Now I'd like to tell you what I want you to do: I want you to open your books on page ... Now I want you to read the first sentence of ... Now I want you to repeat this sentence ...* Die Sätze werden an die Tafel geschrieben und die S werden aufgefordert, Wünsche an ihre Mitschüler zu richten, die diese natürlich auch umsetzen müssen. Dies kann in einer Rede-Handlungs-Kette geschehen (Aufforderung – S tut etwas entsprechend der Aufforderung – und fordert anschließend einen anderen S auf). *Feedback*: L stellt eine Frage an die Klasse und gibt eine positive Rückmeldung: *That's correct! Right you are! Are you sure?* Die Klasse bekommt die Erklärung: *When you say something and I answer like this, I show you what I think of your answer. I give you a feedback.*

a) Nach einem kurzen Unterrichtsgespräch zur Frage in Punkt 1. werden die Sätze (Punkt 2) mehrmals von der CD vorgespielt, damit die S zum einen wirklich den Unterschied in der Intonation erkennen und zum anderen die Redeabsicht möglichst genau erfassen. Als Ergebnis wird festgehalten: *When the voice goes up, you don't know what the answer is. When the voice goes down, you think that the answer is 'yes'.*

b) Die S entwickeln in Partnerarbeit einen Dialog zum Thema *Choosing activities* oder *Talking about friends.* Sie erhalten folgende Zusatzaufgabe: *Use at least four question tags* *and mark them with* ↑ (Symbol für Stimme nach oben) *or* ↓ (Symbol für Stimme nach unten). *Think about the answers: they must agree with what the question tags mean!* Die Anzahl der Sätze (z. B. zwölf) wird ebenfalls vorgegeben. Die Dialoge werden im Plenum vorgespielt.

c) Statt einer bloßen Auflistung der Ausdrücke und Phrasen bietet sich eine Einteilung in die drei Rubriken an, die bereits in der Aufgabenstellung angeboten werden. Überschneidungen sind möglich.

Alternative Falls noch nicht geschehen, kann die Transferaufgabe **b)** gut auch jetzt bearbeitet werden. Sie wird mit der Auflage verknüpft, eine bestimmte Anzahl an *Feedback*-Ausdrücken mitzuberücksichtigen. Bei zwölf Sätzen können fünf Beispiele aus der Liste erwartet werden. Wurde Aufgabe **b)** bereits bearbeitet, überprüfen die S ihre Dialoge und überlegen, welche *Feedback*-Ausdrücke noch nachträglich eingebaut werden könnten.

Lösungsvorschlag: a) 1. *When people say things like that, they want to talk to you. They want you to go on with the conversation.*
Lösung: 2. *1. – B, 2. – A, 3. – B, 4. – A (up, not sure); 1. – A, 2. – B, 3. – A, 4. – B (down)*

3.

Group 1	*Group 2*
Your voice goes up at the end.	*Your voice goes down at the end.*
You don't want to be too direct.	*You are quite sure that something is true.*
You are not quite sure if something is true.	*You want the other person to agree.*

Lösungsvorschlag: c)

	I show that I ...	
... am listening to the other person	*... want the other person to understand my feelings*	*... want to keep up the conversation*
question tags *(Oh, no!)* *Yes, why not?* *That's right.* *Oh, I see.* *(Oh, you poor thing.)* *(Actually, I'm ...)* *Well, ...*	*question tags* *Oh, no!* *Hey, me too!* *Oh, you poor thing.* *What a pity!* *You can say that again!*	*Hi!* *Hi, there, ...!* *How are you?* *And you?* *How was ...?* *Hello, ...!* *Nice to meet you!* *How about ...?* *So you're ...* *Actually, I'm ...*

language

B Drama at the drama club (S. 13/14)

Thema Zwischenfälle während einer außerschulischen Veranstaltung

Lernziel Über einen Vorfall zusammenhängend berichten

Wortschatz *to go wrong, to trip, to drop, microphone, joke, across, to catch, show*

Strukturen *past progressive*

Materialien PB-CD 1, Track 4

Erarbeitung **Wortschatz:** Eine Reihe von Wörtern kann sehr gut mimisch-gestisch demonstriert werden. Bei etwas schauspielerischem Talent kündigt L an, er oder sie komme von einem Radiosender und werde jemanden aus der Klasse interviewen. L gibt vor, in ein Mikrofon zu sprechen, geht auf die erste S-Reihe zu und stolpert über die eigenen Füße: *Oops, I tripped over my feet.* Nach der Sicherung des Wortes in der Grund- und Vergangenheitsform: *Now let's try again!* L stolpert wieder und lässt diesmal das angedeutete Mikrofon fallen: *Oops, again! I tripped over my feet and dropped the microphone!* (Schreibung klärt die Bedeutung.) *Oh, it flew across the room. Everything is going wrong today!* Nach der Sicherung dieser Wörter kommt der dritte Versuch: *Here we go again!* L wiederholt seine Ungeschicklichkeit, fängt aber dieses Mal das Mikrofon auf: *This time I catch the microphone! Did you see how I caught it?* (vormachen) *This was a great show, wasn't it?* (S kennen dieses Wort wahrscheinlich bereits.) Abschließend erfolgt der Hinweis auf die Ableitung: *to joke* → *joke*. Beispielsatz: *A joke makes people laugh.*

Text: Nach dieser Vorentlastung wird der Text direkt von der CD präsentiert. Die S hören Scotts Brief an José zweimal, danach stellt L die Verständnisfragen (Übung 1).

PB 4 **Lern- und Arbeitstechniken:** Die S erarbeiten ein weiteres Grammatikthema induktiv und finden selbstständig Regeln zur Anwendung und Kontrastierung der neuen grammatischen Struktur.

Festigung

1 Oops!

Ziel: Überprüfung des Textverständnisses

Materialien Kopiervorlage 4 (*Extras*)

Erarbeitung Ein kurzes Gespräch und die Beantwortung der vier Verständnisfragen genügen zur Sicherung des Textverständnisses.

Lösung: *1. He tripped over his own feet while he was playing Michael Jackson.*
2. Jenny dropped her microphone while she was singing. It did not suddenly stop.
3. Everyone was laughing because a girl fell off her chair.
4. Barry and Wayne were not singing, they were doing a skateboard trick.

Erweiterung Um die S zu einem genaueren Studium des Textes, besonders wegen der *past progressive*-Formen, zu veranlassen, wird **Kopiervorlage 4** (*Drama at the drama club*) ausgeteilt. Sie enthält Scotts Brief in Form von *scrambled sentences.* Die Rekonstruktion des Ausgangstexts wird entweder in Einzel- oder in Partnerarbeit erledigt. Nachdem die S den Brief geordnet haben, leitet L zur Erarbeitung der neuen grammatischen Struktur über. Die S werden aufgefordert, alle Sätze mit *past progressive*-Formen herauszuschreiben, wobei bei den *while*-Nebensätzen auch der Hauptsatz mitnotiert wird.

→ G3 (p. 119)

2 Simple past and past progressive

Ziel: Induktive Erarbeitung des *past progressive,* Abgrenzung der neuen Struktur vom *simple past*

Materialien Kopiervorlage 5 (*Grammar plus*)

Erarbeitung **a)** Nachdem die Strukturen in *Language A* durch Sammeln und Sortieren erarbeitet wurden, empfiehlt sich für die Klärung des *past progressive* ein anderes Verfahren. L stellt die Frage: *What were you doing yesterday at 3 o'clock?* Wenn die Frage wiederholt und das *past progressive* im Satz besonders betont wird, ist mit richtigen Antworten zu rechnen, die L aufgreift und verstärkt: *That's right, you were doing your homework, you were playing on your computer, etc.* Die S wiederholen die Antworten im Chor in der dritten Person (*He/she was …*) und L fixiert einige Beispiele an der Tafel.

Im nächsten Schritt werden die S aufgefordert, selbst Fragen an ihre Klassenkameraden zu stellen: *Ask your neighbours/friends what they were doing …* Dabei werden jetzt statt der Uhrzeiten allgemeine Zeitangaben verwendet (*one hour before they went to bed, before dinner, after the news on TV*). Geraten die S ins Stocken, hilft L mit kleinen Anregungen weiter (*when their father came home, when their sister/brother/cat came into the room, etc.*). Daran schließt L direkt die Erarbeitung des *past progressive* bei parallel verlaufenden Handlungen an. Ausgangsfrage: *What were you doing while your dad was watching TV/while your mother was reading the newspaper/while your brother was preparing dinner?* Die Festigung erfolgt wieder durch Nachsprechen (einzeln oder im Chor) sowie durch Anschreiben der Beispielsätze (Tafel oder Folie) und das Überlegen von eigenen Fragen und Antworten der S.

Die S suchen jetzt die Beispielsätze mit den *past progressive*-Formen aus dem Text heraus. L notiert die Verbformen der Sätze an der Tafel oder auf Folie. Die S versuchen sich anschließend in der Formulierung der Regel. Die Fixierung der Regel schließt diese Phase ab und es geht weiter mit Aufgabe **b)** von Übung 2.

Lösungsvorschlag: a)
*Lots of parents **were watching** while their kids were showing what they could do.*
*One guy **was playing** Michael Jackson.*
*Jenny dropped her microphone while she **was singing**.*
*Simon **was telling** a joke when a girl fell off her chair.*

*Everyone **was laughing**.*
*Barry and Wayne **were doing** a skateboard trick together.*
*While he **was taking** the skateboard back, we all stood up and clapped.*

You take the past tense of 'to be' (was or were) and the ing-form of the verb to make the past progressive.

b) Jetzt werden die drei Zeitlinien ins Heft übertragen (am besten im Querformat) und unter die Erläuterungen zunächst die Beispielsätze 1.–3. eingetragen. Danach folgt die Zuordnung der Belegstellen aus dem Text.

Transfer Die S ergänzen je zwei Sätze zu den drei Rubriken (Thema: *What happened in our English lesson yesterday?*). Ein S schreibt seine Beispiele auf Folie und präsentiert sie der Klasse.

Lösung: b) *1. – B, 2. – C, 3. – A*
A: *They were doing a trick when one of them sneezed.*
Jenny dropped her microphone while she was singing.
Simon was telling a joke when a girl fell off her chair.
He stopped because everyone was laughing already.
While he was taking the skateboard back, we all stood up and clapped.
B: *Robert broke his hand when he fell off his bike.*
The microphone made a terrible noise when it hit the floor.
The boys fell off the skateboard, and it flew across the stage.
Robert jumped up and caught it with one hand.
C: *We were watching while people were singing and dancing.*
One guy was playing and tripped over his own feet while he was dancing.
A lot of parents were watching while their kids were showing what they could do.

Erweiterung Zur weiteren Festigung der neuen Struktur bietet sich der Einsatz von **Kopiervorlage 5** (*Simple past or past progressive*) an. Sie enthält Einsetzübungen zur Kontrastierung der beiden *past tense*-Formen und kann entweder in Einzel- oder in Partnerarbeit gelöst werden. Die Kopiervorlage eignet sich auch als **Hausaufgabe**.

Festigung

3 What happened?

Ziel: Üben der neuen Struktur durch Verbinden von Satzhälften mit *when* oder *while*

Erarbeitung Auch hier werden die S aufgefordert, zusätzlich eigene Satzbeispiele zu überlegen.

Lösung: *1. Scott was reading a play when his sister came home from school.*
2. Mark dropped his spoon while he was eating his muesli.
3. David sneezed while he was playing the guitar.
4. Mr Burton was working on a bike when a customer came into the bike shop.
5. Sarah and Becky were waiting for the bus when the rain started.

Festigung

4 Not candy, not sweets, but ...

Ziel: Einsetzübung zur kontrastiven Verwendung von *simple past* und *past progressive*

Wortschatz *candy (AE), quick, behind, biscuit*

Materialien Folie 1 (*Not candy, not sweets, but ...*)

Hinführung In dieser Übung werden die S mit dem amerikanischen Ausdruck *candy* für das britische Wort *sweets* konfrontiert. Dieser Unterschied zwischen dem amerikanischen und dem britischen Englisch bietet gleichzeitig den Hintergrund für den Konflikt zwischen Wayne, einem britischen S, und dem aus den USA neu nach Sherwood gezogenen Scott. Die Situation wird im Vorfeld nicht weiter problematisiert. Der Text sensibilisiert ohne moralisch erhobenen Zeigefinger für das aggressive Verhalten der beiden britischen Protagonisten.

Erarbeitung L erläutert: *Scott doesn't say 'sweets', he says '<u>candy</u>'. <u>Biscuit</u> = a little cake.* Nach der Tafelanschrift macht L auf die unterschiedliche Bedeutung zum deutschen Biskuit(teig) aufmerksam. Die beiden weiteren Wörter sind rasch über *opposites* geklärt: *<u>quick</u> = fast ↔ slow, <u>behind</u> ↔ in front of.*
Text: Nach der Vorentlastung von *candy* und *biscuit* bietet sich – noch vor der Bearbeitung des Textes – der Einsatz von **Folie 1** (*Not candy, not sweets, but ...*) an. Sie zeigt vier

Zeichnungen mit Szenen zu dem Textinhalt. Den Abschluss bildet die Illustration aus dem Schülerbuch. Die anderen drei Zeichnungen sind neu und zeigen die Entwicklung der Geschichte. L deckt die Zeichnungen nach und nach auf und liest dazu den Text langsam vor. Damit wird der Inhalt der Geschichte verdeutlicht, bevor die S sich auf die Grammatik konzentrie-ren. Nähere Hinweise zum Einsatz der Folie befinden sich im Folienordner.

Lösung: *Scott* ***was walking*** *home from school when Wayne and Barry* ***stopped*** *him in the street. "Where are you going, Scott?" they* ***asked****. "To Becky's house. We're going to take her dog for a walk." – "Really? What have you got in there?" Scott* ***was carrying*** *a bag. "It isn't candy, if that's what you think," he* ***said****. Wayne* ***laughed****. "Candy! That's American for 'sweets', isn't it? Speak English, please! Hey, what's that over there?" While Scott* ***wasn't looking****, Wayne* ***grabbed*** *the bag. "Got it!" he* ***shouted****. "Quick, Barry! Run!" When they* ***ran*** *away, Scott* ***followed*** *them. But he couldn't run very fast – he* ***was laughing*** *too much. Then he* ***heard*** *the two boys behind a wall. They* ***were talking****. One of them* ***opened*** *the bag and Scott* ***heard*** *an angry voice. It was Barry. "Yuk! We can't eat this!" he* ***cried****. He* ***was looking*** *at a bag of dog biscuits!*

Transfer

5 What we were doing

Ziel: Anwenden der neuen Struktur im persönlichen Umfeld der S

Wortschatz *last night*

Erarbeitung Den S sind die einzelnen Bestandteile <u>*last*</u> und <u>*night*</u> bekannt. Um ihnen die deutsche Entsprechung (= gestern Abend) nahe zu bringen, stellt L die Frage: *What were you doing last night, from 6 to 8 o'clock?* Nach der Antwort lässt L die Frage übersetzen.

Alternative Die S wechseln sich im Fragen ab. Da sich alle die Antworten notiert haben, können sie die Ergebnisse austauschen und die Arbeiten ihrer Partner überprüfen. Anschließend versuchen sie, sich an die Fragen zu erinnern und sie noch einmal zu formulieren. Die Partner versuchen dann, wieder dieselbe Antwort zu geben. Wer die meisten richtigen Fragen und Antworten notiert hat, hat gewonnen.

Transfer

6 Finish the sentence

Ziel: Selbstständiges Fortsetzen von Satzanfängen zur Festigung der neuen Struktur

Wortschatz *to ring*

Materialien Folie 2 (*What were they doing …?*) • Kopiervorlage 6 (*Grammar plus*) • → **WB ex. 1, 2**

Erarbeitung Die Übung wird mündlich im Unterricht durchgeführt.

Lösungsvorschlag:
1. I was reading the newspaper when suddenly there was a loud noise outside.
2. While I was sleeping, my parents were watching TV.
3. When her mobile phone rang, she dropped the cup.
4. The Crofts were having breakfast when the door opened and their neighbour came in.

Erweiterung • Eine weitere Möglichkeit zum Transfer auf eine neue Situation bietet **Folie 2** (*What were they doing …?*). Sie eignet sich gut zur Festigung des *past progressive*. Die Folie zeigt S bei den unterschiedlichsten Tätigkeiten im Klassenzimmer (aus dem Fenster schauen, Karten spielen, essen, malen usw.), während L gerade zur Tür hereinkommt. Die Personen auf der Folie sind nicht bekannt. Nähere Hinweise zum Einsatz der Folie befinden sich im Folienordner.
• Zum Abschluss dieser Stunde (oder zur Wiederholung in der folgenden Stunde) kann **Kopiervorlage 6** (*Who was doing what when …?*) eingesetzt werden. Während die Verwendung

des *past progressive* mit dem Arbeitsblatt weiter gefestigt wird, trainieren die S gleichzeitig auf abwechslungsreiche Weise ihre Sprechfertigkeit. Sie lösen in Sechsergruppen anhand von Rollenspielkarten eine kleine Detektivgeschichte.

Festigung

7 Match the parts

Ziel: Ergänzen passender Präpositionen

Erarbeitung Obwohl es in dieser Übung um die Anwendung der Präpositionen geht, können die Sätze 2–6 bei Bedarf auch zur weiteren Festigung des *past progressive* herangezogen werden: *Connect sentences 2–6 with sentences beginning with 'while' or 'when'. Example: While he was going for a walk in the park, he tripped over a stone and fell.*

Lösung: *1. You can call me on my mobile.*
2. He tripped over a stone and fell.
3. The girls swam across the river.
4. We were playing football in our garden.
5. Becky's friend fell off her horse.
6. The bullies were standing behind a tree.

Festigung

8 Which preposition?

Ziel: Ergänzen der zugehörigen Präpositionen

Erarbeitung Die S werden aufgefordert, mit den Ausdrücken Sätze zu bilden.

Lösung:

1. on Monday	*5. in October*
2. at/in the beginning	*6. on 31st October*
3. at lunchtime	*7. at 7 pm*
4. in the evening	*8. in 2004*

text

The champion (S. 15/16)

Thema Konfliktlösung in einem sportlichen Wettkampf

Redeabsichten Sich sprachlich mit Übergriffen Gleichaltriger auseinander setzen, jemandem widersprechen, jemanden zu etwas herausfordern

Wortschatz *shot, against, nasty, gang, bat, to push, trouble, show-off, to cheer, fan, hard, could, not even, to hold, anything, to serve, to return, everyone, real, nil, over, to get, to be gone*

Materialien PB-CD 1, Track 5–7 • Folie 3 (*The champion*)

Hinführung L stellt die Frage: *Have you ever met a bully? Did he push you around or kick you? Or have you heard about bullying?* (Wort an die Tafel schreiben) Die Frage mag zu emotionalen Reaktionen führen und manche S wollen möglicherweise ihre diesbezüglichen Erfahrungen mitteilen. In diesem Fall sollte L sie ruhig in der Muttersprache berichten lassen. Am Ende der Hinführung fasst L dann die wesentlichen Ergebnisse auf Englisch zusammen und die S wiederholen sie noch einmal.

Alternative L bittet in der Stunde vorher, drei S eine kleine Szene vorzubereiten, in der ein S einen anderen belästigt (Rempeln auf dem Gang, Wegnehmen einer Jacke, eines Handys usw.). Der dritte S ist ein Zeuge, der eingreifen möchte. Die Szene wird wortlos gespielt und L eröffnet das Gespräch mit der Frage: *What did you see?* Das folgende Gespräch leitet zur Vokabelvorentlastung über.

Erarbeitung **Wortschatz:** Der Text wird zur Wortschatzerarbeitung in zwei Abschnitte unterteilt (Abschnitt 1, Zeilen 1–35; Abschnitt 2, Zeilen 36–93). Die Semantisierung erfolgt anhand von *opposites*, Beispielsätzen und Definitionen. Das Wort *fan* ist selbsterklärend, *to push* ↔ *to pull. Shot: You hit the ball very well, this was a very good shot. Against: You play for your school against another school. Nasty: This wasn't nice of you, it was very nasty! Gang: These bullies are all in the same gang. Bat: You play table tennis with a bat and a ball. Trouble: Don't go out with him, he always gets into trouble! Show-off: You always tell us how good* *you are, you're a show-off! To cheer: After this shot everybody cheered, "That was great!" real → really.*

Für die Vokabeln des zweiten Abschnitts wird das LdL-Verfahren (Lernen durch Lehren) eingesetzt: Acht S erhalten die **Hausaufgabe**, zu jeweils einem Wort eine Erläuterung zu finden, ein Beispiel zu formulieren, eine kleine Skizze auf Folie zu erstellen oder einen Gegenstand zur Demonstration mitzubringen, der für die Erklärung des Worts genutzt werden kann. Die S dürfen nicht auf die Vokabelerläuterungen im Schülerbuch zurückgreifen. Beispiel: *Could: Yesterday I wanted to play soccer with my friends, but I couldn't because I came home late from school. To hold:* (S hält einen Tischtennisschläger in der Hand) *Look, I'm holding a bat in my hand. To serve:* (S deutet mit Tischtennisschläger einen Aufschlag an) *Now I'm serving the ball. Hard: This was a good shot because I hit the ball so hard. To return: When I serve the ball, you must return it. To get: When you play for a long time, you get tired. To be gone: Where's the ball? I can't find it! It's gone! Over: School is over at 1 pm. Everyone = everybody. Nil = 0: They lost 2-0.* Zum Schluss formulieren die S zur Festigung eigene Sätze mit dem neuen Wortmaterial.

Alternative

Folie 3 (*The champion*) kann bereits während der Semantisierung sinnvoll eingesetzt werden. Sie eignet sich zusätzlich nach der Texterarbeitungsphase zur visuellen Unterstützung bei der Nacherzählung der Geschichte. Die Folie enthält sechs Zeichnungen, die den Ablauf der Geschichte aufzeigen. Die Illustrationen werden während der Semantisierung des neuen Wortschatzes von L sukzessive aufgedeckt. Wenn diese Phase ohne Unterstützung der Folie erfolgt, bietet sich ihr Einsatz während der Textpräsentation von der CD an. Auch hier werden die Zeichnungen von L nach und nach aufgedeckt. Im Anschluss an die Texterarbeitung und die Textverständniskontrolle (Übung 1) wird Folie 3 noch einmal zur Nacherzählung der Geschichte herangezogen. Weitere Hinweise zur Verwendung der Folie befinden sich im Folienordner.

PB 5

Text: Zunächst wird **Track 5** (Zeilen 1–35) von der CD vorgespielt. Die S-Antworten auf die ersten Fragen zum Grobverständnis lassen erkennen, ob dieser Textabschnitt noch einmal gehört werden muss. Anschließend stellt L allgemeine Fragen. Beispiele:
Who went to the activitiy centre in the lunch break?
Why did they want to go there?
What happened while they were playing?
Did they like the boys? Why not?
What did Wayne do so that he could play table tennis?
What did Barry do? And what about Becky, what did she do?
What did Becky think of Wayne?

Nun wird der Text von den S gelesen. Gezielte Fragen klären die Details und lassen die S Schlussfolgerungen ziehen bzw. fordern sie zu Stellungnahmen heraus:
Who does Carina often play against?
What did Carina do to help Becky when Wayne took Becky's bat away?
Why did Becky not try to get her bat back?
PB 6
Was Wayne really good at playing table tennis?
What do you call a person who always tells others what he is good at?
PB 7
Entsprechend wird mit den **Tracks 6** und **7** (Zeilen 35–73 und 72–93) verfahren.

Alternative

Für den zweiten Teil des Textes bietet sich eine Änderung der Erarbeitungsstrategie an. Nach der Erstbegegnung über die CD werden einige Fragen zur Sicherung des Grobverständnisses gestellt. Dann werden die S in zwei Gruppen eingeteilt: Die eine Hälfte sind Reporter der Schülerzeitung, die andere Hälfte sind die Protagonisten der Geschichte. Sie bekommen eine der vier Rollen zugewiesen: Becky, Carina, Barry und Wayne. Die Reporter suchen und notieren Fragen, die den Sachverhalt klären, wobei sie den ersten Teil der Geschichte lediglich mit zwei Fragen berücksichtigen und sich hauptsächlich auf den zweiten Teil des Textes konzentrieren. Die Hauptbeteiligten beschäftigen sich mit dem Text und machen sich mit ihrem Verhalten als Handlungsträger genau vertraut. L wendet sich zunächst den Reportern zu: *You're a reporter for our school magazine* (Schülerzeitung der Schule wird gezeigt und diese beiden neuen Wörter erläutert; die Schreibung klärt die Bedeutung). *You want to write about what happened at the activity centre. You want to find out what really happened. So you interview Becky, Carina, Barry and Wayne. Ask only two questions about the first part of the text. You've already got a good title: Bullying at our school? Never! But read what Becky, Carina, Barry and Wayne have to say!* Anweisungen an die Protagonisten: *Read the whole text and find out what you did and said!* Alle Aufgaben werden schriftlich fixiert (am besten auf Folie), getrennt nach den Gruppenmitgliedern. Im nächsten Schritt werden die Interviews im Rollenspiel vorgeführt, wobei voraussichtlich nicht alle Reporter zum Zuge kommen können. Zum Abschluss wird die **Hausaufgabe** gestellt: *Write down in about 120 words what happened at the activity centre.*

Lern- und Arbeitstechniken: Die S lernen die Arbeit mit einem zweisprachigen Wörterbuch kennen und stellen fest, dass sie bei vielen Wörterbucheinträgen mehrere Übersetzungsmöglichkeiten finden. Sie erkennen, dass sie eine Entscheidung aufgrund des kontextuellen Rahmens treffen müssen.

Festigung

1 Telling the story again

Ziel: Textverständniskontrolle durch Ordnen von Aussagen zum Textinhalt

Wortschatz *order*

Materialien Folie 3 (*The champion*) • → **WB ex. 1, 2**

Erarbeitung L schreibt einen Satz an die Tafel, bei dem die Wörter vertauscht sind: *Do you understand this sentence? Why not? Because the words are not in the right order. Now I'm putting them in the right order* (L verbessert den Satz).

Lösung: *4./7./2./8./1./5./6./3.*

Erweiterung Nach der Bearbeitung dieser Übung bietet sich die Nacherzählung der Geschichte anhand von **Folie 3** (*The champion*) an.

Festigung

⟨2⟩ Different views

Ziel: Freie Textproduktion

Erarbeitung Die S werden gezielt darauf hingewiesen, *feedback words and phrases* anzuwenden, ggf. gibt L eine bestimmte Anzahl vor. Als zusätzliche Aufgaben sind denkbar:
5. A teacher entered the hall where the children were playing table tennis. You were there, too, and saw what happened. Tell your friend after school what the teacher did and said.
6. After school Barry, Wayne's friend, comes up to Carina and Becky and talks to them. Write a dialogue.

Lösungsvorschlag: *1. After some seconds the girls and boys clapped their hands and shouted: "That was great, Carina! You're a real champion!" But Wayne and his gang were very quiet. "What about a second game?" Barry asked.*
"Come on, Wayne, we all know that you're the better player. You were a bit nervous, weren't you?" "I wasn't," he answered, "I just didn't see the ball."
"Hey, Wayne," said Carina, "we can have another game. But only if you don't bully us!"
Wayne looked at his friends, then he turned to Carina.
"OK," he said at last, "next week, same day, same time," and left the hall.

2. Simon: Hi, Carina, how was the lunch break?
Carina: It was OK. We met Wayne and his gang at the activity centre.
Simon: Oh no! Really? They're terrible bullies! But they didn't make any trouble, did they?
Carina: Well, we were playing table tennis when Wayne came in, grabbed Becky's bat and started to play together with his friends.
Simon: And there was nobody to help you?
Carina: No, there wasn't. I got very angry, but then I grabbed a bat from one of Wayne's friends and I asked Wayne to play against me. So we played.
Simon: And? What happened? You lost, didn't you?
Carina: Not really. I won the first game.
Simon: That's fantastic! You must be very, very good. Didn't you know that he's in the school team?
Carina: Yes, I did, but I usually play with my brother, and he is a champion at home in Germany.

3. Hi, Kevin,
How are you? I really had a bad day today: I lost a table tennis game against a girl! Imagine: against a girl! After lunch we went to the activity centre, where two girls were playing at our table. Everybody knows that we always play there on Wednesday! Only those silly girls didn't know that. Well, we took their bats and started playing when one of the girls came back, grabbed Barry's bat and returned my really fast ball. And then we played a real game. I think I suddenly got very nervous, I don't know why, but I lost. Later I found out that she often plays against a German champion. He's her brother! This explains why I couldn't win. But next week I'm going to show the German girl who the real champion is!
See you,
Wayne

4. Wayne: Hallo!
Barry: Hi, Wayne, this is Barry speaking. How are you?
Wayne: Why are you asking? You know what happened this afternoon.
Barry: Oh, come on, we all know that you are the best table tennis player. You're the school champion. And this girl …
Wayne: You're talking about the German girl?
Barry: Yes, Carina. She was just lucky. Do you know why you lost the game?
Wayne: No, I don't. I can't understand why she was so good.
Barry: I heard from Sue, Ben's sister, that Carina has a brother and he's a table tennis champion – not only of his school, but of Bavaria, the part of Germany where he lives. And she usually plays against him.
Wayne: Oh, so I lost a game against a very good player. Then I'm not so bad! What about a match against you after school tomorrow?
Barry: OK, why not? Bye, then.
Wayne: Bye, Barry.

3 One word, many meanings

Ziel: Heranführen an die Arbeit mit einem zweisprachigen Wörterbuch

Wortschatz *meaning, to look up*

Materialien → WB ex. 3, 4

Erarbeitung L schreibt das Wort *break* an die Tafel: *I'm sure you know this word. What does it mean in German? Right, the word break means* 'Pause' *in German. The German meaning of the word is* 'Pause'. *But this word has many meanings: when you play tennis against your friend, for example, and he or she serves but you win the game, then you've got a break. What must you do so that you can find the meanings of a word? You look it up in your dictionary.* Die Zeichnungen zu Aufgabe b) werden von einem S (oder von L, falls sich kein S das zutraut) auf Folie angefertigt, um sie der ganzen Klasse zugänglich zu machen.

Lösungsvorschlag: a) *1. thug, 2. fighter, 3. (baseball) bat, 4. (table tennis) bat, 5. racket or racquet, 6. batsman (cricket), 7. batter (baseball)*

b) *1.* (Schlägertyp) *A thug is trying to hit someone.*
2. (Ringer) *This is a very strong fighter.*
3. (Baseballschläger) *You can hit a ball very hard with a baseball bat.*
4. (Tischtennisschläger) *Carina used a bat like this one.*
5. (Tennisschläger) *This racket is not for table tennis, but for tennis.*
6. (Cricketspieler) *This batsman is waiting for a ball.*
7. (Baseballspieler) *This batter is hitting a ball.*

PB 8

4 A song: We are the champions

Ziel: Ergänzen fehlender Präpositionen in einem Liedtext

Materialien PB-CD 1, Track 8

Hintergrundinfo *The song by the rock band Queen was released on 7th October, 1977 and became a top ten hit in the same year. It was written and sung by Freddie Mercury (born Farrokh Bulsara on September 5th, 1946 in Zanzibar, died on November 24th, 1991 from AIDS).*

Erarbeitung Das Lied wird mindestens zweimal von der CD vorgespielt. Vor dem zweiten Durchgang wird die Aufgabe besprochen. Die S singen beim zweiten Vorspielen den Refrain mit.

Lösung: *1. after*
2. in
3. through
4. to
5. for
6. of
7. with
8. before

let's check

Back to school (S. 17)

Lernziel Schrittweises Aneignen der Fähigkeit, den eigenen Lernfortschritt festzustellen und eventuelle Defizite mit den zur Verfügung stehenden Hilfsmitteln zu beheben.

Materialien Kopiervorlagen 7, 8 (*Word power 1, 2*)

Hinweis Da die Übungen in *Let's check* generell der Wiederholung und damit der Festigung dienen, wird auf den entsprechenden Hinweis in der Randspalte verzichtet.

Erarbeitung Selbstverständlich kann man alle Aufgaben lehrerzentriert durchführen. Kettenaufrufe (der jeweils antwortende S ruft den nächsten auf) und kleine Wettspiele wirken auflockernd. Der Vorteil der starken L-Beteiligung ist, dass bei Problemen rasch reagiert werden kann. Allerdings sollte gerade in dieser Phase neben der Selbstständigkeit auch die Sozialkompetenz gefördert werden, so dass L zumindest einzelne Aufgaben in Partner- oder Gruppenarbeit vorbereiten lassen sollte.

Alternative Auch die radikale S-Zentrierung sowie diverse abgestufte Mischformen sind denkbar. L kopiert die Lösungen jeder Aufgabe auf einen separaten Zettel und vervielfältigt diese. Die S dürfen entscheiden, ob sie allein, zu zweit oder in einer Gruppe von bis zu vier S arbeiten wollen. Jeder muss alle Aufgaben bearbeiten. Es dürfen Bücher und Hefte zum Nachschlagen benutzt und Klassenkameraden um Rat gefragt werden. Wenn eine Aufgabe gelöst ist, wird das Lösungsblatt beim L abgeholt und überprüft, ob die eigenen Lösungen stimmen. Bei Fragen zu Fehlern steht neben den Klassenkameraden auch der L zur Verfügung. Die S führen Buch darüber, bei welchen Aufgaben sie Schwierigkeiten hatten. Mit Hilfe des grammatischen Anhangs, des *Workbooks* und der Kopiervorlagen wird gezielt nachgearbeitet.

Erweiterung Die **Kopiervorlagen 7** und **8** sind während der Bearbeitung von *Let's check* an beliebiger Stelle einsetzbar. Sie enthalten vielfältige Wortschatzübungen, mit denen der Gesamtwortschatz von *Unit* 1 noch einmal umgewälzt und weiter vernetzt wird. Die Arbeitsblätter werden entweder im Unterricht oder als **Hausaufgabe** eingesetzt.

1 What is Carina going to do next week?

Ziel: Pläne für die nächste Woche mit dem *going-to future* wiedergeben

Materialien → WB ex. 1

Erarbeitung Diese Übung bietet sich als schriftliche **Hausaufgabe** an.

Lösungsvorschlag: *On Monday Carina is going to go to Sarah's home. They're going to do their history homework together.*
On Tuesday at 5.30 pm Carina is going to go to the activity centre to play table tennis.
On Wednesday Carina is going to have lunch with Mr Cooper.
On Thursday Carina is going to meet Scott outside the swimming pool at 8.30 am.
On Friday Carina is going to watch table tennis on TV at 4 pm. At 6 pm she's going to have dinner with the Burtons.

2 Question tags

Ziel: Ergänzen der fehlenden *question tags*

Materialien → WB ex. 2

Lösung: *1. Scott doesn't come from Scotland,* ***does he****? (No, he doesn't.)*
2. Carina is visiting the school, ***isn't she****? (Yes, she is.)*
3. Robert went to the Drama Club, ***didn't he****? (Yes, he did.)*
4. Carina, you're not allergic to cats, ***are you****? (Yes, I am.)*

3 Word power: Opposites

Ziel: Suchen des Gegenteils

Wortschatz *opposite*

Erarbeitung L erläutert das Wort opposite: *Wayne wants to win the table tennis match, of course, and Carina wants to win, too. But only one of them can win, the other loses. To win is the opposite of to lose. What's the opposite of to win a point, to hit a ball, to start to play, to be the first?* Die S werden aufgefordert, zu jedem Gegensatzpaar einen Satz zu bilden. Die gesamte Wortreihe lässt sich auch gut in einen fortlaufenden Text einbauen, so dass die S eine Geschichte mit diesen Ausdrücken verfassen können. Thema: *An exciting table tennis match.*

Lösung: *throw – catch, nice – nasty, pick up – drop,*
cry – laugh, boring – exciting, against – for,
hit – miss, serve – return, quick – slow,
in front of – behind, find – lose, like – dislike/hate

4 What was happening? What happened?

Ziel: Einsetzen der korrekten Verbformen an der richtigen Stelle im Satz

Materialien → WB ex. 3

Lösung: *1. was telling/fell*
2. were walking/bought
3. hurt/was playing
4. played/lost
5. were waiting/drove
6. was riding/crashed
7. was walking/started/got

5 Mixed bag: Becky calls Sarah on her mobile

Ziel: Wiederholung gemischter Pensen

Materialien → WB ex. 4, 5, 6

Lösung:
1. Hi
2. you hear
3. didn't
4. happened with
5. so funny
6. were playing
7. activity centre
8. bully
9. gang
10. pushed
11. great/fantastic
12. grabbed
13. match
14. What/Wow
15. at
16. isn't he
17. is good, too
18. hits
19. hard
20. happened
21. Well
22. won
23. angry/stupid
24. were watching
25. Wayne/thing/boy
26. hasn't got
27. right
28. can't remember
29. nasty

Vocabulary

Box on page 142

Lösungsvorschlag: 2 a) *ten, right, fight, end, fine, feed, …*

3 a) *take, break, make, cake*
letter, better

phone, own
bring, ring, sing
mouse, house
bark, mark, dark
door, floor, more

b) *Let's take a break and make a cake.*
Why not write a better letter?
Have you got a phone on your own?
Let me bring you a ring. Oh great, now I can sing.
There's a little mouse in that house.
We always bark to mark the dark.
Behind the door there is a floor and something more.

The map of Europe at the back of your book

1 What are the countries?

Materialien LC-CD, Track 33

LC 33

Text: *Country number one is in the southwest of Europe. It's a big country and it has got a border in the north with France. Lots of people go there on holiday.*

Number two. This country is east of Germany and south of Sweden. It's on the sea.

Country number three is very far north. It has got a long border with Russia. In the north of this country there are almost 24 hours of daylight in June.

Four. Lots of people from this country live and work in other countries like Austria and Germany. It's in the far southeast of Europe. Part of this country is Europe and part of it is Asia.

Country number five is small. The people there speak three different languages – French, Italian and German.

Hinweis Nach *Unit* 1 bietet sich der Einsatz der beiden Übungen auf Seite 200 im Schülerbuch an. L weist die S auf die Europakarte auf Seite 201 mit den Ländernamen und den dazugehörigen Adjektiven hin. Sie steht zusätzlich zu den beiden Landkarten *The British Isles* (vorne im Schülerbuch) und *The United States of America* (hinten im Schülerbuch) zur Verfügung.

Lösung: *1. Spain, 2. Poland, 3. Finland, 4. Turkey, 5. Switzerland*

2 Flags

Lösung: *(left down) Czech Republic, Finland, Iceland, Greece, Great Britain, Russia*
(middle down) Austria, Germany, The Netherlands/Luxembourg, Norway, Portugal, Europe
(right down) France, Spain, Italy/Ireland, Poland, Switzerland, Belgium

focus

Focus on Halloween

Erstinformation

Hauptanliegen von *Focus on Halloween* ist die landeskundliche Vermittlung eines in den angelsächsischen Ländern üblichen Brauchs. Mittlerweile ist das Feiern von *Halloween* auch bei uns populär geworden. Von dem eigentlich religiösen und christlich-katholischen Hintergrund von *Halloween* ist allerdings heute nahezu nichts mehr übrig geblieben. Die Aussicht auf Süßigkeiten, die Lust an der Verkleidung zusammen mit dem wohlig-schaurigen Ambiente haben sicher viel zur Beliebtheit dieses ursprünglich irisch-amerikanischen Brauchs beigetragen.

Die Texte und Übungen vermitteln den S einen Einblick in die Geschichte des Festes und in die überlieferten Sagen (siehe auch Diktat- und Transfertexte, Seite 203). Sie dienen aber nicht nur der Faktenvermittlung, sondern regen die S auch zum produktiven Arbeiten an. Die beiden *Focus*-Seiten bieten Anlass zu vielfältigen Aktivitäten: Vom Basteln von *jack-o'-lanterns*, über den Wettbewerb, wer den schönsten Kürbiskopf erstellt hat, bis zum Erfinden eines individuellen Schlussteils für eine Gespenstergeschichte (Übung 4).

Hintergrundinfo

Halloween: *The word Halloween has its origins in the Roman Catholic Church. It stems from a contracted corruption of 'All Hallows Eve', October 31, the evening before 'All Hallows Day'. Essential elements of the celebration of Halloween, however, come from old Irish customs deeply rooted in ancient pagan beliefs: the Celts believed that the disembodied spirits of all those who had died in the preceding year would come back in search of living bodies to possess for the following year, which was their only hope for afterlife. In order not to be possessed, the villagers would extinguish the fires in their homes to make them undesirable. Then, at the start of the 'season of death', on October 31 (called 'Samhain'), they would dress up in ghoulish costumes and noisily parade around their neighbourhood to frighten away spirits.*

Another explanation states that Celts extinguished their fires so that all Celtic tribes could relight them from the Druidic fire that was kept burning in the Middle of Ireland, at Usinach. Pope Gregory 3rd (731–741), decided to celebrate All Saints' Day on the exact day of Samhain to get rid of the pagan holiday. And in order to celebrate All Saints' Day, young men were to go from door to door begging for food for the poor. Villagers were allowed to dress up in costumes to represent saints: instead of dressing up to chase away evil spirits, people dressed up to honour the saints. The first official celebration of Halloween took place in Anoka (Minnesota) in 1921. New York started celebrating in 1923 and Los Angeles in 1925. By then begging for a good cause had become 'trick-or-treating'.

Special days: *Students are only expected to know a few special days in Great Britain. One or two may have come across Guy Fawkes' Day. The teacher could point out the fact that there are considerably less official holidays than in Germany: Christmas Day, Bank Holidays (in England and Wales), New Year's Day (or the first working day after it), Good Friday, Easter Monday, May Day (the first Monday in May), Spring Bank Holiday (the last Monday in May), August Bank Holiday (the last Monday in August), Boxing Day (the day after Christmas or the following Monday if December 26th falls on Sunday). In Scotland and Northern Ireland there are other bank holidays.*

Guy Fawkes' Day: *The one special day out of many traditional but mainly local ones (i.e. International Musical Eisteddfod in Wales, folk dancing festivals, the Lord Mayor's Show, Tattoos) that is celebrated nationwide is Guy Fawkes' Day (or Guy Fawkes' Night) on 5 November, the day of the Gunpowder Plot in 1605. Roman Catholics planned to assassinate King James I at the State Opening of Parliament by exploding gunpowder barrels in the cellars of the Houses of Parliament. Guy Fawkes (born 1570), who was one of the conspirators, was captured, tortured and revealed the names of others involved in the plot. He was convicted and executed in 1606.*

Thanksgiving Day: *To celebrate this event, there are barbecues with bonfires and firework displays in public and private places. Pupils may have heard of the American Thanksgiving Day and will mention it in their answers. Its origin lies in the situation the Pilgrims were faced with when they began to settle in the New World in 1620. That winter, half of them died because of malnutrition. In the following spring, Iroquois Indians taught them how to grow corn and other crops and how to hunt and fish. In the autumn of 1621, an abundance of crops of corn, barley, beans and pumpkin were harvested, inspiring them to plan a feast of thanks to which their*

Indian neighbours were invited. It soon became a widely known custom "to acknowledge their dependence on the mercy and favor of Divine Providence" (George Bush in his Thanksgiving Proclamation of 1990). After the United States had become an independent country, Congress recommended celebrating one day of thanksgiving for the whole nation. After the Civil War, Abraham Lincoln suggested setting aside the fourth Thursday in November as a day of thanksgiving. The original ingredients of the first feast of thanks, turkey, corn, pumpkins and cranberry, are still components of the main meal on Thanksgiving Day.

Thema Informationen über *Halloween*

1 The history and customs of Halloween

Ziel: Das Hörverstehen trainieren, landeskundliche Informationen zu einem typisch angelsächsischen Fest erhalten

Wortschatz *custom, to celebrate, costume, Celtic, scary, ghost, Christian, bread, prayer, treat, to smell,* ⟨*All Saints' Day*⟩, ⟨*All Souls' Day*⟩

Materialien PB-CD 1, Track 9 • LC-CD, Track 3 • Kopiervorlage 9 (*Extras*)

LC 3

Text: *Carina wanted to find out about Halloween. She asked a lot of people for information, but she forgot to take a pen with her. This is what she wrote down two hours later. Oh dear! Can you say what's wrong?*

Carina (reads her notes slowly): Halloween is a special day in November. Today people only celebrate it in America. You spell the word h – e – double l – o – w – i – n. In the church calendar Halloween is the day before All Saint's Day. It was a special day for the Celtic people of America: they celebrated the end of winter and the beginning of the Celtic New Year. They wore beautiful costumes and played loud music to invite ghosts to their gardens. In the 1840s American people took the custom with them to Ireland.

Trick-or-treating is an old sport. People ran from village to village and everyone got a lot of money. Today it's different: children make cakes and then they go from door to door. They cry: "Trick or treat, smell my feet, here is something nice to eat." They then give the cakes to the people and get old clothes from them. In this way they collect a lot of clothes and make funny costumes, so they can wear them at the Halloween party.

Hinführung Wenn der Tag der Durchnahme dieser Sequenz auf den 31. Oktober oder kurz davor bzw. danach fällt, liegt es nahe, gleich auf die Besonderheit dieses Datums zu sprechen zu kommen: *Is today a special day? What's going on in many streets tonight?* (Tagesangabe entspechend dem tatsächlichen Datum.)

Alternative L stellt wortlos einen ausgehöhlten Kürbiskopf (*jack-o'-lantern*) auf das Pult und zündet die Kerze darin an. Die Reaktion der S führt zur Klärung der Bedeutung dieses Tages.

Erarbeitung **Wortschatz:** Als Ausgangspunkt für die Semantisierung dienen die beiden Fotos auf Seite 18: *Look at these two photos: When you meet those people at night, maybe you're very scared because they are wearing scary costumes* (Schreibung klärt letzteres Wort). *Look at the person with the white face! He is very scary, isn't he? He looks like a ghost, doesn't he? There are no ghosts, you all know that, don't you? But when people see others in those costumes, they are very scared. Boys and girls wear those costumes only on a special day: on October 31st. They wear these costumes on Halloween. It's the day before All Saints' Day. In German it's* 'Allerheiligen'. *Now you know, too, what saints are, don't you? Some people pray to them* (gestisch demonstrieren), *they say prayers. Some days later there is another special day. Do you know its German name? ... That's correct. In English it's All Souls' Day. So you know, too, what soul means in German. These are special days for Christians* (Schreibung klärt auch hier). *These days are very, very old: hundreds and hundreds of years ago people had these special days. The Celtic people in Ireland had them, too. Now these days are very special, and if you want to show that they are special for you, you celebrate these days. A birthday is special for you, too. So you celebrate it. If you do something special on those days every year, it's a custom. It's a custom, for example, to invite your friends to a birthday party where you offer them cakes and sweets because you want them to feel happy: you give them a treat. A treat issomething special! Sometimes a treat smells good* (mimisch-gestisch unterstützen). *A sandwich is not a treat. You need bread to make a sandwich.*

Alternative Die Semantisierung der neuen Wörter kann zur Abwechslung auch in die Hand der S gegeben werden. **Kopiervorlage 9** (*Halloween*) enthält den Text *The history and customs of Halloween* mit einem größeren Zeilenabstand und einem breiten Rand. Die S werden aufgefordert, die Bedeutung der neuen Vokabeln selbst herauszufinden. Sie unterstreichen alle unbekannten Wörter im Text, schlagen sie im *Dictionary* (Schülerbuch, Seite 178 ff.) nach und tragen die deutsche Bedeutung ein. Die Aussprachesicherung erfolgt in gewohnter Weise im Plenum.

PB 9

Text: Die S hören nach dieser Vorentlastung den Text von der CD. L stellt Kontrollfragen zur Sicherung des Grobverständnisses, dann wird der Text gelesen und die wesentlichen Inhalte mit genaueren Fragen gesichert. Dies kann auch von den S selbst übernommen werden. Nach dem ersten Hören von der CD und dem gemeinsamen Lesen beschäftigen sich die S noch einmal in Stillarbeit mit dem Text und prägen sich dabei so viele Einzelheiten wie möglich ein.

Alternative Ist die Klasse nicht allzu groß und der Raum geeignet, setzen sich die S in zwei Doppelkreisen so zueinander, dass sich immer zwei Partner gegenüber befinden. L bestimmt nun, ob die S des Innen- oder des Außenkreises die Fragen beantworten. Einstieg: *What do you know about the history and customs of Halloween?* Die andere Gruppe stellt die Fragen und berichtigt. Nach einigen Minuten wird gewechselt und die S werden gleichzeitig aufgefordert, einige Plätze weiterzurutschen, so dass sie mit neuen Gesprächspartnern fortfahren.

LC 3

a) Nach dieser Textverständniskontrolle geht L zur Bearbeitung der Aufgaben a) bis c) über. Zunächst wird der Hörtext von der CD vorgespielt. Beim ersten Durchgang fordert L die S auf, nur zuzuhören. Erst beim zweiten Hören notieren die S die falschen Aussagen. L weist darauf hin, dass nur Stichwörter notiert werden sollen, nicht etwa ganze Sätze. Der Text wird danach zur Kontrolle ein drittes Mal gehört.

b) Im Internet findet man eine Fülle von Informationen, die sich mit den Feiertagen aus der Sicht der Kinder beschäftigen. Wer mit den S über das Verfassen von Texten hinausgehen möchte, findet Anregungen zum Zubereiten von typischen Speisen an bestimmten Feiertagen oder Bastelarbeiten, wie sie amerikanische Kinder in Schule und Kindergarten anfertigen, um die Begegnung mit den Feiertagen zu einem ganzheitlichen Erlebnis werden zu lassen. Die S bekommen den Auftrag, Informationen zum *Thanksgiving Day* oder zum *Guy Fawkes' Day* im Internet zu finden. Dazu werden sie mit der Suchmaschine google.com vertraut gemacht. Ebenso gut lässt sich die britische Suchmaschine ask.com verwenden, bei der die Suchaufträge in Form von Fragen eingegeben werden können. In Gruppen- bzw. Partnerarbeit werden die Ergebnisse in der nächsten Stunde zusammengetragen, auf Postern festgehalten und dem Plenum vorgestellt.

Lösung: a) *Wrong (right): November (October)*
only in America (in many countries)
h – e – double l – o – w – i – n (h – a – double l – o – w – double e – n)
in America (in Ireland)
end of winter (end of summer)
beautiful costumes (scary costumes)
to invite ghosts (to chase away ghosts)
American people (Irish people)
to Ireland (to America)
old sport (old custom)
people ran (Christians walked)
got a lot of money (asked for 'soul cakes')
children make cakes (children ask for money or sweets)
"..., here is something nice to eat." ("..., give me something good to eat!")
give cakes to people (ask for money or sweets)
get old clothes (get money or sweets)
collect clothes (collect money or sweets)
make funny costumes (wear costumes)

b) Lösungsvorschlag: *(new words in brackets)*
***Thanksgiving** is a very important holiday for the people in America. The first Thanksgiving was many years ago, in 1621, when English people had dinner together with Indians. Today*

they celebrate Thanksgiving on the fourth Thursday in November. The families come together and have a very good dinner. (They eat turkey, pumpkin pie and corn, for example.)

Guy Fawkes' Day: *On November 5th, people in Great Britain celebrate Guy Fawkes' Day. (They light big fires and have fireworks.) And they have open air parties together with their friends. About four hundred years ago, on that day, Guy Fawkes tried to destroy the British Parliament.*

c) *Many people in my country buy pumpkins before Halloween and their children make jack-o'-lanterns. In the evening they meet friends or have a party. Some children go from house to house, and when someone opens the door, they shout:* "Süßes, sonst gibt's Saures!" *Usually people give some sweets or some chocolate. But sometimes they just shut the door.*

Festigung

2 Jack and his lantern

Ziel: Eine landeskundliche Geschichte in die richtige Reihenfolge bringen

Wortschatz *lantern, light, to last, to climb, pumpkin, darkness, to be stuck, between, ⟨jack-o'-lantern⟩, ⟨heaven⟩, ⟨hell⟩, ⟨turnip⟩, ⟨devil⟩, ⟨to make a deal with sb⟩, ⟨to leave sb alone⟩*

Hintergrundinfo *The word jack-o'-lantern was first used in Ireland to describe a mysterious light seen at night flickering over marshes. In popular legends it is considered to be the soul of some person who has been rejected by hell and must carry his own hell coal on his wanderings. It isn't hard to make up a story to explain why someone had to suffer such a miserable fate. The 18th century legend mentioned in the textbook, however, is only one of many versions about 'Stingy Jack', who played a dirty trick on the devil. In another story he turns Beelzebub into a sixpence: Stingy Jack invites him to have a drink. When the bill has to be paid, he convinces the devil to change into the coin, but instead of paying for the drink, Jack pockets the sixpence and stores it in a box beside a cross, which prevents the devil from changing back. Having made a deal that the devil could do no harm to him, he lets him free. After his death Jack is turned away from Heaven as well as from Hell. The rest of the legend remains the same. From these legends came the Irish tradition of placing jack-o'-lanterns made of hollowed-out turnips, beets or even potatoes in windows or by doors on Halloween. They were meant to scare away evil spirits, such as Stingy Jack, who are said to walk the earth on that night. Irish immigrants who fled from the great famine in Ireland between 1846 and 1850 took this custom to the United States, quickly discovering that pumpkins were bigger and easier to carve out.*

Erarbeitung **Wortschatz:** *Lantern, pumpkin* und *turnip* werden an die Tafel gezeichnet. *Jack-o'-lantern: This lantern looks like a pumpkin: it's a jack-o'-lantern. Light: A lantern gives you light. Dark → darkness: If you have light, there is no darkness. To last: A lesson in a German school lasts 45 minutes. To climb: Don't climb this tree, you can fall down! To be stuck: I can't move, my foot is stuck under this rock. Between: Night is between evening and morning. Heaven: People say God lives in heaven. Heaven ↔ hell, God ↔ devil: The devil lives in hell. To make a deal with sb: Let's make a deal: you do my Maths homework and I do your English homework. To leave sb alone: Please leave me alone, I want to read my book.* Nach dieser Vorentlastung liest L die einzelnen Sätze vor, um die Aussprache der neuen Wörter zu sichern. Die S sprechen die Sätze nach (einzeln und im Chor) und lesen sie danach noch einmal in Stillarbeit durch, um mögliche Verständnisprobleme noch zu klären. In Partner- oder Kleingruppenarbeit (drei S) wird jetzt die Aufgabe gelöst.

Lösung: *C/E/A/H/G/B/D/F*

Festigung

3 Tips for trick-or-treating

Ziel: Einsetzen von Imperativen

Hintergrundinfo *The custom of trick-or-treating is thought to be not of Irish-Celtish origin, but a European custom from the ninth century, called 'souling'. The 'soul cakes' were made out of square pieces of bread with currants. The more soul cakes the beggars received, the more prayers they promised to say on behalf of the dead relatives of the donors. At that time, people believed that the dead remained in limbo for a time after death, and that prayers, even by strangers, could expedite a soul's passage to heaven.*

Wortschatz *charity, adult, bright, stranger*

Erarbeitung L spricht mit den S über ihre Erlebnisse beim *trick-or-treating*. Mit diesem Gespräch ist die Wortschatzklärung verknüpft. L fragt: *Sometimes you get money when you say: "Trick or treat!" What do you do with the money? Oh, you keep it. Well, you can also give it to people who pass it on to poor families. When you do this, you give your money to a charity. A charity collects money to help people. Do you know the names of charities? And what about the people there? You don't know them? Then they are strangers.* Über *opposites* werden noch *adult ↔ child* und *bright ↔ dark* geklärt.

Lösung: *1. Go 2. Wear 3. Don't go 4. Look 5. Explain 6. Be, say thank you*

Festigung

4 Grandpa's ghost story

Ziel: Eine Geschichte lesen und verstehen, ein mögliches Ende überlegen

Wortschatz *to change sth into sth, horror, to paint, spider, to prepare, tape, mask, at first, to go (+ adj), ⟨barn⟩, ⟨witch⟩*

Materialien PB-CD 1, Track 10 • Folie 4 (*Grandpa's ghost story*) • Kopiervorlage 10 (*Cloze test*) •
→ **WB ex. 1, 2**

Erarbeitung **Wortschatz:** Die Wortschatzvorentlastung erfolgt mit Hilfe von **Folie 4** (*Grandpa's ghost story*). Die Folie enthält sechs Zeichnungen, die die Geschichte aus Großvaters Jugendtagen illustrieren. L deckt die Zeichnungen sukzessive auf und erläutert zunächst den neuen Wortschatz über Definitionen und Beispielsätze. *Horror* und *mask* sind selbsterklärend. *Barn: a big house on a farm where the animals live. Witch: a woman in ghost stories, she often does tricks. To change sth into sth: The witch changed the boy into a pig. To paint: My sister painted the walls in her room blue. Spider: a little animal with eight legs. Many people find spiders scary. To prepare = to get sth ready: Dad is preparing lunch. Tape: I've got all my music on tapes, not on CDs. At first: At first I thought he was a nice boy, but then I saw what a bully he was! To go* (+ *adj*)*: When she saw the ghost, her face went white.* Die S üben Sätze mit *at first … but* besonders, um die Verwendung von *at first* bei einer Aufzählung auszuschließen. L erklärt: *We often use 'at first' when the situation changes later.*

PB 10

Text: Der Text wird jetzt zweimal von der CD vorgespielt, wobei L nach der ersten Darbietung durch Kontrollfragen sicherstellt, dass das Wesentliche verstanden wurde.
Who is telling the story?
Where did the old man meet his friends when he was a boy?
What did they want to celebrate in the barn?

Auf eine weitere Erarbeitung wird verzichtet, um die Lust an der kreativen Aufgabe nicht zu verringern. Wenn die S sich ein mögliches Ende der Geschichte als **Hausaufgabe** ausdenken und in Stichpunkten notieren, bietet sich als Einstieg in der folgenden Stunde die Nacherzählung der Geschichte an. Dazu wird noch einmal **Folie 4** aufgelegt. Die Nacherzählung erfolgt in Dreiergruppen bei geschlossenen Büchern: S1 gibt den Inhalt der ersten drei Illustrationen wieder, S2 schließt die Nacherzählung ab und S3 fügt das selbst ausgedachte mögliche Ende der Geschichte hinzu.

Lösungsvorschlag: *… Then, suddenly, we heard a sound from outside the barn: someone knocked on the wall. Then it stopped. The lanterns went dark and, after some seconds, I felt a cold, wet hand on my shoulder. "Come with me!" a voice said to me. "I know a better place for you! I want you to stay with me in the river where I'm from." I didn't want to get up from my chair, but I was so scared that I could only follow the voice. I didn't know where we were going, but suddenly I crashed against the wall. Then the lights went on. "What are you doing there?" someone shouted. But I didn't answer. I looked at my hands: they were wet. Then I looked at the wall: it was wet, too – but only the part where I was standing.* (Ich kann nicht weitermachen, es ist zu gruselig!)

Erweiterung • Zum Abschluss dieser Sequenz bietet es sich an, die S eine eigene Spukgeschichte schreiben zu lassen. Mögliches Thema: *Alone at home, I met a living jack-o'-lantern* oder *While I was reading in my bed one night …*

• Eine weitere Möglichkeit, eine Geschichte etwas gelenkter verfassen zu lassen, ohne jedoch die Fantasie der S zu sehr einzuschränken, bietet die Aufgabenstellung: *Questions without a story*. Es werden eine Reihe von Fragen gestellt, die dabei helfen, einen spannungsorientierten Aufbau mit einer überraschenden Lösung anzusteuern.

• Entweder als **Hausaufgabe** oder zur Wiederholung in der folgenden Stunde eignet sich **Kopiervorlage 10** (*An e-mail*). Sie bietet einen Transfertext zur Textrekonstruktion. Die Lösungswörter sind unten auf dem Arbeitsblatt in alphabetischer Reihenfolge angegeben. Sie können je nach Niveau der Lerngruppe entweder mitgeliefert oder von L vor dem Kopieren abgeschnitten werden. Nach der Bearbeitung verteilt L die Lösungen dann an die S zur Selbstkontrolle.

Festigung

5 A Halloween cartoon

Ziel: Auflockerung des Unterrichts durch einen Cartoon

Wortschatz *could, stuff,* ⟨*werewolf*⟩, ⟨*corpse*⟩

Erarbeitung L erläutert als Einstieg die wenigen neuen Wörter. *Could: If you want to make a suggestion, you can use the word 'could'. Stuff: There's a lot of old stuff in the garage. Why don't you throw it away? Corpse = a dead body. Werewolf* ist selbsterklärend. Die Geschichte wird in Partnerarbeit ausgearbeitet, da zwei Personen die Handlung tragen. L fordert die S auf, sich in jeweils eine der Personen hineinzuversetzen: *One of you is Paige, and your partner is her brother Jason. What do they think or feel?* Nach dem gemeinsamen *brainstorming* verfassen die S die Geschichte. L weist die S darauf hin, dass sie sich einen sinnvollen einleitenden Satz überlegen sollten, bevor sie die eigentliche Geschichte erzählen.

Lösungsvorschlag: *Every year before Halloween it's the same old story: Paige doesn't know what costume she wants to wear.*
"Let's see," she says, "I could be a werewolf ... I could be a witch."
"You're already a witch." her brother Jason says. "What are you looking for, then?"
"And you – you could be a corpse," she answers. "I really don't know ... Jason, I need your help. You're good at this stuff." Paige turns round with a devil's mask in front of her face.
"Which is scarier? This?" No answer from Jason.
"This?" Now she is holding another scary mask in front of her face.
"This?" And then: "Or this?" The masks are getting scarier and scarier.
"What about this then? Well, this last mask really means horror, doesn't it, Jason? What do you think of it?" she asks and takes it off. "Well?"
"AIEEE!" Jason sees her face and screams.
"Silly boy!" Paige says and takes the red mask from the shelf. "This year I'm the monster with the big teeth."

Unit 2: Robin Hood country / Revision 1 (Planungsübersicht)

Abschnitt	Seite	Stunden	Themen / Ziele	Strukturen	Grammatischer Anhang	Übungen	Workbook	CDs	Folien	Kopiervorlagen	Diktat-/ Transfertexte
Intro	20, 21	3	Authentischer Prospekt; *How to guess new words* (T); Umgang mit *cognates* (T); Ausstellungen in GB			1–4	1–5	PB 1/11; LC 4	5	11	
Language A	22, 23	4	Vortrag eines Fremdenführers; Strukturen systematisieren und Regeln finden (T); Personen und Dinge vergleichen	*Comparison of adjectives: -er / -est; more / most; Irregular forms; Than*	G4–8	1–5	1–5	PB 1/12, 13		12, 13	1
Language B	24–26	4	Strukturen erfassen und Regeln finden (T); Umwegstrategien mit Relativsätzen (T); Dialog verfassen	*Relative clauses with who, which, that, whose; Relative clauses with prepositions; Contact clauses*	G9–12	1–9	1–8	PB 1/14, 15	6	14, 15	
Text	27–30	4	Eine Robin-Hood-Legende lesen und verstehen; Systematischer Umgang mit einem Text (T); *How to write a picture story*			1–7	1–5 / LC *Tandem Activity* 1	PB 1/ 16–20	7, 8	16, 17	2
Let's check	31	2	Integration der Lernziele von *Focus* 1 und *Unit* 2		G4–12	1–4	1, 2			18–20	
Revision 1: Unit 1 / Unit 2	32, 33	2	*Unit*übergreifende Wiederholung: Strukturen, Wortschatz, Redemittel	*Simple past; Past progressive; Question tags; Comparison of adjectives; Relative clauses*		1–5	1–5				

Erstinformation

In dieser *Unit* geht es thematisch um den englischen Nationalhelden Robin Hood. Den Auftakt bilden Broschüren zweier Sehenswürdigkeiten in Nottingham, die Touristen auf unterschiedliche Weise das Leben und die Zeit Robin Hoods näher bringen.

Eine Rede des Sheriffs of Nottingham, des Gegenspielers Robin Hoods, beleuchtet den Konflikt zwischen Normannen und Angelsachsen zu jener Zeit. Die S werden aufgefordert, an dieser Stelle Transfer zu üben und die Geschehnisse aus der Sicht Robin Hoods darzustellen. Weitere Einzelheiten zu *Robin and his Merry Men* erarbeiten die S aus Notizen Roberts, der sich als Hintergrundinformation für ein geplantes Theaterstück Materialien aus dem Internet besorgt hat.

Der zentrale Text der *Unit* greift eine bekannte Geschichte über den berühmten *outlaw* auf. Der Sheriff of Nottingham veranstaltet einen Bogenschießwettbewerb in Nottingham und plant, Robin bei dieser Gelegenheit zu überführen. Durch einen geistreichen Trick seines treuen Gefährten Little John kann Robin jedoch mit dem ersten Preis entkommen. Den thematischen Abschluss der *Unit* bildet eine *picture story*, deren Inhalt, ein neuer Trick Robins gegenüber dem Sheriff, von den S versprachlicht wird. Die Beschreibung einer Bildergeschichte ist eine der Arbeitstechniken, die in dieser *Unit* ausführlich geübt werden. Die Erschließung unbekannter Wörter, insbesondere über *cognates*, die induktive Erarbeitung von Grammatikregeln, die Umschreibung von Begriffen mit Hilfe von Relativsätzen sowie der systematische Umgang mit einem Text auf verschiedenen Lernzielebenen sind weitere Fertigkeiten, die in *Unit* 2 eine zentrale Rolle spielen.

Im strukturellen Bereich werden die Steigerung der regelmäßigen und unregelmäßigen Adjektive sowie Vergleiche im Satz eingeführt. Einen weiteren grammatischen Schwerpunkt bilden die notwendigen Relativsätze und die *contact clauses*.

intro Robin Hood country (S. 20/21)

Thema

Informationen über den Themenpark *The Tales of Robin Hood*, über *Sherwood Forest* und das *Sherwood Forest Visitors Centre*

Hintergrundinfo

Robin Hood: *There are numerous stories, songs, poems and films dealing with the brave and just outlaw who allegedly fought against the Norman noblemen's notorius injustice and who robbed the rich to give to the poor. The stories of Robin Hood are typically set in England between the 1100s and the 1400s. They tell us how Robin and his band of 'Merry Men' tricked and outwitted the evil Sheriff of Nottingham, turning the tables on corrupt churchmen and officials who oppressed the poor Saxon peasants and abused their power. Although Robin tried to limit the power of rich landowners, church leaders, and government representatives, he and his band were not disloyal to the monarchy. They always respected the authority of the ruling king, who in most stories is Richard I.*

Ballads sung in the latter half of the Middle Ages were modified and adapted over the following hundreds of years so that now it is very difficult to distinguish myth and reality. Some scholars believe that Robin Hood was indeed an actual person. He is most often identified as Robert Fitztooth, the Earl of Huntington. Other historians claim that the ballads, songs and poems about his bravery, generosity and courage developed for historical and political reasons. In medieval England there was a great gap between the small number of rich Norman nobles and clergymen who exercised power over the country and its people and the huge masses of Saxon peasants who could hardly make a living. It is believed that the stories about Robin Hood were a way to express discontent with the authorities and their injustice. So maybe the repressed Saxons were looking for a popular hero whose deeds would give them a ray of hope in a time of struggle. A database of texts, images, bibliographies and basic information about the Robin Hood stories and other outlaw tales is made available in electronic format by The Robin Hood Project at the University of Rochester. The site includes online versions of original texts as well as a bibliography, filmography and a guide to general resources for the study of Robin Hood literature.

The Tales of Robin Hood *is a popular tourist attraction in the city centre of Nottingham. It is a living-history museum as well as a fun park. Spectacular activities and workshops such as falconry, "A 'Knights and Nobles' Brass Rubbings" and public medieval banquets or murder* *mystery nights are designed to illustrate historical events and to introduce children and adults to medieval life.*

***Sherwood Forest** was once a huge area of woodland and heath between Nottingham and Worksop that had traditionally been a royal hunting preserve. Under the Normans' reign the 'forest', a legal term for woodland having a separate jurisdiction, was supervised by wardens who enforced the strict forest laws. Poaching and removing timber were punished severely. Carrying a bow and arrow could result in being blinded, maimed or even hung. Known perpetrators who could not be found or caught were 'outlawed' and their home village subjected to heavy fines. Sherwood Forest was a popular hiding place for the outlawed who often robbed the representatives of the Norman ruling class. Thus hardly anyone dared to enter the forest after dark and most travellers on the 'Kings Great Way' from Nottingham to York would often move through the forest in convoy.*

***Sherwood Forest Visitors Centre** offers both a variety of information on the natural surroundings and social circumstances in medieval England and an insight into the importance of the forest in today's world. There are exhibitions, video shows, marked forest trails and self-guided tours as well as a restaurant and shops.*

Lernziel Über landeskundliche Inhalte sprechen, Informationen aus Broschüren entnehmen und versprachlichen, Wünsche äußern und begründen

Lern- und Arbeitstechniken: Die bisher vermittelten Techniken zur Erschließung unbekannter Wörter anhand der Kenntnisse aus dem Deutschen, von Internationalismen und einfachen Wortbildungsregeln werden wiederholt und erweitert. Es erfolgt die Einbeziehung anderer Fremdsprachen (Französisch, Latein) und die Bewusstmachung des kontextuellen Rahmens als wichtiges Hilfsmittel bei der Wortschatzerschließung.

1 Listening: A tourist in Nottingham

Ziel: Hörverstehen, einem gesprochenen Dialog gezielt Informationen entnehmen

Wortschatz *tale, to sell*

Materialien LC-CD, Track 4

LC 4

Text: *(Tourist is a young man with a slight German accent. He sounds hesitant and not quite fluent at times.)*
Tourist: Excuse me.
David: Yes? Can I help you?
Tourist: Yes, please. Can you take a photo of me with Robin Hood, please?
David: Of course. No problem.
Tourist: Oh, thank you. Here's my camera.
David: OK. Stand in front of the statue. That's it. Now – smile!
(whirring noise of compact camera)
Tourist: Thank you. That's great. That's a nice souvenir when I'm at home again.
David: Where are you from?
Tourist: From München – you say Munich in English.
David: Yes. Oh, so you're German. Do people in Germany know about Robin Hood?
Tourist: Maybe not everybody. But lots of people know about him, yes. I first learned about Robin Hood in my English book at school. I'm a big fan!
David: Are you going to visit The Tales of Robin Hood, too?
Tourist: Tales? I don't understand.
David: 'Tale' is another word for 'story'. The Tales of Robin Hood is a special attraction here in Nottingham. You go back into the past, to the days of Robin Hood.
Tourist: Oh, that's interesting. And are there other attractions? What about Sherwood Forest?
David: Hm. I think the best place for you is the City Information Centre. They can tell you everything there. They give you information about special events and they sell books, posters, maps and things like that, too.
Tourist: And where is this centre?
David: It isn't very far. Actually, I'm going that way, too. So I can take you there.
Tourist: Oh, that's great. I was very lucky when I stopped you. You were the right person for me!

Hinweis Zur Stadt Nottingham befinden sich im Lehrerbuch zu **Green Line New Bayern 1** vielfältige Hinweise und Informationen (siehe die Seiten 45 und 63).

Hinführung Robin Hood und seine Taten sind den S aus Kinder- und Jugendbüchern oder aus Verfilmungen sicher bereits geläufig. Im vorausgehenden Schuljahr wurde Robin Hood im Zusammenhang mit Sehenswürdigkeiten in Nottingham (*Unit* 2) bereits kurz thematisiert. Die Hinführung zum Thema *Robin Hood country* erfolgt daher durch die Reaktivierung der Kenntnisse zu Nottingham und Robin Hood. Es kann **Folie 8** (*Pictures of Nottingham*) aus **Green Line New Bayern 1** herangezogen werden, um den S eine Erinnerungshilfe zu geben. Das Foto von der Robin Hood Statue bietet den Sprechanlass, um Vorwissen abzurufen. L kann aber auch an dieser Stelle bereits **Folie 5** (*Nottingham and tourist attractions*) zur Visualisierung einsetzen.

Erarbeitung **Wortschatz:** Das Verb *to sell* wird vor der Hörverstehensübung semantisiert: *The Burtons have got a bike shop. They sell bikes there. They sell pumps and locks there, too.* Das Nomen *tale* wird von den S aus dem Kontext erklärt (siehe Frage 4). Der Begriff *The Tales of Robin Hood* erklärt sich von selbst. L gibt nach der Bearbeitung der Übung den Hinweis, dass bei dem Eigennamen *The Tales of Robin Hood* alle Bestandteile außer *of* groß geschrieben werden.

Text: Der Text wird ohne weitere Vorentlastung von der CD präsentiert. Nach dem Hören beantworten die S im Unterrichtsgespräch die Fragen. In der Arbeitsanweisung werden die S aufgefordert, sich zu dem Dialog Notizen zu machen. L weist vor der Textpräsentation darauf hin, dass die S beim ersten Zuhören noch keine Notizen anfertigen sollen. In dieser Altersstufe neigen sie noch dazu, alles wortwörtlich mitschreiben zu wollen, und sind dann zwangsläufig nach kurzer Zeit überfordert. Die S hören deswegen beim ersten Vorspielen nur zu und notieren sich erst beim zweiten Durchgang – nach der Lektüre der Fragen – gezielt einzelne Stichpunkte.

Lösungsvorschlag: *1. David takes a photo of the tourist with Robin Hood.*
2. The tourist is from Munich, Germany.
3. He first learned about Robin Hood in his English book at school.
4. The word 'tale' is another word for 'story'.
5. David takes the tourist to the City Information Centre.
6. They sell books, posters, maps and things like that there.

2 How to guess new words

Ziel: Die bereits bekannten Worterschließungstechniken erweitern und anwenden

Wortschatz *brochure, Latin, context, legend, ride, to experience, sight, in the late 1100s, sheriff, bow, arrow, interactive, a two-minute walk away from …, enemy, adventure, to protect sb (from), Middle Ages, to own, land, to hunt, deer (pl. deer), chance, stress, daily, oak, hollow, to hide, exhibition, coffee, a week, website*

Materialien → WB ex. 1, 2, 3, 4, 5

Erarbeitung Bereits im ersten Lernjahr wurden die S mit den grundlegenden Verfahren zum Erschließen der Wortbedeutung aus dem Kontext, aufgrund von begleitenden Bildern oder Illustrationen, aus Wortfeldern und mit einfachen Grundregeln der Wortbildung vertraut gemacht (z.B. **Green Line New Bayern 1**, *Unit* 5, *Language* A). Nachdem sich die S im Unterrichtsgespräch über bereits bekannte Worterschließungstechniken ausgetauscht haben, stellt L weitere Möglichkeiten vor. In diesem Zusammenhang wird das bisher unbekannte Nomen *Latin* semantisiert. Der Begriff *context* sollte eigentlich bereits aus dem Vorjahr bekannt sein. Die S übertragen die in der Übung vorgegebene Tabelle in ihr Heft. Aufgrund der Schwierigkeiten, die mit der Aussprache der neuen, aus den authentischen Texten zu erschließenden Wörter verbunden sind, liest L die beiden Texte einmal in geringem Sprechtempo vor. Das Einsetzen der unbekannten Vokabeln in die Tabelle und die sich daran anschließende Bedeutungserschließung wird in Einzel- oder Partnerarbeit durchgeführt. Die S werden angehalten, ihre Vermutungen zur Wortbedeutung nach Fertigstellung der Übung anhand der Vokabelseiten selbstständig zu überprüfen und ggf. zu korrigieren.

Lösungsvorschlag: a) *You can guess new words when you understand the sentence and the meaning of the other words in the sentence (context). Sometimes a picture shows the meaning*

of a word. Or maybe you know a word of the same word family and can then guess the meaning of the new word. And often you can guess the meaning of a new word because it looks like a word you know in another language.

b) *You can guess the following words from:*
1. word family: ride (to ride), daily (day)
2. German: legend (Legende), *brochure* (Broschüre), *sheriff* (Sheriff), *interactive* (interaktiv), *middle* (Mitte), *land* (Land), *chance* (Chance), *stress* (Stress), *coffee* (Kaffee), *website* (Website)
3. picture: bow, arrow, deer, oak
4. context: to experience, sight, in the late 1100s, a two-minute walk away from ..., enemy, adventure, to protect sb, to own, to hunt, hollow, to hide, exhibition, a week

Transfer

3 Your turn

Ziel: Wünsche formulieren und Motive versprachlichen (a), Transfer auf die persönliche Situation (b)

Wortschatz *to present*

Materialien Folie 5 (*Nottingham and tourist attractions*) • Kopiervorlage 11 (*Communication skills*)

Erarbeitung Zur Unterstützung von Aufgabe a) und zur Erweiterung der landeskundlichen Informationen bietet sich der Einsatz von **Folie 5** (*Nottingham and tourist attractions*) an. Die Folie zeigt zwei der Fotos aus dem Schülerbuch sowie weitere Fotos mit Sehenswürdigkeiten aus Nottingham. L legt die Folie vollständig auf. Die S fassen zunächst die Informationen zu den bekannten Fotos mündlich zusammen und beantworten anschließend die Frage im Buch.

Erweiterung L erweitert jetzt die Aufgabenstellung und bezieht die anderen Motive, die die S zum Teil aus Band 1 bereits kennen (*The Castle, Robin Hood Statue*), mit in das Unterrichtsgespräch ein. Nähere Hinweise zum Einsatz der Folie befinden sich im Folienordner.

Transfer Für die Bearbeitung der Aufgabe b) sammeln die S zu Hause Bild- und Textmaterial zu einem Ort in ihrer näheren Umgebung. Sie stellen die Informationen zu einer Broschüre zusammen und präsentieren sie der Klasse. Die schönsten Ergebnisse werden im Klassenzimmer aufgehängt.

Lösungsvorschlag: a) *I'd like to visit The Tales of Robin Hood. The pictures look very interesting. You can go back into the past on a Time Ride. That's very exciting. I'd like to learn to use a bow and arrow, too. It's a great adventure. Perhaps I can meet Robin Hood and his men there. I'm brave enough to fight Robin's enemy, the Sheriff of Nottingham! //*
Sherwood Forest is better because you can see very old trees there. One tree is over 800 years old! There are nice birds and other animals, too. You can learn a lot about forests and the people in the Middle Ages.

Erweiterung Nach Übung 3 bietet sich der Einsatz von **Kopiervorlage 11** (*Let's go to Sherwood Forest*) an. Sie enthält eine Tandemübung zum Training der Sprechfertigkeit mit der Aufgabenstellung *Acting a scene*.

PB 11

4 Sound practice

Ziel: Ausspracheunterschiede bei *cognate words* bewusst machen

Materialien PB-CD 1, Track 11

Erarbeitung L spielt die CD zweimal vor und sichert die englische Aussprache durch Nachsprechen (einzeln oder im Chor).

A The Sheriff of Nottingham (S. 22/23)

Thema Der Konflikt zwischen dem Sheriff von Nottingham und Robin Hood aus der Sicht der beiden Kontrahenten

Hintergrundinfo ***Norman Conquest*** *in 1066 and resulting political and social changes: The year 1066, when the Norman William the Conqueror beat Harold in the Battle of Hastings, was a turning point in English history. William I and his successors established Norman feudalism as the basis for redistributing the land. The result was that a new French aristocracy ruled in England and a new social and political structure was established.*

The Sheriff of Nottingham: *Sheriffs were appointed by the king and constituted the legal authority in the counties. They imposed punishments on perpetrators, collected taxes and seized the outlaws' properties. In the Robin Hood stories, the Sheriff of Nottingham is a corrupt and greedy man who abuses his authority, maltreats the people and exploits the country and the population. The sheriff might be the legal authority in Nottinghamshire, but he is definitely far from being the moral authority.*

Lernziel Aussagen zu einem Text auf ihre Richtigkeit untersuchen und ggf. korrigieren, induktiv Regeln zu neuen grammatischen Strukturen finden und formulieren

Redeabsichten Etwas oder jemanden beschreiben, die Ergebnisse miteinander vergleichen, die Vorzüge oder Nachteile abwägen und einander gegenüberstellen

Wortschatz *Norman, to conquer, Saxon, peasant, popular, anyway, worse, worst, baby, boss, outlaw, famous, to steal, difficult, to be as hungry as a horse, as, as … as*

Strukturen Steigerung der Adjektive, Vergleiche im Satz, Grundzahlen ab 1000

Materialien PB-CD 1, Track 12/13

Hinführung L macht die S im Unterrichtsgespräch mit den Grundzügen der englischen Geschichte in der Zeit Robin Hoods bekannt. Die Hintergründe des Konflikts zwischen Normannen und Angelsachsen werden erklärt. Die Lebensumstände der einfachen Leute werden thematisiert und beurteilt.

Erarbeitung **Wortschatz:** Die neuen Wörter werden vor der Texterarbeitung semantisiert. L notiert die englischen Wörter an der Tafel. Die beiden Wörter *Norman* und *Saxon* werden bereits während des Unterrichtsgesprächs zur englischen Geschichte an der Tafel festgehalten. L weist auf die Großschreibung hin und erklärt, dass beide Wörter sowohl Nomen (und damit Frauen und Männer bezeichnen) als auch Adjektive sein können. Über Gegensatzpaare lassen sich *enemy, difficult* und *worse, worst* semantisieren: *friend* ↔ *enemy, easy* ↔ *difficult, good, better, best* ↔ *bad, worse, worst. Better* und *best* sind den S bisher nicht bekannte Steigerungsformen, die aber aufgrund ihrer Ähnlichkeit zum Deutschen sehr schnell erkannt werden. Durch Einbettung in einen Satzzusammenhang lassen sich weitere Wörter erklären. *To steal: When you take something but you don't give money for it, you steal it. Popular: When you have many friends you are popular.* L weist bei beiden Wörtern auf die Ähnlichkeit zum Deutschen hin. *Famous: Many people know Britney Spears. She is a famous pop star. To be as hungry as a horse: I'm very, very hungry. I'm as hungry as a horse.* L fragt nach den entsprechenden deutschen Wendungen (hungrig wie ein Wolf, einen Bärenhunger haben). In diesem Zusammenhang weist L auf die Verwendung von *as* und *as … as* hin. Die beiden Vokabeln *boss* und *baby* werden von den S mühelos verstanden. Die übrigen Wörter *to conquer, peasant, outlaw* und *anyway* werden über ihre deutsche Entsprechung semantisiert.

PB 12 PB 13 **Text:** Der Text kann entweder die Grundlage für eine Hörverstehensaufgabe bilden oder als Ausgangspunkt zur Überprüfung des Leseverständnisses dienen. Für ersteres spielt L den Text zweimal von der CD vor. Je nach Leistungsniveau der Lerngruppe kann nach **Track 12** (Zeilen 1–20) eine kurze Pause zur Sicherung des Grobverständnisses eingelegt werden. Danach wird der zweite Teil der Tonaufnahme (**Track 13**, Zeilen 21–37) vorgespielt. Anschließend beantworten die S die Textverständnisfragen in Übung 1. Soll das Leseverständnis übergeprüft werden, wird Übung 1 nach der abschnittweisen Lektüre des Textes bearbeitet.

Lern- und Arbeitstechniken: Die S systematisieren die neuen grammatischen Strukturen selbstständig und erarbeiten die entsprechenden Regeln induktiv.

Festigung

1 What the Sheriff says

Ziel: Überprüfung des Textverständnisses

Wortschatz *to think of*

Materialien Kopiervorlage 12 (*Extras*)

Erarbeitung Bei dieser Übung werden bereits die neuen Strukturen angewendet. Es geht aber noch nicht um die Thematisierung der Steigerung der Adjektive. Die S sollen lediglich Informationen aus dem Text mit den vorgegebenen Thesen vergleichen und ggf. richtig stellen. Dabei übernehmen sie die Strukturen aus dem Text wörtlich. Auf diese Weise machen sie sich bereits vor der eigentlichen Behandlung der neuen Grammatik mit den zu erarbeitenden Strukturen bekannt und verwenden sie im Textzusammenhang. Die Bedeutung von *to think of* wird von den S selbst erschlossen: *What do you think of Robin Hood? – I think he was a great man.*

Lösung: a) *1. The statement is wrong. The Sheriff is the most important man in Nottingham.*
2. The statement is correct.
3. The statement is wrong. The castle is the safest place in Nottingham.
4. The statement is wrong. Robin Hood is the Sheriff's worst enemy.
5. The statement is correct.
6. The statement is wrong. The Sheriff is as hungry as a horse.

b) *Lines 5–9: I'm a Norman, of course. We Normans came from France and conquered the Saxons here in England. We've got all the power now. And we're richer than the Saxons, too.*
Lines 14–19: Anyway, the Saxons know they mustn't make me angry. Their life is bad enough already, and I can make it much worse. They're as helpless as babies against my men. So they're more frightened of me than I am of them.

Lösungsvorschlag: c) *Dear boys, welcome to Nottingham in the year 1190. Maybe you already know my name: I'm Robin Hood from Nottingham. My men and I try to help the poor peasants. The Sheriff and the other rich Normans take too much money and food from the Saxons. So we give them back their things. The Sheriff of Nottingham hates us. But he's our worst enemy, too. He is very nasty. We usually hide in Sherwood Forest so the Sheriff cannot catch us.*

Erweiterung Eine zusätzliche Möglichkeit zur Textverständniskontrolle in Form von Partnerarbeit bietet **Kopiervorlage 12** (*Right or wrong?*) Die S korrigieren ein Tandemblatt, auf dem unrichtige mit richtigen Angaben vermischt sind. Die Kopiervorlage eignet sich auch zur Auffrischung der Textinhalte am Anfang der folgenden Unterrichtsstunde.

2 More about adjectives

Ziel: Induktives Erschließen der Regeln zur Bildung der Steigerung bei Adjektiven

Wortschatz *adjective, basic, comparative, superlative*

Erarbeitung Bereits aus dem ersten Lernjahr ist den S die Methode bekannt, aus einer Vielzahl von gleichartigen Grammatikphänomenen eine allgemein gültige Regel abzuleiten. Diese wichtige Lern- und Arbeitstechnik wird auch bei der Erarbeitung der Steigerung von Adjektiven angewandt. Mit dieser Übung werden die Unterschiede bei der Steigerung der Adjektive induktiv erarbeitet und in ein übersichtliches Schema gebracht. Die Aufgaben a) und b) dieser Übung werden im Unterrichtsgespräch erarbeitet. Die Strukturen werden an der Tafel festgehalten und die S übertragen die Tabelle in ihr Heft. Die S stellen fest, dass es zwei verschiedene Steigerungsformen gibt. L bezieht die Grammatikpunkte **G4** und **G5** mit ein und klärt, welche Adjektive mit *-er/-est* und welche mit *more/most* gesteigert werden.

→ G4 (p. 120) Anhand der Tafelbilder (siehe Seite 51) werden die Besonderheiten bei der Rechtschreibung (Verdoppelung des Endkonsonanten bei einsilbigen Adjektiven mit kurzem Vokal; Weglassen des stummen *-e* am Wortende; Umbildung des *-y* zu *-i* bei Adjektiven, die auf Konsonant + *-y* enden) und der Aussprache (z.B. bei *longer, longer, longest* und ähnlichen Wörtern) erarbeitet. L weist die S auf Parallelen in der Schreibung bei anderen, bereits bekannten Strukturen hin (*present progressive*, Plural der Substantive).

→ G5 (p. 121)

Regular adjectives

Basic form	*Comparative*	*Superlative*
important	*more important*	*most important*
rich	*richer*	*richest*
happy	*happier*	*happiest*
big	*bigger*	*biggest*
safe	*safer*	*safest*
frightened	*more frightened*	*most frightened*
stupid	*more stupid*	*most stupid*

→ G6 (p. 121)

Irregular adjectives

Basic form	*Comparative*	*Superlative*
good	*better*	*best*
bad	*worse*	*worst*

Zur Festigung wird Aufgabe c) in einer Stillarbeitsphase von den S selbstständig erledigt. Die Ergebnisse werden in einem kurzen Unterrichtsgespräch überprüft. Die noch fehlenden neun Adjektive und deren Komparativ- und Superlativformen werden ebenfalls an der Tafel (oder auf Folie) fixiert:

Regular adjectives

Basic form	*Comparative*	*Superlative*
worried	*more worried*	*most worried*
popular	*more popular*	*most popular*
angry	*angrier*	*angriest*
helpless	*more helpless*	*most helpless*
terrible	*more terrible*	*most terrible*
famous	*more famous*	*most famous*
poor	*poorer*	*poorest*
difficult	*more difficult*	*most difficult*
hungry	*hungrier*	*hungriest*

Lösung: a) *most important, richer, happier, biggest, safest, more frightened, most stupid; worse, worst; better, best*
b) *One way to make the comparative and superlative form of regular adjectives is to put '-er' and '-est' at the end of the adjective. This way is almost like the German way. The second way is to put 'more' and 'most' before the adjective.*
c) *The nine more regular adjectives in the text are: worried, popular, angry, helpless, terrible, famous, poor, difficult, hungry.*

Festigung

3 At the Tales of Robin Hood

→ G7 (p. 122)

Ziel: Bildung der regelmäßigen und unregelmäßigen Komparativ- und Superlativformen bei Adjektiven, induktive Erarbeitung der Vergleiche im Satz mit *than*

Materialien → WB ex. 1

Erarbeitung Diese Übung dient zur Festigung der bei der vorausgehenden Übung erarbeiteten Regeln zur Bildung der Komparativ- und Superlativformen. Gleichzeitig erarbeiten die S induktiv die Verwendung der Steigerungsformen im Satzzusammenhang. L greift noch einmal auf den Text zurück und fordert die S auf herauszufinden, wie mittels der Steigerungsformen Vergleiche im Satz ausgedrückt werden. Die Beispiele aus dem Text werden an der Tafel oder auf Folie festgehalten. Danach bearbeiten die S Übung 3 schriftlich. Hier wird zunächst der Vergleich mit *than* zum Ausdruck von Ungleichheit gefestigt. In Übung 4 folgen Vergleiche mit *as … as* und *not as (so) … as*. L oder ein S fixiert die Lösungen an der Tafel.

Lösung: *2. braver than*
3. bigger than
4. more dangerous than
5. lazier than
6. more boring than
7. better than
8. faster than
9. more difficult than
10. worse than

Festigung

4 Life in a different country

→ G8 (p. 122)

Ziel: Bildung der regelmäßigen und unregelmäßigen Komparativ- und Superlativformen bei Adjektiven, Vergleiche im Satz mit *as … as, not as (so) … as* und *than*

Materialien Kopiervorlage 13 (*Grammar plus*) • → WB ex. 2, 3

Erarbeitung Die S erarbeiten die Lösungen schriftlich, entweder in einer Stillarbeitsphase im Unterricht oder als **Hausaufgabe**.

Lösung: *1. smaller*
2. warm
3. older
4. more interesting
5. most famous
6. biggest
7. most beautiful
8. best
9. nicer
10. terrible
11. more difficult
12. funnier
13. better

Erweiterung Zur weiteren Festigung der Steigerungsformen und der Vergleiche im Satz bietet sich **Kopiervorlage 13** (*Presents for the Sweethearts*) an. Es handelt sich bei dem Arbeitsblatt um eine Partnerübung, die neben der Anwendung der neuen grammatischen Strukturen gleichzeitig auch die Sprechfertigkeit der S auf abwechslungsreiche Weise trainiert. Die Kopiervorlage kann auch zu einem späteren Zeitpunkt zur Wiederholung der grammatischen Pensen Gewinn bringend eingesetzt werden.

Festigung

5 A puzzle: Which Silly is which?

Ziel: Lösen eines Rätsels durch Bilden von Vergleichen

Wortschatz *hair, friendly, to compare, what else*

Materialien → WB ex. 4, 5

Erarbeitung Das Adjektiv *friendly* wird abgeleitet: *friend* → *friendly*. Das Nomen *hair* und das Verb *to compare to/with* sowie der Ausdruck *what else* können durch Zeigen und Beispielsätze erklärt werden. Dabei muss den S verdeutlicht werden, dass *hair* sowohl Haar als auch Haare heißen kann: *My hair is long. Peter's hair is short. Can you compare my hair with Peter's hair? – My hair is longer than Peter's hair. Peter's hair is shorter than my hair. What else can you say? – Peter's hair is dark. My hair is brown.* L fordert die S auf, Vergleiche anzustellen, z. B. zwischen drei aktuellen Kinofilmen, mehreren Popstars, Lieblingsgerichten, Trendsportarten, Schulfächern. Ein S stellt einen Vergleich vor, die anderen S reagieren mit Einverständisbekundungen oder Widersprüchen und begründen diese.

Lösungsvorschlag: *1. The girl on the left with the long brown hair is Sally. The boy next to her is her brother Willy, the oldest of the four children. The blond girl's name is Millie. The boy next to her is Ollie.*
2. The oldest child is Willy. Millie is the tallest of the Silly children. Sally is the smallest child. Ollie is the friendliest. He has got the most interesting hair. But his clothes are the dirtiest. They are not as clean as his sisters' clothes. Willy is hungrier than the other children. Millies' hair is longer than her two brothers' hair, but it isn't as long as Sally's hair. Sally isn't as friendly as her brothers and her sister.

language

B A play (S. 24–26)

Thema Hintergrundinformationen zu Robin Hood als Grundlage für ein Theaterstück

Hintergrundinfo ***The Merry Men:*** *The number of outlaws that allegedly fought with Robin is disputed. Sometimes there were only a few, but many of the early ballads say there were 140 or 150 Merry*

Men in Robin's band. Some sources even talk of 300 men. Regardless of the overall number, there are always a few more important characters in the stories.

Little John*'s name is misleading. In some stories he appears as a huge man being over seven feet tall. He is sometimes traced back to John Naylor or Nailer, who supposedly came from Hathersage in Derbyshire. His grave can be found in a churchyard there.*

Friar Tuck *is always described as a very overweight man who seems to love food and ale as much as his God. In some tales he's a jolly, clever and devout man, in others a foolish alcoholic.*

Alan a Dale *serves the band as a musician rather than as a fighter. The minstrel provides musical entertainment for the feasts and composes and spreads the tales of the outlaws' deeds.*

Maid Marian *is sometimes a Saxon who Robin has known since their early childhood. In other tales Marian is a Norman noblewoman, daughter of a knight who was helped by Robin Hood. There are other tales that describe her as the ward of the Sheriff or Prince John. Regardless of her family background, Marian is brave and clever, good at making use of bow and arrow and at devising clever schemes to trick the Sheriff and his noblemen. According to a local legend Robin and Marian were married in St. Mary's church in the village of Edwinstowe.*

Lernziel Nähere Bestimmung von Nomen mit Hilfe von *defining relative clauses* und *contact clauses,* Umwegstrategien mit Hilfe von Relativsätzen anwenden lernen

Redeabsichten Handlungen und Personen beschreiben, durch Definitionen erklären, was mit einem bestimmten Ausdruck gemeint ist

Wortschatz *that, who, merry, whose, which, appetite, in the end, to get married, ⟨longbow⟩, ⟨friar⟩, ⟨maid⟩*

Strukturen Relativsätze, *contact clauses*

Materialien PB-CD 1, Track 14

Hinführung Die Hinführung zum neuen Text erfolgt über die Reaktivierung bereits vorhandenen Wissens. L gibt den Impuls, die S tragen ihre Kenntnisse über Robin Hood und dessen Zeit im Unterrichtsgespräch zusammen. Von diesen Ergebnissen ausgehend beschäftigen sich die S nach der Semantisierung des neuen Wortschatzes mit den Zusatzinformationen, die Robert aus dem Internet gesammelt hat. Ein möglicher Ablauf des Unterrichtsgesprächs:

L: *What do you remember about Robin Hood and his time?*
S1: *Robin Hood lived in England in the 1100s. He was a very brave man.*
S2: *The Sheriff of Nottingham and his men tried to chase him because he stole their gold and gave it to the poor.*
S3: *Robin and his men usually stayed in Sherwood Forest because it was safer there than in Nottingham.*
S4: *Robin Hood is still very famous. You can learn about him and his adventures in The Tales of Robin Hood.*

Erarbeitung **Wortschatz:** L beginnt die Semantisierung des neuen Wortschatzes mit einem Gegenteilpaar: *merry ↔ sad, unhappy: Merry is the opposite of sad or unhappy.* Die folgenden Wörter werden über Definitionen bzw. Beispielsätze eingeführt. *Appetite: When you don't want to eat anything you've got no appetite. Maid: Maid is an old word for girl. To get married: Mr and Mrs Dixon got married when they were younger.* Die Wörter *longbow, friar* und *in the end* werden durch die deutschen Entsprechungen erklärt. Danach werden Roberts Notizen von der CD vorgespielt oder von mehreren S gelesen.

Festigung

1 Words for the picture

Ziel: Zuordnen von Relativsätzen zu den passenden Bildinhalten

Lösung: *2. Robin Hood was a famous outlaw who lived in Sherwood Forest.*
3. The woman who Robin loved was Maid Marian. (In the end they got married.)
4. The outlaw whose name was Little John was actually a huge man.
5. The outlaws hunted and ate the King's deer that lived in the forest.

6. The outlaws that helped Robin were his Merry Men.
7. The songs which Alan a Dale sang told of Robin's adventures.
8. Friar Tuck was the person whose appetite was the biggest.

→ G9 (p. 123)

2 Find the rules

Ziel: Induktives Erschließen der Regel für den Gebrauch der Relativpronomen

Wortschatz *kind, relative pronoun*

Erarbeitung In einer Stillarbeitsphase sammeln die S aus dem Text die vor den Relativpronomen stehenden Nomen und tragen sie in eine Tabelle in ihrem Heft ein. Im anschließenden Unterrichtsgespräch wird die Regel für den Gebrauch der Relativpronomen erarbeitet: *Nouns that describe people go with the relative pronouns who, that and whose. Nouns that describe things go with the relative pronouns which, that and whose.*

Lösung:

noun	*who*	*which*	*that*	*whose*
things			*x*	
outlaw	*x*			
outlaws			*x*	
outlaw				*x*
bows		*x*		
deer			*x*	
person				*x*
woman	*x*			
songs		*x*		

Ein mögliches Tafelbild sieht folgendermaßen aus:

→ G10 (p. 123)

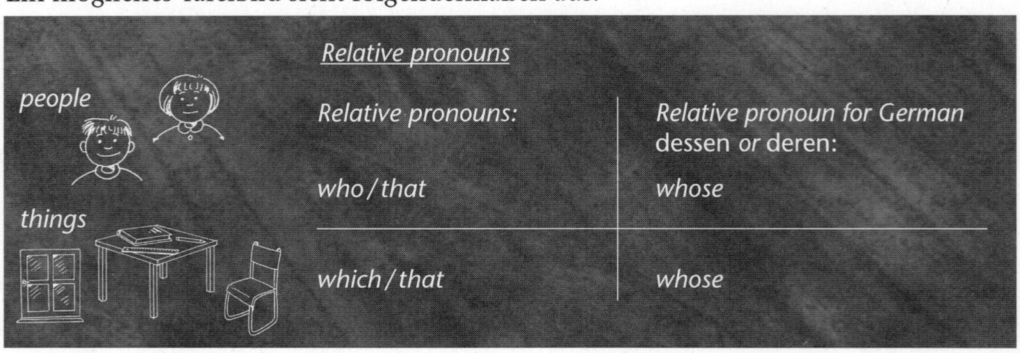

Festigung

3 Tourists in Nottingham

Ziel: Zuordnungsaufgabe zur Festigung des Gebrauchs der Relativpronomen

Wortschatz *relative clause*

Materialien → WB ex. 1

Erarbeitung Die S rekapitulieren als Einstieg zunächst den Gebrauch der Relativpronomen. L übernimmt die Regel als Faustskizze an die Tafel: *who + person; which + thing; whose for genitive.* Auf *that* wird hier verzichtet, weil es nicht zwischen Personen und Dingen unterscheidet. Die Übung wird in Partnerarbeit durchgeführt. Anhand der Faustskizze können die S sehr schnell die Richtigkeit der gebildeten Sätze kontrollieren.

Lösung: *1. Nottingham is popular with tourists who are interested in Robin Hood.*
2. Robin Hood is the famous outlaw whose statue is in front of the castle.
3. The castle today is not the building which stood there in the Middle Ages.
4. The Information Centre has lots of brochures which tell you about different attractions.
5. There are books in other languages for people whose first language is not English.
6. The Tales of Robin Hood is an attraction which takes visitors back into the past.
7. The Major Oak is a 'must' for visitors who go to Sherwood Forest.

Festigung

4 A Robin Hood crossword

Ziel: Bilden von Relativsätzen zur Definition von gesuchten Wörtern in einem Rätsel

Wortschatz *crossword (puzzle), clue*

Erarbeitung Das hier eingeübte Verfahren, so genannte Umwegstrategien mit Hilfe von Relativsätzen anzuwenden, ist eine wichtige Methode, die gerade Fremdsprachenlernende in Alltagssituationen benötigen. Diese Technik überbrückt Schwierigkeiten, die zwangsläufig entstehen, wenn dem Lernenden der genaue Begriff für eine Person oder eine Sache in der Fremdsprache nicht geläufig oder präsent ist. Dieses Lernziel ist auch – aus anderer Perspektive – Gegenstand von Übung 5.

Lösungsvorschlag:

2. *These are people who the Sheriff chases, for example Robin Hood and his men. (outlaws)*
3. *These are people who are poorer than the Normans. (Saxons)*
4. *This is something which you need when you want to use a bow. (arrow)*
5. *These are the people who came from France in 1066 and conquered the Saxons. (Normans)*
6. *These are animals that the outlaws hunted and ate. (deer)*
7. *This is somebody who is the opposite of a friend. (enemy)*
8. *These are things that you can find in a forest. (tree)*
9. *This is a building that is usually very old and quite safe. (castle)*
10. *This is an animal that you can ride on. (horse)*

Festigung

5 What's the word?

Ziel: Bilden von Relativsätzen zur Wortumschreibung

Wortschatz *definition*

Materialien Folie 6 (*Who stole it?*) • → WB ex. 2, 3, 4

Erarbeitung L stellt für diese Partnerarbeit ausreichend Zeit (10–15 Minuten) zur Verfügung.

Lösungsvorschlag:

1. *What's the word for the thing that you take with a camera? – The word is 'photo'.*
2. *What's the word for an animal that gives milk? – The word is 'cow'.*
3. *What's the word for a book which explains words? – The word is 'dictionary'.*
4. *What's the word for a person whose job is flying a plane? – The word is 'pilot'.*
5. *What's the word for a thing that shows pupils what lessons they have? – It's 'timetable'.*
6. *What's the word for a person whose job is playing a role in a film? – It's 'actor'.*
7. *What's the word for a person whose house is next to your house? – The word is 'neighbour'.*

Erweiterung Zur weiteren Festigung der Relativsätze bietet sich der Einsatz von **Folie 6** (*Who stole it?*) an. Die Folie ist in drei Abschnitte unterteilt. Die Personen sind nicht bekannt. Der obere Abschnitt zeigt einen Kaufhausdetektiv, der sechs Bilder präsentiert, auf denen Diebstähle dokumentiert sind. Abschnitt zwei zeigt sechs mögliche Täter(innen), Abschnitt drei die gestohlenen Gegenstände. Die Folie wird vollständig gezeigt und die S bilden in einer Partner- oder Gruppenarbeitsphase Fragen und Aussagesätze mit den Relativpronomen. Weitere Hinweise zum Folieneinsatz befinden sich im Folienordner.

Festigung

6 Relative clauses with prepositions

→ G11 (p. 124)

Ziel: Die Stellung der Präpositionen in notwendigen Relativsätzen erarbeiten und Relativsätze mit Präpositionen bilden

Wortschatz *marked*

Materialien → WB ex. 5

Erarbeitung Die S werden aufgefordert, anhand der Beispielsätze die Stellung der Präpositionen in notwendigen Relativsätzen zu erarbeiten. Zur Sicherung des Ergebnisses verdeutlicht

L die Regel als Skizze an der Tafel. Nun wird im Plenum der zweite Teil der Übung bearbeitet. Die gebildeten Sätze werden an der Tafel festgehalten. Die S übertragen die Lösungen in ihr Heft.

Lösungsvorschlag: a) *In relative clauses with 'who' and 'that' the preposition always comes after the verb at the end of the relative clause. In relative clauses with 'which' the preposition can come at the end of the relative clause or before the relative pronoun. In German relative clauses the preposition is at the beginning of the clause.*

b) *2. The people that/who Robin Hood gave money to were poor Saxons.*
Or: The people to whom ...
3. The forest that/which the Merry Men lived in was Sherwood Forest.
Or: The forest in which ...
4. The bows that/which they hunted with were longbows.
Or: The bows with which ...
5. The tree that/which the other outlaws hid in was the Major Oak.
Or: The tree in which ...
6. The man that/who the peasants were frightened of was the Sheriff of Nottingham.
Or: The man of whom ...
7. The building that/which the Sheriff lived in was his castle.
Or: The building in which ...
8. The woman that/who Robin Hood got married to was Maid Marian.
Or: The woman to whom ...

7 The Robin Hood play

Ziel: Notwendige Relativsätze ohne Relativpronomen (*contact clauses*) kennen lernen und aus einem Text herausfiltern

Wortschatz *contact clause, difference, character, part, to invent*

Materialien PB-CD 1, Track 15 • Kopiervorlage 14 (*Grammar plus*) • → WB ex. 6

Erarbeitung **Wortschatz:** Der Begriff contact clause wird durch die Erarbeitung der Übung an den Beispielsätzen deutlich. *Difference: What's the difference between Lisa and David? Lisa is a girl, David is a boy. David is taller than Lisa.* Part lässt sich aus dem Kontext erschließen, ebenso wie character und to invent.

→ G12 (p. 124)
PB 15

In dieser Übung erschließen die S die Bildung der sogenannten *contact clauses* induktiv. Anhand der Beispielsätze wird die Regel im Plenum systematisch erarbeitet. Der Dialog wird zunächst zweimal von der CD vorgespielt und danach von mehreren Vierergruppen mit verteilten Rollen gelesen. In einer anschließenden Stillarbeitsphase dient er als Grundlage für das Erkennen weiterer *contact clauses*. Die S sammeln die Beispiele selbstständig und übertragen sie in ihr Heft. Alle Sätze werden zum Schluss von L auf Folie präsentiert.

Lösungsvorschlag: a) 1. Robert ist ein Junge. Er mag die Schauspielerei.
Robert ist ein Junge, **der** die Schauspielerei mag.
2. Robert ist ein Junge. Jeder kennt ihn.
Robert ist ein Junge, **den** jeder kennt.
In 1. the relative pronoun is the subject of the relative clause.
In 2. the relative pronoun is the object of the relative clause. The subject is 'everybody'.

b) *Contact clauses:*
ll. 1–3: Let's think of a new Robin Hood story we can use for our play. Not one of the old tales everybody knows.
ll. 8–9: I played Superman in the last play I acted in.
ll. 12–13: You see, that's the thing I don't like about this Robin Hood idea.
ll. 22–24: Here's something we can do for the girls in the Drama Group.
ll. 29–30: Maybe this is the new idea we were looking for.
ll. 31–34: Let's put our heads together and think of some good tricks the Merry Women can play on the nasty Sheriff!

Erweiterung Nach der Erarbeitung der *contact clauses* bietet sich der Einsatz von **Kopiervorlage 14** (*The relative and contact clause race*) zur spielerischen Festigung und Vertiefung an. Das Arbeitsblatt enthält eine Partnerübung, die in einem Ratespiel neben der neuen Struktur auch die Sprechfertigkeit der S trainiert.

Festigung

8 The Robin Hood Festival

Ziel: Notwendige Relativsätze ohne Relativpronomen (*contact clauses*) aus zwei Hauptsätzen bilden

Wortschatz *festival*

Materialien Kopiervorlage 15 (*Grammar plus*) • → WB ex. 7, 8

Erarbeitung Die Übung wird im Unterricht mündlich durchgenommen und – je nach Leistungsniveau der Lerngruppe – zusätzlich als schriftliche **Hausaufgabe** aufgegeben.

Lösung: *2. I liked the big black horse the Sheriff of Nottingham rode.*
3. My little brother ran away from an outlaw he was frightened of.
4. I explained the Robin Hood legend to a Spanish girl I was standing next to.
5. I listened to some beautiful old songs a young boy was singing.
6. I ate some little cakes I bought from a woman with no teeth.
7. My favourite souvenir is this arrow Robin Hood gave to me.
8. Would you like to see these photos I took at the festival?

Erweiterung Ebenfalls als schriftliche **Hausaufgabe** geeignet ist **Kopiervorlage 15** (*What is ...?/A holiday in Nottingham*). Sie enthält zwei Übungen zum Thema *contact clauses*. In der ersten Übung verwenden die S *contact clauses* zur Erklärung von Wortbedeutungen, in der zweiten Übung suchen Sie – unterstützt durch gezielte Fragestellungen – aus einem kurzen Text die möglichen *contact clauses* heraus.

Festigung

⟨9⟩ Robin Hood and his Merry Women

Ziel: Kreatives Schreiben, Erstellen einer Szene bzw. eines Dialogs für ein Theaterstück, Spielen der Szene

Erarbeitung Diese kreative Aufgabenstellung wird in Gruppenarbeit erledigt. Nachdem sich die S auf einen Handlungsstrang geeinigt haben, arbeiten sie die Dialoge aus, wobei sie darauf achten, dass sie, wo dies möglich ist, *contact clauses* verwenden. Die Rollen werden zu Hause gelernt und die Szenen in der folgenden Stunde von den S im Plenum aufgeführt.

text Robin Hood and the silver arrow (S. 27–30)

Thema Ein Abenteuer des Robin Hood und seiner Gefährten

Lernziel Über die Geschehnisse in einer Geschichte reden, einen Text strukturieren und zusammenfassen, Personen charakterisieren, kreatives Schreiben üben

Wortschatz *silver, news, to sneer, clever, nobody, competition, archery, to organize, winner, trap, in disguise, competitor, reaction, crowd, platform, round, to shoot (at), target, final, bull's-eye, signal, to escape*

Materialien PB-CD 1, Track 16–20 • Folie 7 (*Robin Hood and the silver arrow*)

Hinführung Die Hinführung erfolgt in einem Unterrichtsgespräch über bereits bekannte Abenteuer des Robin Hood. Vielen S werden Details aus Büchern oder der Verfilmung des Stoffs mit Kevin Costner bekannt sein.

Erarbeitung **Wortschatz:** Diejenigen englischen Wörter, die sehr viel Ähnlichkeit mit ihren deutschen Entsprechungen haben bzw. sogar im deutschen Sprachgebrauch als Anglizismen verwendet werden, werden nicht vorentlastet. Die S können aus dem Kontext die Wortbedeutungen folgender Vokabeln mühelos erschließen: *silver, clever, to organize, reaction, platform, winner, round, signal*. L weist auf die Besonderheit beim Nomen *news* hin, das nur mit Singularformen verwendet werden darf (z.B. *No news is good news.*). Das Verb *to shoot at* wird semantisiert, indem L eine entsprechende pantomimische Handlung vollzieht. In diesem Zusammenhang kann mit einer verdeutlichenden

Gestik auch gleich das Wort archery semantisiert werden, wobei eine Definition wie *You need a bow and an arrow for archery.* eine zusätzliche Hilfe darstellt. Die übrigen Wörter werden über Erläuterungen im Text- bzw. Satzzusammenhang semantisiert. *Competition: In an archery competition the person who is the best with a bow and arrow wins. Competitor: People who want to win in a competition are competitors. Target: The competitors in an archery competition shoot at the target. Bull's-eye: The competitors hope to hit the bull's-eye. Final: The last round in a competition is the final. Crowd: Usually many people watch competitions. There's often a huge crowd. To sneer: When somebody speaks in a way that shows he or she thinks the other person is stupid. Trap: People often want to catch a mouse with a trap. To escape: But sometimes the mouse can escape so that the people cannot find it anymore. In disguise: When you wear a mask and strange clothes so that people don't know who you are, you're in disguise. Disguise: The clothes and the mask are your disguise.*

Alternative Es bietet sich zur Abwechslung ein Methodenwechsel in der Semantisierungsphase an, der von dem lehrerzentrierten Weg wegführt. Die neuen Wörter werden nach dem LdL-Verfahren (Lernen durch Lehren) erarbeitet. Die S präsentieren ihren Mitschülern die neuen Vokabeln und diese erschließen die deutsche Wortbedeutung mit Hilfe der gegebenen Erklärung, der mitgebrachten Realien, der angefertigten Skizzen oder der dargebotenen Gestik oder Mimik. L verteilt die neuen Wörter und die S erhalten die **Hausaufgabe**, sich zur nächsten Stunde zu überlegen, wie sie ihre Wörter einführen könnten. Diese Methodik führt in der Regel dazu, dass das Verantwortungsbewusstsein der S gegenüber dem Stoff und den Mitschülern gestärkt wird. Außerdem entsteht eine große Motivation auf Seiten der Lernenden, nicht zuletzt deshalb, weil die Beispiele der S oft sehr alters- und interessenbezogen sind.

Text: Der Text dient als Grundlage für die Einübung bzw. Wiederholung wichtiger Strategien, die den systematischen Umgang mit Texten ermöglichen. Die S bearbeiten Fragen zum Text (*comprehension*), finden Überschriften zu den Textabschnitten, stellen Wortfelder aus dem Text heraus zusammen, charakterisieren die handelnden Personen und schreiben die Geschichte um, um die Geschehnisse aus einer anderen Perspektive darzustellen. Der Text kann zunächst als Ausgangspunkt für eine Hörverstehensübung verwendet werden. Er ist zur leichteren Handhabung in fünf Abschnitte unterteilt, denen jeweils ein **Track** auf der CD entspricht. L spielt die Geschichte bei geschlossenen Büchern vor.

Zur visuellen Unterstützung des Hörverstehens wird **Folie 7** (*Robin Hood and the silver arrow*) aufgelegt. Die Folie enthält sechs Zeichnungen, die den Ablauf der Geschichte illustrieren. Neben den vier Abbildungen aus dem Schülerbuch sind zwei weitere Zeichnungen (Nr. 2 zu den Zeilen 25–40, Nr. 5 zu den Zeilen 104–120) enthalten. L kann die Folie auch bereits in der Semantisierungsphase einsetzen.

PB 16 Nach jedem Sinnabschnitt stellt L Fragen zum Grobverständnis. Nach dem ersten Textabschnitt (ll. 1–24):
1. What is Sir Guy of Gisborne's bad news?
2. What is his suggestion?
PB 17 Nach dem zweiten Abschnitt (ll. 25–55):
1. Explain what competition the Sheriff is planning.
2. Why are Maid Marian and Little John worried?
PB 18 Nach dem dritten Abschnitt (ll. 56–72):
1. Why does Robin feel safe when they go to Nottingham?
2. What does Robin see when he arrives in the town?
PB 19 Nach dem vierten Abschnitt (ll. 73–103):
What does Maid Marian tell Little John?
PB 20 Nach dem fünften Abschnitt (ll. 104–141):
1. What does Little John do to help Robin?
2. What happens when the Sheriff wants to catch Robin?
Nach dieser Präsentationsphase werden die angebotenen Übungen zum systematischen Umgang mit Texten besprochen. Bei Übung 2 wird die Folie noch einmal aufgelegt und als visuelle Unterstützung beim Nacherzählen der Geschichte verwendet.

Festigung

1 Say why

Ziel: Ergänzungsübung zur Überprüfung des Detailverständnisses

Erarbeitung L weist auf den Gebrauch der Zeitformen hin (siehe *tip*) und bearbeitet die Übung mit den S mündlich im Plenum.

Lösungsvorschlag:

1. *The Sheriff of Nottingham is angry because Robin and his men steal the money that the Normans collect from the Saxon villages.*
2. *Sir Guy wants to bring Robin into town because going into Sherwood Forest is quite dangerous for the Normans.*
3. *Robin likes the idea of the archery competition because he wants to win it for all Saxons everywhere.*
4. *Maid Marian and Little John are worried because maybe the competition is a trap.*
5. *On the day of the competition Robin feels safe because he is in disguise and looks like a peasant.*
6. *In the final, it is difficult to hit the bull's-eye because the target the competitors are shooting at is far away.*
7. *Maid Marian finds out that the competition is a trap because she hears the Sheriff while he is talking to Sir Guy.*
8. *The people in the crowd know that the peasant in the final is a Saxon because Little John tells them so.*
9. *Robin goes to the Sheriff's platform because he is the winner of the archery competition and so he wants to get the silver arrow.*
10. *The Sheriff gives a signal to his men, but they can't catch Robin because the crowd picks Robin up and carries him away from the Sheriff and his men.*

Festigung

2 Headings

Ziel: Überschriften zu Sinnabschnitten eines Textes finden und von diesen ausgehend die Handlung der Geschichte nacherzählen

Materialien Folie 7 (*Robin Hood and the silver arrow*)

Erarbeitung Das Finden von passenden Überschriften zu Sinnabschnitten im Text erledigen die S als **Hausaufgabe**. Die Überschriften dienen als Grundlage für Aufgabe b), in der die Geschichte anhand der gefundenen Überschriften nacherzählt werden soll. Diese Übung wird am sinnvollsten zur Wiederholung des Handlungsstrangs an den Beginn der Stunde gestellt. Als visuelle Unterstützung bei der Nacherzählung legt L noch einmal **Folie 7** auf.

Lösungsvorschlag: a) Überschrift zum ersten Abschnitt (ll. 1–24):
Bad news for the Sheriff
Überschrift zum zweiten Abschnitt (ll. 25–55):
News of a competition
Überschrift zum dritten Abschnitt (ll. 56–72):
At the archery competition
Überschrift zum vierten Abschnitt (ll. 73–103):
The final
Überschrift zum fünften Abschnitt (ll. 104–141):
Little John's plan

b) *Sir Guy, a Norman who works for the Sheriff of Nottingham, brings bad news to the Sheriff: Robin stole all the money which the Normans collected in the Saxon villages. The Sheriff is very angry with Robin. Sir Guy wants to play a trick on Robin. Robin and his men must come into the town because it's too dangerous for the Normans to go into Sherwood Forest to chase him. Their plan is to have an archery competition and then catch Robin. Robin comes into town in disguise. He and a Norman are the two competitors in the final. When it's Robin's turn to shoot at the target, Maid Marian listens to a conversation between the Sheriff and Sir Guy. She now knows that the competition is a trap and tells Little John. Little John tells the people, so that everybody knows that the man who looks like a peasant is a Saxon and that he wants to win the competition for all the Saxons. When his arrow hits the bull's-eye, they shout and scream. Robin is the winner. He walks to the Sheriff who wants to catch him but the crowd picks Robin up and carries him away from the Sheriff's men. In the end Robin escapes.*

Festigung

3 Useful words from the text

Ziel: Wörter nach bestimmten Kriterien heraussuchen, Wortfelder zusammenstellen

Wortschatz *useful*

Materialien Kopiervorlage 16 (*Extras*) • → WB ex. 1

Erarbeitung Diese Übung erfordert die genaue Arbeit am Text. Die Klasse wird in drei Gruppen geteilt, die die Erstellung der verlangten Wortlisten arbeitsteilig übernehmen. Die Ergebnisse der Gruppenarbeit werden auf Folie festgehalten und der Klasse präsentiert.

Lösung: a) *nervous (l. 3), angry (l. 10), happy (l. 29), worried (l. 51), safe (l. 58), sure (l. 71), scared (l. 98)*
b) *to tell sb (l. 5), to shout (ll. 11, 120), to answer (l. 20), to sneer (l. 22), to go on (l. 38), to explain (l. 44), to laugh (l. 46)*
c) *while (l. 6), already (l. 15), a week later (l. 25), it's time for … (ll. 36 ff.), on the day of … (l. 56), at the same time (l. 62), later (l. 64), when (l. 71), until (l. 80), in the end (l. 80), now (l. 92), at the same moment (ll. 96 ff.), just (l. 116), suddenly (l. 117), now was the time (l. 128), right away (l. 131), at last (l. 136)*

Erweiterung Zur Auflockerung während der Textarbeit kann **Kopiervorlage 16** (*Make you own crossword puzzle*) eingesetzt werden. Die S entwerfen in Einzelarbeit ein Kreuzworträtsel und überlegen sich Definitionen zu den von ihnen verwendeten Wörtern. Die Arbeitsblätter werden anschließend mit einem Partner getauscht und jeder versucht, das Rätsel des anderen zu lösen.

Festigung

4 The characters in the story

Ziel: Personenbeschreibung und Begründung der gewählten Adjektive

Wortschatz *to describe*

Erarbeitung Die S tauschen in Partnerarbeit ihre Ansichten zu den verschiedenen Charakteren aus. Anschließend werden die unterschiedlichen Meinungen im Unterrichtsgespräch gesammelt.

Lösungsvorschlag: … *In this story Little John is cleverer than Robin Hood because when he hears about the archery competition, he thinks that maybe it's a trick. But Robin only wants to win the silver arrow. So I think that he's quite stupid. Sir Guy is clever, too. He is too scared to go into Sherwood Forest so he thinks of a trick to catch Robin in Nottingham. But when Robin arrives in town in disguise, it's too difficult for Sir Guy to know Robin. I think that the Sheriff of Nottingham is a nasty man. He wants to catch Robin and his men because they steal money and give it back to the poor peasants. Maid Marian is very clever and brave. She listens to the Sheriff and tells Little John about the Sheriff's trap. Robin Hood is quite lucky. Little John's trick saves him.*

Festigung

⟨5⟩ What people say

Ziel: Kreatives Schreiben, selbstständig Dialoge ausarbeiten

Erarbeitung Die S arbeiten die Dialoge in Partnerarbeit aus. Aus Zeitgründen können die Themen aufgeteilt werden, so dass jedes Paar sich nur auf einen Dialog konzentriert, insgesamt aber alle vier Szenen bearbeitet werden. L lässt möglichst viele Ergebnisse vorlesen. Am Ende der Stunde werden die Dialoge eingesammelt und bis zur nächsten Stunde ausgewertet. Der kreativste Dialog wird in der folgenden Stunde auf Folie präsentiert.

Lösungsvorschlag: *1. Robin Hood and Little John:*
Little John: You were very lucky to escape from the Sheriff and his men, Robin!
Robin: That's true. When I was walking to the platform to get the silver arrow, I was really scared. But then the people picked me up and cheered and I was safe. That was great. You had a brilliant idea, Little John!
Little John: Thank you. I like playing tricks on the nasty Sheriff!

2. Maid Marian and Robin Hood:
Maid Marian: I'm so happy that the Sheriff didn't catch you. In the final I was so nervous!
Robin Hood: Yes, that was very exciting. But you were very brave. You told Little John about

the trap. Thank you very much for your help, Marian.
Maid Marian: That's OK. But please don't try to play a trick on the Sheriff again.
Robin: I'm sorry, Marian, but I can't give you this promise.

3. The Sheriff and Sir Guy:
The Sheriff: What are we going to do with this terrible outlaw? He always escapes and he even plays tricks on us! I'm so angry!
Sir Guy: He was cleverer than us, but next time we're going to fight against him and catch him and his men.
Sheriff: You said that before, Sir Guy. Have you got any new ideas?
Sir Guy: Of course, sir. I've got a brilliant plan. Now listen …

4. Two Saxons:
1st Saxon: Did you see the Sheriff's surprised face? It was so funny to watch him!
2nd Saxon: Yes, Robin and his men were the champions again!
1st Saxon: We must always help them when they need us! Let's look for them in the forest now.
2nd Saxon: Good idea. Let's go!

Festigung ## ⟨6⟩ The day of the competition

Ziel: Kreatives Schreiben mit Perspektivenwechsel

Materialien Kopiervorlage 17 (*Communication skills*) • → WB ex. 2, 3

Erarbeitung Die S erarbeiten als **Hausaufgabe** einen Text über den Tag des Bogenschießwettbewerbs aus der Sicht von Sir Guy oder Little John. Die Arbeiten werden eingesammelt und korrigiert. Die besten Arbeiten werden als Prototyp auf Folie präsentiert oder als Kopien an die S verteilt.

Lösungsvorschlag: *1. Sir Guy: I was very excited on the day of the competition. "I'm going to catch this nasty outlaw today," I thought. When the people from the villages came into town, I was looking for Robin Hood. But he wasn't there. The competition was very exciting. In the final there were two very good competitors. When the second man started to shoot, I suddenly knew who he was! I told the Sheriff immediately. I was so happy when Robin was walking to the platform to get the silver arrow. The Sheriff gave him the arrow and then his face changed and he called his men. But when they wanted to catch him, the crowd suddenly picked Robin up and carried him away from us. That was so terrible! We tried to run after him but there were too many people! So in the end he escaped again. What a bad day!*

2. Little John: When Robin heard about the archery competition he was very excited. But I thought that maybe it was a trap. So I was very nervous on the day of the competition. We went to Nottingham in disguise. Sir Guy of Gisborne didn't know Robin when he was walking past him. Robin was really lucky! Robin is very good at archery so he and another man were in the final. When Robin shot his first arrow, Maid Marian touched my arm and told me that the competition really was a trap. I thought of a trick and all the Saxons helped me with my plan. So in the end Robin escaped with the silver arrow.

Erweiterung Vor der Erarbeitung der Techniken zum Schreiben einer Bildgeschichte bietet sich zur Auflockerung der Einsatz von **Kopiervorlage 17** (*I ♥ it! And what about you?*) an. Es handelt sich um eine Partnerübung zum Training der Sprechfertigkeit. Die S tauschen sich im Gespräch über ihre persönlichen Vorlieben und Abneigungen aus.

Transfer ## 7 How to write a picture story

Ziel: Versprachlichen einer Bildergeschichte

Wortschatz *wife (pl. wives), to add*

Materialien Folie 8 (*A Robin Hood story*) • → WB ex. 4, 5

Erarbeitung Der grobe Handlungsstrang der Bildergeschichte wird im Unterrichtsgespräch erarbeitet. Zur visuellen Unterstützung legt L **Folie 8** (*A Robin Hood story*) auf. Die Folie zeigt die sechs Abbildungen aus dem Schülerbuch ohne die Sprechblasen.

L deckt die Zeichnungen sukzessive auf und fordert die S auf, die Bilder zu beschreiben. An der Tafel entsteht eine Strukturskizze, die die S in ihr Heft übernehmen. In einer Stillarbeitsphase oder in Partner- bzw. Gruppenarbeit finden die S weitere Ideen für die Beschreibung der Bilder. Möglichst viele S tragen ihre Ideen der Klasse vor. L weist auf die Tipps zum Verfassen einer Bildgeschichte in der *Box* hin. Die S werden dazu aufgefordert, die Hinweise sowohl vor als auch nach dem Schreiben ihrer Geschichte sorgfältig durchzulesen. Sie dienen als Checkliste zur Selbstkontrolle. Die Geschichte wird als **Hausaufgabe** geschrieben. Die besten Ergebnisse werden abgetippt und im Klassenzimmer aufgehängt. Vorschlag für das Tafelbild, das mit den S gemeinsam entwickelt wird und eine mögliche Lösung der Aufgabe darstellt:

	Another Robin Hood adventure
picture 1	*Robin Hood and Little John are walking in Sherwood Forest when they see a woman who has got a big box.*
picture 2	*The woman sells Robin some beautiful plates. Little John is very surprised and asks Robin: "What are you going to do with them?"*
picture 3	*Robin Hood looks like a peasant. He is putting the plates on a table when the Sheriff and his wife arrive in the village.*
picture 4	*Robin Hood gives the Sheriff's wife one of the beautiful plates. She's very happy and invites him, the nice peasant, to the castle for lunch.*
picture 5	*Robin Hood (still in disguise), Maid Marian, the Sheriff and his wife are sitting at the table. Robin says: "For a big bag of money I can take you to Robin Hood."*
picture 6	*Little John has got a big bag of money in his hands. The Sheriff sees that the peasant really is Robin Hood. He's very angry.*

let's check

Robin Hood country (S. 31)

Materialien Kopiervorlage 18 (*Cloze test*) • Kopiervorlagen 19, 20 (*Word power 1, 2*)

Erweiterung Die **Kopiervorlagen 18–20** sind bei der Bearbeitung von *Let's check* an beliebiger Stelle einsetzbar.

1 Word power: Definitions

Ziel: Worterklärungen verstehen und selbst bilden

Erarbeitung Der erste Teil der Übung eignet sich für die mündliche Durchnahme im Unterrichtsgespräch, wohingegen Übungsteil b) entweder in einer Stillarbeitsphase oder als Partnerarbeit von den S schriftlich erledigt wird.

Lösung: a) *1. crowd*
2. to escape
3. trap
4. final
5. cheer
6. all the time
7. adventure

Lösungsvorschlag: b) *1. another word for 'story'*
2. the opposite of 'friend'
3. a person who wants to win in a competition
4. new information
5. when you take something but don't pay for it
6. the most important person in a group
7. you must do this when somebody wants to catch you and you want to escape

Erweiterung Die Klasse wird in zwei gleich starke Gruppen geteilt. Eine Spielmöglichkeit besteht darin, dass ein Spieler der Gruppe A ein englisches Wort sagt, zu dem ein Spieler der Gruppe B in einer vorgegebenen Zeit (z.B. 10 Sekunden) eine korrekte Worterklärung liefern muss, wofür dessen Gruppe einen Punkt erhält. Gelingt die Worterklärung nicht, geht der Punkt an die erste Gruppe. Die Gruppen wechseln sich mehrfach mit dem Benennen eines Wortes bzw. dem Finden einer Definition ab. Eine weitere Spielmöglichkeit besteht darin, dass L ein Wort vorgibt, das die Gruppen schnellstmöglich korrekt umschreiben müssen. Der Punkt geht an die jeweils schnellere Gruppe.

2 Sherwood Forest

Ziel: Einsetzübung zu den Komparativ- und Superlativformen der Adjektive und zu Vergleichen im Satz

Materialien → WB ex. 1

Erarbeitung Diese Übung eignet sich als schriftliche **Hausaufgabe** oder wird in einer Stillarbeitsphase im Unterricht schriftlich erledigt.

Lösung: *1. oldest*
2. smaller than
3. as dangerous as
4. worst
5. more important than
6. most interesting
7. better than
8. most special

3 What girls and boys in the drama group say

Ziel: Einsetzübung zu den Relativpronomen, Erkennen von *contact clauses*

Materialien → WB ex. 2

Erarbeitung Die S erarbeiten diese Übung schriftlich in einer Stillarbeitsphase im Unterricht oder als **Hausaufgabe**.

Lösung: a) *1. that/which*
2. that/which
3. whose
4. that/who
5. whose
6. who/that
7. who/that
8. that/which
9. that

b) *1. Tell us about the information you found on the Internet, Robert.*
6. I want to be the Sheriff – the man everybody is scared of!
9. Where are we going to get the bows the outlaws shoot with?

4 Mixed bag

Ziel: Einsetzübung zur Wiederholung gemischter Pensen

Erarbeitung Diese Übung bietet sich als Partnerarbeit an. Ein S-Paar wird gebeten, die Musterlösung auf Folie festzuhalten und sie der Klasse im Anschluss an die Bearbeitung zu präsentieren.

Lösung: a) *1. one*
2. who/that
3. an
4. she
5. all
6. are
7. for
8. because
9. of
10. too
11. there
12. ago
13. to
14. like
15. when
16. him
17. place
18. started
19. please
20. deer
21. than

revision
Unit 1 – Unit 2

Materialien → WB ex. 1–5

Hinweis Die *Revisions* sind fakultative, *unit*übergreifende Wiederholungseinheiten zur Sicherung des Grundwissens. Neben den *Revisions* 1–4 im Schülerbuch bietet das *Workbook* vier weitere Wiederholungseinheiten. Da diese *Revisions* im *Workbook* (Lösungen zur Selbstkontrolle am Ende des *Workbooks*) eigenständige, über das Schülerbuch hinausgehende Übungsblöcke bilden, erfolgt keine Zuordnung zu den Schülerbuchübungen.

Erarbeitung Selbstverständlich kann man die *Revision*-Übungen lehrerzentriert durchführen. Der Vorteil bei einer starken L-Beteiligung liegt darin, dass bei auftretenden Problemen unmittelbar reagiert werden kann. Da aber gerade in den Wiederholungsphasen neben der Selbstständigkeit auch die Sozialkompetenz gefördert werden sollte, sind einzelne Aufgaben gezielt für Partner- oder Gruppenarbeit konzipiert.

Alternative Eine schülerzentrierte Bearbeitung ist im Hinblick auf Methodenvielfalt wünschenswert. L kopiert die Lösungen jeder Aufgabe auf einen separaten Zettel und vervielfältigt diese oder legt sie aus. Die S entscheiden, ob sie allein, zu zweit oder in einer Gruppe von bis zu vier S arbeiten. Jeder muss alle Aufgaben bearbeiten. Es dürfen Bücher und Hefte zum Nachschlagen benutzt werden. Wenn eine Aufgabe gelöst ist, wird das Lösungsblatt beim L geholt und überprüft, ob die Lösungen übereinstimmen.

Lern- und Arbeitstechniken: Bei der schülerzentrierten Vorgehensweise werden die für Partner- und Gruppenarbeit nötigen Kompetenzen entwickelt und weiter ausgebaut. Die S lernen, die Angebote des Lehrwerks zur individuellen Vertiefung und Wiederholung zu nutzen sowie selbst erstellte Arbeiten auf Fehler zu überprüfen und einfache Strategien zur Fehlervermeidung einzusetzen.

1 At breakfast time

Ziel: Wiederholung von *present* und *past tense* sowie *simple* und *progressive*-Formen

Erarbeitung Diese Übung wird in einer Stillarbeitsphase bearbeitet. L oder ein S notiert die Ergebnisse an der Tafel oder auf Folie.

Lösung: *"David, I'**m talking** to you," **said** Mark. "But you **aren't listening**, are you?" "Oh, sorry, Mark!" **answered** David in a tired voice. "Well, I'**m listening** to you now! Go on." "Well," **said** Mark, "let's start again – I **was** in town with Dad, and he **wanted** to buy a CD, so we **went** into Martins Media. He **told** me to wait near the door while he **was looking** at the CDs. While I **was waiting**, an assistant **came** over to me and **said**: 'It's closing time, you must go home.' So I **tried** to find Dad, but he **wasn't** there! I **didn't know** what to do! Then I **felt** really scared. In the end I **ran** out of the shop, and then I **saw** that it **was getting** dark outside. I **was just looking** for Dad outside when suddenly I **heard** a voice – a really terrible voice! When I **turned** round, I **saw** a man in black. He **was wearing** funny clothes, David – you **know**, like in the Middle Ages! **Do you know** who it **was**? The Sheriff of Nottingham! Yes! His men **caught** me, and while they **were taking** me to the castle, they –" "Stop it, Mark," **said** David. "You **are telling** stories again!" – "No, I'**m not telling** stories!" Mark **shouted**. He **was** quite angry now. "It really **happened** like that in my dream. I –" "Your dream?" – "Yes, my dream. While we **were setting** the table for breakfast, I **told** you I **had** a bad dream last night. And when we **sat** down, I **started** to tell you about it – but you **were thinking** of something else! That's typical! Why **do you never listen** when I **want** to tell you things?"*

2 Two pictures

Ziel: Wiederholung der Komparativ- und Superlativformen der Adjektive sowie der Vergleiche im Satz

Erarbeitung Diese Übung eignet sich für eine Partnerarbeitsphase.

Lösungsvorschlag: *Picture 1 (left): Little John is bigger than Robin Hood. But Robin Hood is more famous than the other men. Maid Marian is hungry, but Friar Tuck is the hungriest of*

the Merry Men. Alan a Dale is good at singing fantastic songs. Robin and his Merry Men are very friendly and they are more popular than the Normans.
Picture 2 (right): Griselda is older than Grizzle, but Grimble is the oldest of the ghosts. Grizzle is the youngest and the smallest. He isn't as noisy as Grimble. Grizzle is quite bad at making terrible noises. But he looks interesting. Grimble is nastier and scarier than the other two ghosts.

3 Adding information

Ziel: Wiederholung der Relativsätze und der *contact clauses*

Erarbeitung Diese Übung wird ebenfalls in Partnerarbeit durchgeführt.

Lösung: *2. David: Who wants to see the photos I took while I was in New York?*
3. Becky: Art really is the subject I like best.
4. Sarah: Didn't you know, Scott? Becky is the girl whose parents have got a bike shop in Sherwood.
5. Robert: Bird watching? Well, that's one thing I'm not interested in.
6. Carina: Isn't Jenny the German girl whose mother is English?
7. Becky: Oh no, dogs aren't the animals Carina is allergic to.
8. Scott: I must tell José about all those funny things that/which happened at the Drama Group meeting.
9. David: Isn't it funny, Mark? We've got a new teacher whose name is Littlejohn.
10. Carina: No, Barry wasn't the name of the boy who played table tennis with me.
11. Jenny: Watch out! Here come those nasty boys who are in Wayne's gang!
12. Sarah: It's 2nd October tomorrow! I know two people whose birthdays are on that day.

4 Explaining

Ziel: Wiederholung der Relativsätze und der *contact clauses*

Erarbeitung Diese Übung wird mündlich im Klassenverband durchgeführt.

Lösungsvorschlag: *1. Maid Marian was the woman who Robin Hood loved.*
2. The Saxons were people who were poor and who had to give their money and food to the Normans.
3. Technology is a subject at school that is about computers.
4. Carina is the German girl who is allergic to cats.
5. Muesli is something you can have for breakfast.
6. 'Mensch ärgere dich nicht' is a funny game you can play with your friends.
7. A bat is a thing you play table tennis with.
8. Sir Guy of Gisborne was a Norman who collected the money from the Saxons for the Sheriff of Nottingham.
9. All Saints' Day is the day that comes after Halloween.
10. Wayne and Barry are the two boys who fell off their skateboard when they were doing a skateboard trick.
11. Friar Tuck was the man who was always the hungriest of Robin Hood's Merry Men.
12. The winner is the person who is the best player or competitor.
13. A stranger is a person who nobody knows.
14. A mask is something that you can use as a disguise.
15. A scooter is something you can ride. It's not a horse or bike.

5 Talking at break

Ziel: Wiederholung der *question tags*

Erarbeitung Diese Übung wird in einer Stillarbeitsphase schriftlich bearbeitet. Die Ergebnisse werden an der Tafel oder auf Folie festgehalten.

Lösung: a) *1. Carina's from Munich, isn't she? 2. We've got Technology after break, haven't we? 3. You don't like German much, do you? 4. Wayne and Barry aren't coming, are they? 5. Mrs Dane gave us lots of homework, didn't she? 6. I can have one of those sweets, can't I?*

Lösungsvorschlag: b) *1. The word 'adult' means 'Erwachsener' in German, doesn't it? 2. You like football, don't you? 3. You sneezed because my rabbit is in the room, didn't you? 4. You don't mind watching my favourite TV show, do you? 5. There's a bus to Sherwood Forest, isn't there? 6. American children shout 'trick or treat' at Halloween, don't they?*

Unit 3: Sounds good / Focus 2: Focus on food and drink (Planungsübersicht)

Abschnitt	Seite	Stunden	Themen / Ziele	Strukturen	Grammatischer Anhang	Übungen	Workbook	CDs	Folien	Kopiervorlagen	Diktat-/ Transfertexte
Intro	34, 35	3	Musikrichtungen und musikalische Vorlieben; Detailinformationen in Hörtext suchen			1–2	1–5 / LC	PB 1/ 21–24; LC 5–7		21	
Language A	36, 37	3	Über zukünftige Ereignisse sprechen; Absichten / Vorhaben und vorhersehbare Ereignisse unterscheiden	*Will future / going-to future*	G13, 14	1–6	1–5	PB 1/25; LC 8	9	22	1
Language B	38–40	3	Spontaner Entschluss; Über Ereignisse sprechen, die offensichtlich geschehen werden; *Song: The tide is high*	*Will future for snap decisions; Going-to future for predictions about the near future; Past progressive: questions with prepositions*	G14, 15	1–7	1–5	PB 1/26, 27; 28, 29		23, 24	
Text	41–43	4	Einen Text über ein Popkonzert lesen; Systematischer Umgang mit Texten (T); Alternative Schlussteile; Wortbildung (T)			1–4	1–5	PB 1/ 30–35; LC 9	10	25, 26	2
Let's check	44, 45	2–3	Integration der Lernziele von *Unit* 3		G13–15	1–7	1–3	PB 1/36		27–29	
Focus 2	46, 47	3	Traditionelles englisches Frühstück; Im Restaurant bestellen; *Role play*			1–4	1–6 / LC	PB 1/37, 38; LC 10	11	30	

Erstinformation

Die S lernen in dieser *Unit*, über verschiedene Musikrichtungen (Hip-Hop, Jazz, Fußballhymnen, Rock- und Popmusik) und musikalische Vorlieben zu sprechen. Sie erhalten aus einem kurzen Lesetext bzw. einem Hörtext in Dialogform nähere Informationen über die Gruppen Atomic Kitten und U2.

In *Language A* hören und lesen die S den Text einer Radiomoderation. Die Sprecherin gibt die Wettervorhersage durch und weist auf das kommende Fußballspiel zwischen Nottingham Forest und Arsenal London hin. Sie unterhält sich mit einem Reporter der *Evening Post* über die Chancen der beiden Teams. Das Thema Popmusik wird wieder aufgegriffen, indem die Moderatorin auf ein Gewinnspiel hinweist, bei dem die Hörer zwei Karten für ein Konzert von Nuclear Puppy gewinnen können. In einem Hörtext erfahren die S, dass Sarah die zwei Karten gewinnt.

In *Language B* stehen zwei Telefonate im Mittelpunkt. Sarah fragt ihre Freundin Becky, ob sie mit ihr zu dem Konzert gehen möchte. Becky hat jedoch keine Zeit und schlägt vor, Robert zu fragen. Bei dem Telefonat stellt sich heraus, dass Robert lieber zu dem Fußballspiel gehen möchte, das zur gleichen Zeit stattfindet.

Den Haupttext der *Unit* bildet ein Text, in dem sich Robert zuerst auf die kommende Woche freut und seine Pläne darlegt, dann jedoch rückblickend den tatsächlichen Verlauf der Woche schildert. Roberts Mutter hat keine Karten mehr für das Fußballspiel bekommen und so geht er mit Kim, Lewis und Sarah zusammen zu dem Popkonzert. Als dieses in vollem Gange ist, bricht plötzlich der Sänger auf der Bühne zusammen. Ab hier werden den S zwei verschiedene Fortgänge der Geschichte angeboten. In der ersten Version springt Kims Freund Lewis als Sänger ein und in der zweiten Variante kann der Sänger Dave nach kurzer Unterbrechung selbst weitersingen. Zum Dank dafür, dass Lewis bereit gewesen wäre einzuspringen, bekommen die vier Freunde *Backstage*-Karten. Die S lernen systematisch mit Texten umzugehen. Sie betrachten den Titel genauer, unterteilen die Geschichte in Sinnabschnitte und diskutieren die beiden Schlussteile. Weiterhin hören die S in dieser *Unit* das Interview eines Fernsehmoderators mit dem Sänger und *Songwriter* der Chad Rollins Band. Insgesamt bietet diese *Unit* den S zahlreiche Schreibanlässe für Dialoge und Schlussteile bzw. für das selbstständige Verfassen einer Geschichte.

Im strukturellen Bereich lernen die S das *will future* mit seinen Anwendungsregeln kennen. Die *Unit* beginnt mit der Wiederholung der Verwendung des *going-to future* und Übungen zur Kontrastierung zum *will future*. In *Language B* werden das *will future* bei spontanen Entscheidungen und das *going-to future* bei Ereignissen, die offensichtlich in der nahen Zukunft geschehen werden, gegenübergestellt. Neben den Zukunftsformen werden den S Fragen mit Präpositionen im *past progressive* vermittelt.

intro **Sounds good** (S. 34/35)

Thema Musikrichtungen und musikalische Vorlieben

Hintergrundinfo

Atomic Kitten *are a girl group consisting of Natasha Hamilton, Liz McClarnon and Jenny Frost who replaced the pregnant Kerry Katona in the year 2000. In 2001 they released their debut album which was called 'Right now'. Some of their hits are 'The Tide is high', 'Whole again', 'Eternal flame' and 'Ladies' night'.*

U2 *are the most famous Irish rock band consisting of Bono Vox (Paul Hewson), The Edge (David Evans), Adam Clayton and Larry Mullen Jr. These musicians (together with Dick Evans) founded a school band named 'Feedback' in Dublin in 1978 and in 1980 they called themselves 'U2'. They released their first album 'Boy' in 1980. Since then they have become more and more successful. One of their most famous albums is 'War' (1983).*

Lauryn Hill & The Fugees *were a hip-hop band consisting of Lauryn Hill, Wyclef Jean and Pras (Prakazrel Michel). They started their group in 1994. In 1997 the trio split to begin solo careers. The group belonged to the so called New Soul Movement and their most famous song was 'Killing Me Softly'. Today Lauryn Hill is a very successful artist (singer and actress). In 1998 her album 'The Miseducation of Lauryn Hill' was nominated for ten Grammies. Hill broke a record being the first woman ever to receive five Grammy Awards.*

MTV (music television) went on air in the US in 1981. In 1987 MTV Networks Europe was founded and in 1994 they started their music programme VH-1. So called VJs (video jockeys) show music clips 24 hours a day. MTV is not only famous for its video clips but also for its shows ('Dismissed', 'The Osbournes', 'Made', 'Jackass', 'I Bet You Will', 'Real World', 'Celebrity Deathmatch', 'MTV Unplugged', etc.) and the MTV Music Awards.

***Dave Brubeck** is a well-known jazz composer and pianist. He was born in California in 1920 and is still performing. He was also part of the Dave Brubeck Quartet who were very popular during a period of about 17 years. Other jazz legend: Louis Armstrong.*

***Hip-hop** is not only a kind of music. It also had an influence on fashion, sports and language. It all started in the ghettos of big American cities like the South Bronx in New York in the 60s and 70s. It was a way for the black minorities to express their frustration (gangsta rap). The founder of hip-hop music is DJ Kool Herc, an immigrant from Jamaica. He was the first person to create the breakbeat by using special equipment (two connected turntables) which allowed him to combine parts of percussion and drums. Hip-hop has been known in Europe since the beginning of the 1990s. The first white artists were Run DMC and the Beastie Boys, who became extremely popular in Germany. Today the best-known hip-hop artists in Germany are 50cent, P. Diddy, Beyoncé, Xavier Naidoo, Jay-Z and Blu.*

***Techno music** was most popular in the 1990s. It had its roots in many different music styles. It is said to have taken many ideas from the avantgarde (Can, Kraftwerk, Tangerine Dream) or the 'Synthi-Pop' (Giorgio Moroder, Anne Clark, New Order, Depeche Mode, Yello). Techno is a hard electronic music, always written in a four-four time. For a short period of time it was written 'tekkno'. There are many different styles of techno, for example jungle, electro, trance or ambient. Through techno (and, unfortunately, in combination with new kinds of drugs like ecstasy pills) young people express their rebellion against the current system. This can easily be seen in the Love Parade, which has taken place in Berlin since 1989.*

***Arsenal London Football Club** was formed in 1886 by some workers at the Woolwich Arsenal Armament Factory. They won the FA Cup many times, for example in 1998, 2002 and 2003.*

***Lightning Seeds** is a project by Ian Broudie, who was a member of 'Big in Japan' and 'Care'. Their greatest hit was 'Three Lions', which has become very popular among British football fans since the Football European Championship in 1996.*

***Carlos Santana** is one of the best known American guitarists. As a leader of the band that bears his last name, he recorded successfully since the late 60s. In June 1999 he issued the album 'Supernatural'. Paced by the number one singles 'Smooth' and 'Maria Maria', the album became the biggest hit of Santana's career, selling more than ten million copies. It won Santana eight Grammy Awards.*

Lernziel Verschiedene Musikrichtungen und deren bedeutendste Repräsentanten kennen lernen, einem Hörtext die wichtigsten Aussagen entnehmen und versprachlichen, über persönliche Vorlieben sprechen

Redeabsichten Über verschiedene Musikrichtungen und musikalische Vorlieben sprechen

Wortschatz *to sound, hip-hop, jazz, rock*

Hinführung Die S schauen sich die Fotos der Musikgruppen auf den Seiten 34/35 an und äußern zunächst ihre Ideen, wer auf den Bildern dargestellt ist. Falls die S einige der Gruppen kennen, können sie ihr Wissen hierzu mitteilen. Auf den Fotos sind zu sehen (von links nach rechts): *Atomic Kitten, unknown jazz band, U2, Lauryn Hill, Arsenal FC*. Danach versuchen die S, die Personen auf den Bildern zu beschreiben bzw. deren Instrumente zu benennen.

Alternative L fragt die S nach ihren Lieblingsliedern, Sängern oder Musikrichtungen. Als Anregung werden den S Bilder einiger aktueller Gruppen auf Folie präsentiert oder einzelne bekannte Musikvideos (MTV) vorgespielt, um die S zum Reden zu veranlassen.

Erarbeitung **Wortschatz:** Da die neuen Vokabeln (Ausnahme: *to sound*) aus dem Deutschen leicht erschlossen werden können bzw. mit dem Deutschen identisch sind, wird gleich mit der Zuordnung der Bilder und Musikrichtungen begonnen. L weist darauf hin, dass die Musikstile im Englischen klein geschrieben werden. An das fünfte Bild anknüpfend fragt L, ob die S deutsche Fußballhymnen bzw. spezielle Mannschaftssongs kennen. Zu jeder Musikrichtung lässt L die S nun weitere Gruppen bzw. Lieder aufzählen und fixiert diese in einem dreispaltigen Tafelbild. Es werden nur die Kategorien *hip-hop, girl groups* und *rock* aufgenommen, da den S zu *jazz* und *football songs* sicher nicht allzu viele Interpreten einfallen werden. Das Tafelbild dient nur als Anregung, da die Inhalte natürlich schülerabhängig sind und ständig aktualisiert werden.

Famous singers and bands

hip-hop	*girl groups*	*rock*
Eminem (My name is) *50cent (P.I.M.P.)* *Beyoncé (Crazy in love)* *P. Diddy (I need a girl)*	*All Saints (Never ever)* *T.A.T.U. (All the things she said)* *No Angels (Daylight in your eyes)* *Destiny's Child (Survivor)*	*Rolling Stones (Don't stop)* *Metallica (Nothing else matters)* *AC / DC (Highway to hell)* *Guns'n'Roses (November rain)*

Erweiterung L liefert in einem kurzen Vortrag und anhand von Bildern ergänzende Informationen zu den dargestellten Gruppen und Musikrichtungen.

Lösung: *A – picture 4, B – picture 2, C – picture 5, D – picture 3, E – picture 1*

Lern- und Arbeitstechniken: Die S lernen, ihre Aufmerksamkeit auf Detailinformationen in einem Hörtext zu lenken und die Aussagen in Stichworten festzuhalten. Sie legen ein Raster an und ordnen Informationen nach verschiedenen Kriterien.

Festigung

1 Different kinds of music

Ziel: Sinnvolles Zusammenstellen von Aussagen über musikalische Vorlieben und Überprüfen der Ergebnisse anhand der CD

Wortschatz *these days, piano, pop, techno, to be keen on, singer, to seem, Premiership, bass, drum, most of all, to call*

Materialien PB-CD 1, Track 21–24 • Kopiervorlage 21 (*Communication skills*)

PB 21 **Text:** *Sarah: I like listening to music. My favourite kind of music is pop, especially groups like Atomic Kitten. It makes me feel good and I like seeing and hearing the stars on MTV. I'm not so keen on hip-hop because the singer always seems so angry.*

PB 22 *Robert: My favourite songs are football songs. And Arsenal are my favourite team – they're from London, like me. They play at Highbury. I think they're going to win the Premiership again this year.*

PB 23 *Mrs Dane: I don't like the music young people listen to these days. I prefer the kind of music that was popular when I was young. What I really don't like is techno music. I like jazz most of all – that's what I call real music!*

PB 24 *David: I like playing music. I play the guitar and I'm learning the piano, too. I'm going to start a rock band with some friends – you know, like U2. We've got guitar, bass and drums, so all we need is a good singer.*

Erarbeitung **Wortschatz:** Die Wörter piano, pop und techno sind selbsterklärend. Die übrigen Vokabeln werden durch Entsprechungen, Ableitungen oder Beispielsätze semantisiert: *these days = now, not in the past, to sing → singer, to be keen on: Robert likes football very much. He's keen on football. To seem: He seemed very friendly, but actually he wasn't. Bass: It looks like a guitar. Most of all = more than other things: I like jazz most of all. To call: My name's Michael, you can call me Mike. Drums* wird durch eine kleine Zeichnung geklärt.

Die S ordnen jetzt in Partnerarbeit Sarah, Robert, Mrs Dane und David aus der vorgegebenen Auswahl jeweils drei passende Aussagen zu. Im Anschluss daran hören sie die kompletten Äußerungen der Personen zweimal von der CD und überprüfen ihre Ergebnisse in Einzelarbeit.

Lösung: *Sarah: A – 4., B – 2., C – 1.* *Mrs Dane: A – 3., B – 1., C – 4.*
Robert: A – 2., B – 3., C – 2. *David: A – 1., B – 4., C – 3.*

Erweiterung Nach Übung 1 bietet sich der Einsatz von **Kopiervorlage 21** (*Talking about music*) an. Es handelt sich um eine Tandemübung zum Training der Sprechfertigkeit, mit der die S das Wortfeld Musik auf abwechslungsreiche Weise festigen.

Festigung

2 Listening: Talking about music

Ziel: Schulung des Hörverstehens in Verbindung mit *note taking*, Auflockerung des Unterrichts durch einen *Sampler* mit verschiedenen Musikrichtungen

Wortschatz *hit, to be called, whole, to fill in, piece, twice, general, detail*

Materialien LC-CD, Track 5–7 • → WB ex. 1, 2, 3, 4, 5

LC 5

Text: a) *Sarah: My favourite band is Atomic Kitten. They do fantastic pop songs. They came together in 1999, and they're really popular, in the UK and everywhere else. There are three girls in the group now: Natasha, Liz, and Jenny. They're all from Liverpool, and they look very good, especially when they're dancing. They had their first international hit in 2001. It was called 'Whole again'. At the moment they're on tour in the UK and Ireland, and I'm hoping to see them at the Arena when they play there in November.*

LC 6

b) *David: My favourite kind of music is rock. I hate music without guitars. Guitars are important. That's why I play the guitar. I want to start a rock band, too. The band I like best is U2. They're from Ireland, they started in 1978, and they're really popular. They do hard rock, and slower, softer songs, too. And their singer, Bono, has got a great voice. They're quite old, but it doesn't matter. They did a song for the Lara Croft film, too. It's called 'Elevation'. I think one of their first hits was 'Sunday, Bloody Sunday' in 1983.*

Robert: I listen to music, but I never know the bands' names. I'm not very interested in music. Football is more exciting. That's why I chose this song. It's about the English football team. It came out in 1996 and it still sounds great.

Scott: Of course, we young people in the USA listen to the same kind of music as you over here: pop, rock, hip-hop etc. The things you can see on MTV. There are good rappers here, too, but hip-hop started in the USA, and I think that we've still got the best hip-hop bands. They're the real thing. Hip-hop is a way to say a lot of things that you need to say. And actually it's great for dancing.

Mrs Dane: I know that most of you don't like jazz. I didn't like it when I was young. But now I think it's fantastic. There are lots of different kinds of jazz, and they use lots of different instruments, not only guitars, bass and drums. I like the saxophone best. My favourite is 'Take Five' by Dave Brubeck. It's over 40 years old, but still very popular. There is no singing or dancing, no video with good-looking boys or girls, but maybe you like it because it just sounds good.

LC 7

c) *Samples on CD: Dave Brubeck: 'Take Five'; Baddiel & Skinner and the Lightning Seeds: 'Three lions'; Lauryn Hill & Cee-Lo, Carlos Santana: 'Do you like the way'; U2: 'Elevation'; Atomic Kitten: 'Whole again' (excerpts of a few bars of each)*

Erarbeitung **Wortschatz:** Die Bedeutung der Wörter *hit* und *detail* lassen sich aus dem Deutschen leicht erschließen. Zum Überprüfen bietet es sich an, die S Beispielsätze mit *hit* formulieren zu lassen. In diesem Zusammenhang kann auch der neue Ausdruck *to be called* eingeführt werden: *You're called Mike, aren't you? Whole* und *general* werden am besten über ihr *opposite* eingeführt, die restlichen Wörter durch Umschreibungen bzw. Beispielsätze: *the whole world ↔ part of the world, general ↔ detail, to fill in = to complete, twice = two times, piece: a piece of cake.* Die kurze Einübung des Gebrauchs von *detail* erfolgt anhand der Beschreibung eines der Bilder auf den Seiten 34/35. Bevor Sarahs Text gelesen bzw. gehört wird, bietet sich ein Chorsprechen der neuen Wörter zur Überprüfung der korrekten Aussprache an.

LC 5

Text: Die S hören zunächst von der CD (**Track 5**), was Sarah über ihre musikalischen Vorlieben sagt (Aufgabe a). Sarahs Aussagen in gedruckter Form dienen nur als Anregung für die spätere eigene Präsentation der S. L weist auf die *Box* mit den Tipps zum Hörverstehen hin. Die S lesen die Hinweise sorgfältig durch und hören danach die Tonaufnahme zum zweiten Mal. Im Unterrichtsgespräch, bei dem L nach den wesentlichen Informationen aus dem Text fragt, wird das Textverständnis überprüft. Dabei bietet es sich an, Fragen im Hinblick auf das folgende Raster zu stellen:
What is Sarah's favourite band?

What kind of music do they play?
When did they come together?
Who's in the group and where are they from?
What was their first international hit?
Die Antworten werden in Stichworten an der Tafel fixiert, so dass die S ein Muster haben, wie sie die Tabelle im weiteren Verlauf ausfüllen müssen. Die S übertragen das vorgegebene Raster in ihr Heft. Hierbei ist es wichtig, dass L auf den benötigten Raum hinweist.

LC 6 Jetzt wird von der CD (**Track 6**) präsentiert, was David, Robert, Scott und Mrs Dane über ihre Lieblingsmusik sagen (Aufgabe b). L weist die S darauf hin, dass es beim ersten Hören nur um das generelle Verständnis des Textes geht und noch keine Notizen angefertigt werden sollen. Nach einer kurzen Unterbrechung wird der Text erneut vorgespielt mit dem Arbeitsauftrag, die jeweiligen Aussagen über die Stilrichtung und die weiteren Informationen in die Tabelle einzutragen. Hierbei ist es empfehlenswert, nach jeder Person kurz zu unterbrechen und den S Zeit zum Schreiben zu geben. Wichtig ist auch, den S die Rubrik *other information* kurz zu erläutern, damit sie nicht alle Informationen der jeweiligen Bands oder Sänger in ihre Tabelle aufnehmen. Maßgeblich ist, was die Personen über sich selbst erzählen. Außerdem benötigen die S den Hinweis, dass bei manchen Personen der Interpret bzw. der Titel des Liedes erst nach Hören der Liedauszüge in Aufgabe c) ergänzt werden können. Zunächst bleiben die Stellen im Raster leer. Die Aussagen werden ein letztes Mal zum Überprüfen der Tabelle vorgespielt und die Ergebnisse dann im Unterrichtsgespräch verbessert. Um eine korrekte Schreibung zu gewährleisten, schreibt L die Tabelle entweder an die Tafel oder auf Folie und füllt sie nach den Angaben der S aus.

LC 7 Anschließend werden den S fünf Musikstücke von der CD präsentiert (**Track 7**). Sie erhalten die Aufgabe, den Titel des Liedes zu erkennen, das Musikstück in eine Musikrichtung einzuordnen und jeder Person (auch Sarah) das passende Lied zuzuordnen. Es empfiehlt sich parallel eine schriftliche Fixierung durch L.

Transfer In Aufgabe d) schließlich werden die S zum freien Sprechen animiert. Sie wenden als Transferleistung ihr bisher gelerntes Musikvokabular sowie passende Ausdrucksweisen aktiv an.

Lösung: a)/b)

	Sarah	*David*	*Robert*	*Scott*	*Mrs Dane*
kind of music?	*pop*	*rock*	*football songs*	*pop, rock, hip-hop*	*jazz*
name of singer / band?	*Natasha, Liz and Jenny / Atomic Kitten*	*Bono / U2*	–	–	*Dave Brubeck*
hits?	*Whole again*	*Elevation / Sunday, Bloody Sunday*	*Football's coming home*	–	*Take Five*
other information?	*all from Liverpool, tour in UK and Ireland, concert at Arena in November*	*hates music without guitars, plays the guitar, wants to start a rock band*	*never knows the bands' names, not very interested in music*	*likes seeing and hearing the stars on MTV,° likes the real American hip-hop bands*	*didn't like jazz when she was young, likes the saxophone best*

c) *1. Take Five – Mrs Dane*
2. Three lions – Robert
3. Do you like the way – Scott
4. Elevation – David
5. Whole again – Sarah

Erweiterung Den S wird die **Hausaufgabe** gestellt, über ihre Lieblingsgruppe im Internet zu recherchieren und in der nächsten Stunde ihre musikalischen Vorlieben als Kurzreferat vorzustellen. Dabei nennen die S ihre favorisierte Musikrichtung, stellen ihre Lieblingsband vor, geben einige Hinweise zu der Gruppe und spielen einen Hit kurz auf CD an. Als Anregung für das Kurzreferat dient Sarahs Text.

3 language A Two events (S. 36/37)

Thema Radiosendung mit Gewinnspiel für Konzertkarten

Hintergrundinfo *Premiership is the first division in English football. FA Cup is the winner's cup of the English football association. Radio Nottingham is a BBC radio station that went on air in 1968. Blondie are a group that was formed by Deborah Harry, Chris Stein, James Destri and Clement Burke in 1974. They play punk/new-wave music. In 1977 they released their debut album 'Blondie'.*

Lernziel Bildung und Anwendung des *will future* sowie Unterscheidung zwischen geplanten Vorhaben (*going-to future*) und vorhersehbaren Ereignissen (*will future*)

Redeabsichten Über zukünftige Ereignisse sprechen

Wortschatz *will, won't, to ruin, leader, FA Cup, Evening Post, although, close, probably, 2-1, concert, caller, ⟨nuclear⟩, ⟨puppy⟩*

Strukturen *will future, going-to future* (Wiederholung und kontrastive Gegenüberstellung)

Materialien PB-CD 1, Track 25

Hinführung L fragt die S, welches ihrer Meinung nach die besten Radiosender sind und leitet im Gespräch auf Gewinnspiele über, bei denen man Konzertkarten gewinnen kann. Es folgt ein Unterrichtsgespräch, in dem in Erfahrung gebracht wird, ob einige S ihre Lieblingssänger schon einmal live gehört haben.

Erarbeitung **Wortschatz:** Die Begriffe FA Cup, der in etwa mit dem deutschen DFB-Pokal gleichzusetzen ist und Evening Post, der Name einer Zeitung, werden in einem L-Vortrag kurz erklärt. Die Wörter ruin und concert können aus dem Deutschen erschlossen werden. An der Tafel oder auf Folie notiert werden die Wörter leader, although, close und probably. Die Semantisierung dieser Vokabeln erfolgt durch erklärende Beispielsätze. *Leader: The strongest person is often the leader of a group. Although: We played outside although it was raining. Close: The football match was very close, Arsenal won 5:4. Probably: It will probably rain tomorrow.* Caller wird vom bereits bekannten Verb *to call* abgeleitet: *to call → caller*. Die Übersetzungen der Bestandteile des Bandnamens Nuclear Puppy werden von L vorgegeben.

PB 25

Text: Nach der Vorentlastung durch die Einführung der wichtigsten Wörter erfolgt die Präsentation des Textes bei geschlossenen Schulbüchern von der CD. Nach dem Hören der Radiosendung stellt L einige Fragen, um das generelle Textverständnis zu überprüfen:
There's a big football match on Friday. What are the names of the two teams?
Annie talks to Paul Gray of the Evening Post. What is his tip for the match?
When does the match start?
Then there is a pop quiz. What's the question?
What can you win?
Die S öffnen nun ihre Bücher und lesen den Text mit verteilten Rollen.

→ G13 (p. 125)

Strukturen: Bevor L das *will future* einführt, wiederholt er im Plenum noch einmal das *going-to future*. Dies geschieht mittels der Frage: *What are you going to do this afternoon?* Nach dem Einholen einiger S-Antworten formulieren die S die Regel: *You use the going-to future when you talk about your plans for the future.* In Übung 4 erfolgt die kontrastive Gegenüberstellung des *going-to future* und des *will future*.

L leitet zur Erarbeitung des *will future* über und weist darauf hin, dass es noch eine andere Möglichkeit gibt, zukünftige Handlungen wiederzugeben. L schreibt die Formen *will / 'll* und *won't* an die Tafel und lässt die S Sätze aus dem Text heraussuchen, in denen diese Formen vorkommen. Die S erschließen aus dem Zusammenhang selbstständig, dass es sich bei den Beispielen um den Ausdruck von zukünftigen Ereignissen handelt. L notiert die Beispielsätze in zwei Spalten an der Tafel (siehe Tafelbild, Seite 73) und ergänzt die Informationen zu Bildung und Gebrauch der neuen Struktur. Die S übernehmen das Tafelbild als Hefteintrag. Im Anschluss an den Hefteintrag übt L das Gelernte anhand von kurzen Dialogen mit den S ein.

The will-future			
Bildung: *will + infinitive*	Kurzform: *'ll*	Verneinung: *will not + infinitive*	Kurzform: *won't*

It will be warm and sunny in Nottingham today, but there will be some rain later this week. *Let's hope, the rain won't ruin Friday's big football match.*	*Do you think Forest will beat Arsenal on Friday?* *I think it'll be a hard match for Arsenal.* *And of course 10,000 Arsenal fans from London will be there, too.* *I'm sure they'll make a lot of noise, so let's hope there won't be any trouble.* *Although it'll be close, Arsenal will probably win – let's say 2-1.*
1. Vorhersagen, die nicht von eigenen Entscheidungen abhängen (z. B. Wetter)	2. Vermutungen über die Zukunft (z. B. *I think, I hope, I'm sure, perhaps, probably, ...*)

Festigung

1 What's missing?

Ziel: Textverständniskontrolle und einfache Formulierungen mit *will*

Erarbeitung

Die Übung wird entweder mündlich oder als **Hausaufgabe** schriftlich bearbeitet.

Lösung: a) *1. It will be* ***warm and sunny in Nottingham*** *today, but* ***there will be some rain*** *later this week.*
2. There will be two big events on Friday evening – a ***football match*** *and a* ***pop concert****.*
3. Paul Gray thinks ***it'll be a hard match*** *for Arsenal.*
4. 10,000 Arsenal fans ***from London will be*** *at the match.*
5. Paul Gray thinks Arsenal ***will win 2-1****.*

Festigung

2 Listening: Who's calling?

Ziel: Selektives Hörverstehen und schriftliche Beantwortung von Fragen zum Text

Materialien LC-CD, Track 8

LC 8

Text:
Sarah: Hello, this is Sarah Dixon.
Annie: Hello, Sarah. And where are you calling from?
Sarah: Er, from Sherwood.
Annie: Right, from Sherwood, eh? OK, so you've got the answer to my question, have you?
Sarah: I hope so. It's Blondie, isn't it?
Annie: Hey! Yes, it is! Well done, Sarah.
Sarah: Well, actually it was my dad who knew the answer. He's old. He knows things like that.
Annie: How old is your dad, Sarah?
Sarah: Thirty-eight!
Annie: Wow! Anyway, two tickets for Nuclear Puppy are coming your way, Sarah. Lucky you! So you aren't going to take your dad with you then?
Sarah: Oh no. He likes jazz!
Annie: Not to worry. One ticket for you and one for a friend. A boyfriend, maybe?
Sarah: Er, well. Actually I think I'll take my best friend Becky.
Annie: OK, Sarah. Nice to talk to you. Bye for now and enjoy the concert!

Erarbeitung

L präsentiert den S den kurzen Dialog ohne Vorentlastung zweimal von der CD. Sarah ruft bei dem Radiosender an, weiß die richtige Lösung auf eine Quizfrage und gewinnt zwei Karten für ein Popkonzert. In dem Gespräch werden die Zukunftsformen sowie das Sprechen über musikalische Vorlieben wieder aufgegriffen.

Lösung: *1. Sarah Dixon from Sherwood is on the phone.*
2. The answer is Blondie.

3. *Sarah's dad is thirty-eight years old.*
4. *She thinks that she will take her best friend Becky.*

Festigung

3 *Will* or *won't*?

Ziel: Bilden von Sätzen mit *will* und *won't*

Wortschatz *latest*

Materialien Folie 9 (*What do you think will happen?*) • → WB ex. 1

Erarbeitung Die Übung eignet sich für eine Stillarbeitsphase im Unterricht.

Lösung: 1. *There won't be any rain today.*
2. *Will there be lots of people at the football match on Friday?*
3. *10,000 Arsenal fans will make a lot of noise.*
4. *I think my favourite team will win.*
5. *Are you sure that the game won't be boring?*
6. *The concert will be interesting for all pop fans.*
7. *I'm sure you will have a fantastic evening.*
8. *Who will win the two tickets?*
9. *I think I will go to the concert with my boyfriend.*
10. *I hope he will fetch me in his mum's car.*
11. *I'm sure Nuclear Puppy will play their latest hit.*

Transfer Nach dieser Einzelarbeit bietet sich der Einsatz von **Folie 9** (*What do you think will happen?*) zur Festigung und weiteren aktiven Verwendung der neuen Struktur an. Die Folie zeigt eine Bildgeschichte. Die Familie mit den beiden Kindern ist nicht bekannt. L deckt Bild 1 auf (die restlichen Illustrationen sind abgedeckt), erläutert die Rahmensituation (die Eltern gehen ins Kino, die beiden Kinder bleiben allein zu Hause) und gibt den Familienmitgliedern Namen. Die S spekulieren darüber, was die Kinder wohl tun werden (*will future*), während die Eltern unterwegs sind. L deckt die Zeichnungen sukzessive auf und die S überprüfen, ob ihre Vermutungen richtig waren oder nicht. Sie beschreiben jetzt die tatsächlichen Tätigkeiten der Kinder (*present progressive*). Nähere Hinweise zum Einsatz der Folie befinden sich im Folienordner.

Festigung

4 In the future

Ziel: Induktives Erschließen der Grammatikregeln zum kontrastiven Gebrauch von *will* und *going to*, selbstständige Erarbeitung des korrekten Gebrauchs von *will future* und *going-to future*

Wortschatz *prediction, intention, to decide*

Materialien Kopiervorlage 22 (*Grammar plus*) • → WB ex. 2, 4

Erarbeitung Vor dieser Übung werden die Regeln zum Gebrauch der bisher bekannten Futurformen *will* und *going to* wiederholt. L erklärt die Regel auf Englisch, womit sich für die S die Vokabeln <u>*prediction*</u> und <u>*intention*</u> erschließen. Für *intention* wird als Hilfestellung das Wort *plan* genannt oder die Erklärung im Buch *something somebody wants to do* herangezogen. Es schließt sich ein kurzes Unterrichtsgespräch an, in dem L den S Fragen stellt, die diese in der richtigen Zeitform beantworten und mit der korrekten Sprechabsicht benennen müssen. Während dieses Gesprächs erschließt sich den S die Bedeutung des Verbs <u>*to decide*</u>, da L ihnen zwei Sprechabsichten zur Auswahl gibt. Es empfiehlt sich, diese Übung in Stillarbeit schriftlich bearbeiten zu lassen und dann im Plenum zu verbessern, wobei großer Wert auf die Erklärung der jeweils verwendeten Futurform (Absichten oder Vorhaben bzw. Vorhersagen und Vermutungen ausdrücken, Unterscheidung der Anwendung des *will future* und des *going-to future*) gelegt werden sollte. Es bietet sich ein Tafelbild an (siehe Seite 75), das die S als Hefteintrag übernehmen. Es fließen Beispielsätze aus Übung 3 sowie die englischen Bezeichnungen *prediction* und *intention* mit ein. In der Anordnung von Form, Regel und Beispiel kann variiert werden, so dass die S die Regeln auch induktiv erschließen können.

→ G14 (p. 126)

Future forms	
going-to future	*will future*
Plan oder Vorhaben (*intention*) / Idee für die Zukunft	Vorhersage (*prediction*) / Vermutung (*I think, probably*)
Next year Kim's going to look for a job.	*Simon hopes it will be sunny this afternoon.*

Lösung: *2. Becky probably won't be at the concert. – The Burtons are going to have a family party that evening.*
3. Simon hopes it will be sunny this afternoon. – He is going to play football with his friends.
4. Robert's mum is going to get tickets for the Arsenal match. – Robert is sure that it will be a great game.
5. Jenny thinks it will be a nice weekend. – She and her parents are going to visit some friends in London.
6. David and two friends from school are going to start a rock band. – Where will they find a good singer?
7. Next year will be Kim's last year at school. – She is going to look for a job.

Erweiterung Nach dieser kontrastiven Gegenüberstellung der beiden *future forms* bietet sich zur Festigung und zum Wechsel der Sozialform **Kopiervorlage 22** (*Rapunzel*) als Partnerübung an. Die S bringen die Bildgeschichte zu dem bekannten Märchen in die richtige Reihenfolge und ergänzen die Sprechblasentexte entweder im *will future* oder im *going-to future*.

Festigung

5 Watch out: *Will* or *going to*?

Ziel: Anwendung der korrekten Zeitform *will future* oder *going-to future*

Wortschatz *to be afraid (of)*

Materialien → WB ex. 3, 5

Erarbeitung Die Bedeutung von *to be afraid (of)* ergibt sich aus dem Kontext des ersten Satzes. Diese Übung dient der Festigung des in der vorangegangenen Übung und in **G14** erworbenen Wissens und eignet sich gut als schriftliche **Hausaufgabe**. Sie kann aber auch als mündliche Aufgabe Gewinn bringend eingesetzt werden.

Lösung: *1. will be*
2. will be, are going to have
3. will be
4. will be, are going to come
5. will have, am going to see, are going to see

Transfer

6 An e-mail

Ziel: Kreatives Schreiben zur Wiederholung und Festigung der Zeitformen

Wortschatz *etc.*

Erarbeitung Die Übung bietet sich als schriftliche **Hausaufgabe** an.

Lösungsvorschlag: *Dear Mary,*
How are you? What did you do last weekend? Did your mum get tickets for the concert? You must tell me everything about it. I went to the cinema yesterday. You can't imagine what happened: Markus asked me to go with him! It was great, he's soooo sweet! We saw Romeo and Juliet – in English! I didn't understand much but I really liked the story. I must read the book – in German of course! I'm going to meet Markus again tomorrow afternoon. We're going to play table tennis together. I hope it won't rain then. And next weekend we're going to that great fun park with the swimming pool. I told you about it in my last e-mail, didn't I? On our way back we're going to stop at my favourite hamburger restaurant. I hope Markus will like it, too.
Bye for now.
Love, Lena

3 language

B Sarah's second ticket (S. 38/39)

Thema Telefonate, in denen Sarah eine Begleitung für das Konzert sucht

Lernziel Weitere Sprechabsichten der beiden *future forms* (*going-to future: prediction about the near future, will future: snap decision*) kennen lernen, Strukturen und Funktionen zuordnen, Fragen mit Präpositionen im *past progressive* üben

Redeabsichten Spontane Entscheidungen ausdrücken und über Ereignisse sprechen, die in der nahen Zukunft offensichtlich geschehen werden, nach vergangenen Tätigkeiten fragen

Wortschatz *rubbish, right now*

Strukturen *will future* und *going-to future*, Fragen mit Präpositionen im *past progressive*

Materialien PB-CD 1, Track 26/27 • Kopiervorlage 23 (*Extras*)

Hinführung Als Hinführung zu den zwei Gesprächen zeigt L den S die beiden Fotos auf Seite 38 und lässt sie vermuten, mit wem Sarah auf das Konzert gehen wird.

Erarbeitung **Wortschatz:** L schreibt die beiden neuen Vokabeln an die Tafel und erklärt, dass *rubbish* das gleiche wie *that's not true* bedeutet und für *right now* auch das bereits bekannte *right away* gesagt werden kann.

PB 26

Text: Nachdem diese beiden Wörter erklärt wurden, spielt L den S die zwei Gespräche von der CD vor. Hierbei bietet sich eine Pause nach dem Gespräch zwischen Sarah und Becky (**Track 26**) an, um einige Verständnisfragen zu stellen:
Why can't Becky come to the concert with Sarah?
How old is her grandma?
Why can't Sarah give her second ticket to Kim or Lewis?
What does Sarah think about Robert?

PB 27

Ebenso wird nach dem Telefongespräch zwischen Sarah und Robert (**Track 27**) verfahren:
Can Robert come to the Nuclear Puppy concert with Sarah?
When does the concert start?
When is the football match?
Who is getting the tickets for the match for Robert?
Nun lesen die S die beiden Dialoge mit verteilten Rollen.

Erweiterung Nach der Textpräsentation kann als erste Verständniskontrolle auch **Kopiervorlage 23** (*Multiple choice*) eingesetzt werden. Die S gehen entweder in Einzel- oder in Partnerarbeit durch die Aussagen zum Text und entscheiden sich für eine der drei angebotenen Varianten.

Festigung

1 Problems

Ziel: Eigene Textproduktion, Schreiben des weiteren Verlaufs der Geschichte

Erarbeitung Da der Text damit endet, dass Sarah noch niemanden gefunden hat, der mit ihr zum Konzert geht, sollen sich die S überlegen, wie die Geschichte nun ausgeht. Dabei können sie zwischen Sarahs und Roberts Perspektive wählen. Der Einleitungssatz ist vorgegeben: *Robert/Sarah doesn't know what to do. He/she thinks: "...".* Der eigentliche Schluss wird in der direkten Rede verfasst. Dabei gibt L die ungefähre Wortzahl vor, um den S einen Anhaltspunkt für den Textumfang zu geben. Die S tragen im Unterricht mündlich erste Ideen zusammen, das Schreiben erfolgt dann als schriftliche **Hausaufgabe**. L sammelt in der folgenden Stunde die Arbeiten ein und lässt die S besonders gelungene Exemplare vortragen. Der kreativste Schluss wird den S auf Folie oder als Kopie zugänglich gemacht.

Lösungsvorschlag: *Robert doesn't know what to do. He thinks: "Poor Sarah. I really like her and now she's angry because I won't come to the pop concert with her. Hm, what am I going to do now? Oh, I know! There's a concert of her favourite band Atomic Kitten in Rock City on October 3rd. I'll try to get tickets for me and Sarah. This will be a great surprise for her* *birthday. I hope she will like the idea. And perhaps I can get backstage tickets, too, so she can meet Natasha, Liz and Jenny and talk to them. Then Sarah won't think that I don't like her and that I am nasty to her."*

Festigung

2 True or false

Ziel: Textverständniskontrolle

Erarbeitung

b) Die S notieren in Stillarbeit ihre *true / false statements* und tauschen anschließend das Heft mit dem Nachbarn. Die falschen Sätze werden verbessert.

Lösung: a) *1. That's wrong. Kim and Lewis are going to go to the concert together.*
2. That's wrong. The Burtons are going to have a family party on Friday.
3. That's wrong. Kim, Lewis and Sarah have already got tickets.
4. That's wrong. Sarah thinks Robert doesn't like her because he's always nasty to her.
5. That's wrong. Sarah wants to ring Robert later.

Lösungsvorschlag: b) *1. Nuclear Puppy are from Liverpool. (wrong – from Newcastle)*
2. The concert is on Saturday evening. (wrong – it's on Friday evening)
3. Arsenal is Robert's favourite football team. (correct)
4. Robert's dad is going to get tickets for the football match on Friday. (wrong – Robert's mum)
5. Robert says he will go to the concert with Sarah. (wrong – he doesn't want to miss the football match)

Festigung

3 Talking about the future

Ziel: Die Verwendung des *going-to future* bei deutlich wahrnehmbaren Anzeichen dafür, dass etwas geschehen wird (*prediction with clues*) und die Verwendung des *will future* bei spontanen Entscheidungen (*snap decision*) kennen lernen, Zuordnen der korrekten Zukunftsformen zu den unterschiedlichen Sprechabsichten

Materialien → WB ex. 1

Erarbeitung

→ G14 (p. 126)

L weist als Einstieg auf die Übersicht zu den Zeiten im Vokabelteil auf Seite 150 hin. Die beiden neuen Funktionen der Futurformen werden erläutert: Das *will future* steht nicht nur bei *predictions / statements* (Punkt B), sondern auch bei *snap decisions* (Punkt A). Das *going-to future* steht nicht nur bei *intentions / plans* (Punkt C), sondern auch bei *predictions about the near future* (Punkt D). L greift noch einmal auf Grammatikpunkt **G14** zurück. Dort sind alle vier Sprechabsichten für zukünftige Handlungen gegenübergestellt. Nach dieser Vorbereitung wird die Übung in einer Stillarbeitsphase schriftlich erledigt. Die Ergebnisse werden im Unterrichtsgespräch besprochen und die S erhalten den Auftrag, als **Hausaufgabe** zusätzlich eigene Beispielsätze für die vier Sprechabsichten zu finden.

Lösung: *A: I'll ask him for you if you want. (ll. 18–19), I'll ask him later. (ll. 20), OK, I'll give you my mobile. (l. 26), I'll find somebody else then. (ll. 53 / 54)*

B: But he won't want to see Nuclear Puppy, will he? (ll. 15 / 16), Well, ask him and you'll find out. (l. 18), And I know it'll be a brilliant game (ll. 49 / 50)

C: We're going to have a family party. (ll. 4 / 5), Kim and Lewis are going to go, too. (l. 7), You're going to ring Robert right now. (ll. 23 / 24), And who are you going to go with? (ll. 38 / 39), You're going to give me your other ticket? (ll. 44 / 45), Mum is going to get tickets for it. (l. 49.), Oh no, what am I going to do now? (ll. 50 / 51)

D: Hey, just look at the time! I'm going to be late for tea. (ll. 21 / 22), Look at those dark clouds. It's going to rain. (ll. 55 / 56)

Festigung

4 What is going to happen?

Ziel: Festigen des *going-to future* zum Ausdruck von Ereignissen, die in naher Zukunft offensichtlich geschehen werden

Wortschatz *situation*

Materialien → WB ex. 2, 3

Erarbeitung

Teil a) der Übung wird mündlich im Unterricht erledigt, Teil b) bietet sich als schriftliche **Hausaufgabe** an.

Lösung: a) *2. Sarah and Becky are going to take the bus.*
3. It's going to rain soon.
4. Arsenal is going to win against Liverpool.

Lösungsvorschlag: b) *1. "Look. Here's our bus." – "Wow! It's going to arrive on time."*
2. "Carina has already got ten points." – "Yes, she's going to beat Wayne."
3. "Don't leave that toy on the floor, Mark. Someone is going to break it." – "But I'm still playing with it, Mum!"
4. "That's a very clever trap, Sheriff." – "Yes, I'm going to catch Robin Hood this time."
5. "No, Mark. You can't have another ice cream." – "Look, Mum. He's going to cry."

PB 28

5 A song: The tide is high

Ziel: Auflockerung des Unterrichts durch einen *Song*, der an Sarahs Lieblingsgruppe Atomic Kitten anknüpft, Textverständniskontrolle

Hintergrundinfo

***The Paragons** are a reggae group formed by Garth Evans, Bob Andy, Leroy Stamps and Junio Menz in 1964. Stamps was soon replaced by John Holt and Menz by Howard Barrett. Andy left the group in 1965. The trio of Evans, Holt and Barrett split in 1970 and reformed in 1983.*

Wortschatz

to be in love (with)

Materialien

PB-CD 1, Track 28

Erarbeitung

Die Wendung *to be in love (with)* muss nicht erklärt werden. Die S hören bei geöffneten Büchern das Lied *The tide is high* mehrmals von der CD und ergänzen dann den kurzen Text zum Inhalt des Liedes und den drei Interpreten. Unbekannte Wörter aus dem Liedtext sind als Annotationen angegeben. Die Übung kann entweder mündlich erfolgen oder als Hefteintrag, indem die S den Lückentext ausgefüllt abschreiben.

Erweiterung

Als Ergänzung kann L den S weitere Informationen zu den Gruppen Paragons und Blondie geben oder sie im Internet selbst danach suchen lassen.

Lösung: *This song by the Paragons is from 1967. It was a **hit** for Blondie in 1980, and for Atomic Kitten **in** 2002. It's about a **girl** who is in love with **a man**. The trouble is, all the other **girls** like **him**, too. She wants to be **his number one**, but she doesn't **know** if he really loves her because he **hurts** her all the time. She isn't going to **give up**. She is sure that they **will be** together one day.*

Festigung

6 What were they doing at 5 pm last Thursday?

Ziel: Fragen mit Präpositionen im *past progressive* bilden

Wortschatz

preposition

Materialien

→ WB ex. 4

Erarbeitung

→ G15 (p. 126)

Das Wort *preposition* kann von den S von dem bekannten lateinischen Wort erschlossen werden. Diese Übung wird im Unterricht in Partnerarbeit durchgeführt. Es genügt, die neue Grammatik anhand von **G15** auf Seite 126 im Schülerbuch einzuführen. Ein Hefteintrag ist hier nicht notwendig. Gemeinsam mit den S trägt L Verben zusammen, die mit einer Präposition stehen, und weist auf die Satzstellung hin. Im Vokabelteil findet sich überdies der Hinweis, dass die S sich aus einer *Unit* alle Wendungen mit Präpositionen herausschreiben sollen und sich Karteikarten mit Präpositionen anlegen sollen, um dann die entsprechenden Wendungen zuzuordnen.

Lösung: a) *2. Who was Kim talking to? – She was talking to Lewis.*
3. What was Scott waiting for? – He was waiting for Carina to play table tennis with him.
4. What was Becky listening to? – She was listening to the song 'The tide is high'.
5. Who was Barker barking at? – He was barking at Mr Burton.
6. What was Robert thinking of? – He was thinking of the football match.

PB 29

7 Sound practice: Questions

Ziel: Schulung der richtigen Satzmelodie, Bewusstmachen der unterschiedlichen Intonation und Formulierung der Betonungsregel für Fragen

Materialien PB-CD 1, Track 29 • Kopiervorlage 24 (*Extras*) • → WB ex. 5

Erarbeitung Die Übung ist kontrastiv aufgebaut und verdeutlicht die unterschiedliche Satzmelodie bei Fragen. Diese sollen die S beim Hören erkennen und die Beispiele wiederholen. Weiterhin erschließen die S induktiv die Regel, die als Tafelanschrift festgehalten wird, und überlegen sich drei weitere Fragen, die sie ihrem Nachbarn stellen und die dieser auch beantwortet.

Lösung: *In questions 1–6 you must put the stress on the first word which is a question word. And you don't raise your voice at the end of the question. In questions 7–12 you put the stress on the last word and you raise your voice at the end.*

Erweiterung Vor dem Übergang zum Haupttext der Unit bietet sich der Einsatz von **Kopiervorlage 24** (*Domino / Memory*) an. Sie enthält Kärtchen mit Wörtern und dazu passenden Definitionen. Ziel ist es, die Kärtchen in Partnerarbeit entweder richtig anzulegen (*Domino*) oder aufzudecken (*Memory*).

text

What a week! (S. 41–43)

Thema Eine Geschichte mit alternativen Schlussteilen über das Konzert von Nuclear Puppy

Lernziel Einen Text mit zwei verschiedenen Schlussteilen lesen und verstehen, systematisch mit dem Text umgehen

Redeabsichten Vermutungen äußern, wie eine Handlung verläuft, sich über den möglichen Ausgang einer Geschichte äußern

Wortschatz *What a week!, ill, usual, test, extra, words (pl.), annoyed, disappointed, annoying, speaker, onto, somewhere, to notice, to stagger (about), guitarist, on top (of), manager, ladies and gentlemen, a few, serious, to go on (+ doing), finally, tonight, to welcome, super, introduction, amazed, at least, to enjoy, result, no good, to introduce, backstage, autograph, each, ⟨mixing desk⟩, ⟨soundman⟩, ⟨stand⟩, ⟨karaoke⟩*

Materialien PB-CD 1, Track 30–35 • Folie 10 (*What a week!*) • Kopiervorlage 25 (*Extras*)

Hinführung Die Geschichte kann an die S-Äußerungen zur Weiterführung der zwei Gespräche in *Language B* anknüpfen. L erzählt vor dem Anhören des Textes kurz, wer im Endeffekt mit zu dem Konzert geht und stellt den S die Frage, was wohl passieren würde, falls der Sänger der Band plötzlich ausfällt.

Erarbeitung **Wortschatz:** Aufgrund der Anzahl der neuen Wörter, empfiehlt es sich, sowohl die Vokabeleinführung als auch die Erzählung in zwei Teilen zu behandeln. Dies ist umso geschickter, als sich ein Einschnitt nach Zeile 67 anbietet und die S die Übung 1, Aufgaben a) bis c) bearbeiten, bevor sie die beiden Schlussteile lesen. Im ersten Schritt werden die Vokabeln bis *ladies and gentlemen* eingeführt. Einige der Wörter sind leicht aus dem Deutschen oder dem bisherigen Unterricht erschließbar und brauchen nicht gesondert erklärt zu werden (usual, extra, words, guitarist, manager, ladies and gentlemen).

Zur visuellen Unterstützung während der Semantisierung des neuen Wortschatzes bietet sich **Folie 10** (*What a week!*) an. Sie enthält sechs Zeichnungen, die den Ablauf der Geschichte illustrieren. L deckt die Zeichnungen nacheinander auf. Anhand von Zeichnung 5 (Robert, Sarah, Kim und Lewis stehen neben dem Mischpult in der Mitte des Saals. Dort haben Sie einen guten Blick auf die Bühne.) kann L leicht die Wörter speaker, guitarist, mixing desk, soundman, on top (of) und backstage verdeutlichen. Im zweiten Teil erschließen sich die Wörter karaoke, to welcome und super von selbst. Die restlichen Wörter werden, gestisch unterstützt, in Beispielsätzen bzw. Definitionen eingeführt. Es empfiehlt sich, sowohl die neuen Wörter als auch die Erklärungen auf Folie zu präsentieren.

Zu *What a week!* fragt L die S nach ihren Erlebnissen der vergangenen Woche. Es folgt die Semantisierung von ill: *If you're ill, you must stay in bed. Annoyed: After the phone call with Robert, Sarah was a bit annoyed, then she got really angry. A similar word is disappointed which means that you hope sth will happen and it doesn't. Annoying* wird von annoyed abgeleitet. *To speak → speaker: A speaker is a kind of box that the sound comes out of. Onto* wird von L vorgeführt: *I put this pencil onto the desk. Somewhere* können sie S aus den bereits bekannten Wörtern *somebody* und *something* erschließen. Das Verb to notice lässt sich mit folgendem Satz und unterstützender Mimik erklären: *Sarah looked a bit annoyed. – Really? I didn't notice. Stagger* wird am besten von L pantomimisch vorgemacht. Auch on top (of) lässt sich durch Vorspielen vermitteln. A few ↔ *a lot of*

Text: An dieser Stelle wird die Vokabeleinführung unterbrochen und der erste Teil des Textes von der CD vorgespielt. Unterstützend wird **Folie 10** eingesetzt. L deckt die Zeichnungen nacheinander auf, um den Ablauf der Geschichte nicht vorwegzunehmen. Es bietet sich an, den ersten Teil nicht in einem Stück zu präsentieren, sondern nach Zeile 39 (**Track 30**) eine Pause zu machen, um Verständnisfragen zu stellen:
What are Robert's plans for that week?
What about the French test?
What was the bad news on Wednesday evening?
Why did Robert go to the Nuclear Puppy concert in the end?

Nun wird die Geschichte bis Zeile 67 (**Track 31**) vorgespielt und weitere Fragen an die S gestellt:
Why did Sarah want to stand somewhere else and where did the children go then?
What happened to the singer?
What did the band's manager tell the people?
Es empfiehlt sich, die S den gehörten Text laut lesen zu lassen und dann Übung 1, Aufgaben a) bis d) zu bearbeiten, bevor den S die beiden Schlussteile vorgespielt werden. Zur inhaltlichen Wiederholung nach Übung 1 bietet sich noch einmal der Einsatz von **Folie 10** zur Nacherzählung des Textes an.

Wortschatz: Es werden nun die wichtigsten Wörter des zweiten Teils erklärt, wobei darauf geachtet wird, dass noch nicht zu viel vom Fortgang der Geschichte verraten wird. *Serious: If a person is very ill or if sth terrible happens, the situation is serious.* Das Verb to go on dürfte bereits aus dem bisherigen Unterricht bekannt sein: *Please go on with the text.* Finally, tonight, introduction und amazed werden durch Umschreibungen erklärt: *finally – in the end / at last, tonight – this evening; introduction – the first part, amazed – very surprised.* Zusätzlich können hier Fragen an die S gestellt werden, z. B. *What are you going to do tonight?* Bei at least weist L auf den Unterschied zu *at last* hin. Dies geschieht am besten anhand der deutschen Übersetzung. *Enjoy: The concert was great! I really enjoyed it. Result: What was the result of the match between Arsenal and Nottingham Forest? Who won?* L schreibt einige Ergebnisse an die Tafel und fragt die S: *What is the result of this match? No good: He's no good at singing means he can't sing. Introduce: Let me introduce you to my friend Peter. – Peter, this is Sarah. Both: Kim and Lewis both like pop music. Autograph: If stars write their names on a photo and give it to their fans, they give them an autograph.* L fragt die S danach, ob sie selbst echte Autogramme besitzen und wie sie sie bekommen haben. Sofern vorhanden werden Autogramme von Stars zur Anschauung mit in den Unterricht gebracht. *Each, even: You want to have these autographs? They're a pound each. I have a lot of autographs at home. I even have one of Atomic Kitten.*

Text: Nach der Vorentlastung werden nun die Schlussteile A und B der Geschichte entweder als Hör- oder als Lesetext präsentiert. Die beiden Teile sind auf der CD je-weils wieder in zwei Tracks unterteilt: A = **Track 32** (Zeilen 68–95), **Track 33** (Zeilen 96–114), B = **Track 34** (Zeilen 115–141), **Track 35** (Zeilen 142–161).
Beim Lesen werden auftretende Verständnisfragen sofort geklärt und dann mit der Bearbeitung von Übung 1, Aufgaben e) und f) begonnen, die die S dazu veranlassen, sich intensiv mit der Ge-schichte zu befassen und ihre eigene Meinung zu äußern.

Erweiterung Als erste Textverständniskontrolle nach der Präsentation der beiden Schlussteile kann **Kopiervorlage 25** (*True or false?*) herangezogen werden. Sie enthält richtige und falsche Aussagen zum Gesamttext. Die S korrigieren in Stillarbeit die falschen Aussagen schriftlich. Die Kopiervorlage eignet sich auch als **Hausaufgabe** oder zur Wiederholung der Textinhalte am Anfang der nächsten Stunde.

Lern- und Arbeitstechniken: Die S lernen, systematisch mit einem Text umzugehen, indem sie ihn zuerst im Ganzen lesen, um den Kern der Geschichte zu verstehen. Dann machen sie sich Gedanken über den Titel, den Autor, die Textsorte, den Anlass für diesen Text und gliedern ihn schließlich in Absätze, um ihn im Detail zu untersuchen. Hierbei formulieren die S in ein bis zwei Sätzen, worum es in den jeweiligen Absätzen geht und finden Teilüberschriften. Bei Texten mit offenen Schluss oder zwei verschiedenen Ausgängen werden die S zum Reden animiert, indem sie sich Gedanken über den Fortgang der Geschichte machen oder den Schluss diskutieren.

Festigung

1 Reading practice

Ziel: Systematischer Umgang mit Texten, Besprechen alternativer Schlussteile, Finden einer neuen Überschrift

Wortschatz *paragraph, next, realistic*

Materialien → WB ex. 1, 2

Erarbeitung Die neuen Vokabeln müssen hier nicht gesondert erklärt werden, sondern erschließen sich während der Arbeitsanweisung. Als visuelle Hilfe zum Ausdruck der begründeten eigenen Meinung und der Abwägung zweier Texte werden die geeigneten Redemittel an die Tafel oder auf Folie geschrieben: *I think ..., it's nicer, ending A / B is better than ... because ..., it's more realistic / more interesting / more exciting ..., I (don't) like stories that ... because ..., etc.*

Lösungsvorschlag: a) *I think Robert wrote the story because it was an exciting week for him. There was the big match between his favourite team Arsenal and Nottingham Forest and he went with Sarah to the Nuclear Puppy concert, which was great fun. He doesn't want to forget these events and so he wrote down what happened and how he felt.*

b) *Paragraph 1: Robert tells us about his plans for this week. – An exciting week!*
Paragraph 2: Robert has a long French test. Sarah asks him to come to a pop concert with her, but Robert wants to see the football match on Friday. – Sarah's phone call
Paragraph 3: Robert's mum can't get tickets for the football match and Sarah is going to ask Scott to come with her to the Nuclear Puppy concert. – Disappointed
Paragraph 4: Robert goes together with Sarah, Kim and Lewis to the pop concert. – Arriving at the concert
Paragraph 5: The band is very loud so the friends go to the mixing desk in the middle of the hall. Suddenly the singer begins to stagger and falls over. – What's the matter?
Paragraph 6: The manager says that there will be a short break. – The break

c) *The singer doesn't come back and so the manager goes onto the stage and says: "I'm sorry, ladies and gentlemen. Dave, the singer of the band, doesn't feel good. The concert is over now. Of course, you'll get your money back. Bye-bye." The four friends are really angry, but suddenly Robert has an idea: "Let's go to the football match. We can still make it for the second half." So the children go to the City Ground. They don't have to show a ticket because there are only 30 minutes to play. They come just in time to see how Arsenal wins 2-1.*

e) *I prefer ending A because I think it's more exciting. It's nicer that Lewis goes onto the stage and sings with the band than ending B where the friends only get autographs. And I think it's very funny when the manager says "Louie Super". Of course, ending B is more realistic, but it's boring. I like stories that are interesting and end in a good way.*

f) *Surprise at the concert*

Festigung

2 What isn't in the story

Ziel: Eigene Textproduktion, Schreiben eines Dialogs, eines Tagebucheintrags oder eines Interviews, Anfertigen eines Posters

Wortschatz *to leave (out), diary*

Erarbeitung Das neue Wort *diary* wird zum Einstieg kurz erläutert: *Some people write sth about every day in their diary. To leave (out)* wird aus dem Kontext erschlossen. Die schriftliche Ausarbeitung der Punkte 1–4 erfolgt arbeitsteilig als **Hausaufgabe**. L stellt sicher, dass alle vier Aufgabenstellungen abgedeckt werden. Punkt 5 wird in der folgenden Stunde in Gruppenarbeit erledigt. L sammelt mit den S Ideen für ein Poster und fordert sie auf, zur nächsten Stunde Tonpapier, Schere, Kleber, alte Zeitungen zum Ausschneiden von Bildern einer Band, einer Bühne, einer Gitarre usw. mitzubringen. Wenn nicht genügend Zeit zur Verfügung steht, wird das Poster als **Hausaufgabe** angefertigt.

Lösungsvorschlag: *1. Mrs Croft: Hi Robert. Sorry, I have some bad news for you. I didn't get the tickets for the match on Friday.*
Robert: Oh no, I don't want to miss it. What can I do?
Mrs Croft: Perhaps you can invite some friends and watch the match on television.
Robert: That isn't the same as watching the match live at the City Ground together with thousands of fans.
Mrs Croft: Wait a minute, didn't you tell me that Sarah wanted you to go to a pop concert with her? Why don't you call her back and tell her that you can come with her?
Robert: Hm, yes. I really like Sarah and I feel bad because I told her that I prefered the Arsenal match. OK, I'm going to ring her right now.

2. Today Robert called to tell me that he wants to have my second ticket for the Nuclear Puppy concert because his mum couldn't get tickets for the Arsenal match on Friday. I wanted to ask Scott, but Robert is much nicer. I really like him. I can understand that he prefered the football match – that's OK. I hope he won't be nasty to me any more. I'm sure we will have a fantastic evening on Friday.

3. Interviewer: Lewis, you did a great job when you were on the stage together with Nuclear Puppy. How did you feel?
Lewis: I was so excited, but I'm a big fan of Nuclear Puppy and I know all the words to their songs. So it was easy for me to sing with the band. My band does a lot of their songs, too.
Interviewer: Did you notice the manager calling you "Louie Super"?
Lewis: No, I was a bit nervous at the beginning. I didn't hear that.
Interviewer: What are your plans for the future, Lewis?
Lewis: I think I'll give my band a new name: Louie Super and the Superstars! I hope we will give more concerts now because so many people know me.
Interviewer: Good luck for the future and thanks for talking with me.
Lewis: Bye-bye.

4. Dave: Hello, did you like our concert?
Kim: Oh yes, it was fantastic. I'm a big fan of Nuclear Puppy. I know all your songs.
Dave: Here are our autographs and our CD.
Sarah: Thank you very much. What an evening! I didn't have to pay for the ticket and now I even get autographs and your CD! Great!
Manager: Lewis, I can help your band to give more concerts. Come to my office tomorrow at nine o'clock.
Lewis: That's fantastic. Thank you so much.
Dave: I hope to see you at our next concert. Goodbye.

Lern- und Arbeitstechniken: Die S lernen weitere Möglichkeiten zur Wortschatzstrukturierung kennen. Sie erschließen einfache Wortbildungsregeln (Bildung von Nomen auf *-er*) und vertiefen die bekannten Möglichkeiten zur Wortschatzarchivierung. Ferner erweitern sie ihre Kompetenzen für Partner- und Gruppenarbeit und wenden bereits bekannte Lernverfahren und Merktechniken (*mind map*) an. Die Fertigkeit des Hörverstehens in Verbindung mit *note taking* wird weiter entwickelt und anhand unterschiedlicher Übungstypen überprüft.

Festigung

3 Word power: Nouns that end in *-er*

Ziel: Wortbildung

Materialien Kopiervorlage 26 (*Extras*) • → WB ex. 3, 4

Erarbeitung Diese Übung eignet sich auch zur Partnerarbeit. Die Beispiele im Buch können durch S-Beispiele ergänzt werden.

Lösung: a) *3. A football player is a person who plays football.*
4. December is the last month of a year.
5. My father and mother are my parents.
6. A teacher is a person who teaches children.
7. A letter is a text that I write to someone.
8. A writer is a person who writes stories or letters.
9. A hamster is a little pet.
10. A caller is a person who rings a person.
11. An answer is what I give you when you ask me something.
12. A helicopter is a special plane.
13. A band manager is a person who organizes everything for a band.

b) *1. football player, father, teacher, writer, caller, band manager – people*
2. December, letter, hamster, answer, helicopter – things, animals, abstract nouns

c) *reader, worker, bus driver, rugby player*

Erweiterung Nach Übung 3 kann **Kopiervorlage 26** (*Bingo with words*) eingesetzt werden. Die S bilden Sechsergruppen und spielen Bingo. Der Spielleiter liest die Wörter von den vier Wortkarten (*music nouns, football words, adjectives, verbs*) in beliebiger Reihenfolge vor. Wer zuerst vier Wörter in einer Reihe hat, hat gewonnen. Mit der Kopiervorlage werden die neuen Wörter der *Unit* auf spielerische Weise wiederholt und gefestigt.

4 Listening: An interview

Ziel: Hörverstehen in Verbindung mit *note taking*, eigene Textproduktion

Wortschatz *to become*

Materialien LC-CD, Track 9 • → WB ex. 5

LC 9

Text: *Presenter: Mr Rollins, good evening and welcome to our show.*
Rollins: Hi. You can call me Chad.
Presenter: Chad, you're really special. I'm not sure what people are more interested in – your music or your private life.
Rollins: I don't want to talk about my private life.
Presenter: Er – well, the Chad Rollins Band is one of the best rock bands in the UK. Everybody knows your music. It's on the radio all the time. Last year you sold more than 700,000 CDs. Your videos are on TV every day. It's really difficult to get tickets for your concerts. All the girls love you because you look so good. Tell us, when did it all start?
Rollins: It started back in the year 2000. I was sixteen. I had three friends. Nick played the guitar, Steve the bass guitar, and Mike was on the drums. Mike is no longer in the band today. We've got Tommy Boy Miller now. I was the singer and wrote the songs, well, like today, actually. We started to play in my dad's garage in Manchester. He repaired old cars there from nine till seven in the evening. I helped him every afternoon after school. After seven it was our turn.
Presenter: How did you make your first CD?
Rollins: There weren't many good bands around, I mean with new ideas. And we were really good. We played at parties and stuff like that. But we had no money. Then one day everything changed.
Presenter: What happened?
Rollins: We were lucky. My dad got a very special old car. He repaired it and sold it and got a lot of money for it. He said: "Chad, you help me in the garage every day. I don't like your music. Actually, I hate that rock'n'roll music. But I know that you're good and you know what you're doing. I'll give you the money that you need to make a CD."
Presenter: He didn't like your music, but he gave you the money? That's special!
Rollins: Yes, he's like that. He's happy, too, of course, now. And he tells everybody, "I knew it! I knew it!"
Presenter: Well, Chad, thank you very much for the interview. Before we say goodbye, can you tell us about your next concert?
Rollins: Yes, it'll be at Nottingham's Rock City, next Saturday. We love playing there because Sue Croft of Radio Nottingham was the first DJ to play our music, and that was where things started to happen for us.
Presenter: Thanks, Chad, bye-bye.
Rollins: See you.

Erarbeitung L weist im Zusammenhang mit der Einführung von <u>*to become*</u> auf den Bedeutungsunterschied zu *to get* hin und warnt die S vor diesem *false friend*. Ohne weitere Vorentlastung wird nun von der CD das Fernsehinterview mit Chad Rollins in voller Länge präsentiert. Vor dem zweiten (und ggf. dritten) Hören lesen die S die Fragen sorgfältig durch, damit sie wissen, auf welche Informationen sie ihr besonderes Augenmerk richten müssen. L weist darauf hin, dass sie lediglich Stichpunkte notieren sollen, keine ganzen Sätze. L fordert die S auf, ihre Notizen durch weitere Informationen zu ergänzen, da sie für die nächste Aufgabe Details der Geschichte benötigen. Die S verwenden nun ihre Aufzeichnungen für Aufgabe b) und schreiben die Geschichte der Chad Rollins Band auf.

Lösung: a) *1. band name: Chad Rollins Band*
2. Manchester
3. rock'n'roll
4. 2000, Rollins: 16 years old
5. Chad Rollins: singer and song writer, Nick: guitar, Steve: bass guitar, Tommy Boy Miller: drums
6. Chad's dad's garage in Manchester
7. Chad's dad gave money for first CD
8. DJ Sue Croft of Radio Nottingham played their music

Lösungsvorschlag: b) *Chad Rollins started his band in 2000. Chad was sixteen years old and formed a band together with his friends Nick, Steve und Mike. Mike, who played the drums, left the band and they got Tommy Boy Miller. They started to play in Chad's dad's garage in Manchester. Then they sometimes played at parties, but they didn't earn much money. One day Mr Rollins repaired and sold a special old car and gave the money to his son and his band. They used that money to make their first CD. Sue Croft of Radio Nottingham was the first DJ to play their music and today they're one of the best rock bands in the UK.*

let's check

Sounds good (S. 44/45)

Materialien Kopiervorlage 27 (*Cloze test*) • Kopiervorlagen 28, 29 (*Word power 1, 2*)

Erweiterung Die **Kopiervorlagen 27–29** sind bei der Bearbeitung von *Let's check* an beliebiger Stelle einsetzbar.

1 Word power: A music mind map

Ziel: Wiederholung des Wortfeldes Musik

Erarbeitung *Mind maps* eignen sich hervorragend zur Wortschatzvernetzung und -strukturierung. Das Wortfeld wird um den Oberbegriff *music* angeordnet. Zwei Untergruppen werden den S vorgegeben: *things* und *people*. Die S entscheiden individuell, welche weiteren Untergruppen sie wählen. Es bieten sich *instruments* und *kinds of music* an. L weist darauf hin, dass die S genug Platz im Heft vorsehen, so dass sie die *mind map* im Laufe des Schuljahres noch ergänzen können. Am besten wird eine ganze Seite im Heft, möglichst im Querformat, eingeplant.

Lösungsvorschlag: ***A music mind map***

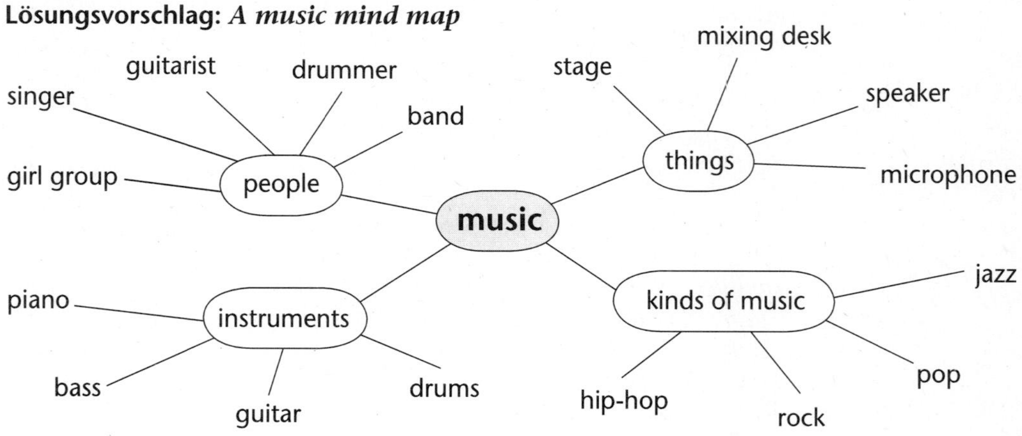

2 Will he or won't he?

Ziel: Wiederholung von *will* und *won't*

Erarbeitung

Diese Übung knüpft thematisch an *What a week!* an. Sie wird mündlich im Unterricht bearbeitet, kann aber auch in Stillarbeit oder als **Hausaufgabe** gelöst werden.

Lösung: *Lewis: I can't do it! I'm sure **I'll** forget all the words.*
*Kim: Don't worry, Lewis. The crowd **won't** notice.*
*Lewis: I hope I **won't** look stupid on stage with Nuclear Puppy.*
*Kim: Just relax. You'**ll** look great with them!*
*Lewis: What about my voice? **Will** it sound OK?*
*Kim: Of course it **will**! Everybody **will** be amazed.*
*Lewis: Right. I **won't** worry about a thing. When the others start playing, **I'll** know which song it is. It **won't** be a problem!*
*Kim: Come on, Lewis. They'**ll** love you!*
*Lewis: **I'll** do my best.*

3 Tomorrow's weather

Ziel: Wettervorhersagen machen

Materialien

→ WB ex. 1

Erarbeitung

Diese Übung erfolgt mündlich mit einem Partner. Die S sehen sich das Wetterschaubild an und formulieren Wettervorhersagen.

Erweiterung

Die S drucken sich als **Hausaufgabe** einen Wetterbericht aus dem Internet aus bzw. schneiden ihn aus der Tageszeitung heraus und formulieren eine kurze Wettervorhersage. Im Unterricht kann das Üben von Wettervorhersagen auch anhand einer Karte in Posterformat erfolgen. Ein S bekommt vom L vorgefertigte Kärtchen mit Temperaturangaben, Wolken, Sonne, Regenwolken, Schneeflocken etc. und heftet diese neben einzelne Städte auf die Karte. Ein anderer S berichtet nun, wie das Wetter wird. Dabei stellt er sich vorne neben das Poster und zeigt unterstützend zu seinen Ausführungen auf das Plakat.

Lösungsvorschlag: *2. "What will the weather be like in Manchester tomorrow?"*
"It will rain in the morning, but it will be warm and sunny in the afternoon. In the evening there will be some clouds."
3. "What will the weather be like in London tomorrow?"
"There will be some clouds in the morning and it will even rain in the afternoon. In the evening it will be very cold."
4. "What will the weather be like in Munich tomorrow?"
"It will be warm and sunny in the morning, but there will be some clouds in the afternoon. And in the evening it will be very cold."

4 David's trip to Manchester

Ziel: Wiederholung der Zeitformen zum Ausdruck zukünftiger Handlungen

Materialien

→ WB ex. 2

Erarbeitung

Die S entscheiden, welche der beiden Zukunftsformen die richtige ist und nennen die dazugehörige Sprechabsicht.

Lösung: *1. are going to (intention)*
2. is going to (intention)
3. won't (prediction), 's going to (intention)
4. will (prediction)
5. will (prediction)
6. won't (prediction)
7. is going to (prediction about the near future)
8. I'm going to (prediction about the near future)

5 Mark's questions

Ziel: Fragen mit Präpositionen ergänzen

Materialien → WB ex. 3

Erarbeitung Die S ergänzen vorgegebene Fragen, in denen meist nur das Fragewort gegeben ist, indem sie Wendungen mit Präpositionen verwenden. Die Übung wird in Stillarbeit bearbeitet.

Lösung: *1. What are you listening to?*
2. Where are they from?
3. What are you thinking of?
4. What can we look at?
5. What are we waiting for?
6. Who are those people and what are they laughing at?

6 Mixed bag: The drummer and the sheep (a joke)

Ziel: Wiederholung gemischter Pensen in Form eines *cloze tests*, Selbstkontrolle anhand der CD

Wortschatz *drummer*

Materialien PB-CD 1, Track 36

PB 36

Text: *A drummer from a rock band was going for a walk in the country one day when he saw a field full of sheep. "What lovely animals!" he thought. Then he saw a farmer who was standing by a gate and he went over to him and said, "Excuse me. Are those your animals?" "Yes," said the farmer. "They're my sheep. Nice, aren't they?" "Yes," said the drummer. "Now if I can guess how many sheep there are in this field, can I have one of them?" The farmer thought: "He'll never guess the right number." So he said, "OK." Then the drummer shut his eyes and said: "You've got two hundred and eighty-seven sheep."*

The farmer was amazed because that really was the right number. "Hey, you're right," he said. The drummer was very excited. "Can I choose my sheep now?" he asked. The farmer said yes. So the drummer chose an animal, picked it up and started to walk away. Then the farmer said, "Wait a minute. If I can guess what you are, can I have my sheep back?" The other man thought: "He'll never guess I'm a drummer." So he said, "OK." The farmer then said, "You're a drummer, aren't you?" The drummer was very surprised and asked, "How did you know?" "Well," said the farmer. "Put the dog down and we'll talk about it."

Erarbeitung L weist auf die Wortbildung mit *-er* hin und die S kommen selbstständig auf: *A drummer is a person who plays the drums.* Die S hören den Witz zunächst zweimal von der CD bei geschlossenen Büchern. Jetzt öffnen sie die Bücher und schreiben die Zahlen 1 bis 38 in ihr Heft. L weist darauf hin, dass die Lücken durch Wörter verschiedener Wortarten gefüllt werden müssen. Die S lesen den Text und schreiben die fehlenden Wörter in ihr Heft. Zur Überprüfung der Ergebnisse spielt L noch einmal die CD vor. So erhalten die S die Möglichkeit zur Selbstkontrolle. Abschließend schreibt L oder ein S die Lösungswörter zur Sicherung der korrekten Schreibung an die Tafel.

Lösung:

1. rock	*11. They're*	*21. right*	*31. back*
2. walk	*12. aren't*	*22. You're*	*32. never*
3. day	*13. guess*	*23. excited*	*33. You're*
4. full	*14. many*	*24. sheep*	*34. aren't*
5. lovely	*15. have*	*25. said*	*35. surprised*
6. saw	*16. He'll*	*26. chose*	*36. How*
7. who	*17. OK*	*27. picked*	*37. dog*
8. over	*18. eyes*	*28. walk*	*38. talk*
9. Excuse	*19. two hundred*	*29. Wait*	
10. those	*20. amazed*	*30. what*	

7 Just for fun: More jokes

Ziel: Auflockerung des Unterrichts durch kurze Sprachwitze zum Thema Musik

Wortschatz *to grow up*

Erarbeitung Bevor die Witze gelesen werden, klärt der L kurz *to grow up*. *It means to become an adult.*

Vocabulary

Box on page 153

Lösung: 1 a) *adult ↔ child*
to arrive ↔ to leave
alive ↔ dead
always ↔ never
after ↔ before

Lösungsvorschlag: b) *lady ↔ gentleman*
to win ↔ to lose
happy ↔ sad
left ↔ right
behind ↔ in front of

2 *This is the outlaw – who took the money – which the Sheriff collected from the peasants – who had many children – who needed some food – which the parents could buy with the money – which they got from the outlaws – who took it from the rich – who had enough land – …*

This is the band – which had a great singer – who went to the soundman – who was at the mixing desk – which was in the middle of the hall – which was in the centre – which was far from our house – …

3 *well → tell → tall → talk*
wife → life → live → love
mark → park → part → past

Focus on food and drink

Erstinformation Hauptanliegen von *Focus on food and drink* ist die Vermittlung von landeskundlichen Informationen zum traditionellen englischen Frühstück sowie zu englischen Essgewohnheiten und der Vielfalt an internationalen Restaurants. Die S lernen, ein Essen zu bestellen und über ihre Lieblingsspeisen zu reden. Ein besonderes Augenmerk wird auf die Unterschiede zwischen den deutschen und englischen Essgewohnheiten sowie auf die begrifflichen Unterschiede gelegt. Den Auftakt bieten die Speisekarte eines italienischen Restaurants (Seite 46) und zwei Dialoge (Seite 47) zum Thema Frühstück bzw. Bestellen im Restaurant. Ergänzt werden diese landeskundlichen Informationen durch einen Hörtext in Übung 2. In den vier Übungen werden die neuen Redemittel angewendet und gefestigt.

Hintergrundinfo ***Traditional English breakfast*** *is very different from what we have in Germany. Whereas we usually have rolls with butter, cheese and cold sausage or rolls with jam, English people prefer fried food. Usually an English breakfast starts with some cornflakes, yoghurt and fruit. Then you have some toast, bacon, baked beans (white beans with tomato sauce), black pudding, grilled tomato, fried eggs, kipper, mushrooms, potato cake, sausages and scrambled eggs. However, the typical English breakfast no longer consists of all this fried food. Today the full range is only served in bed & breakfast places or in hotels. Nowadays, English families just have toast with butter and jam or cornflakes.*

Marmalade *is not the same as the German* Marmelade *(this is the English jam). It is usually made of oranges and tastes bitter.*

Other English specialties *are bread-and-butter-pudding which is a baked dessert based on soaked brown bread mixed with vanilla pudding. Of course England is famous for its cream tea. With your tea you have either scones with clotted cream and confiture or cucumber sandwiches. Very popular are jacket potatoes which go with tuna, coleslaw, cheddar cheese or crabs with mayonnaise. On Sundays English people traditionally have roast with mintsauce and Yorkshire pudding. Last but not least you can get fish (haddock or cod with vinegar) and chips at takeaways almost everywhere. German pupils should pay attention to the word 'chips' which is different from our* Chips *(these are crisps in English), and means* Pommes frites.

Restaurants: *Due to England being a multicultural society there are a lot of international restaurants. You can find everything from Italian to Indian to Vietnamese restaurants – just to name a few of them. Some people even say that not fish and chips, but curry (e.g. chicken tikka masala, korma or jalfrezi) is the most eaten dish in Britain. Indian food in Britain is so delicious that people say it's better to go to Manchester to get a good curry than to Madras. In London there are over 8,000 restaurants. However, make sure to get a reservation in advance if you want to have dinner. In general it must be said that eating out is very expensive on the British Isles.*

Menu: *Like in Germany the menu is usually divided into starters, main dishes and desserts. As far as the price is concerned, it can be a little bit tricky in England. Sometimes you additionally have to pay 17,5 % VAT, in other cases a service charge of 12,5 % is added to the original price. Then you needn't give a tip which usually should be about 10–15 %. There's no need to give tips in pubs because you order and get your drinks at the bar. In England drinks are measured in pints (0,568 l). When you want to have a beer you can either have a Lager (light), a Bitter (dark) or a Stout which is a strong dark beer. You can also have Real Ale which is only slightly carbonated.*

Thema Essgewohnheiten in England

Lernziel Landeskundliche Unterschiede beim Thema Essen wahrnehmen, das traditionelle englische Frühstück kennen lernen

Redeabsichten Eine Bestellung im Restaurant aufgeben, über Essgewohnheiten und Lieblingsspeisen sprechen

Wortschatz *starter, tomato (pl. tomatoes), soup, mixed, salad, ham, pasta, main, course, steak, dish, potato (pl. potatoes), rice, dessert, fruit, curry, at the Burtons', delicious, traditional, fried egg, bacon, sausage, toast, butter, marmalade, orange, juice, strawberry, jam, to be made of,* *to taste, bitter, help yourself, yoghurt, to have, roll, waiter, to order, meat, wine, beer, ⟨vegetarian⟩*

Materialien PB-CD 1, Track 37 / 38 • Folie 11 (*Focus on food and drink*)

Hinführung L fragt die S nach ihrem Lieblingsessen und erkundigt sich, welche Restaurants sie gerne besuchen. Es ist zu erwarten, dass u. a. auch die italienische Küche erwähnt wird.

Erarbeitung **Wortschatz:** Die S öffnen das Buch und lesen zunächst die Speisekarte des Restaurants Angelo's. Ein Teil des zu semantisierenden Wortschatzes wird direkt über die Speisekarte erschlossen (*tomato, soup, mixed, salad, pasta, steak, rice, dessert, fruit*). Die restlichen Wörter (*starter, main, course, dish, potato*) werden im Unterrichtsgespräch geklärt. Gesondert hingewiesen wird auf die Pluralformen von *tomato* und *potato*. Anhand der beiden Fotos auf Seite 46 werden die Wörter *fried egg, bacon, sausage* sowie die *cognates toast* und *curry* semantisiert. L erläutert, dass es sich bei dem unteren Foto um ein typisches englisches Frühstück handelt und fragt die S, was sie gewöhnlich zum Frühstück essen. Dabei werden weitere *cognate words* eingeführt: *traditional, butter, marmalade, orange, juice, bitter, yoghurt*. L weist darauf hin, dass das englische Wort *marmalade* nicht unserer Marmelade entspricht, sondern aus Zitrusfrüchten gemacht wird und etwas bitter schmeckt. Die Überprüfung der Aussprache der neuen Vokabeln ist hier besonders wichtig, da die S dazu neigen werden, dem Deutschen ähnliche Wörter falsch auszusprechen. Die Aussprache wird durch Nachsprechen (einzeln und im Chor) gesichert.

Die weitere Wortschatzeinführung erfolgt anhand von **Folie 11** (*Focus on food and drink*). Die Folie zeigt vergleichende Fotos zum englischen und deutschen Frühstück. Zusätzlich sind Restaurantansichten von außen mit aufgestellten Speisetafeln abgebildet. Die Folie wird im Ganzen präsentiert. Die fehlenden Frühstücksvokabeln werden anhand der beiden kontrastiven Fotos geklärt: *to have (breakfast), roll, strawberry, jam, to be made of, to taste, delicious, help yourself.* Anschließend initiiert L ein kleines Gespräch zum Thema Restaurant, so dass die Wörter *waiter, to order, wine, beer* klar werden. Weitere Hinweise zum Einsatz der Folie befinden sich im Folienordner.

Alternative L kann die Wortschatzeinführung auch mit einem Gespräch über die Frühstückssituation einleiten. Die S berichten, was sie normalerweise frühstücken. Die Frühstücksgewohnheiten werden an der Tafel gesammelt. L schlägt ein gemeinsames Klassenfrühstück vor, zu dem die S bestimmte Speisen und Getränke mitbringen. L fertigt kleine Kärtchen mit den neuen Vokabeln an, die beim Frühstück vor die jeweiligen Utensilien gestellt werden. Bei dem gemeinsamen Frühstück lernen die S bereits viele der neuen Vokabeln: *toast, butter, orange, juice, strawberry, jam, yoghurt, roll* und *fruit*. L führt während des Frühstücks weitere Wörter im Gespräch ein: *What is this jam made of? How does it taste? – It's made of strawberries and it tastes delicious. It isn't bitter. – I think I'll have a roll. – Help yourself!* Nach dem Frühstück wird zur Speisekarte des Restaurants Angelo's übergeleitet.

PB 37

Text: Sind alle neuen Wörter geklärt, wird der Dialog *Sunday morning at the Burtons'* zweimal von der CD vorgespielt. Im Anschluss an die Textpräsentation stellt L Fragen, um das Grobverständnis zu überprüfen:
What is a traditional English breakfast?
What does Carina prefer?

PB 38

L weist darauf hin, dass das aufwändige englische Frühstück heutzutage im normalen Haushalt kaum zu finden ist, sondern in erster Linie noch in Hotels oder Cafés angeboten wird. L leitet zum nächsten Text über und erklärt, dass es in Großbritannien eine riesige Auswahl an Restaurants mit internationaler Küche gibt. Die S hören und lesen den zweiten Dialog (*At the Italian restaurant*).

Die beiden Texte brauchen nicht weiter besprochen zu werden, da in den folgenden Übungen ausführlich auf die Textinhalte eingegangen wird. Unterstützend zum Lesen tragen mehrere S-Gruppen bzw. S-Paare die beiden Dialoge als Rollenspiel vor.

Festigung

1 Talking about food

Ziel: Beschreiben der Illustrationen (a), Ergänzen eines Gesprächs beim Essen (b), Transfer auf die persönliche Situation der S (c)

Wortschatz *menu, takeaway*

Materialien → WB ex. 1

Erarbeitung Aufgabe a) wird im Unterrichtsgespräch erarbeitet. Die S beschreiben die Fotos und ergänzen sich gegenseitig. Die Fragen bzw. Antworten in Aufgabe b) werden in Stillarbeit ergänzt. Da diese Übung das wiederholte Lesen der Dialoge erfordert, eignet sie sich auch sehr gut als **Hausaufgabe**.

Transfer Vor der Bearbeitung von Teil c) erklärt L kurz das neue Wort takeaway: *A takeaway is a place where you can buy dishes and take them home to eat.* Danach fragt L die S nach Beispielen. Es bietet sich an, die schriftliche Ausführung der Übung als **Hausaufgabe** zu stellen.

Lösungsvorschlag: a) *On the right I can see the front of an Indian & Continental Restaurant. Its name is Curry Raj. The second picture shows a plate with a typical English breakfast: toast, tomatoes, fried eggs, bacon and two sausages. On the left I can see the menu at the Italian Restaurant Angelo's. They have got tomato soup, mixed salad and Parma ham as starters, spaghetti bolognese, spaghetti carbonara and lasagne as pasta, steak, fish or chicken with potatoes or rice as main course and as dessert fruit salad and ice cream.*

b) *1. Would you like to have bacon with sausages?*
2. Oh yes, I'd like some toast. But I prefer strawberry jam.
3. Would you like the fruit salad for dessert?
4. For a starter, I think I'll have the tomato soup, please.
5. What about madam? Anything to eat?
6. Yes, it tastes delicious.

c) *1. I have breakfast at 7 o'clock in the morning. I have lunch at 1.30 and dinner at about 7.00 pm when my mum comes home.*
2. I like pizza and pasta. For breakfast I prefer cornflakes or rolls with strawberry jam.
3. Yes, I do. I prefer Italian and Chinese restaurants.
4. Yes, I like takeaway food. It's great because it's cheap and you can get it late at night, after the cinema for example./No, I don't like takeaway food because it's difficult to eat when you can't sit down at a table.

Festigung

2 Listening: The takeaway

Ziel: Hörverstehenstraining, einem Text die wichtigsten Informationen entnehmen und sie mit eigenen Worten wiedergeben

Materialien LC-CD, Track 10 • Kopiervorlage 30 (*Extras*) • → WB ex. 2, 3, 4

LC 10

Text: *Lewis: That was a great film, wasn't it? Now I'm really hungry. Let's go to the takeaway over there. They do nice burgers.*
Kim: I hate burgers. You know I'm a vegetarian, Lewis. But I'd like some chips.
Carina: But Kim, we had a pizza before we went to the cinema. And now you want fish and chips?
Kim: No, just chips. I don't eat fish, and it would be too much anyway.
Hanif: Burger and chips? Nah, I think I'll go home. I'm sure there'll be some curry at home. My mum always makes curry on Saturdays. See you!
Kim: Bye, Hanif. – Hm, I love Indian food, too.
Carina: Me, too.
Lewis: Well, why don't we go to the Indian takeaway in King Street? They do curries, burgers, chips and sandwiches.
Carina: Is it still open? In Germany we don't usually eat that late at night.
Kim: But it's only ten thirty. Over here lots of takeaways stay open late. Especially for people who come out of the cinema or disco and want something to eat.
Carina: But eating so much late at night isn't very good for you.
Lewis: I know, but I'm so hungry I could eat a horse.
Carina: Ugh! In Germany we don't eat horses.

Erarbeitung Nach dem ersten Vorspielen der CD lesen die S die Fragen im Schülerbuch, um einen Anhaltspunkt zu haben, worauf sie beim zweiten Durchgang achten sollen. Die Fragen dienen als Leitlinien, um den Text zu erschließen, werden also nicht isoliert betrachtet, sondern als Anstoß eines Unterrichtsgesprächs während der Verbesserung eingesetzt.

Lösungsvorschlag: *1. There are four people in the dialogue: Lewis, Kim, Carina and Hanif. They watched a film in the cinema and are outside now.*
2. They are looking for a takeaway because Lewis is very hungry.
3. Hanif goes home and the others go to an Indian takeaway in King Street.
4. You can get curries, burgers, chips and sandwiches there.

Erweiterung Zur Vorbereitung auf die Rollenspiele in Übung 3 und zum Training der Sprechfertigkeit bietet sich der Einsatz von **Kopiervorlage 30** (*At the restaurant*) an. Das Arbeitsblatt enthält eine Tandemübung mit der Aufgabenstellung *Acting a scene.*

Festigung

3 Role play

Ziel: Kreatives Schreiben, Aufführen der ausgearbeiteten Dialoge im Plenum

Erarbeitung L bildet Dreiergruppen und verteilt die Rollenspielaufträge auf die verschiedenen Gruppen, so dass jede Szene zwei- bis dreimal ausgearbeitet und aufgeführt wird.

Lösungsvorschlag: ***At the restaurant***
A: Can we have the menu, please?
Waiter: Here you are. Would you like anything to drink?
A: I'll have a coke.
B: And I'll have an orange juice, please.
Waiter (comes back with the drinks): Here you are. Are you ready to order now?
A: Yes, we are. For a starter I'll have the mixed salad. And for the main course I'll have the chicken with rice.
B: I'm not very hungry. I'd just like a small pizza.
Waiter: Would you like a dessert?
B: Well, I'd like some ice cream.

4 Just for fun: Waiter jokes

Ziel: Auflockerung des Unterrichts

Wortschatz *fly, to kill*

Materialien → WB ex. 5, 6

Erarbeitung Zur Erklärung des Wortes *fly* skizziert der L das Tier an der Tafel. *To kill* braucht nicht erklärt zu werden. Die Übung wird im Unterrichtsgespräch gelöst. Als **Hausaufgabe** finden die S weitere Kellnerwitze und präsentieren sie in der nächsten Stunde.

Alternative L präsentiert den S die Witze, die jeweils aus zwei Teilen bestehen, als Zeilenschnipsel auf Folie und lässt sie die richtigen Teile zusammenfügen.

Lösung: *Waiter, there's a fly in my soup! – It's OK, sir. It won't drink much.*
Waiter, this soup tastes funny. – So why aren't you laughing?
Waiter, my soup plate is wet! – That's not wet, sir - that's the soup!
Waiter, there's a spider in my soup. Get the manager! – Forget it! He's frightened of them, too.
Waiter, that dog has got my steak! – Yes sir. Everybody likes our food.
Waiter, there's a dead fly in my soup! – Yes, it's the hot water that kills them.

Unit 4: A week in the Lake District / Revision 2 (Planungsübersicht)

Abschnitt	Seite	Stunden	Themen / Ziele	Strukturen	Grammatischer Anhang	Übungen	Workbook	CDs	Folien	Kopiervorlagen	Diktat-/ Transfertexte
Intro	48, 49	3	Landeskundliche Informationen: Lake District; *Scrapbook*			1–4	1, 2	PB 1 / 39; LC 11–13	12	31	
Language A	50, 51	3	Vorbereitungen für den Urlaub; Sagen, was bereits erledigt ist; Regelfindung bei Strukturen (T)	*Present perfect*	G16–18	1–5	1–4	PB 1 / 40–42	13	32	
Language B	52, 53	4	Über Urlaubsaktivitäten sprechen; Signalwörter erkennen (T); Eine Geistergeschichte hören; *Role play*	*Contrast of present perfect and simple past*	G19, 20	1–6	1–4	PB 1 / 43; LC 14	14	33–36	1
Text	54–56	4	Eine Abenteuergeschichte lesen; *How to plan and write a story* (T); *Song: Have you ever seen the rain?*			1–3	1–3 / LC *Tandem Activity* 2	PB 1 / 44–49, 50	15	37	2
Let's check	57	2	Integration der Lernziele von *Unit* 4		G16–20	1–3	1, 2 / Ausschneidebogen AB 2			38–40	
Revision 2: Unit 3 / Unit 4	58, 59	2–3	*Unit*übergreifende Wiederholung: Strukturen, Wortschatz, Redemittel	*Future; Present perfect and simple past; Irregular verbs; Word order*		1–6	1–5				

Erstinformation

In dieser *Unit* bekommen die S Einblicke in und Informationen zur Freizeit- und Feriengestaltung. Sie erfahren über visuelle Eindrücke vieles über den Lake District, eine in den letzten Jahren trotz der Konkurrenz von Billigangeboten in Spanien und Frankreich wieder interessant gewordene Urlaubsalternative für die ganze Familie. Es werden Gespräche zu Urlaubsgegenden und Aktivitäten geführt und die nötigen rezeptiven und produktiven Mittel zur Versprachlichung erworben. Dabei können die S an bereits Gelerntes aus Band 1 (*Units* 5–7) anknüpfen, den Wortschatz auffrischen und in neuen Situationen anwenden und erweitern.

In *Language A* treffen die S auf eine Situation, die ihnen wahrscheinlich aufs Beste vertraut ist und über die sie sich sicher amüsieren werden: Chaos, Durcheinander, Hektik, scharfe Worte am Tag der Abfahrt in den Urlaub – wer kennt das nicht? Was habe ich noch nicht gemacht? Woran habe ich noch nicht gedacht? Was habe ich vergessen?

In *Language B* treffen die S Jenny und ihre Familie am dritten Urlaubstag wieder. Die Leinerts haben sich inzwischen eingelebt und mit der Gegend schon etwas vertraut gemacht. Die S unterhalten sich darüber, was sie bisher unternommen haben und was sie noch nicht geschafft haben. Und spannend wird es auch, denn wenn es neblig wird, kommt *Old Moses* ...

Im Textteil der *Unit* erleben die S – anschaulich von Jenny geschildert – den Ausflug der Leinerts auf den Great Gable. Die S, vor allem solche, die mit ihren Eltern schon Wanderungen im Gebirge unternommen haben, ahnen, dass schönes Wetter im Tal nicht unbedingt sonnige Verhältnisse auf dem Gipfel bedeuten muss und hoffen auf spannende Verwicklungen.

Im strukturellen Bereich wird das *present perfect* eingeführt, zuerst zur Bezeichnung von Handlungen, deren Ergebnis in der Gegenwart sichtbar ist. Es werden regelmäßige und unregelmäßige *past participles* eingeführt. Gleich im nächsten Abschnitt werden die S mit Situationen konfrontiert, in denen sie – anders als im Deutschen – das *simple past* verwenden müssen (*when*-Fragen oder Schilderung von Handlungen in der Vergangenheit als Handlungsketten).

intro A week in the Lake District (S. 48 / 49)

Thema

Ferien und Freizeitgestaltung im Lake District, einer englischen Urlaubsregion

Hintergrundinfo

Lake District: *Designated in 1951, this region is not only the largest but the most spectacular of the National Parks and covers roughly 2,292 square kilometres. It offers a wide range of scenery and habitat, including coasts, dunes, marshes, rivers, waterfalls, woods, moorland and above all the lakes (the deepest in England) and mountains, including the highest in England, Scafell Pike. It is situated in the northwest, also known as Cumbria, close to the Scottish borders and Hadrian's Wall to the north and the Yorkshire National Parks to the southeast, with other popular destinations and cities like York not far away and has always attracted holiday-makers. Until quite recently, however, it was associated with 'holidays for the elderly'. But for some years now, this area has been made more interesting by cleverly targeting different age-groups, especially younger people, by expanding and marketing facilities and offers that cater for a vast variety of tastes and interests. The Lake District thus now offers a wide range of pursuits for those wanting to enjoy a more leisurely pace and those hungry for challenges alike.*

There are 16 lakes and numerous 'tarns' and 'meres' (that means 'waters'). Famous lakes are Buttermere, Coniston Water, Windermere (the largest lake in England), Grasmere, with Derwentwater and Ullswater (this is where Wordsworth is said to have been inspired by daffodils) considered the most beautiful ones. The tourists can go for walking (there are about 3,500 km of rights of way: easy routes round the lakes or more challenging tours in gorges and fells), water-skiing, wake-boarding, climbing (this is the place believed to be the birthplace of modern rock climbing), kayaking and canoeing (rapids, sandstone gorges, rivers for pleasant paddles and others for the less faint-hearted, like 'The Graveyard'), windsurfing, rock scrambling, canyoning, aquaseiling, cycling, mountain biking, hang-gliding, paragliding, off-roading, hot-air ballooning, skiing, etc. Especially families with children are lured by colourful leaflets offering pleasant events in sports grounds, adventure and country parks, leisure centres and playgrounds, animal parks, art centres, museums, castles, archeological sites, railway museums, watermills, model miniature villages, nature reserves, and many more, about 900 every year.

Thus, a considerable number of the 42,000 residents of the region make their money from providing B & B or self-catering accommodation to the 12-ish million people who spend their holidays there every year, with people coming from March to November mainly.

Lernziel Landeskundliche Informationen zu einer Urlaubsregion in Großbritannien erhalten, von der Beliebtheit des *bed & breakfast* erfahren

Redeabsichten Über Urlaubspläne und deren Ausführung sprechen, erzählen, was jemand in den Ferien erlebt hat

Wortschatz *lake, Easter, scrapbook, to pack, to stay, guest, traffic jam, kayaking, canoeing, mountain biking, pony trekking, windsurfing, slate, mine, sled, steep, path, valley*

Materialien PB-CD 1, Track 39 • Folie 12 (*A week in the Lake District*) • Kopiervorlage 31 (*Extras*)

Hinführung In einem L-S-Gespräch werden Ideen zu Urlaubs(traum)zielen gesammelt. Mögliche L-Fragen: *Where did you spend your last holidays? Did you like it? Where did you stay? What are you planning for next summer or for the next holidays? What is your idea of a good holiday? Who decides in your family? Do you get information, i.e. leaflets to help you plan? What do you do with the brochures once you have decided where you go and especially after your holidays? Do you collect bits and pieces about your holiday? What about putting all those things, like pictures, tickets, even restaurant bills or little things you take along into one place where you can always look at them and remember? You could start a scrapbook like this* (L zeigt das Beispiel auf Seite 48 / 49 im Schülerbuch).

Es folgen Fragen zu Jennys *scrapbook*: *What's in Jenny's scrapbook?* S: *There are photos, little pieces of information, a map and a brochure in the scrapbook.* L: *What else can you put in a scrapbook?* S: *You can put tickets in and you can draw pictures.* L: *Now lean back or put your head on the table in front of you, relax! Remember your last holiday. Shut your eyes and open a scrapbook. Turn over some pages, look at your photos and tell us about them.* Mögliche S-Antworten: *In my photo we are standing in front of our hotel/we are lying on a beach/I'm sitting on a horse, etc.* Die Augen werden wieder geöffnet und L leitet zu Jennys Urlaub im Lake District über.

Erarbeitung **Wortschatz:** Zur Semantisierung des neuen Wortschatzes wird **Folie 12** (*A week in the Lake District*) aufgelegt. Sie enthält sechs Illustrationen von den Seiten 48/49 im Schülerbuch und die Landkarte mit einem vergrößerten Ausschnitt des Lake District. Die S nennen in einem *brainstorming* Wörter, die ihnen spontan zu den Abbildungen einfallen, z. B. *map, water, boat, horse, sheep, mountain.* L notiert die Vorschläge an der Tafel. Danach äußern die S Vermutungen, wie Jennys Urlaub ausgesehen haben könnte. Bei der Besprechung der Illustrationen werden die neuen Wörter semantisiert.

Lake: You can swim in a lake. Easter: People eat coloured eggs at Easter. Scrapbook: What about these photos and postcards? Why don't you put them in your scrapbook? To pack: Before you go on a holiday you pack your bag. To stay: Where did you stay in your last holiday? In a hotel or at a bed & breakfast place? Guest: The friends you invite to your birthday party are your guests. L zeigt auf Foto 2: *You can't do anything in a traffic jam, you just sit in your car and wait for the other cars to move. When do you get traffic jams most often? Right, at the beginning of the holidays when everybody leaves at the same time.* L zeigt auf Foto 5: *A mine is a dark place where people get coal, gold or something else out of the ground. You use slate to make roofs. The ponies and the sleds took the slate from the mines down into the valley. But of course it was difficult because the paths were very steep, there were no roads. In those days people did not go on adventure holidays because their lives were so difficult and full of adventures and hard work.* Dabei wird die Erklärung der neuen Wörter durch Gesten, Mimik und Tafelskizzen unterstützt: Wellenlinien für Berge und Täler, Pfeile für den Eingang zu Minen, Schlangenlinien für schmale Pfade, etc. Selbsterklärend sind die Wörter für die

Abenteuer-Sportarten: *rock climbing, kayaking, canoeing, mountain biking, pony trekking, windsurfing*. Sie werden von den S ohne weitere Erläuterungen verstanden. L stellt abschließend einige Kontrollfragen zur Verständnissicherung:
What do you call a group of sheep on the road? (a traffic jam)
What did they use ponies for in the Lake District?
Do you use ponies to carry your Saturday shopping? etc.

PB 39 **Text:** Nachdem die neuen Wörter geklärt sind, spielt L die Aufnahme von der CD vor. Die S lesen die Texte im Buch mit.

Alternative Die Wortschatzeinführung kann auch vollständig in die Hand der S gegeben werden. L teilt **Kopiervorlage 31** (*Jenny's scrapbook*) aus und fordert die S auf, in einer Stillarbeitsphase die unbekannten Wörter im *Dictionary* (Seite 178 ff.) nachzuschlagen. Danach erfolgt anhand von **Folie 12** die Verständniskontrolle im Unterrichtsgespräch.

Festigung

1 Jenny's scrapbook

Ziel: Visuelle Informationen versprachlichen, erzählen, was im Urlaub passiert ist

Materialien → WB ex. 1

Erarbeitung Nachdem die Wortschatzeinführung in einem Unterrichtsgespräch erfolgt ist, bietet sich für die Bearbeitung von Übung 1 Partner- oder Gruppenarbeit an. Die Ergebnisse werden schriftlich festgehalten und anschließend im Plenum zusammengetragen.

Lösungsvorschlag: *1. The scrapbook tells us that Jenny and her parents packed a lot of bags for their holiday. They went by car to a bed & breakfast place in the Lake District. It was difficult to drive because there were sometimes sheep on the roads. From the people there they got a boat. They went rowing on one of the lakes and they climbed up the highest mountain in the Lake District. They visited a slate mine and they did adventure activities in their holidays. It looks as if it rained there all the time.*

2. There are a lot of mountains and lakes in the Lake District. People can enjoy both the water and the mountains in their holidays. There are different kinds of sports they can do there: ride a horse, row a boat, climb a mountain, etc. And they can visit slate mines there. There are a lot of sheep in the Lake District. Sometimes they aren't in the fields, but on the roads. Then it's difficult for the tourists to drive.

Erweiterung Die S legen in ihren Heften eine *mind map* zum Thema Lake District an. L weist darauf hin, dass sie möglichst eine ganze Seite dafür einplanen sollten, damit sie im Laufe der *Unit* weitere Informationen ergänzen können. Die S werden angeregt, selbst nach Informationsmaterialien (Reisebüro, Internet) zu suchen. Einzelne S können einen kleinen Vortrag als Reiseleiter(in) vorbereiten und dabei die gesammelten Informationen möglichst anschaulich präsentieren. Auf diese Weise wird das Interesse geweckt, selbst *scrapbooks* anzulegen und zu gestalten.

Festigung

2 Listening: Out on Derwentwater

Ziel: Hörverstehenstraining mit Aufgaben zum Global- und Detailverständnis, Ordnen und Wiedergeben der erhaltenen Informationen

Materialien LC-CD, Track 11–13 • → WB ex. 2

LC 11 **Text:** *Scene 1:*
Jenny: Which is the Prestons' boat? Is it that boat over there?
Mr Leinert (slight German accent): No, they've got a white boat. This must be it! Right! Come on, let's get in! – I'll get in first. ((sounds of water lapping round boat as he gets in)) OK! Jenny next! Careful! – That's it, Jenny. Sit down at the back of the boat, so Mum can get in.
((sounds of excitement and laughter from Mrs Leinert as she climbs in))
Mrs Leinert: OK! I'm in! Now you, David!
Jenny: Come on, David! Let's hope the boat doesn't go down when you get in – after all those sausages and that mountain of toast you had for breakfast!
((everyone laughs except David, who jeers))

LC 12 *Scene 2: ((sound of oars moving through water))*
Mr Leinert: This is fun! It really is!
David: Oh, let me try! Uncle Martin, can I row the boat now?

Mr Leinert: OK, David. It's quite easy. – Come and sit here. Careful now! – Right, David. Here you are!
David: (rowing now) Hey! It's funny when you're rowing – you can't see where you're going!
Mrs Leinert: Don't worry about that, David – we'll tell you if you get too near one of the other boats!
Jenny: Hey, I've got an idea – let's go to that little island over there!
David: OK – but it's quite a long way.
Jenny: Well, I can row when you get tired, David.
David: I'm not tired yet!

LC 13 *Scene 3: ((sound of boat crunching onto pebbles and footsteps as they get out and walk onto the island))*
Jenny: Hey, look! There are sheep on the island! Do you think there's a farm here, Dad?
David: (scornfully) Of course there isn't. Nobody lives on the island, you can see that. There are no houses, silly!
Mr Leinert: Oh dear! Look at those big black clouds over there. It doesn't look too good. ((faint sound of thunder))
David: Let's go back. Come on, everybody – back to the boat! If we're lucky, we'll get back before the rain starts.
Mrs Leinert: No, we must stay here. If there's a storm, out on the lake in that boat will be the most dangerous place to be!
Mr Leinert: You're right, we can't go back yet. But maybe we'll be lucky and the clouds will go past.
David And if they don't?
Jenny: We'll spend the night here on the island.
David: Oh no!

Hinführung *Shut your eyes, think of a lake, the weather is brilliant, you can feel the sun on your arms and your face. You can hear the water and you can smell a lot of lovely things. You're in a boat on one of the lakes, some people say it's the most beautiful lake – Derwentwater …*

Erarbeitung Die S hören die erste Szene (**Track 11**), immer noch in Ruhehaltung. Sie werden aufgefordert, sich in das Gehörte hineinzufühlen und positive oder negative Eindrücke zu äußern. Nach jeder Szene formulieren die S einen Gedanken, z.B.: *They are getting ready for a boat trip* (Szene 1). *They are rowing and are having a lot of fun* (Szene 2). *Will they be lucky and get back before the rain starts* (Szene 3)? L fordert die S auf, während des zweiten Hörens Notizen anzufertigen. Nachdem die Arbeit abgeschlossen ist, vergleichen die S ihre Ergebnisse zunächst mit ihrem Nachbarn/ihrer Nachbarin. Anschließend erfolgt die Sicherung der Ergebnisse im Unterrichtsgespräch.

Erweiterung • Die S hören die Dialoge noch einmal, finden Überschriften und bekommen die Aufgabe, Gruppen (4 S) zu bilden und jeweils einen Dialog auswendig zu lernen, zu proben und aufzuführen.

• Die S spielen die Dialoge und erhalten von den zuschauenden Mitschülern Anregungen, wie sie die Szenen erweitern oder verändern können: Szene 3: *Suddenly David shouts: "Look, there is someone who is selling ice cream …"* David muss dann darauf eingehen und etwas Passendes sagen: *"You see, I told you! There must be a lot of people there, perhaps there is a hotel, too …"*

Lösungsvorschlag: b) *Mrs Preston: Where did you go today?*
David: We had a great day in your boat on Derwentwater. First we got all in. Even Jenny did. I was afraid that we would all fall out then. But the best time was when I could row, I was fastest and we rowed over to the island. Do you know that there are sheep there? Then suddenly, the weather changed and the others didn't want to row back, but luckily we did.

Transfer

3 Your turn: Make dialogues

Ziel: Gespräche über Urlaubsplanung und -gestaltung führen

Wortschatz *to book*

Erarbeitung L stellt einen Musterdialog vor und stimmt die S so auf eine der Situationen ein. Sie werden dazu angeregt, in Gruppen Dialogideen zu entwickeln und dann im Doppelkreis ca. fünf Minuten lang ihre Gedanken auszutauschen. S mit ähnlichen Ideen finden sich in Gruppen zusammen und arbeiten ihren Dialog aus.

Lösungsvorschlag: *Carol: Hello, Adventuretreks Ltd. Carol speaking. How can I help you?*
You: Hello, this is … I'm calling because we are planning to spend a week in the Lake District this year and all my friends say that it is a place for really old people who like easy walks and a swim now and then. But I heard that you offer quite interesting activities …
Carol: You are right! There are lots of young people who book with us. But also their parents always come back to us. We offer a lot of very exciting things like …
You: My sister is crazy about horses, your leaflet says that you do pony trekking. Do you sometimes get lost or do your ponies throw the rider off? This would be great!
Carol: (laughing) I'm afraid all the people come back and are well and feel fine. They really enjoy every moment. What about windsurfing for you?
You: That sounds great. Are there courses for beginners, too?
Carol: Yes, of course. We do courses for beginners and for really brave people.

Transfer **⟨4⟩ Make your own holiday scrapbook**

Ziel: Anregungen aufnehmen, sie konsequent und kreativ fortführen

Erarbeitung L ermutigt die S, die in diesem Alter noch leicht für solche Aufgaben zu gewinnen sind, zu Hause auf einem DIN A3-Blatt eine vergrößerte Musterseite aus ihrem *scrapbook* zu entwerfen mit Fotos, Eintrittskarten etc. Die fertig gestellten Bögen werden im Klassenzimmer aufgehängt. Sie können kommentiert werden und andere S können dem Urheber/der Urheberin Fragen stellen. Neben den gesammelten Andenken werden die S ermuntert, auch kleine Dialoge und Beschreibungen zu den Bildern zu ergänzen.

language A Ready for the holiday? (S. 50/51)

Thema Reisevorbereitungen bei Familie Leinert

Redeabsichten Fragen, ob jemand etwas schon gemacht hat, feststellen, dass vergessen wurde, etwas zu tun

Wortschatz *chaos, to oversleep, downstairs, to shave, to hurry (up), to wash up, to tidy (up)*

Materialien PB-CD 2, Track 40–42 • Folie 13 (*Ready for the holiday?*) • Kopiervorlage 32 (*Extras*)

Strukturen Das *present perfect* in allen Personen bei regelmäßigen und unregelmäßigen Verben sowie in Fragen und Verneinungen

Lernzlel Die S lernen eine neue Zeitform kennen, die sie benötigen, um Ergebnisse, resultative Handlungen oder deren Fehlen zu beschreiben.

Hinführung *Which is the most exciting day of your holiday?* Die S mutmaßen wahrscheinlich erst einmal in alle möglichen anderen Richtungen: *When I can swim in the sea for the first time. When I meet new exciting friends. etc.*

Erarbeitung **Wortschatz:** L führt zügig zur gegebenen Situation und semantisiert dabei den wenigen neuen Wortschatz. In den Beispielsätzen wird bereits das *present perfect* verwendet, um die S gleich an die neue Struktur heranzuführen. *No, it's the hours before you leave, especially the last thirty minutes and the part of your trip when you feel all the time you have forgotten important things. You have forgotten to shut the windows – they are open now. You haven't packed your jeans – now you have got only one pair! You haven't packed your Maths book – now you can't do exercises every day! The only thing you have done is you've tidied your room, it's clean now. You haven't washed up because you overslept. Then you are hungry, but your father hasn't packed any sandwiches. And you're late, you must hurry up. Your father hasn't shaved – a lot of hair is growing on his face. There is chaos.* Im weiteren Gespräch werden die neuen Vokabeln auf die Situation der S übertragen: *Do you sometimes oversleep in the morning? Do you throw away your alarm clock then? Why does this happen? What must you do then? What about the chaos in your room then? Who tidies it?*

→ G16 (p. 127) **Strukturen:** *Have you ever overslept?* L betont die Formen des *present perfect*. Er bietet den S an: *Yes, I have.* oder *No, I haven't.* Es schließen sich weitere ähnliche Fragen an, um den S die gleichbleibende Struktur bewusst zu machen. Dann geht L über zu Fragen in der 3. Person: *And what about …* (Name eines S einsetzen)*? Has he ever missed his train?* Mitdenkende S werden die 3. Person Singular von *have* liefern: *Yes, of course he has!* Die S merken erfahrungsgemäß schnell, worauf es ankommt.

Text: Für die Texterarbeitung bieten sich unterschiedliche Möglichkeiten an: Nach der Klärung der wenigen Wörter und der Sensibilisierung für die neue Form, werden die S aufgefordert, den Text in Stillarbeit zu lesen. L stellt Fragen im Präsens, die eng am Text erfolgen und deren Antwort die S ablesen können (und sollen): *Why aren't the Leinerts ready to leave at quarter past nine?* Anschließend wird der Text noch einmal mit verteilten Rollen gelesen und zur Textverständniskontrolle Übung 1 bearbeitet.

Alternative

PB 40

PB 41

PB 42

Die Textpräsentation kann auch als Hörtext von der CD erfolgen. Der Text ist zur einfacheren Handhabung in drei Tracks unterteilt (**Track 40**, Zeilen 1–19, **Track 41**, Zeilen 20–30, **Track 42**, Zeilen 31–46). Dazu wird unterstützend **Folie 13** (*Ready for the holiday?*) aufgelegt. Die Folie enthält analog zu den Tracks drei Zeichnungen: Die Illustration aus dem Schülerbuch (Szene 2) und zwei weitere auf den Textinhalt abgestimmte Zeichnungen. L deckt die Abbildungen nach und nach auf und verwendet die Folie als visuelle Unterstützung während der Textpräsentation. Nach der Bearbeitung von Übung 2 wird die Handlung anhand der Folie nacherzählt. Dazu schlüpfen die S in die Rolle der handelnden Personen und geben die Dialoge mit eigenen Worten wieder.

Festigung

1 Match the sentences: What have they done? What haven't they done?

Ziel: Zuordnen von inhaltlich sinnvollen Antworten unter Verwendung der *present perfect*-Formen aus dem Text

Erarbeitung

L macht als Einstieg einige unsinnige Kombinationen: *The Leinerts have overslept, now there is butter on Mrs Leinert's shoe.* Die Übung wird in einer Stillarbeitsphase erledigt und die S halten sich dabei genau an den Text. L weist darauf hin, dass bei vielen Sätzen die 1. Person Singular im Text in die 3. Person umgeformt werden muss.

Lösung: *1. The Leinerts* ***have overslept****. e) So they aren't ready to leave yet.*
2. Jenny ***has got*** *up. g) She wants to use the bathroom.*
3. Mr Leinert ***hasn't shaved*** *yet. h) So Jenny must wait.*
4. Mrs Leinert ***has gone*** *downstairs. b) She's in the kitchen now.*
5. Jenny ***has packed*** *all her things. j) She's got everything she needs.*
6. They ***haven't phoned*** *David yet. i) He doesn't know they'll be late.*
7. ***Has*** *Mr Leinert* ***made*** *enough sandwiches? c) Of course he has!*
8. Mr Leinert ***has dropped*** *his knife. a) Now there is butter on Mrs Leinert's shoe.*
9. Where ***has*** *Mr Leinert* ***put*** *Jenny's bag? d) It must be in the car with the other things.*
10. Jenny ***has left*** *her bedroom window open. f) She must go upstairs and shut it.*

Erweiterung

- Die S drehen die Sätze nach dem ersten Durchlauf um: *They aren't ready to leave because they have overslept. There is butter on her shoe because he has dropped his knife. etc.*
- Sie bilden Fragen: *Why aren't they ready to leave? Why is there butter on her shoe? etc.*
- Die Situation wird auf die S übertragen: *Look, there is butter on your shoe! What have you done? etc.*

2 Find the rules

Ziel: Induktive Erarbeitung der Regeln zur Verwendung des *present perfect,* Bildung von Verneinung und Frage

Erarbeitung

Die S werden aufgefordert, die Sätze mit *present perfect*-Formen aus dem Text herauszusuchen. L notiert einige der genannten Beispiele – sortiert nach regelmäßigen und unregelmäßigen Verben – an der Tafel (siehe Tafelbild, Seite 99). Die S formulieren die Regel zur Bildung des *present perfect* zunächst auf Deutsch und anschließend – unterstützt von L – auf Englisch. L macht deutlich, dass diese Regel und ihr Verständnis eine wichtige Vorstufe für den korrekten Gebrauch der neuen Zeitform ist. Die S werden darauf hingewiesen, dass sie die unregelmäßigen Formen wie das kleine Einmaleins in der Mathematik zur Verfügung haben müssen. Als Hilfestellung wird die Analogie zum Deutschen angeboten: *go – went – gone* (gehen – ging – gegangen).

→ G17 (p. 127)

The present perfect

Have you finished in the bathroom? – No, I haven't. I haven't shaved yet. Have you packed all the things you want to take? – Yes, I have. And have you phoned David. – No, not yet. Martin, you've dropped the knife on my foot!	*They have overslept, so they aren't ready to leave yet. Jenny has just got up, and her mother has gone downstairs to make breakfast. The Leinerts have just had breakfast, and Jenny is washing up.*

have / has + past participle

Regular verbs (+ -ed)	*Irregular verbs*
infinitive – past tense – past participle	*infinitive – past tense – past participle*
to finish – finished – finished	*to oversleep – overslept – overslept*
to shave – shaved – shaved	*to get – got – got*
to drop – dropped – dropped	*to go – went – gone*

Alternative Übung 2 kann auch in Partner- oder Gruppenarbeit schriftlich bearbeitet werden. Die Formen werden gesammelt und die 1. bzw. 3. Person jeweils mit verschiedenen Farben unterstrichen. Zusätzlich wird je eine Farbe für die regelmäßigen und unregelmäßigen *participles* gewählt. Zur Festigung werden diese Partizipien in der jeweiligen Farbe, wie im Schülerbuch vorgegeben, in die Tabelle eingetragen. Die S bekommen so ein Gefühl für systematisches Erarbeiten und Ordnen nach wichtigen immanenten Kriterien (Methodenkompetenz) und erhalten auch bei der Grammatikarbeit einen Blick für Schlüsselinformationen.

→ G18 (p. 128)

Nach dem Vergleich der Lösungen werden die S aufgefordert, in einer Stillarbeitsphase oder als **Hausaufgabe** Beispielsätze für alle Personen (Aussagesätze, bejaht/verneint; Fragen mit Kurzantworten, bejaht/verneint) aufzuschreiben. Zur Vorbereitung wird Grammatikpunkt **G18** gemeinsam besprochen.

Lösung: a) *You make the present perfect with 'have/has' and the past participle of the verb.*

b) *Regular verbs* ***infinitive – past tense – past participle***	*Irregular verbs* ***infinitive – past tense – past participle***
to finish – finished – finished	*to oversleep – overslept – overslept*
to shave – shaved – shaved	*to get – got – got*
to pack – packed – packed	*to go – went – gone*
to remember – remembered – remembered	*to have – had – had*
to phone – phoned – phoned	*to make – made – made*
to drop – dropped – dropped	*to leave – left – left*
	to see – saw – seen
	to put – put – put
	to think – thought – thought
	to shut – shut – shut
	to forget – forgot – forgotten

Festigung

3 What has happened?

Ziel: Festigung der regelmäßigen und unregelmäßigen Formen des *present perfect*

Erarbeitung Die S schauen sich die Zeichnungen an. L kann selbst Fragen stellen oder die Übung erfolgt in Partnerarbeit (Frage – Antwort).

Lösung: *1. The Leinerts have overslept.*
2. David has packed his bag.
3. Mrs Leinert has dropped a plate.
4. Mrs Preston has made a cake.
5. Mr Preston has just washed up.
6. Mrs Preston has just cleaned the windows.

Erweiterung
- L ermuntert die S anhand der Zeichnungen in Gruppenarbeit einen kleinen Dialog

oder Monolog (*daydreaming*) zu verfassen, z. B. zu Bild 5: *Mr Preston: That looks nice, all the cups, glasses, plates – everything is clean now. I have just finished and Hazel will be very happy. Our kitchen has never looked so nice!*

• Die S stellen den Personen in den Zeichnungen weitere Fragen: *Mr Leinert, you have overslept, but have you already packed your bags? Mrs Leinert, look, you have broken a plate. How many things have you already broken this morning? Mrs Preston, you have made a nice cake, have you asked your friends to come for a cup of tea? etc.*

Festigung

4 At the Penroses'

Ziel: Weitere Festigung des *present perfect*, neue unregelmäßige Formen

Wortschatz *to promise, to work*

Materialien → WB ex. 1, 2

Erarbeitung Bevor die S die Übung in Partnerarbeit vorbereiten, weist L sie auf die Liste mit den unregelmäßigen Verben auf den Seiten 198/199 im Schülerbuch hin. Die S werden angehalten, zuerst die Liste mit den unregelmäßigen Formen zu überprüfen, bevor sie vorschnell auf ein regelmäßiges *participle* schließen.

Lösung: a) *promise – promised, arrive – arrived, give – given, not forget – not forgotten, remember – remembered, be – been, have – had, show – shown*

b) *1. … Where* ***have you been****? (David)*
*2. We'**ve arrived** at last. … Are you sure you'**ve remembered** everything? (the Leinerts)*
*3. …, so I'**ve given** him my camera. (Mr Penrose, David's father)*
4. ***Have you had*** *a good breakfast, David? (the Leinerts)*
5. I hope I ***haven't forgotten*** *any of the things I need. (David)*
6. ***Has Dad shown*** *you how his camera works? (Mrs Penrose, David's mother)*
7. Jenny! David ***has promised*** *he'll send me a postcard. … (Mark Penrose, David's brother)*

Erweiterung • Die Beispielsätze können noch sinngemäß erweitert werden:
1. We've already tried to phone you.
2. I hope we haven't forgotten anything.
3. And of course I've put in a new film. etc.

• L kann die S zusätzlich auffordern, die bisher gesammelten unregelmäßigen *participles* als **Hausaufgabe** nach bestimmten Kriterien zu ordnen (z. B. *bought, fought, thought; cut, put, set; etc.*).

• Zum Abschluss der Textarbeit und zur weiteren Festigung des *present perfect* bietet sich der Einsatz von **Kopiervorlage 32** (*Chaos at the Leinerts'*) an. Das Arbeitsblatt enthält einen Lückentext mit Lösungsvorgaben und eine Aufgabenstellung zum Transfer auf die persönliche Situation der S (*creative writing*). Es kann auch als **Hausaufgabe** Gewinn bringend eingesetzt werden.

Festigung

5 Have you done it yet?

Ziel: Fragen, Verneinungen und Kurzantworten im *present perfect* unter Verwendung von *yet*

Materialien → WB ex. 3, 4

Hinführung L muss darauf achten, dass die S bei dem zu erstellenden Dialog Situationen vermeiden, in denen sie sich auf einen Zeitpunkt in der Vergangenheit beziehen. Zunächst wird das Wort *irregular* waagerecht an die Tafel geschrieben (siehe Tafelbild, Seite 101). Die S suchen in Partnerarbeit die *participles* der angegebenen Verben und setzen sie an den passenden Stellen senkrecht ein. L kann die Aufgabe stellen, zunächst nur die unregelmäßigen *participles* einzutragen (*heard, done, learned, read*) und fragen, wie viele Buchstaben noch übrig sind (Antwort: fünf). Danach werden die regelmäßigen Formen eingesetzt (*used, tried*). Es bleiben drei Buchstaben übrig (*g, l* und *r*) und die S suchen in der Liste der unregelmäßigen Formen nach *participles*, die hineinpassen (z. B. *gone, slept, written*). Besonders bei *read* ist auf die Aussprache zu achten.

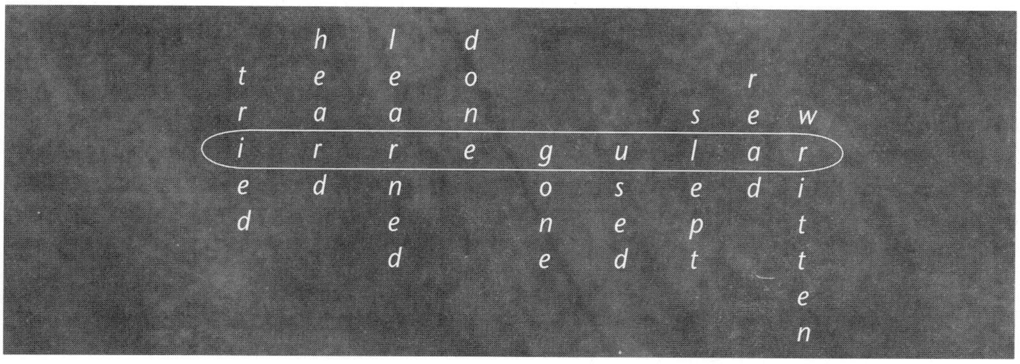

Transfer Mögliche Aufgabenstellung: *Now use the participles to write a short text about what you have done/haven't done today.*

Erarbeitung Die Übung wird jetzt in Partnerarbeit gelöst. Nach der Bearbeitung von b) bietet sich ein Doppelkreis oder ein Umhergehen der S im Klassenzimmer an, um sich mit anderen auszutauschen. L achtet auf die Richtigkeit und auf den Ablauf.

Lösung: a) *1. "… Have you heard it yet?" – "Yes, I have. It's great, isn't it?"*
2. "… Have you done it yet?" – "No, I haven't, but I'm going to do it later, it's not much."
3. "… Have you learned them yet?" – Yes, of course I have.
4. "… Have you read it yet?" – "Yes, I have. It's exciting, isn't it?"
5. "… Have you used it yet?" – "No, not yet."
6. "… Have you tried it yet?" – "No, I haven't. Let's try it together!"

language

B At the Prestons' (S. 52/53)

Thema Geplante Aktivitäten am Urlaubsort

Lernziel Die Verwendung des *simple past* und des *present perfect* unterscheiden, Bewusstmachen der Funktion von Signalwörtern

Redemittel Besprechen, was bereits wann getan wurde, feststellen, was bis jetzt noch nicht getan wurde

Wortschatz *so far, to travel, most, ever, before, student, to make the most of, knock, back, milkman (pl. milkmen), pint, to look out for, foggy, smuggler*

Strukturen Kontrastive Gegenüberstellung von *simple past* und *present perfect*

Materialien PB-CD 1, Track 43

Hinführung L stimmt die S auf die Situation ein: *Take a piece of paper, listen and draw what you hear: A ghost is sitting in a boat with a bottle of whisky. Show your pictures to the others and say what the ghost has just done or what he has forgotten to do and what he is going to do.* L kann auch das Wort *boat* einfach als Piktogramm an die Tafel malen und die S *statements* machen lassen.

Erarbeitung **Wortschatz:** *Have you ever travelled on holiday in a boat? When you travel to Austria or France, do you go by boat?* L schreibt to travel und travelled an die Tafel und unterstreicht die Verdoppelung des Endkonsonanten. Die S reagieren: *When we go to Austria, we don't go by boat. We go by car.* L: *Have you ever rowed a boat? So far? Up to now? Yet?* Alle vier Signalwörter werden betont, so dass die S merken, dass es sich um ähnliche Sprachmittel für die gleiche Situation handelt. L: *Rowing is hard work* (Grimasse), *so let's somebody else do the work: lie back and enjoy the sun. So you can make the most of your trip. But do you think it's a good idea to go by boat on a foggy day? You're right, it's not a good idea because you can't see anything then. But some people like it when it's foggy: smugglers. They have got whisky in their boats. What's the name for the man who brings milk to your house? He's not a smuggler, but a milkman. He brings pints of milk. A pint is nearly* *half a litre. Knock: Listen! There was a knock at the door, wasn't there? Before ↔ after. Student, most* und *to look out for* sind ohne Erläuterungen erschließbar. Die neuen Wörter werden an der Tafel festgehalten oder sind, mit erläuternden Zeichnungen versehen, auf einer Folie vorbereitet und werden schrittweise aufgedeckt. Es folgt die Aussprachesicherung durch Nachsprechen, Chorsprechen und Sätzebilden. Auch hier erinnert L wieder daran, dass Vokabeln am besten in Assoziationsfeldern gelernt werden.

PB 43 **Text:** Der Text wird von der CD bei geöffneten Büchern vorgespielt. Es folgen Partnerlesen mit dem Auftrag: *What have the Leinerts done so far?* oder *true/false-statements.* Variante: L sagt ein Wort (z.B. *foggy*), die S suchen den Satz, lesen ihn und ergänzen ihn beliebig nach ihren Vorstellungen, hier z.B. ... *because then you can't see him and he can get very close to you.*

→ G19 (p. 128) **Strukturen:** Nachdem die S in *Language A* eine neue Form und deren wichtigsten Gebrauch (resultativ) kennen gelernt haben, werden sie nun mit dem unterschiedlichen Zeitengebrauch im Deutschen und Englischen in der Vergangenheit konfrontiert. Ziel dieses Abschnittes ist die Bewusstmachung, dass das *simple past* im Englischen klar vom *present perfect* unterschieden werden muss. Die beiden Zeiten sind nicht austauschbar, deshalb müssen die S lernen, sich an Signalwörtern zu orientieren bzw. beim Fehlen von Signalwörtern, die Sätze der richtigen Zeit zuzuordnen. Die S werden angehalten, im Englischen von *simple past* und *present perfect* zu sprechen und nicht die deutschen Begriffe verwenden, um auch hier den unterschiedlichen Gebrauch deutlich zu machen. Erfahrungsgemäß wissen S dieser Altersstufe oft nicht, welche Zeit sie im Deutschen gerade verwenden, deshalb ist es sinnvoll, rein sprachimmanent über Signalwörter den Zeitengebrauch im Englischen zu habitualisieren.

L fordert die S auf, den Text leise zu lesen und auf Sätze zu achten, in denen sie Vergangenheitsformen entdecken. Sie werden an die Regeln für die Verwendung des *present perfect* erinnert. Leistungsstarke S kommen schnell darauf, dass *simple past* und *present perfect* in dem Text nebeneinander stehen. Die S werden aufgefordert, Vermutungen zum Gebrauch der beiden Zeiten zu äußern (kurze mündliche Phase, in der nur die Sätze zitiert werden und die Signalwörter übertrieben betont werden). Dann erfolgt ein systematisches Sammeln in Gruppen (auch als **Hausaufgabe** denkbar): Links im Heft werden alle Sätze mit dem *present perfect*, rechts alle Sätze mit dem *simple past* notiert. L lässt einen S auf Folie arbeiten, die dann zur Besprechung herangezogen wird. Vermutungen der S zur unterschiedlichen Verwendung, ggf. schon mit → G20 (p. 128) Einbeziehung des Grammatikpunktes **G20** folgen. Die S werden aufgefordert, in der Grammatik Informationen zu finden, die bisher noch nicht erwähnt wurden. Diese Arbeitstechnik sollte im Interesse der *learner independence* und der Methodenkompetenz gefördert werden.

Festigung

1 In the Lake District

Ziel: Kontrastive Gegenüberstellung des *simple past* und des *present perfect*

Wortschatz *definite*

Materialien Folie 14 (*What has he done?*) • Kopiervorlage 33 (*Extras*) • → WB ex. 1

Erarbeitung In Aufgabe a) bekommen die S visuelle Impulse: Was ist gerade, bis jetzt passiert? In Aufgabe b) geben die S eine Handlungskette in der Vergangenheit wieder: Was ist zuerst, dann, danach passiert? Das Gefühl für aufeinander folgende und somit in der Vergangenheit abgeschlossene Handlungen wird gestärkt. Die S schauen sich die Bilder an, übernehmen eine Rolle bzw. Perspektive und erzählen den anderen, was die Personen gerade getan haben. Sie drücken Vermutungen aus, zu dem, was sie (nicht) sehen: *Look, they have arrived and they have just got out of their car. They have had a long trip.* Dabei benutzen sie die vorgeschlagenen Verben und ordnen sie den Bildern zu. L leitet anschließend zu Aufgabe b) über: *Tell me what happened on the first day of your holidays? Did you go away, did you arrive at your hotel early or late ...*

Lösung: a) *2. Here is David, he has just taken a photo of a sheep which is lying in the middle of the road.*
3. Here are the Leinerts again, they have just got on the boat to Ullswater.
4. Here is Jenny, she has just bought a box of pencils.
5. Here is David again, he has just written a postcard.

b) *2. … took a photo of a sheep in the middle of the road.*
3. … they got on the boat.
4. … bought a box of pencils.
5. … David wrote a postcard.

Erweiterung Nach Übung 1 bietet sich der Einsatz von **Kopiervorlage 33** (*At the Prestons'*) an. Das Arbeitsblatt enthält den Dialog von Seite 52 im Schülerbuch mit breitem Zeilenabstand zum Auseinanderschneiden. Die S rekonstruieren das Gespräch in Partnerarbeit.

Transfer Eine Möglichkeit zum Transfer bietet **Folie 14** (*What has he done?*). Sie zeigt ein verwüstetes Zimmer nach einem Einbruch. Die S wenden das *present perfect* in einer neuen Situation an und stellen es dem *simple past* gegenüber. Nähere Hinweise zum Einsatz der Folie befinden sich im Folienordner.

Festigung

2 Listening: Old Moses

Ziel: Erweitern des Hörverstehens in Verbindung mit *note taking*

Wortschatz *to smuggle, barrel*

Materialien LC-CD, Track 14 • Kopiervorlagen 34, 35 (*Extras*)

LC 14

Text: *Tom: So you want to know who Old Moses was, do you?*
David & Jenny (together): Yes, we do!/Oh yes! Tell us!
Tom: Well, first let me tell you something about the old slate mine up in the hills at Honister. Have you heard of it?
David: Yes, we have. But we haven't been there yet.
Tom: Well, you must visit it. It's very interesting. Men were working down that mine hundreds of years ago. Slate was very important in the Lake District, you see. For roofs – a lot of the houses here have slate roofs, you know.
David: And Old Moses? Did he work down the slate mine, then?
Tom: Yes, he did. That was a long time ago, when they still had ponies and sleds. That's how they took all the slate down into the valley.
Jenny: But Old Moses was a whisky smuggler. You told us! How did – ?
Tom: I'm just coming to that. Just listen, and I'll explain all about it. – Well, Old Moses was part of a gang that smuggled whisky in from the Isle of Man. He had a secret hiding place for his barrels of whisky somewhere up in the hills, near the mine.
Jenny: Wow!
Tom: And how do you think he got all those barrels up there?
David: Well, he couldn't carry them, could he? Ah, I know – he used a pony and sled from the mine!
Tom: Right! He took the barrels up on his sled. And he did it at night when nobody was around. There he put the whisky in bottles which he sold to people later. And this went on for years …
Jenny: Until …?
Tom: Until one night, when Old Moses was on his way up the mountain with his pony and sled – and the weather got worse. Well, it got very, very foggy – and more and more difficult to see the path. Then suddenly – maybe his pony was new, we don't quite know – anyway, suddenly the poor animal tripped over a stone – and fell! And guess what happened to the barrels of whisky?
Jenny: They fell off the sled!
Tom: Right! They fell off the sled – and a moment later they were gone!
David: Gone?
Tom: Down the mountain! Well, Old Moses left the path – in the fog – and tried to find his barrels. And that was the end of him. – Remember, when you climb Great Gable, don't get lost in these mountains in bad weather – it's dangerous! – Anyway, next day, some men from the mine found the pony and sled – but they didn't find Old Moses. Nobody has ever found him – and nobody has ever found those barrels … But the ghost of Old Moses … ((gasps from everyone before Tom slowly continues)) … The ghost of Old Moses walks on Great Gable now. People have often seen him. Especially when the weather gets bad. When it gets foggy. They say he's still looking for those old whisky barrels …

Erarbeitung Das Verb to smuggle wird ohne Schwierigkeiten von *smuggler* abgeleitet. Zur Semantisierung von barrel malt L ein großes Fass an die Tafel. Die S hören die Geschichte ganz von der CD, danach kommentieren sie sie mit Hilfe von L (*exciting, frightening, etc.*). Es folgen Fragen zum Globalverständnis. Bevor die S den Text ein zweites Mal hören, lesen sie die Leitfragen im Buch. So erfahren sie, worauf sie besonders achten müssen, um später detailliert über den Hörtext berichten zu können. Der Text wird noch zweimal angehört, um das *note taking* zu erleichtern. Danach werden die Stichpunkte vorgelesen und ggf. ergänzt. Ein *grid* im Heft erleichtert die Sammelarbeit.

Lösungsvorschlag: b) *1. It's an old slate mine up in the hills at Honister. It's very interesting: men were working down that mine hundreds of years ago. People needed a lot of slates, so it was very important and useful for them: they needed it for the roofs of their houses. They had ponies and sleds to take all the slate down into the valley.*
2. Old Moses was part of a gang that smuggled whisky in from the Isle of Man. He had a secret hiding place for his barrels of whisky up in the hills. He used a pony and sled from the mine to take all the barrels up there.
3. One night, when it was very foggy, his pony tripped over a stone and fell. And all his barrels of whisky fell off the sled and down the mountain. He left the path and tried to find them. That was the end of him.
4. Next day, some men from the mine found the pony and sled, but they didn't find Old Moses and his barrels. Now the ghost of Old Moses walks on Great Gable. People have often seen him, especially when it gets foggy. They say he's still looking for his whisky barrels.

Erweiterung • Zur abwechslungsreichen Festigung des Hörtextes teilt L **Kopiervorlage 34** (*Listening: Old Moses*) aus. Das Arbeitsblatt enthält 15 Kurzsätze zu dem Text in beliebiger Reihenfolge: *The barrels fell off the sled. He couldn't carry those barrels of whisky. etc.* Die S hören die CD und wer zuerst zehn Aussagen auf seinem Arbeitsblatt gestrichen hat, ruft ‚Bingo' und hat gewonnen. Im zweiten Teil der Kopiervorlage erzählen die S die Geschichte von Old Moses nach.

• Eine weitere Möglichkeit zur Arbeit mit dem Hörtext bietet **Kopiervorlage 35** (*Tom's story*). Sie eignet sich als **Hausaufgabe**. Das Arbeitsblatt enthält nur Toms Aussagen. Die Gesprächsbeiträge von David und Jenny stehen ungeordnet in einer Box. Die S ordnen die Aussagen zu und überlegen im zweiten Teil ein neues Ende (*creative writing*) zu der Geschichte.

3 Signal words

Ziel: Bewusstmachen und Einschleifen der Signalwörter, so dass sprachimmanent die richtige Zeit gewählt wird, selbstständiges Erstellen von Beispielsätzen

Materialien Kopiervorlage 36 (*Grammar plus*) • → WB ex. 2, 3

Erarbeitung Die S haben schon bei der Erarbeitung des Dialogs das Bewusstsein für Signalwörter erworben und ggf. auch vertieft. Erweiternd kann L die S anregen, Signalwörter für die beiden *tenses* mit verschiedenen Farben auf Karteikarten zu sammeln, z. B. auch so, dass auf der einen Seite ein Signalwort steht, auf der anderen Seite alle vom S gefundenen bzw. selbst gebildeten Sätze.

In Aufgabe b) verfassen die S mit den Signalwörtern Sätze. L malt zwei *bubbles* an die Tafel, die S machen Vorschläge und sammeln die Signalwörter für die jeweilige Zeit. Die S übertragen dies in ihre Hefte (Querformat) und schreiben außen um die jeweilige Gruppe ihre Sätze, die dann vorgelesen und von den anderen S ergänzt werden. L weist noch darauf hin, dass Signalwörter ungewöhnlicher Art die *wh*-Fragen sind: *I've been to England. – When did you go there? Where did you stay? Who did you meet?*, und dass beim Fehlen eines Signalwortes immer der Kontext beachtet werden muss.

Lösung: a) *present perfect: so far, yet, already, ever, just;*
past tense: on our first day, that day, yesterday, once, when

Lösungsvorschlag: b) *1. The Leinerts **have seen** a lot **so far**.*
*2. David **has already taken** hundreds of photos.*
*3. Mrs Preston **has never forgotten** to make their breakfast.*
*4. They **have just bought** tickets for the boat.*
*5. **Has** Mr Preston **ever seen** Old Moses? Yes, he **has**.*
*6. He **saw** Old Moses **when** he **was** on Great Gable.*

7. *Then the boys often* ***went*** *on the mountain.*
8. *Three years* ***ago*** *he* ***met*** *him again.*
9. *The Leinerts* ***bought*** *ten films for David before they* ***left****.*
10. *Jenny* ***wrote*** *a letter to her friend* ***yesterday****.*

Erweiterung Zur Vertiefung bietet sich der Einsatz von **Kopiervorlage 36** (*Signal words*) an. Es handelt sich um eine Partnerübung zum kontrastiven Gebrauch von *simple past* und *present perfect.* Die S schneiden zunächst Kärtchen mit *signal words* für beide Zeitformen und so genannte *Action Cards* aus. Anhand der Kärtchen werden abwechselnd Sätze gebildet. Gewonnen hat, wer zum Schluss die meisten *Action Cards* besitzt.

Festigung

4 At the Crofts'

Ziel: Weitere Automatisierung des Gebrauchs von *simple past* und *present perfect,* Verhindern von Interferenzen

Wortschatz *film*

Erarbeitung Nachdem Übung 3 ausführlich im Unterrichtsgespräch bearbeitet wurde, können die Sätze jetzt in Still- oder Partnerarbeit vorbereitet werden. Ein S schreibt sie an die Tafel oder auf Folie. Einige S bekommen den Auftrag, in den Vorgaben nur die Signalwörter zu suchen und zu ordnen. Dabei ist auf die scheinbare Abwesenheit des Signalworts in den Beispielen 1, 4 und 6 besonders einzugehen. Die S kommen an diesem Punkt schnell darauf, dass hier *yet* o. ä. fehlt. Die Ergebnisse werden im Plenum besprochen.

Erweiterung Anschließend gehen die S kreativ mit den Sätzen um, indem sie in der Wortkette Signalwörter weglassen oder verändern. Die Sätze werden als mündliche Übung in der Klasse gemacht. Ein S wirft einem anderen einen Ball zu und sagt z.B.: *see – my new comic – yesterday?* Der S mit dem Ball stellt die Frage, wirft den Ball weiter und die Frage wird dann von einem dritten S beantwortet.

Lösung: a) *1. Have you seen my new comic? – No sorry, I haven't.*
2. Have you finished your new book already? – Yes, I have. I finished it yesterday evening.
3. Have you bought a new film for your camera yet? – Yes, I have. I bought one last week.
4. Have you cleaned your wellies? – No sorry, I haven't cleaned them yet.
5. Have you ever seen a ghost? – No, I haven't seen a ghost so far.
6. Have you shut the bedroom window? – Yes, I have. I shut it when the rain started.

Festigung

5 Word power: Groups

Ziel: Strategien für Wortfeldarbeit entwickeln und anwenden

Erarbeitung Die S lesen die Vokabeln leise und sammeln die Wörter anschließend in Partner- oder Gruppenarbeit. Gute Lerngruppen werden schnell zu einem Ergebnis kommen. Diese S werden ihr System begründen und damit gleich Aufgabe b) beantworten. L notiert an der Tafel oder auf Folie eine Tabelle mit sechs Spalten. Die Zeile ganz oben ist frei und in die erste Zeile darunter wird jeweils ein für diese Kategorie typisches Wort geschrieben, z. B.: *Germany – behind – canoeing – church – cold – forest.* Die S ergänzen die Listen und formulieren einen Oberbegriff, ggf. mit Hilfe von L. Anschließend werden sie aufgefordert, die sechs Spalten mit bekannten Vokabeln (Hinweis auf *Dictionary,* Seite 178 ff.) zu erweitern.

Erweiterung Als Ergänzung bietet sich das Verfassen einer Reizwortgeschichte an. Die S wählen aus jeder Gruppe ein Wort aus und verfassen mit der Auflage, dass eines der Wörter als Überschrift gewählt werden muss, einen kurzen Text.

Lösung: a) / b) *1. Germany, India, Ireland, Mexico (countries)*
2. behind, on, under, through (prepositions of place)
3. canoeing, climbing, walking, windsurfing (sports)
4. church, castle, school, skyscraper (buildings)
5. cold, sunny, warm, wet (weather adjectives)
6. forest, mountain, river, valley (landscape)

6 Role play: At the travel agent's

Ziel: Anhand von Impulsen Dialoge erarbeiten und spielerisch umsetzen

Wortschatz *travel agent's, daughter, son, spring, autumn, winter, expensive, hotel*

Materialien → WB ex. 4

Erarbeitung Die Situation kann sprachlich mehr oder weniger komplex gestaltet werden. Von der Leistungfähigkeit und der Kreativität der S hängt es ab, wie weit die Situation ausgebaut wird. Bei der Gruppeneinteilung sollte dies bereits beachtet werden. L: *Who are the Prestons?* S: *They have a B & B place. Tourists come to them for their holiday.* L: *So holidays are important for the Prestons. But what happens when they want to have a holiday themselves? When do you think they can go on holiday? When can they shut down their place? In summer or in winter?* Die S kommen in diesem Gespräch schon auf Aspekte, die für die Ferienplanung der Prestons wichtig sind. Das Gespräch wird erweitert, indem man auf das Alter und die wohl unterschiedlichen Interessen der Familienmitglieder eingeht.

Lösungsvorschlag: a) *TA: Hello. Can I help you?*
Mr P: Yes, please. We're here because we need a holiday. Have you got anything nice and warm, with a lot of sun?
TA: Would you like to stay in one place or would you prefer to travel around and see different places?
Mr P: Well, it's only for one week, so I think we should stay in one hotel. Perhaps you have some quiet place on a little island.
TA: Have you ever been to the Farne Islands? I've …
Sophie: Oh no, Dad, I don't want to go to another place where there's nothing but water, mountains and sheep. I want to go to a hotel close to a town, where I can lie on the beach all day or do some sports, and in the evening there are discos and cinemas.
Jim: Yes, I want to go to a holiday club and do all kinds of sports and games.
TA: I have just the right thing for you, a beautiful hotel where you can choose from 20 different kinds of sport.
Mrs P: That sounds good, actually. But you see I don't want to lie in the sun all day, I'd love to walk a lot and then sit down in a nice place and read.
TA: But you can do all that there. The hotel is in the mountains, you can walk in the mornings and late afternoons, you can swim in the pool or take the bus to the beach and there are all the interesting things for your children.
Mr P: Isn't it too expensive?
TA: I don't think so. As it's the end of August we have a super offer: flights, hotel, meals and programme only 500 pounds.
Mrs P: That sounds great – 500 pounds for four people.
TA: Oh no, 500 for one person, so it will be 2000 pounds … Eh, goodbye. Next, please.

text

Jenny's adventure on Great Gable (S. 54/56)

Thema Eine abenteuerliche Wanderung in den Bergen des Lake District, Gefahr durch unerwarteten Wetterwechsel

Wortschatz *each other, careful, weather forecast, to warn, nearly, Alps, accident, slippery, to set off, to have on, T-shirt, to put on, wetter and wetter, only, not any better, all right, Mountain Rescue, damn, battery, to run down, short cut, to be wrong, hour, fog, fork, figure, hat, thank God, blanket, fire, anyone, since, husband, to rescue, hospital*

Materialien PB-CD 1, Track 44–49 • Folie 15 (*Jenny's adventure on Great Gable*)

Lernziel Eine Abenteuergeschichte lesen und verstehen, einen Kriterienkatalog zum Schreiben einer eigenen Geschichte entwickeln

Hinführung Die S erleben in einer natürlichen Situation den unterschiedlichen Gebrauch von *simple past* (für das Handlungsgerüst, den Ablauf der Geschichte) und *present perfect* (in den Unterhaltungen der Personen für lebendige, zeitnahe Aussagen). L leitet ein kurzes Unterrichtsgespräch über Witterungsbedingungen am Urlaubsort und geeignete Bekleidung ein. Die S stellen fest, dass die Winterausrüstung mit Ski und Snowboard nicht unbedingt für Spanien geeignet erscheint und sie überlegen, wie es einer jungen Familie in leichten Sommersachen wohl beim Wandern in den Alpen ergehen könnte.

Erarbeitung

Wortschatz: Der Text sollte aufgrund des Spannungsbogens auf einmal eingeführt werden, deshalb werden die neuen Vokabeln nicht nach dem Vorkommen im Text, sondern gleich nach thematischen Bezugsgruppen geordnet: *Great Gable, the Alps; careful, accident, only, all right, Mountain Rescue, damn, battery, to run down, thank God, blanket, fire, to rescue, hospital, weather forecast, to warn, nearly, slippery, wetter and wetter, not any better, fog; to set off, on, short cut, fork, to be wrong, hour; each other, figure, hat, since, husband.* Als Einstieg werden zunächst die neuen Vokabeln aus den Bereichen *weather* und *accidents* erarbeitet. Zur Steuerung des Unterrichtsgesprächs und zur schnellen Sicherung der Wörter kann L die neuen Vokabeln in Themenblöcken auf einer Folie vorbereitet mitbringen. Dabei werden diese dann in einer kurzen Geschichte eingeführt: *This man here is wearing 'flip-flops' and shorts. So let's hope he isn't climbing up a mountain in the Alps. When he starts, the weather is perhaps brilliant but he didn't listen to the weather forecast on the radio and there is no TV in his room, so he didn't hear what the weather was going to be. By the way, the weather forecast is often wrong! Did they warn you because you could get wet? Did they say there was going to be rain, the roads would be slippery* (Handbewegung und Laut), *nearly as slippery as on ice in winter? They always warn people in autumn that the roads will get wetter and wetter (rain – water – wet) and that there will be accidents! You slip on a wet road, you'll get hurt, so be careful, do not hurry* (Geste) *but move slowly* (Bewegung) *then you'll be all right. Even if you arrive an hour (= 60 minutes) later. And when you go up a foggy mountain, don't leave the paths, don't take any short cuts. You'll be lost and the worst comes when your path suddenly comes to a fork. There are two or three paths, and you don't know which way to go. Take your mobile with you, but you must check that the battery hasn't run down. If it has, you can only sit and wait, perhaps a big dog from the Mountain Rescue team will find you. They are the only people who can help and rescue you. Thank God, they have come and they have brought blankets to keep you warm. What you need then is a very warm place with a big fire where you can get better again. If you don't get any better, they'll take you to hospital.* L sichert die Schreibung der neuen Wörter an der Tafel oder auf Folie und überprüft die korrekte Aussprache durch Nachsprechen und Chorsprechen.

Alternative

Die Semantisierung des neuen Wortschatzes kann durch **Folie 15** (*Jenny's adventure on Great Gable*) unterstützt werden. Die Folie enthält die drei Abbildungen aus dem Schülerbuch und drei weitere Zeichnungen, die den Ablauf der Geschichte illustrieren. L deckt die Zeichnungen sukzessive auf und erläutert den neuen Wortschatz in diesem Fall chronologisch anhand von Beispielsätzen und Definitionen. Die visuelle Unterstützung durch die Illustrationen verkürzt die Semantisierungsphase erfahrungsgemäß, so dass schneller zur Textpräsentation übergegangen werden kann.

PB 44
PB 45
PB 46
PB 47
PB 48
PB 49

Text: Der Text wird jetzt entweder von den S still gelesen oder bei geschlossenem Buch von der CD präsentiert. Er ist zur leichteren Handhabung in sechs Tracks unterteilt. Die S erkennen die neuen Vokabeln und ordnen sie laut- und sinngemäß in den Kontext ein. Anschließend lesen sie die Geschichte entweder leise oder abwechselnd mit dem Nachbarn / der Nachbarin und beantworten am Ende die Fragen:
Who wrote the story? Whose story is it? How do you know?
Diese für die S unerwartete Frage animiert sie zum Suchen von entsprechenden Textstellen. Nach einer gewissen Zeit schreibt L *wh-* an die Tafel. Die S verstehen den Stimulus und suchen Antworten zu den Fragen *when, where, who, what, why* – möglichst in der Reihenfolge vom Unwichtigen zum Wichtigen. Nach dieser Vorarbeit geht L zurück zum Anfang der Geschichte und fordert die S auf, sich – wie im Schülerbuch vorgeschlagen – in Partnerarbeit Fragen zu jedem Textabschnitt zu stellen. Dazu werden die einzelnen Tracks noch einmal von der CD vorgespielt. Die Paare überlegen abschließend noch eine passende Überschrift zu jedem Kapitel der Geschichte (*1. Planning a day in good weather, 2. Things get worse, 3. Broken legs and short cuts, 4. Lost in the fog, 5. Ghosts know the way, 6. Everybody safe at last*). All dies erfolgt als lockerer und noch wenig systematischer Vorgriff auf Übung 2.

Erweiterung • In leistungsstarken Klassen kann L von S kleine Arbeitsblätter, die auf den Sätzen des Textes basieren, zum Üben der Zeiten oder zur Wiederholung der Steigerung anfertigen lassen (*wetter and wetter,* danach analog einsilbige Adjektive und Übergang zu *more and more careful*, schließlich gemischt). Arbeitsauftrag: *Compare the people in the story – Old Moses – the Leinerts – Kevin – the Mountain Rescue people – Jenny – the Prestons – etc. Use adjectives like 'old', 'careful', 'silly', 'clever', 'helpful', 'wet' and find more.* S in diesem Alter sind leicht dazu zu motivieren, selbst Aufgaben zu erfinden, die dann (vom L durchgesehen) in Gruppen bearbeitet werden können.

• Vor der Bearbeitung von Übung 1 bietet sich die Nacherzählung der Geschichte anhand von **Folie 15** (*Jenny's adventure on Great Gable*) an. L deckt die Zeichnungen nach und nach auf und lässt sechs S je einen Abschnitt der Geschichte nacherzählen.

Lern- und Arbeitstechniken: Die S vertiefen ihre bereits erworbenen Kenntnisse im Rahmen der Textarbeit. Sie erarbeiten eine Kriterienliste zur vorbereitenden Planung und zum späteren Schreiben einer eigenen Geschichte (*creative writing*). Als Selbstkontrolle überprüfen sie ihre Geschichte abschließend anhand des Kriterienkatalogs.

Festigung

1 Make a dialogue

Ziel: Einen Dialog ausarbeiten und eine Szene spielen, weitere Habitualisierung des Zeitengebrauchs

Materialien Kopiervorlage 37 (*Extras*) • → WB ex. 1

Erarbeitung Die Übung dient zur Wiederholung und Festigung der Textarbeit. Alternativ bereiten die S kurze Dialoge zu Hause oder im Unterricht (Gruppenarbeit) vor, nachdem sie den Text noch einmal durchgegegangen sind, um möglichst viele neue Vokabeln zu verwenden. Je intensiver die Beschäftigung mit dem Text und seinen Inhalten war, umso kreativer können die S jetzt werden. Werden gerne Standbilder (*living statues*) gestaltet, kann L vor der Erstellung des Dialogs Ideen sammeln. Wenn jeder einzelne Dialog jeweils von zwei Gruppen erarbeitet wird, einigen sich diese Gruppen anschließend auf eine Form. Dies erfordert Vergleich, Besprechen von Ideen und Einigung, wichtige Elemente zum Erreichen von Methodenkompetenz.

Lösungsvorschlag: a) *Mr P: Hello, this is Mr Preston speaking. I'm phoning you because our guests haven't come back from their tour. They left this morning to climb up Great Gable and they wanted to be back by four at the latest.*
MR: Oh hello, Mr Preston. The weather was good this morning but it's very foggy up on Great Gable now. I think we'll send a team up there to look for them.
Mr P: Good. It's a family of four. I hope you find them.

b) *Kevin: My foot hurts terribly. How long ago did they leave? They must be down by now. Why don't they come back? And I'm terribly cold.*
Judy: Oh dear, why didn't that nice lady stay with us, I'm so scared. I always think someone is watching us from behind those rocks. Next time we'll take out a brochure from the Mountain Rescue and do all the things they say are important. Why do things like this always happen on your birthday?

c) *Lady: Oh dear, what's the matter with you? You look as if you've seen a ghost, no – lots of them?*
Mr L: Can we please come in? We are so cold and wet and we have been outside so long.
Lady: Of course, come in, I'll give you some blankets and make some hot tea. That will bring you back to life.
Mrs L: Oh thank you. Could I use your phone, please. I must phone the Mountain Rescue. It's dark and it has started to rain. And there are two people still out there on Great Gable. The man cannot walk, he needs help, perhaps his leg is broken and, to make things worse, they are both dressed as if they were on a sunny island in Italy.
Lady: Of course, oh dear, how could I help? But I must say you have been lucky. Not many people find the path that leads to my lonely farm …

d) *Mr P: Oh thanks God, you are back. We were so worried about you, you see so many people have accidents up there, even those who know what to do on a mountain walk, and there are all those others …*
Mrs L: Thank you, Mr Preston. The Rescue people took us back here. We were so lucky to find Moses Farm and then the Rescue people arrived. They had that silly young man and his girl-

friend in their bus already, we went in, too. I think I'll just have another two or three cups of hot tea, take a bath and then go to bed.
Jenny: Mr Preston, have you ever been on Great Gable in the fog? There was a huge man in black. At first I thought it was Dad, but then he was gone, thanks to him we found the right path. Mr Preston, why are you making such a funny face …

Erweiterung Vor Übung 2 bietet sich zur Auflockerung und zur weiteren Festigung der Textinhalte der Einsatz von **Kopiervorlage 37** (*Find the ghosts*) an. Sie enthält ein Kreuzworträtsel zur *story* und eine Knobelaufgabe, die auf den Lösungen des Rätsels basiert.

Transfer

2 How to plan and write a story

Ziel: Die Struktur einer Geschichte erarbeiten, das Schreiben einer Geschichte sorgfältig in mehreren Schritten planen, Selbstkontrolle anhand einer *Checklist*

Wortschatz *doctor, nurse, in between, clear*

Materialien → WB ex. 2, 3

Erarbeitung L bildet Gruppen (4–5 S) und fordert die S auf, zunächst die Aufgabenstellungen a) und b) zu bearbeiten. Es wird gleich zu Beginn darauf hingewiesen, dass jeder einzelne S die Arbeitsergebnisse schriftlich vorliegen haben muss, da die spätere Ausarbeitung der *story* individuell als **Hausaufgabe** erfolgt. Die Ergebnisse der ersten Gruppenarbeitsphase werden im Plenum besprochen.

Anschließend wenden sich die Gruppen Aufgabe c) zu. Es werden nützliche Wörter und Wendungen für die Geschichte gesammelt. Diese Arbeit erfordert eine Reaktivierung des vorhandenen Wortschatzes sowie elementare Wörterbucharbeit, um die Ideen angemessen zu versprachlichen. Die S erarbeiten thematisch orientierte Wortfelder (*feelings, how to describe people, words for adventures, holidays, weather, clothes, etc.*) und sammeln Strukturwörter und Konjunktionen.

L weist die S vor der Ausarbeitung der Geschichte (Aufgabe d) auf die *Checklist* (blauer Kasten) im Schülerbuch hin, die die Möglichkeit zur Selbstkontrolle bietet. Am besten übertragen die S sie auf eine Karteikarte und heften sie in ihren Ordner zu den übrigen Arbeitsblättern. So können sie später immer wieder auf diese Hinweise zurückgreifen. Die S werden außerdem noch daran erinnert, dass in einer Erlebniserzählung die Verwendung der direkten Rede wichtig ist (Bezug zum Deutschunterricht). L stellt jetzt die **Hausaufgabe**, die Geschichte mit ca. 300 Wörtern schriftlich auszuarbeiten und fordert die S auf, nach der Fertigstellung noch einmal kritisch die *Checklist* durchzugehen und das zu ergänzen, was ihrer Meinung nach in ihren Ausführungen noch fehlt. Die Endfassung wird abgegeben und von L korrigiert.

Lösung: a) / b) *Different parts of the story:*
- *… landlady sees clothes, warns them, Judy and Kevin laugh, leave*
- *Part 3: lovely weather, talk about landlady and her tips, have a long picnic*
- *Part 4: walk on late in the afternoon, black clouds, starts to rain, short discussion: turn round or not – no –*
- *Part 5: short cut, Kevin scared, slips, falls, hurts his leg, cannot stand up, face white*
- *Part 6: Judy tries to help him, too heavy, cannot move, suddenly hear voices, people in anoraks, mobile?*
- *Part 7: what can we do?, wait, alone, get help, anoraks, more rain, wetter and wetter, dark, foggy, funny sounds*
- *Part 8: looks like pony, dark figure with it, strange eyes, just looks at them, hurries on*
- *Part 9: nervous, move together, no longer laughing, suddenly more sounds, shouts and two dogs bark at them, rescue*
- *Part 10: blankets and hot drinks, take Kevin to hospital, nurse is waiting, doctor hurries, leg not broken, stay in hospital*
- *Part 11: pay for rescue?, follow rules*

c) *1. careful, weather forecast, warn, changes, worry, dangerous, accident, slippery after rain, sunny, warm, exciting, steep, get far, get cold, feel cold, turn back, hurt foot, broken foot, mobile, Mountain Rescue people, etc.*
2. first, then, after that, but, however, because, etc.

PB 50

3 A song: Have you ever seen the rain?

Ziel: Auflockerung durch ein Lied zum Thema Wetter, Schulung der Identifizierung der Laute, Üben der richtigen Aussprache

Wortschatz ⟨*calm*⟩, ⟨*till forever*⟩, ⟨*to wonder*⟩

Materialien PB-CD 1, Track 50

Erarbeitung Der Song von Creedence Clearwater Revival kann bereits während des Vortragens der Geschichten (Übung 2) im Hintergrund gespielt werden. Dabei werden die S neugierig auf das Lied und stellen schnell den thematischen Zusammenhang her. Die S hören später das Lied noch einmal bei geöffneten Büchern. Sie werden ermuntert mitzusingen oder zumindest mitzulesen. Die neuen Wörter werden im Kontext der Lektion semantisiert. *The weather was great, there was no wind, it was very quiet and calm, people say this always happens before a storm, so it always surprises you. Kevin felt very bad, he thought: "Will I have to wait forever before they come and help me?" He wondered = he thought.*

Jetzt fixiert L die verschiedenen Laute, die es zu sammelt gilt, an der Tafel und fordert die S auf, die Liste zu ergänzen. Dies fällt den S oft schwer, deshalb sollte in diesem Fall dann schnell zum gemeinsamen Sammeln übergegangen werden. Hilfreich ist auch der Tipp, nicht den geschriebenen Laut anzuschauen, sondern sich an dem ersten Musterwort zu orientieren (Welche Wörter klingen genauso wie …? Welche Wörter haben den gleichen Laut wie …?) Um einen sicheren selbstständigen Umgang mit der Lautschrift unbekannter Wörter zu erreichen, werden die S an den Kasten mit den Lautschriftsymbolen auf Seite 136 im Schülerbuch erinnert. Anschließend werden die einzelnen Reihen vorgelesen und die S bilden reihum Sätze mit den Wörtern innerhalb der Reihe oder über diese hinausgehend.

Lösung: a) [ʌ]: *someone, some, sunny, coming, sun, wonder*
[aɪ]: *I, shining, like, time*
[eɪ]: *say, rain, yesterday, day, way*
[aʊ]: *down*
[əʊ]: *told, ago, know, over, cold, goes, slow*

let's check — A week in the Lake District (S. 57)

Materialien Kopiervorlagen 38 (*Cloze test*) • Kopiervorlagen 39, 40 (*Word power 1, 2*)

Erweiterung Die **Kopiervorlagen 38–40** sind bei der Bearbeitung von *Let's check* an beliebiger Stelle einsetzbar.

1 Holidays at home

Ziel: Festigung der kontrastiven Verwendung von *simple past* und *present perfect*

Materialien → WB ex. 1, 2

Hinführung An der Tafel werden links und rechts Signalwörter gesammelt, in der Mitte von den S vorgeschlagene regelmäßige und unregelmäßige Verben. Es erfolgt noch einmal der wichtige Hinweis auf die Liste der unregelmäßigen Verben auf Seite 198/199 im Schülerbuch.

Erarbeitung L kann als visuelle Hilfe und Erinnerung an die Regel an der Tafel einen senkrechten Strich ziehen und die S ggf. daran erinnern, dass das *simple past* mit *then*, also nur mit der linken Hälfte assoziiert wird, das *present perfect* mit *up to now, so far*, also von der linken Hälfte in die rechte hineinreicht. Während der Übung oder im Anschluss daran zeigt L oder ein S mit Gesten die mit der Zeit verbundene Hälfte.

Lösung: *1. Robert: Isn't David at home, Mr Penrose?*
Mr Penrose: Didn't you know? He ***went*** *to the Lake District with the Leinerts last week. They* ***left*** *on Wednesday.*
2. Sarah: Do you like the new U2 CD, Kim?

Kim: I ***haven't listened*** *to it yet.*
3. Mrs Penrose: Where's Mark? He ***was*** *in the kitchen a moment ago.*
Mr Penrose: He ***has just gone*** *upstairs.*
4. Robert: I ***haven't tried*** *this new bread yet.*
Sarah: It tastes great!
Mrs Croft: Good! I ***bought*** *it at that new shop in Mount Street yesterday.*
5. Robert: Let's watch the James Bond film!
*Scott: No, I****'ve already seen*** *it.*
6. Becky: Do you know where Barker is?
Simon: I ***saw*** *him in the garage with Dad a minute ago.* ***Have you looked*** *there?*
7. Mr Penrose: This postcard is for you, Mark! It ***has just arrived.***
Mark: Great! Can you read it to me, Dad?
*Mr Penrose: Right. "Dear Mark, The Lake Distirct is great, and we****'ve already done*** *a lot of interesting things. Yesterday we* ***climbed*** *Great Gable."*
*Mark: What's Great Gable? I****'ve never heard*** *of it.*
8. Scott: ***Have you ever played*** *tennis with Jenny?*
Robert: Yes! We ***played*** *together last week, and she* ***won****, actually.*

2 Emma of Dockray

Ziel: Festigung gemischter Pensen, Stärken des Gefühls für den semantischen Kontext sowie für Kollokationen und *phraseology*

Wortschatz *to marry*

Hinführung Über das Bild wird Neugierde erzeugt. Es gibt den S wichtige Vorinformationen, weckt Assoziationen, so dass sie den Zusammenhang erahnen können und leichter auf den Wortschatz kommen. Die S beschreiben das Bild, ruhig auch mit ungewöhnlichen Kommentaren, wie z. B.: *She's climbing Great Gable at night and she is just taking a short cut. Let's phone the Mountain Rescue.*

Erarbeitung In Partnerarbeit werden jetzt die Lücken gefüllt. Die Lösungen werden anschließend im Plenum besprochen und ggf. korrigiert. L hält die richtigen Antworten an der Tafel oder auf Folie fest.

Erweiterung Die S verändern die Geschichte an einer oder mehreren Stellen, z. B. Eglamore kommt nicht heim, er findet seine Braut mit einem anderen Ritter am Wasserfall, sie bleibt am Leben, aber er rutscht aus usw. Die S schreiben eine neue, veränderte Fassung (*creative writing*).

Lösung:

1. in	*11. whose*	*21. against*	*31. were*
2. District	*12. daughter*	*22. of*	*32. slippery*
3. called	*13. wife*	*23. unhappy/worried*	*33. tripped*
4. Stories	*14. near*	*24. walked/went*	*34. down*
5. looked	*15. ago*	*25. where*	*35. help/rescue*
6. smuggler	*16. with*	*26. home/back*	*36. before/and*
7. right	*17. son*	*27. steep*	*37. heart*
8. One	*18. her*	*28. called*	*38. lived/stayed*
9. best	*19. wanted*	*29. up*	*39. in*
10. about	*20. day*	*30. happy*	*40. place*

3 Word power: Chaos

Ziel: Wortschatzwiederholung durch Wortbildung aus *scrambled letters*

Erarbeitung Der Spaß des Rätselns wird erhöht, wenn die S die Wörter erst einmal laut vorlesen. Die S denken sich anschließend reihum selbst Wörter aus und dürfen die Mitschüler an der Tafel testen.

Lösung:

slate mine	*traffic jam*	*pony trekking*
windsurfing	*weather forecast*	*hospital*
canoeing	*mountain rescue*	*travel agent*

Unit 2 – Unit 3

Materialien → WB ex. 1–5

1 Optimists and pessimists

Ziel: Festigung des *will future* für Voraussagen, die nicht beeinflussbar sind

Erarbeitung *Today is Friday 13, there will be a Maths test, what else will happen today? For the ghost Moses Friday is a lucky day, so he loves writing tests on this day. What will happen to him?* Jeweils zwei S spielen mehrere Sätze im Wechselgespräch durch.

Lösung: *1. "I think I'll know everything."/"I'm sure I'll make a lot of mistakes."*
2. "I'm sure my teacher won't be angry."/"I think my teacher will give me extra homework."
3. "I know I'll be the star of the evening."/"I'm sure I won't remember my lines."
4. "I think he'll eat double in the evening."/"I know he won't eat again before he sees a vet."
5. "I'm sure it won't hurt tomorrow."/"I think I'll stay in bed until the end of the month."
6. "I'm sure I'll know her at once and I'll like her."/"I know I'll miss her at the airport."

2 Talking about the future

Ziel: Kontrastive Verwendung von *going-to future* und *will future*, Begründung der getroffenen Entscheidung

Erarbeitung Die Übung wird in Partnerarbeit durchgeführt. Besonderer Wert wird auf die Begründung der gewählten Form gelegt. L weist ggf. noch einmal auf **G14** in der Grammatik hin.

Lösung: *1. are you going to do (intention), I'm going to stay (intention), you'll have (prediction), I will (prediction)*
2. Are you going to play (prediction about the near future), We're going to meet (intention)
3. I'll do it (snap decision)
4. it'll be (prediction), will move (prediction)
5. is going to happen (prediction about the near future), I'll make (snap decision), you'll (prediction)

3 James Pond

Ziel: Das *present perfect* für an die Gegenwart heranreichende Handlungen

Erarbeitung *You want to have more pocket money. After you have seen a James Bond film, you decide to be a special agent after school. On page 58 you find your first job. Say what you are doing, what is happening, what you can see.* Die S arbeiten zusammen mit einem Partner. Die Bildgeschichte wird bei Bedarf zusätzlich als schriftliche **Hausaufgabe** aufgegeben.

Lösung: *2. He has gone away from the window. I can't see him! But the light is still on.*
3. A car has just arrived. It has stopped in front of the house, perhaps somebody will get out. This is getting more and more exciting.
4. A man has got out of the car and is now standing in front of the door, he is holding something that looks like a box in his hands. I'm sure this is another agent from an enemy organisation and there is something really dangerous in the box!
5. The man has just turned round. Oh dear, he looks like someone from the mafia. He is looking around to find out if somebody is watching him, but I'm too clever, he won't see me!
6. Oh, oh, oh, now Agent X has come out and he's handing over money, a large banknote. Their plan must be terrible.
7. Well, Agent X has just carried the box inside. Now he's putting it down. The other man, of course, has just left. He's afraid that the police will see them together.
8. Oh! Agent X has just opened the box, he's ... Oh no, it's a pizza! He's eating a pizza, ...

4 Different situations

Ziel: Kontrastive Verwendung von *simple past* und *present perfect*, Festigung der Signalwörter

Erarbeitung Unterrichtsgespräch mit ähnlichen Situationen, ggf. Sammeln von Signalwörtern an der Tafel. Die S ändern in Partnerarbeit den Kontext so, dass jeweils die andere Zeit passt: *Have you heard the result of the match yet? Have Arsenal won? Lewis invited me to his party weeks ago. I didn't do my homework before I went out to the supermarket. etc.*

Lösung: *1. Arsenal won 2-1.*
2. Lewis has invited me to his birthday party.
3. I haven't done my homework yet.
4. We moved there five years ago.
5. I've already seen it twice.
6. I bought them in the new shoe shop in Sherwood last Saturday.
7. When did they come together?
8. I've never heard of them!

5 Talk about your experiences

Ziel: Festigen des *present perfect* in alltäglichen Situationen

Erarbeitung Je nach Einsatz der Übung knüpft der L an vertraute Situationen an: *Have you ever climbed a mountain on a foggy day? Have you ever met somebody who works in a rescue team? etc.* L bildet Gruppen mit 4–5 S. Auf Folie wird ein Vorschlag für ein *grid* gemacht, das die S in ihr Heft übernehmen: Waagerecht die Namen der anderen Gruppenmitglieder, senkrecht die jeweilige Frage in Stichwörtern, z. B. *ever learnt foreign language, ever flown to foreign country, etc.* Die S befragen sich nun gegenseitig und markieren die Lösungen.

Es folgt eine zusammenfassende Auswertung und die Präsentation der Umfrageergebnisse von einem (oder mehreren) Vertreter(n) der Gruppe vor der Klasse, z. B. *I've met an American and I've written and spoken to someone in a foreign language. I've never watched a TV show in a foreign language, but I've read a story in a foreign language. Martin has played computer games in English and he has listened to songs from foreign countries. etc.*

Lösung: *Have you ever learnt a foreign language?*
Have you ever flown to a foreign country?
Have you ever had a friend from a foreign country?
Have you ever met an American?
Have you ever written to someone in a foreign language?
Have you ever spoken to someone in a foreign language?
Have you ever read a story in a foreign language?
Have you ever watched a TV show in a foreign language?
Have you ever played a computer game in English?
Have you ever listened to songs from foreign countries?
Have you ever eaten foreign food?

6 Do you know your verb forms?

Ziel: Einschleifen der wichtigen Verbformen (*infinitive, past tense, past participle*), die richtigen Formen aus dem Kontext erkennen

Erarbeitung Analog zu dem bekannten Spiel ‚Kofferpacken' entsteht in der Klasse eine Reihenübung. Die S ‚packen' entweder nur *past participles* in ihren Koffer oder *infinitive/past tense/past participle*-Gefüge:
5. S: *In my bag there is helped, been, seen, written, given.*
3. S: *There is do/did/done, give/gave/given, see/saw/seen.*

Nach der mündlichen Reihenübung zur Festigung sammeln die S in einer Reihe alle regelmäßigen Verben, danach diejenigen, deren drei Formen gleich sind (z. B. *shut*), die mit zwei gleichen Formen (z.B. *shot, shot*) und zuletzt die Verben mit unterschiedlichen Formen (z.B.*throw*). In Gruppen erstellen die S mit den Verben aus dem Kasten ähnliche Lückenübungen.

Lösung: b) *1. fell, broke*
2. left, overslept
3. Have you ever driven, have ridden
4. shot, caught, took, threw
5. Have you heard, have just bought

At Cooper Middle School

Unit 5: At Cooper Middle School / Focus 3: Focus on travel and transport (Planungsübersicht)

Abschnitt	Seite	Stunden	Themen / Ziele	Strukturen	Grammatischer Anhang	Übungen	Workbook	CDs	Folien	Kopiervorlagen	Diktat-/ Transfertexte
Intro	60, 61	3	Internetauftritt einer Schule aus den USA; Basisinformationen zu Denver, Colorado			1	1–4 / LC	LC 15–17		41	
Language A	62, 63	3	Organisation einer Wohltätigkeitsveranstaltung; Vorschläge machen; Wortbildung: Komposita (T)	*Conditional clauses: if … + will; If / when*	G21, 22	1–5	1–6	PB 2/1, 2	16, 17	42, 43	
Language B	64, 65	4	Soziale Projekte beschreiben; Fähigkeit, Erlaubnis, Verpflichtung; Hörtext	*To be able to, to be allowed to, to have to*	G23, 24	1–4	1–5	PB 2/3–7; LC 18–20	18	44	1
Text	66–68	5	Eine Detektivgeschichte lesen und den Täter ermitteln; *Diary*; Diagramme; Wortbildung (T); *Dictionary* (T); *Song*			1–7	1, 2	PB 2/8, 9, 10; LC 21–24, 25	19	45, 46(a)	2
Let's check	69	2	Integration der Lernziele von *Unit 5*		G21–24	1–3	1–4			47–49	
Focus 3	70, 71	2–3	Distanzen, Reisewege und Reisemöglichkeiten in den USA, *Role play*			1–4	1–5	PB 2/11; LC 26	20	50	

Erstinformation

In dieser *Unit* erfolgt der Übergang zu den Vereinigten Staaten von Amerika. Becky und der bereits aus *Unit* 1 bekannte Scott Johnson, Austauschschüler aus Denver, Colorado stoßen im Internet auf die *homepage* von Scotts ehemaliger Schule in Denver, der Cooper Middle School. Anhand dieser *homepage* wird ein kurzes Portrait der Schule, aber auch des neuen Handlungsortes Denver erstellt. Dabei wird Denver als moderne, junge und von den klimatischen Bedingungen her sehr attraktive Stadt präsentiert.

Der neue Handlungsort bildet den Rahmen für die Darstellung des *Make A Difference Day*, einer landesweiten Wohltätigkeitsveranstaltung, die vorwiegend auf kommunaler Ebene durchgeführt, aber zentral von namhaften Zeitschriften und anderen gesellschaftlichen Gruppierungen organisiert und publizistisch getragen wird. Die S können mitverfolgen, wie sich die neuen Lehrbuchcharaktere bei diesem Ereignis engagieren und mit welchen Projekten sie sich daran beteiligen. Dabei wird deutlich, dass es im Vergleich zwischen den USA und dem Erfahrungsbereich deutscher S durchaus unterschiedliche Formen sozialer Verantwortung gibt.

Im Textteil der *Unit* wird anschließend das schulische Bezugsfeld der Lehrbuchcharaktere noch stärker in den Vordergrund gerückt. Dabei werden vor allem die zwischenmenschlichen Probleme dieser Jugendlichen näher beleuchtet. In Form von Tagebuchaufzeichnungen, die eine der Protagonistinnen erstellt, wird versucht, die Hintergründe eines üblen Streichs zu ermitteln. Dabei müssen die S selbst zu einer Lösung des ‚Falles' gelangen, indem sie die verschiedenen *clues* sinnvoll miteinander verknüpfen.

Im strukturellen Bereich werden die *conditional clauses* (*pattern* 1) eingeführt. Dies geschieht anhand eines Gesprächs zwischen S der Cooper Middle School, die verschiedene Vorschläge, wie sie den *Make A Difference Day* gestalten könnten, diskutieren und dabei die Konsequenzen der verschiedenen Möglichkeiten bedenken. Den zweiten grammatischen Schwerpunkt der *Unit* bilden die *modal verbs and their substitutes*. Anhand eines Rückblicks auf ihre Aktivitäten während des *Make A Difference Day* werden die sprachlichen Formen, um *ability, permission* und *obligation* auszudrücken, präsentiert und eingeübt. Ein Schwerpunkt im Bereich der Arbeitstechniken liegt auf der Hinführung zur Verwendung des zweisprachigen Lexikons.

intro At Cooper Middle School (S. 60/61)

Thema

Präsentation der Website der (fiktiven) Cooper Middle School in Denver, Colorado

Hintergrundinfo

Denver, *which was founded in 1859 as a gold mining camp, is one of America's youngest cities. Today this booming six-county metropolitan area has a population of 2.4 million and is the largest city in a 600 mile radius. It is the entertainment, shopping, cultural, sports and recreation capital of the vast Rocky Mountain West.*

Location: *Contrary to popular belief, Denver is not in the mountains. It is near them, located on high, rolling plains. The 'Foothills' (a gentle series of peaks ranging from 7,000 to 11,000 feet high (2,133 to 3,353 meters high) start to rise 15 miles west of the city.*

History: *Denver was born during the great 'Pikes Peak or Bust Gold Rush' of 1859 when some flakes of placer gold were found in the area. In its first few years, the city survived a flood, two major fires, several Indian attacks and even raised an army that defeated an invading force of Confederates from Texas during the Civil War. With the discovery of more gold in the mountains, Denver became a boomtown, and every outlaw, lawman and desperado in the West made a visit to the Mile High City. The turn of the century brought respectability and Denver became the most elegant city in a thousand mile radius, the 'Queen City of the Plains'.*

Mile high city: *The city truly is one mile high. The 15th step on the west side of the State Capitol Building is exactly 5,280 feet (1,609 m) above sea level.*

Description: *Denver today is a clean, young and green city with over 200 parks. The architecture reflects the city's three boom periods: Victorian, when silver was discovered in Leadville; Turn-of-the-century, when gold was discovered in Cripple Creek; and Contemporary, when the energy boom added 16 skyscrapers to the downtown skyline in a three-year period, 1980–1983.*

Climate: *Nothing about Denver is more misunderstood than the city's climate. Denver, which has a mild, dry and arid climate, receives only 8–15 inches of precipitation a year (about the same as Los Angeles), and records 300 days of sunshine a year – more annual hours of sun than San Diego or Miami Beach.*

Thin city: *Denver is also the 'thinnest' city in America, and Colorado is the thinnest state. A study by the American Cancer Society in 2002 found that Colorado is the only state in the nation in which fewer than half of the people are obese. The active lifestyle in Colorado, the great weather, the abundance of recreational opportunities and the high education level are credited for this fact. A 1996 federal study of weight by cities found similar results with Denver being listed as the 'thinnest' city.*

Professional sports: *Denver has a full compliment of professional sports teams including the National Football League's 1998 and 1999 Super Bowl Champion Denver Broncos, the National Basketball Association's Denver Nuggets, Major League Baseball's Colorado Rockies and the National Hockey League's Colorado Avalanche, who won the 1996 and 2001 Stanley Cups.*

Middle school: *Two- to four-year school organization serving as an intermediate unit between elementary school and high school. Students in middle school in the US are usually eleven to fourteen years old.*

Lernziel
Informationen aus dem Text einer *homepage* entnehmen. Kennenlernen einer neuen Umgebung durch den Wechsel des Handlungsortes nach Denver, Colorado in den USA. Erste Einblicke in die Aktivitäten an einer amerikanischen *middle school* gewinnen.

Wortschatz
middle school, to design, principal (AE), cougar, husky, schedule, contact, CO, phone, fax, broad, program (AE), class, mission, social, background, aim, success, college, society, fact, thin, percent (pl. percent), overweight, system, sunshine, exactly, level, Earth Keepers, yearbook, Chinese, acrobat, grade, online, wonderful, to juggle, ⟨avenue⟩, ⟨population⟩, ⟨to reset⟩, ⟨semantics⟩, ⟨dinosaur⟩, ⟨ridge⟩, ⟨Make A Difference Day⟩, ⟨courier⟩

Hinführung
Scott Johnson wurde als amerikanischer Austauschschüler bereits in *Unit* 1 vorgestellt und ist den S bekannt. Auch auf seinen Herkunftsort Denver in Colorado wurde dabei schon eingegangen. L greift auf dieses Vorwissen zurück und trägt in einem L-S-Gespräch bei vorerst noch geschlossenem Buch zusammen, was die S über Scott und vor allem auch über Denver wissen. L nennt den Namen von Scotts Schule in Denver und schreibt ihn an die Tafel. Anschließend wird der Begriff *middle school* als Bindeglied zwischen *elementary school* und *high school* erläutert. Die beiden Begriffe werden ebenfalls an der Tafel fixiert.

Erarbeitung
Wortschatz: Jetzt wird der neue Wortschatz erarbeitet. *Middle school* ist bereits aus der Hinführung bekannt. Selbsterklärend bzw. leicht ableitbar von der Verwendung im Deutschen sind *husky*, *contact*, *fax*, *program*, *social*, *background*, *college*, *fact*, *system*, *exactly*, *level*, *Chinese*, *acrobat*, *dinosaur*, *courier*, *online*. Von bekanntem Wortschatz werden *sunshine* und *yearbook* erschlossen. *CO – Colorado*, *phone – telephone*, *broad – large, wide*, *wonderful – great, fantastic*, *earth – the world, to keep → keeper*, *ridge – lots of hills*, *population – the people in a country*, *to reset – to put back to zero*. *Schedule*, *class(es)* und *grade* werden durch ihre Entsprechung im BE (*time table, lessons, class/year*) erklärt. Bei *cougar* wird die deutsche Bedeutung genannt, *semantics* wird auf Deutsch erläutert. Die übrigen Wörter werden über Beispielsätze semantisiert. *To design: You first plan what your homepage should look like. Principal: He or she is the boss of a school. Mission: It's a teacher's mission to teach students about life. Aim: People's aims in life are different: some want to be rich, others want to be famous. Success: If you work hard, you will probably have success. Society: All the people in a country make up its society. Thin: You must eat more, you're too thin! Percent: 10 percent of 100 = 10. Overweight: If you eat too much, you'll become overweight. To juggle: I can juggle with five balls. Avenue: a broad street from north to south.*

Text: Die S öffnen nun ihre Bücher und lesen die einleitende Passage und den Text *Welcome to Cooper Middle School* in Stillarbeit. Zur Sicherung des Textverständnisses folgt ein L-S-Gespräch, bei dem die S die Textaussagen mit eigenen Worten umschreiben. Zur Verständniskontrolle werden zusätzlich einige Fragen gestellt.
How old is Cooper Middle School?
How many students are there?
Do you know another way to say 'a broad program of classes'?

What kind of school activities can you think of?
What is one of the traditions at CMS?
What does CMS prepare its students for?

Alternative Die Semantisierung des Wortschatzes auf Seite 61 (ab *fact*) kann auch schülerzentriert erfolgen. L liest die einzelnen Abschnitte vor und fordert die S nach jedem Textteil auf, unbekanntes Vokabular zu nennen. Dieser Wortschatz wird an die Tafel geschrieben. Im Anschluss daran werden die S aufgefordert, die Texte nochmals durchzulesen und in Partner- oder Gruppenarbeit die Bedeutung der genannten Wörter aus dem Zusammenhang zu erschließen. Die deutsche Bedeutung wird neben dem englischen Begriff an der Tafel notiert. Zur Überprüfung schlagen die S die Wörter im *Dictionary* (Seite 178 ff.) nach und korrigieren ggf. die deutschen Übersetzungen.

Festigung

1 Cooper Middle School, Denver

Ziel: Umwälzung der bisher erarbeiteten Informationen, Ausweitung in einer Hörverstehensübung in Verbindung mit *note taking*

Materialien LC-CD, Track 15–17 • Kopiervorlage 41 (*Communication skills*) • → WB ex. 1, 2, 3, 4

Wortschatz *link, homepage, material*

LC 15

Text: *Cooper Middle School, Denver*
1. *Girl: Mr Gonzalez, you're the new soccer coach for the girls' team this year. We'd like to ask you a few questions.*
Mr Gonzalez: Yes, of course. Go ahead.
Girl: What do you want to teach the girls this season?
Mr Gonzalez: I will teach the girls the basics of playing soccer, and above all I want them to learn sportsmanship because fair play is very important to me.
Girl: What do you hope they will get out of this season?
Mr Gonzalez: I hope the girls will have a lot of success this season. I want them to win games, and to have fun and develop a love for soccer.
Girl: Have you ever coached a soccer team before?
Mr Gonzalez: I coached a boys' team back in 1998. We had a great time. Most of those kids are still playing soccer today. I really enjoyed that experience!

LC 16

2. *Boy: Ms Kellerman, you're the Semantics teacher. Can you tell us something about your class?*
Ms Kellerman: Semantics has a long history in Denver schools, and there is a program in almost every school. In my class you learn where words come from, how to use them and how to spell them. There are regular tests in which students have to spell words. The best take part in competitions. Some of our students are among the top 25 in Colorado.

LC 17

3. *José: Hi, and welcome to the Cooper Players' page. I'm the webmaster. My name's José Fernandez. I'm in the 8th grade at Cooper. The Players is our drama club, and it's special because we do plays in English and Spanish. I help the group with Spanish texts and the Players page. On this page you can listen to some music, look at pictures and read about our plays. Have fun!*

Erarbeitung Bevor die S mit der schriftlichen Bearbeitung der Übung beginnen, präsentiert L den Hörtext, der weitere relevante Informationen liefert, von der CD. Der Text wird zweimal vorgespielt, wobei sich die S beim zweiten Durchgang nach jedem Absatz kurze Notizen machen. Anschließend werden die Antworten zu Aufgabe a) schriftlich erarbeitet und besprochen. Aufgabe b) wird ebenfalls schriftlich erledigt, da die S hierbei die bereits geleisteten Vorarbeiten entsprechend umsetzen müssen. Die Bearbeitung von c) erfolgt in einer Gruppenarbeitsphase, wobei es von der individuellen Entscheidung des L abhängt, wieviel Raum diesem Vorhaben eingeräumt wird.

Lösungsvorschlag: a) *The information about the Cougars goes with the link 'Sports'. There you can also get information about the school's girls' soccer team. 'General Info' gives you information about Cooper Middle School and its principals. You can also find out about the city of Denver. 'Calendar' tells you something about events in October. 'Clubs & Activities' informs you about clubs and events at CMS like, for example, the drama club or Ms Kellerman's Semantics class. For online information from the Cooper Courier you have to click 'News'.*

b) *'Home of the Cougars' tells you that there is a football team at CMS. The team is called the Cougars. Denver is the 'Mile High City' because it is exactly one mile above sea level. The* *'mission of Cooper' is to keep up a long tradition of giving a good education to students from all kinds of social backgrounds. The 'Cooper Courier' is the school's newspaper. 'Semantics' is a class where you learn where words come from, how to use them and how to spell them. 'Contact' means you can send questions or messages to the school.*

Erweiterung Zum Training der Sprechfertigkeit kann nach Übung 1 **Kopiervorlage 41** (*Martin Luther King Day*) eingesetzt werden. Es handelt sich um eine Tandemübung mit der Aufgabenstellung *Acting a scene*.

language

A Make a difference (S. 62/63)

Thema Extracurriculare Aktivitäten an einer amerikanischen Schule im Rahmen eines das ganze Land umfassenden Projekttages

Hintergrundinfo ***Make A Difference Day*** *is the largest national day of helping others – a celebration of neighbours helping neighbours. Everyone can participate. Created and sponsored by 'USA Weekend Magazine', Make A Difference Day is an annual event that takes place on the fourth Saturday of every October. Anyone, young and old, individuals and groups, can carry out a volunteer project that helps others. It might be as ambitious as collecting truckloads of clothing for the homeless, or as personal as spending an afternoon helping an elderly neighbour or relative. Millions of people have participated so far. In 2003, on the 13th Make A Difference Day, for example, some three million people accomplished thousands of projects in hundreds of towns throughout the whole nation. Every year, in mid-August, stories about the annual event are published in a number of nationwide magazines encouraging the readers to take part in the event. In mid-October, a 'USA Weekend' cover story features dozens of planned MADD projects. Projects are run either on, or culminating on, the fourth Saturday in October. Participants then report their project to both the National Service Center and the official MADD staff.*

In April of the following year, outstanding projects are honoured during National Volunteer Week. Ten projects receive $10,000. Besides 'USA Weekend Magazine', a number of other organizations are sponsoring MADD, like the American Association for Retired Persons, the Boy Scouts, the Girl Scouts, the Boys & Girls Club of America, Capitol Records/Nashville, Chase Manhattan, J. C. Penny, Keep America Beautiful, the Miss America Organization, the Salvation Army, the US Airforce, the US Army, the US Navy, Veterans of Foreign Wars, and many more.

Lernziel Landeskundliche Informationen über eine Wohltätigkeitsveranstaltung erhalten, die Vorbereitungen für diese Veranstaltung im schulischen Umfeld kennen lernen

Redeabsichten Möglichkeiten erörtern, welche Projekte am *Make A Difference Day* durchgeführt werden könnten und welche Bedingungen dabei zu beachten sind

Wortschatz *trash, Ms, bag, to plant, front, even, tool, should, to raise, toy, bazaar, to hang around, bored, ⟨to be off⟩*

Materialien PB-CD 2, Track 1 • Folie 16 (*Make a difference*)

Strukturen *Conditional clauses I*, Gebrauch des Kommas im *if*-Satz, kontrastive Darstellung von *if* und *when*

Hinführung In einem einleitenden Gespräch geht L auf die Institution des *Make A Difference Day* ein. Dabei werden den S die organisatorischen Rahmenbedingungen dieser von überregionalen Zeitschriften und anderen gesellschaftlichen Einrichtungen initiierten Veranstaltung aufgezeigt. Die zeitlichen Abläufe dieser in den gesamten USA stattfindenden Veranstaltung werden in einem Tafelbild (siehe Seite 119) festgehalten. Davon ausgehend wird im weiteren Verlauf des Gesprächs herausgearbeitet, dass diese Veranstaltung keine vergleichbare Entsprechung im Alltag deutscher S hat. Bei leistungsstarken Klassen geht L auf die unterschiedliche Form sozialer Verantwortung in den USA und in Deutschland ein und erläutert das eher private Engagement in amerikanischen *communities* gegenüber dem auf den Errungenschaften des Sozialstaats basierenden deutschen

Vertrauen. Im Anschluss daran werden die S aufgefordert, Möglichkeiten zu nennen, wie sie sich bei einem Ereignis wie dem MADD engagieren würden.

Make A Difference Day	
mid-August:	*stories about the event are published nationwide*
mid-October:	*'USA Weekend' cover story of planned projects*
fourth Saturday in October:	*MADD: participants report to the official MADD Staff*
April of the following year:	*outstanding projects are honoured*

Erarbeitung

Wortschatz: Nach diesem einleitenden Gespräch werden die unbekannten Wörter semantisiert: *trash* = AE zu *rubbish*, *front* ↔ *back*, *bored* ↔ *excited*. *Bazaar* ist durch die Verwendung im Deutschen selbsterklärend. Die übrigen Wörter werden durch Beispielsätze bzw. Definitionen erklärt. *Ms: If you don't know if a woman is married, you use Ms before her name. Bag: You can put your trash in a plastic bag. To plant: You can plant flowers and trees in your garden. Even: German is interesting, but English is even more interesting. Tools: You needs tools for your work in the garden. Should: Teachers should always be friendly to their pupils. Raise: If you raise money, you try to get money together. Toys: Children play with toys. To hang around: Young people often hang around in discos. To be off: If somebody wants to leave, he or she says that he or she is off.*

Alternative

Die Semantisierung des neuen Wortschatz kann auch anhand von **Folie 16** (*Make a difference*) erfolgen. Die Folie zeigt die Abbildung aus dem Schülerbuch und drei weitere Zeichnungen zum Textinhalt. L deckt die Zeichnungen nach und nach auf und erläutert den neuen Wortschatz. Die Folie bleibt während der Textpräsentation zur visuellen Unterstützung aufgedeckt. Sie eignet sich nach der Texterarbeitungsphase zusätzlich zur Festigung der *if*-Sätze und zu Beginn der folgenden Stunde zur Nacherzählung der Textinhalte. Nähere Hinweise zum Einsatz der Folie befinden sich im Folienordner.

Text: Jetzt präsentiert L den Lehrbuchtext von der CD. Die Bücher bleiben dabei geschlossen. Nach dem ersten Vorspielen erhalten die S den Auftrag, sich Notizen darüber zu machen, welche Möglichkeiten, den MADD zu begehen, im Text angesprochen werden. Danach wird der Text ein weiteres Mal vorgespielt. Die S tragen mit Hilfe des L in einer Tafelanschrift zusammen, welche Ideen von den Lehrbuchcharakteren genannt werden. Das Tafelbild kann anschließend zur Erarbeitung von Übung 1 genutzt werden. Abschließend wird der Text von jeweils vier S (mindestens drei Gruppen) mit verteilten Rollen vorgelesen, wobei der restliche noch unbekannte Wortschatz erschlossen bzw. erklärt wird.

Good ideas?		
Tina	*pick up trash*	*need a lot of bags*
José	*plant some trees*	*need a lot of money and tools*
Bruce	*raise money*	*hang around for hours*

Strukturen: Das neue strukturelle Pensum, *conditional clause* I, wird in Übung 1 erarbeitet. L geht nach der Erarbeitung der Textinhalte direkt zu dieser Übung über.

Alternative

Die Kognitivierungsphase hinsichtlich der neuen Grammatikstruktur kann auch direkt im Anschluss an die Semantisierung des Wortschatzes erfolgen. Die Regeln für den Gebrauch der *if*-Sätze werden dann mittels eines Hefteintrags fixiert. Übung 1 dient in diesem Fall primär der Festigung des Grammatikpensums.

Lern- und Arbeitstechniken: Die S vertiefen ihre Kenntnisse zur Wortschatzstrukturierung. In Übung 5 werden die Möglichkeiten zur Wortschatzvernetzung durch die Verbindung von Verb-Substantiv-Gefügen aufgezeigt.

1 Checking the information

Ziel: Textverständniskontrolle, Erarbeitung der *if-clauses* I, Bewusstmachen von Ausnahmen bei der Zeitenfolge im *if*-Satz, Darstellung der Kommaregel in *if*-Sätzen

Wortschatz *comma*

Erarbeitung In einem ersten Schritt wird Aufgabe a) von den S in Stillarbeit vervollständigt. Die Ergebnisse werden in das bereits begonnene Tafelbild integriert. Bei Aufgabe b) werden die S angehalten, die an der Tafel fixierten Elemente nun selbstständig zu Bedingungssätzen zu kombinieren. Das erste Beispiel wird als Orientierungshilfe an die Tafel geschrieben. Ehe dann im folgenden Teil die neue Grammatik kognitiviert wird, äußern die S noch ihre Präferenzen für einen der genannten Vorschläge. Bevor Aufgabe c) der Übung in Stillarbeit erledigt wird, erläutert L die Regeln für das neue Grammatikpensum und geht dabei auch auf Ausnahmen ein. Die Ergebnisse der Stillarbeit werden in der Klasse besprochen. Abschließend werden die Kommaregeln beim Gebrauch der *if*-Sätze anhand von Aufgabe d) verdeutlicht.

→ G21 (p. 129)

Lösungsvorschlag: a)

Person	***Idea***	***Problem***
Tina	*pick up trash*	*need a lot of bags*
José	*plant some trees*	*need a lot of money and tools*
Bruce	*raise money*	*hang around for hours*

b) *If they pick up trash, they'll need big bags.*
If they plant some trees, they'll need a lot of money and tools.
If they raise money, they'll hang around for hours. /
I like José's idea best because I enjoy garden work.

c) *If Tina picks up trash in the park, Bruce will go with her.*
If they plant trees in front of the school, it will make the place nice and green.
If they don't think of something soon, there won't be enough time.
If people work together, they usually get better results. //
In sentence 4, the tense in the main clause is the present tense. If means 'immer, wenn ...'.

d) *ll. 14–16: I'm sure Ms Gerlernter will give us the money if we ask her.*
You don't use a comma if the sentence starts with the main clause.

Festigung

2 What can we do?

Ziel: Anwendung der Regeln für die *if*-Sätze, Bewusstmachen der richtigen Intonation anhand der Tonaufnahme

Materialien PB-CD 2, Track 2 • → WB ex. 1, 2

Erarbeitung Die S bearbeiten die Übung in Stillarbeit. Anschließend werden die Lösungen von der CD vorgespielt. Die S achten auf die Intonation und sprechen die Sätze einzeln und im Chor nach. Anschließend vergleichen sie ihre Lösungen mit den Vorgaben und korrigieren, falls nötig, ihre Fehler.

PB 2

Lösungen: *1. If we talk to Mr Weinberger, he'll give us some ideas.*
2. Our parents will help us if we tell them what we are doing.
3. You will sometimes have better ideas if you work in small groups.
4. If we don't raise any money in the next two weeks, it will be too late.
5. If we organize a bazaar, we will stand around for hours and get bored.
6. If it sounds like work, people like Sally usually aren't interested.
7. If we go to the Children's Hospital, I will write about it in the Courier.
8. I'll take some photos if you write a report.

Festigung

3 What will happen if ...?

Ziel: Anwendung der Regeln für die *if*-Sätze

Wortschatz *unhappy*

Materialien Folie 17 (*If*) • Kopiervorlage 42 (*Grammar plus*) • → WB ex. 3

Erarbeitung Die S bearbeiten die Übung in Stillarbeit. Bei der anschließenden Lernzielkontrolle teilen sich jeweils zwei S die Präsentation des entsprechenden Beispielsatzes. Der erste S formuliert die *if-clause*, der Partner die *main clause*. Letzterer fährt mit der *if-clause* des nächsten Satzes fort.

Lösungen: *If they see how good I am, they'll give me a big part in a school play.*
If they give me a big part in a school play, I'll learn my part really well.
If I learn my part really well, I'll get everything right.
If I get everything right, I'll be the star of the show.
If I'm the star of the show, I'll be really popular with the boys.
If I'm really popular with the boys, I won't be so unhappy.
If I'm not so unhappy, I'll do more work for school.
If I do more work for school, I'll get better grades.
If I get better grades, my parents will be happy.

Erweiterung

• Zur Festigung der *if*-Sätze bietet sich der Einsatz von **Folie 17** (*If*) an. Sie enthält neun Illustrationen mit unbekannten Personen, die sich in einer misslichen Lage befinden. Die S versetzen sich in die Lage der Personen und wenden die *if*-Sätze in leicht nachvollziehbaren, alltäglichen Situationen an. Die Zeichnungen werden von L sukzessive aufgedeckt und die S beschreiben die dargestellte Situation mündlich. L gibt nun den *if*-Satz vor und die S ergänzen ihn entsprechend. Weitere Hinweise zum Einsatz der Folie sind im Folienordner.

• Eine weitere Möglichkeit zur Vertiefung der neuen Struktur bietet **Kopiervorlage 42** (*I'll help you if you help me*). L bildet Gruppen mit jeweils sechs S, von denen jeder die Rolle eines Familienmitglieds übernimmt. Es werden Versprechen ausgehandelt und Zusagen zu eigenen Leistungen erteilt. Ziel des Arbeitsblattes ist neben der Festigung der grammatischen Struktur das Training der Sprechfertigkeit.

Festigung

4 *If* or *when*?

→ G22 (p. 129)

Ziel: Induktive Erarbeitung des Unterschieds von *if* und *when*, Formulieren der Regeln und Anwendung in kontrastiven Beispielsätzen

Wortschatz *assignment (AE), trumpet*

Materialien → WB ex. 4

Erarbeitung Die S werden aufgefordert, die beiden Beispielsätze aus dem Text herauszufinden und zu benennen. Anschließend wird die Regel für die Anwendung von *if* bzw. *when* von den S mit Unterstützung von L formuliert. Der folgende Teil der Übung wird entweder mündlich im Unterricht oder schriftlich als **Hausaufgabe** bearbeitet.

Lösungsvorschlag: a) *1. Anyway we can organize that when the time comes (ll. 16 / 17).*
2. And don't worry – we won't forget to tell you when we do (ll. 46 / 47).
Rule: *If I'm not sure if I will do something or if something will happen, I use 'if'.*
If I'm sure that something will happen, I use 'when'.

Lösung: b) *1. If there's nothing going on tonight, I'll write an e-mail to Scott.*
2. Scott will be surprised when he gets my e-mail. It's been so long.
3. If he has time, I'm sure he'll write straight back.
4. When Dad gets home, he'll want to see my new computer game.
5. I expect we'll eat outside if it's a nice evening.
6. If I finish this assignment, I'll have time for some trumpet practice.
7. When it's late, I'll try not to be too loud.

5 Word power: Which words go together?

Ziel: Umwälzung des neuen Wortschatzes durch die Verbindung von Verb-Substantiv-Gefügen

Materialien Kopiervorlage 43 (*Extras*) • → WB ex. 5, 6

Erarbeitung Die Verbindung eines Verbs mit dem passenden Nomen aus der *noun box* wird mündlich im Unterricht erledigt. Anschließend bilden die S in Stillarbeit passende Sätze, in denen das jeweilige Wortpaar vorkommt. Danach werden die Beispielsätze vorgelesen und ggf. von L verbessert.

Lösungsvorschlag: *1. raise money: Bruce wants to raise money to buy toys for the hospital.*
2. plant trees: If you plant trees outside your school, it won't look so boring there.
3. keep up a tradition: The students at CMS are trying to keep up a tradition.
4. pick up trash: If you want to pick up trash in a park, you'll need lots of bags.
5. organize a bazaar: Tina wants to organize a bazaar and sell clothes there.
6. design a website: Scott and Becky want to design a new website for their school.
7. use tools: Some work will be a lot easier if you use tools for it.
8. make a suggestion: And what about you? Why don't you make a suggestion?

Erweiterung Zum Abschluss von *Language A* bietet sich der erste Teil von **Kopiervorlage 43** (*1 What will happen if ...*) entweder für den Unterricht oder als schriftliche **Hausaufgabe** an.

language

B Five 'MADD' projects (S. 64 / 65)

Thema Projekte anlässlich des *Make A Difference Day*

Hintergrundinfo ***Mariachi*** *goes beyond music, it is something cultural, spiritual and traditional that is unique to Mexico and its people. The word mariachi refers to the musicians now commonly seen in restaurants or strolling the streets, dressed in silver studded charro outfits with wide brimmed hats playing a variety of instruments which include violins, guitars, basses, vihuelas (a five string guitar) and trumpets. The mariachi originated in the southern part of the state of Jalisco sometime in the 19th century. No one is sure where the name comes from although a variety of theories have been suggested. The original theory held that mariachi was derived from the French word for wedding – 'mariage', because of the type of music played at these events. It has also been suggested that the name comes from a festival in honor of a virgin known as Maria H. at which musicians played, and that over time they were given this name. The instruments originally used by the mariachi were those introduced by the Spaniards. They were intended to be used during masses, but the criollos (Mexicans of Spanish descent) began using them to make popular music as well. Due to the popularity of jazz and Cuban music, the trumpet was adopted in the 20th century pushing the violins into second place. Today, mariachi music is played around the world. This integral part of Mexico's culture and history is celebrated each September in its birth place, Jalisco.*

Lernziel Die Beschreibung sozialer Projekte anlässlich des *Make A Difference Day* lesen und verstehen, Fähigkeiten, Erlaubnis und Verpflichtung in den verschiedenen Zeitstufen sprachlich angemessen wiedergeben

Redeabsichten Sagen, was man fähig ist zu tun, nachfragen, ob etwas erlaubt ist, ausdrücken, dass man etwas tun muss

Wortschatz *project, coat, to be allowed to (do sth), to be able to (do sth), cookie (AE), to have to (do sth), elementary school, neighborhood (AE), to transport, old people's home, experience, sometime, gold, ⟨boulevard⟩, ⟨mariachi⟩*

Strukturen Modalverben und ihre Ersatzformen, der Bedeutungsunterschied zwischen *must* und *have to* im *simple present*

Materialien PB-CD 2, Track 3–7 • Kopiervorlage 44 (*Extras*)

Hinführung Die Aussagen der Lehrbuchcharaktere werden bei geschlossenen Büchern von der CD vorgespielt. Die S erhalten den Auftrag, herauszufinden, welche Projekte den einzelnen Charakteren zuzuordnen sind. Deren Namen werden vorweg an der Tafel notiert (siehe Tafelbild, Seite 123). Nach dem Vorspielen überprüft L das Grobverständnis mit Fragen. Die im Text genannten Aktivitäten werden in die Tafelanschrift integriert.

PB 3 PB 4 PB 5 PB 6 PB 7

What did Tina and her friend do as a project?
What about Sally and her friends. What did they do?
What kind of problem did they have?
Can you describe what Bruce and Sven did?
Where did Donna go for her project?
Why was it easy for José to do his project?

MADD projects			
Tina:	*collected winter coats*	*Donna:*	*visited old people*
Sally:	*made cookies*	*José:*	*did four concerts*
Bruce:	*collected children's books*		

Erarbeitung

Wortschatz: Anschließend werden die Bücher geöffnet und die einzelnen Abschnitte gelesen. Nach jedem Absatz werden dabei die unbekannten Wörter semantisiert. L fixiert den neuen Wortschatz an der Tafel. Die Ersatzformen to be able to, to be allowed to und to have to werden besonders gekennzeichnet, aber nur als lexikalische Einheiten anhand von Beispielen semantisiert: *You're allowed to play soccer after school. John is able to do the most difficult exercises in our book. You have to work hard for better grades.* Project, to transport und gold sind durch die Verwendung im Deutschen selbsterklärend. Coat wird anhand einer Definition erklärt: *You can wear it when it's very cold outside. It's longer than an anorak.* Cookie = biscuit in BE. Boulevard wird definiert als *a wide road in a town or city often with trees along it*, elementary school als *the first school American children go to* und neighborhood als *place where you and your neighbors live.* L weist auf die unterschiedliche Schreibung zum BE hin. Old people's home: *home for people who are too old to live alone.* Experience wird vom Verb *to experience* abgeleitet. Sometime wird anhand eines Beispiels erklärt: *I'll call you sometime (next week).* Mariachi = *Mexican music.*

Text: L teilt jetzt die Klasse in fünf verschiedene Gruppen ein. Jede Gruppe erhält den Auftrag, sich beim zweiten Vorspielen des Textes auf eine der Aussagen besonders zu konzentrieren. Nach dem Vorspielen erarbeiten die S in Gruppenarbeit Verständnisfragen zu ihrem jeweiligen Bereich. Anschließend befragen sie sich gegenseitig in einem Gespräch. L hält sich weitgehend zurück, korrigiert aber, falls nötig.

→ G23 (p. 130/31)

Strukturen: L verweist nun auf die besonders gekennzeichneten Formen *to be able to, to be allowed to* und *to have to.* Die Begriffe *modal verbs* und *substitutes* werden eingeführt. Dies erfolgt am besten in einem Unterrichtsgespräch auf Deutsch. Der Grund, warum Ersatzverben verwendet werden, wird erklärt. Anschließend wird eine Zuordnung zwischen den einzelnen Modalverben und ihren Ersatzformen hergestellt (noch ohne Bezug auf die verschiedenen Zeitstufen) und in einem Tafelbild festgehalten. Die Formen werden entsprechend ihrer Redeabsicht zum Ausdruck der Fähigkeit (*ability*), der Erlaubnis (*permission*) und der Verpflichtung (*obligation*) geordnet. Danach wird direkt zur Bearbeitung von Übung 1 übergegangen.

	Modal verbs and their substitutes	
Ability	*can/can't*	*to be able to*
Permission	*can/can't, may/may not, mustn't*	*to be allowed to*
Obligation	*must, needn't*	*to have to*

Erweiterung

Im Anschluss an die Texterarbeitung kann **Kopiervorlage 44** (*Right or wrong?*) eingesetzt werden. Sie bietet sich auch am Anfang der folgenden Unterrichtsstunde zur Wiederholung der Textinhalte an. Das Arbeitsblatt enthält eine Tandemübung mit richtigen und falschen Aussagen zu den ersten vier Textpassagen (ohne José).

Festigung

1 Special verbs

Ziel: Gebrauch der Ersatzformen in verschiedenen Zeitstufen (*past tense* und *future*)

Wortschatz ⟨*ability*⟩, ⟨*permission*⟩, ⟨*obligation*⟩

Materialien Kopiervorlage 43 (*Extras*) • → WB ex. 1, 2

Erarbeitung Da die grammatischen Formen der Modalverben bereits in dem Unterrichtsgespräch zum Text intensiv erläutert wurden, wird die Übung nun in Stillarbeit zur Umwälzung des neuen Grammatikpensums genützt. Die Ergebnisse werden vorgelesen.

Erweiterung Zur weiteren Festigung bietet sich der zweite Teil von **Kopiervorlage 43** (*2 The friends*) an. Es handelt sich um einen Lückentext mit Schwerpunkt auf den Ersatzformen. Die Übung eignet sich auch als schriftliche **Hausaufgabe**

Lösung:	*Present*	*Past*	*Future*
Ability	*can*	*was able to*	*will be able to*
Permission	*can*	*was / were allowed to*	*will be allowed to*
Obligation	*must (needn't)* *has / have to*	*had to*	*will have to*

Festigung

2 Substitute forms

Ziel: Umformung von Sätzen mit modalen Hilsverben in verschiedene Zeitstufen unter Verwendung ihrer Ersatzformen

Wortschatz *substitute*

Materialien Folie 18 (*At Monster Park*) • → WB ex. 3, 4

Erarbeitung Diese Übung wird zuerst mündlich durchgeführt. Die S formen die vorgegebenen Sätze unter Verwendung der jeweiligen Ersatzformen in die verschiedenen Zeitstufen um. Danach wird die Übung schriftlich als **Hausaufgabe** aufgegeben.

Transfer Zur weiteren Festigung der modalen Hilfsverben und ihrer Ersatzformen und zum gleichzeitigen Transfer auf eine neue Situation dient **Folie 18** (*At Monster Park*). Die Folie zeigt einen Fantasie-Erlebnis-Park mit zahlreichen Verbots- und Gebotshinweisen. L legt die Folie komplett auf und führt zunächst in die Situation ein. Die S formulieren in Einzel- oder in Partnerarbeit Aussagen mit Verboten bzw. Geboten. Weitere Hinweise zum Einsatz der Folie enthält der Folienordner.

Lösungsvorschlag:
Past: *3. I was able to play the piano.*
4. Were they allowed to ask the teacher?
5. She wasn't able to ride a horse.
6. You weren't allowed to wear jeans.
7. You didn't have to bring your dictionary.
8. Did my dad have to pick him up?

Future: *3. My friend will have to go to the hospital.*
4. My older sister will be allowed to stay up late.
5. We won't have to do any assignments.
6. I'll be able to see better with these glasses.

Festigung

3 Listening: What did they have to do?

→ G24 (p. 131)

Ziel: Schulung des Hörverstehens, Verwendung der Ersatzformen *had to do / didn't have to do*

Materialien LC-CD, Track 18–20 • Kopiervorlage 45 (*Grammar plus*) • → WB ex. 5

LC 18

Text: *Other people did something on Make A Difference Day, too. Listen to Peggy, Mary-Ann and Billy.*

Peggy: We 7th graders organized a bazaar a week before Make A Difference Day, where we sold a lot of things: books, magazines, clothes, toys, cake etc. It was a lot of work for us. It took us weeks to get everything together. First we went around to the houses in the neighbourhood to ask people for things they didn't need anymore. Our teachers were really great. They helped us pick the things up at people's houses.

LC 19

Mary-Ann: The students who didn't have a good idea for their own project joined the school's trash force on Make A Difference Day. We went to some of the parks to pick up trash all day long. We worked for six hours, and it was really hard work. Before we started we needed a lot of big bags, and Ms Gerlernter gave us the money to buy them. Our parents helped, too. They brought us lunch in the lunch break. You can't imagine how hungry we were!

LC 20

Billy: I'm on the runners' team at Cooper. We organized a sponsored run in Washington Park. Our teachers helped us write to shops in Denver and ask them for money before. We made T-shirts with Make A Difference Day on them and wore them for the run in Washington Park.

It was a great event, and many people came to watch and give us money. We gave all the money to the children's home.

Erarbeitung L fordert die S vor der Präsentation des Hörtextes auf, die für die Beantwortung der Fragen notwendige Tabelle in ihr Heft zu übertragen und sich dabei mit der Fragestellung vertraut zu machen. Der Hörtext wird jetzt zweimal vorgespielt. Beim zweiten Durchgang beantworten die S die Fragen und ergänzen ihre Tabellen im Heft.

Lösung:	*travel around Denver*	*speak or write to people*	*collect things*	*make things*	*sell things*
Peggy	*yes*	*yes*	*yes*	*no*	*yes*
Mary-Ann	*no*	*no*	*yes*	*no*	*no*
Billy	*no*	*yes*	*yes*	*yes*	*no*

Erweiterung Nach der Hörverständnisübung bietet sich als Transfer der Einsatz von **Kopiervorlage 45** (*A trip to Hampton Mini Zoo*) an. Die S schreiben in Einzel- oder Partnerarbeit eine Bildbeschreibung und erläutern anhand von Hinweisschildern, was die beiden abgebildeten Kinder im Zoo tun dürfen, und was nicht.

Festigung

4 This year's *Make A Difference Day:* A success

Ziel: Ausdrücken von Fähigkeit, Erlaubnis und Verpflichtung

Wortschatz *to express, grader (AE)*

Erarbeitung Die Übung wird in Stillarbeit durchgeführt. Bei schwächeren Lerngruppen werden die S angehalten, den gesamten Text abzuschreiben und die gesuchten Formen farbig zu unterstreichen.

Lösung: *1. had to*
2. were able to
3. weren't allowed to
4. had to
5. were allowed to
6. were able to
7. weren't allowed to
8. were able to
9. will have to / have to
10. did … have to
11. had to
12. were allowed to
13. didn't have to
14. were allowed to
15. Were … allowed to
16. weren't able to
17. had to
18. will be able to

text Donna's diary (S. 66–68)

Thema Tagebucheinträge, in denen die Beziehungsprobleme zwischen einer Reihe von S der Cooper Middle School thematisiert werden und die Boshaftigkeit einer der Mitschülerinnen in den Mittelpunkt kriminalistischer Recherche tritt

Lernziel Eine Detektivgeschichte lesen und den Täter ermitteln, Diagramme zur Darstellung von Handlungsfolgen entwickeln, Beziehungen zwischen Personen analysieren

Wortschatz *Math (AE), to hang out (with), lunchroom (AE), jerk, to stand, mess, crazy, not any more, jealous (of), mad, review, to believe, side, earring, at all, mean, to mail, layout, to take sb (time) to do sth, printer, reason, truth, shiny, ⟨stage door⟩, ⟨to wake up on the wrong side of the bed⟩, ⟨to have the nerve to do sth⟩*

Materialien PB-CD 2, Track 8 / 9 • Folie 19 (*Donna's diary*) • Kopiervorlagen 46 / 46a (*Extras*) •
→ WB ex. 1

Hinführung Vor der Präsentation der einzelnen Tagebucheinträge von der CD geht L in einem Unterrichtsgespräch auf die Besonderheiten dieser Textsorte bzw. literarischen Form ein, wobei vor allem deutlich werden soll, dass der Verfasser solcher Einträge grundsätzlich die Wahrheit, so wie sie sich ihm darstellt, wiedergibt.

Erarbeitung **Wortschatz:** Anschließend wird das für das Verständnis der ersten sechs Einträge (Seite 66) notwendige neue Vokabular semantisiert. *Math* = *Maths* in BE. *Lunchroom* = *lunch* + *room*, *earring* = *ear* + *ring*, *stage door* = *stage* + *door*. Die S wenden bereits bekannte Worterschließungstechniken bei diesen Komposita an. *To hang out with, jerk, to stand, mess, crazy, jealous, mad, review, to believe* und *side* werden über Beispielsätze oder *definitions* erklärt: *If you hang out with somebody, you spend time with them. A jerk is a very stupid person. I can't stand him means I hate him. There's a terrible mess in my room. I'll have to tidy it up. If somebody is crazy about somebody else, he or she's in love with that person. If you are jealous of somebody, you feel angry with him or her because he or she has something you would like to have. He's mad at me means he is angry with me. After the first night of a new play, there are reviews in the newspapers. To believe: You think something is true. Side: Please leave the train on the right hand side.* Bei *to wake up on the wrong side of the bed* werden die S angehalten zu spekulieren, wie die idiomatisch korrekte Redewendung im Deutschen lauten müsste.

PB 8 **Text:** Danach werden die ersten sechs Einträge des Tagebuchs (**Track 8**, Seite 66) von der CD vorgespielt und anschließend das Grobverständnis überprüft:
How does Donna feel at school the next week?
Why does Donna think that Bruce is a jerk?
Who does Tina like a lot?
What do we find out about Joanne?
Why is Joanne mad at Tina?
What does José have to do after the school play?

PB 9 Jetzt werden die restlichen Tagebucheinträge (**Track 9**, Seite 67) vorgespielt. Der enthaltene neue Wortschatz sollte den S keine Verständnisprobleme bereiten und wird deshalb erst später beim Lesen des Textes semantisiert. Nach dem Vorspielen dürfen die S spekulieren, wer der Übeltäter war, wobei sie dazu angehalten werden, ihren Verdacht zu begründen. Erst danach werden die Bücher geöffnet und der unbekannte Wortschatz semantisiert. *To have the nerve to do sth* wird anhand eines Beispiels erklärt: *I didn't have the nerve to tell my parents about my grades. At all: If you hate something, you don't like it at all. Mean: You're so mean! You always hurt my feelings. To mail, layout* und *printer* sind *cognate words*, die durch ihre Verwendung im Deutschen bekannt sind. *To take sb to do sth: It took me all afternoon to do my homework! Reason: Why are you here? What's the reason for it? Truth* wird vom Adjektiv *true*, *shiny* vom Verb *to shine* abgeleitet.

Alternative In leistungsstarken Klassen kann die Wortschatzerarbeitung auch von der Klasse selbst bewältigt werden. Zu diesem Zweck werden die S – nachdem der Text komplett zweimal vorgespielt und grob verstanden wurde – aufgefordert, die unbekannten Wörter im *Dictionary* (Seite 178 ff.) nachzuschlagen. Damit ist die Herausforderung an das Hörverstehen größer, die Präsentation des gesamten Textes aber auch spannender und für die S motivierender.

Erweiterung • Zur weiteren Festigung der Textinhalte und zur Vorbereitung der Nacherzählung der Geschichte bietet sich der Einsatz von **Kopiervorlage 46 / 46a** (*Donna's diary, Part I / II*) an. Die rechte Seite der Arbeitsblätter sind mit zehn Kästen versehen, die für die Wochentage in Donnas Tagebuch stehen. Links stehen zehn kleinere Kästchen mit jeweils drei Linien. Die S erhalten den Auftrag, die einzelnen Textabschnitte noch einmal durchzulesen und zu entscheiden, welches die wichtigsten Schlüsselwörter sind. Sie wählen maximal drei Wörter aus und tragen sie in die Kästchen ein. Mit Hilfe der Schlüsselwörter fassen Sie nun schriftlich die wesentlichen Textaussagen in Partnerarbeit zusammen.

• Bei anschließend wieder geschlossenen Büchern erfolgt nun die Nacherzählung der Textinhalte anhand von **Folie 19** (*Donna's diary*). Die Folie stellt die wichtigsten Personen aus dem Haupttext vor und illustriert den Inhalt der Tagebucheinträge anhand von fünf Zeichnungen. Sie eignet sich zum schrittweisen Nacherzählen der Ereignisse, die Donna in ihrem Tagebuch festgehalten hat. L deckt die unteren zwei Drittel der Folie zunächst ab und präsentiert die beteiligten Personen. Gemeinsam werden Informationen über die Protagonisten und ihre Beziehungen zueinander gesammelt. Anschließend wird Bild für Bild aufgedeckt und die S erzählen den Ablauf der Ereignisse mit eigenen Worten nach.

1 Looking at the text

Festigung

Ziel: Überprüfung des Textverständnisses, ein Handlungsdiagramm ausarbeiten

Wortschatz *diagram*

Erarbeitung Nachdem der Text bereits ausführlich in dem Unterrichtsgespräch erarbeitet wurde, wird die Übung nun in Stillarbeit von den S gelöst und versprachlicht. Die Ergebnisse werden vorgelesen und ggf. verbessert.

Lösungsvorschlag: *1. It was Joanne who changed the text. Donna found Joanne's earring in the office, so she knew it wasn't Bruce.*

2. There are a lot of characters who have a reason to hurt Tina. First of all there's Bruce who's crazy about Tina but doesn't have a chance with her. Joanne's mad at her because Tina got her part in the play, and also because José likes Tina better than her. Even Donna has a reason because Tina always has the better grades and she doesn't like that.

3. Bruce is her friend as long as he thinks he has a chance with her. José is also a friend because Tina likes him and they play tennis together. Donna is also Tina's friend and Tina tells her about her feelings for José.

4. Diagram: José – write – Mr Weinberger – read – Bruce – start the layout – Joanne – change the article – Bruce – finish the layout – printer – print – Courier

2 Four statements

Festigung

Ziel: Erweiterung der Fähigkeit Hörverstehen in Verbindung mit *note taking*

Materialien LC-CD, Track 21–24

LC 21

Text: **a)** *José: Sally, can I ask you something about last Friday afternoon?*
Sally: Why do you want to know?
José: Well, that was when my review went to the printer and it had things in it which I didn't write.
Sally: Well, I didn't write them.
José: OK. Tell me where you were on Friday after school and what you were doing and I'll believe you.
Sally: Friday after school? Let me see, er, well first I played some tennis with Joanne. That was until quarter to five. She stayed at school because she had something to do. But I went home because I wanted to watch The Simpsons on TV. They're always on at five o'clock.
José: That's right. I watched it, too.
Sally: It was funny when Bart was at that Halloween party, right?
José: Yeah, the Halloween party was great.

LC 22

b) *José: Bruce, you're the guy who does the layout for the Courier, aren't you?*
Bruce: That's right. I heard what happened to your review and I didn't change anything. OK?
José: OK, OK. When did Mr Weinberger mail it to you?
Bruce: That was at 4 o'clock. I did the layout for your review and all the other articles, and I finished at about six.
José: Didn't you leave the office at all?
Bruce: Oh yes, I went to see Winey for about 15 minutes. That was at five o'clock, I guess.
José: Ah! And the computer was on?
Bruce: Yes, that's right.
José: And you didn't see anybody around the office when you got back?
Bruce: No, I didn't.

LC 23

c) *José: Mr Weinberger, sir. You probably heard about my review.*
Mr W: Yes, I did, José, and I'm very sorry. So you think somebody changed it? That's terrible.
José: But you read it, didn't you, sir? You saw what I actually wrote.
Mr W: Hm. The problem is: I was very busy with assignments last Friday and I didn't check everything like I usually do.
José: But you mailed it to Bruce Csonka at about 4 o'clock, didn't you?
Mr W: Let me see. Yes, it was about four o'clock, I guess. And he came to my office with some questions about an hour later.
José: Right. Thank you, sir.

LC 24 **d)** *José:* *Joanne. Hi! Can I ask you something about last Friday afternoon?*
Joanne: *Sure, José. What do you want to know?*
José: *Well, I looked for you after school but I couldn't find you. I just want to know where you were and what you were doing.*
Joanne: *Oh, really? Well, I was, let me see, yes I was here, but I was playing tennis with Sally.*
José: *Oh, I see. And when did you stop?*
Joanne: *Well, that was about 5.30. I got home at about quarter to six. That's when I noticed my earring was missing. You haven't seen it, have you?*
José: *No, I'm afraid not.*

Erarbeitung Jeder der vier Abschnitte wird zweimal vorgespielt. Erst beim zweiten Durchgang fertigen die S ihre schriftlichen Notizen an. Nachdem zu allen Aussagen Notizen gemacht wurden, werden die Ergebnisse in der Klasse besprochen und ggf. an der Tafel fixiert. Alternativ dazu kann L die Lösungsvorschläge auf Folie vorbereitet haben. Tafelanschrift oder Folie werden als Basis für die Beantwortung von Aufgabe b) der Übung verwendet.

Lösungsvorschlag: a) *Sally played tennis with Joanne. She played until quarter to five. Then she went home to watch 'The Simpsons' on TV. Bruce was at the office where he did the layout. He received Mr Weinberger's mail at four o'clock. And finished at about six. At five o'clock he left the office for 15 minutes to see Mr Weinberger. Mr Weinberger was at his office where he was busy with assignments. He mailed the review to Bruce at about four o'clock. About an hour later he talked to Bruce in his office. Joanne played tennis with Sally. She stopped playing tennis at about 5.30. She got home at about quarter to six.*

b) *Sally is telling the truth. She knows some of the details from 'The Simpsons'. Bruce is also telling the truth because Mr Weinberger says the same thing. So Mr Weinberger is also telling the truth. Joanne, however, is not telling the truth. Sally left her at quarter to five and not at 5.30.*

3 Word power: Find the nouns

Ziel: Wortschatzerweiterung durch Bildung von Wortfamilien

Wortschatz *noun*

Materialien → WB ex. 2

Erarbeitung Die Übung wird in Partnerarbeit gelöst. Die Lösungsvorschläge werden anschließend vorgelesen.

Lösungsvorschlag: *to introduce – introduction: The introduction of the new students was in room 101.*
to shoot – shot: The shot was very loud and people heard it everywhere.
different – difference: The difference between the two pictures was very surprising.
to joke – joke: He is a funny guy and he makes a lot of jokes.
to offer – offer: The lady accepted the young man's offer.
true – truth: People should always tell the truth.
to sound – sound: The sound of his car woke us up.
to show – show: 'The show must go on' is a famous phrase.
to invite – invitation: Her invitation made him really happy.
to work – work: Bruce does lots of work for the school newspaper.
to help – help: His help was welcome.
to experience – experience: Bruce's experience with the layout is well-known.
to call – call: Mr Weinberger made a call after the lesson.
to act – action: Arnold Schwarzenegger is famous for his action movies.
definite – definition: Find good definitions for the underlined words in the text.
to mean – meaning: Nobody knew the meaning of the word.
noisy – noise: There was a lot of noise in the classroom.
to win – winner: The winner takes all.
foggy – fog: London is famous for its fog.
daily – day: Saturday and Sunday are the days I like best because there's no school.

4 Role play: Problems between people

Ziel: Umwälzung des Textes und Hinführung zur freien Textproduktion, Präsentation eines Dialogs in szenischer Form

Wortschatz *to deal with*

Erarbeitung Es werden jeweils zwei S für die Szenen 1–3 und drei S für Szene 4 benötigt. L achtet darauf, dass zu jeder der vier vorgeschlagenen Szenen mehrere Dialoge erstellt werden. Bei schwächeren Lerngruppen bietet es sich an, die einzelnen Situationen in ihren möglichen Abläufen grob vorzubesprechen.

Lösungsvorschlag: *1.* ***May 21:*** *Bruce talks to Tina after the play.*
Bruce: Hi, Tina. You were fantastic. Wow! Did you see me? I was sitting in the front row.
Tina: Oh, Bruce. What are you doing here? Well, no, I didn't see you. You know, there were so many people in the hall and, eh, I didn't really see anybody. But it's great that you liked the play.
Bruce: José was there, too. He was with Donna. Did you see them?
Tina: Oh sure, I saw José. He liked the play, I think.
Bruce: Well, Tina, there is one thing I wanted to ask you.
Tina: Yes?
Bruce: You know that I like you a lot …
Tina: Er, Bruce. I like you, too. You're like a brother to me.
Bruce: Oh, really?
Tina: Well, it was great talking to you, but I have to go now, I'm afraid. Bye, bye.

2. ***May 27:*** *Donna asks Tina why she doesn't want to talk to her anymore.*
Donna: Hi, Tina. I'd like to talk to you for a moment.
Tina: What is it you want to talk about?
Donna: I know that you are mad about this article in the Courier. But I didn't write it. I thought you were great!
Tina: But I saw you and José. You guys were at the play together, weren't you?
Donna: Sure, we were. But it's José's review. I mean, José is a good friend and I'm sure he would never say those nasty things about you. I really don't know who did it. And I want you to believe me.
Tina: But then, who did it? You know, I'm really mad about this.
Donna: Well, I'm going to talk to José later this evening. Maybe he knows more about it.

3. ***May 27:*** *Donna talks to José.*
Donna: Hi, José. How are you doing?
José: OK. How about you?
Donna: I've just talked to Tina. She's really mad at you because of this review in the Courier. She thinks you did it and she doesn't know why you wrote those nasty things.
José: But I didn't do it. In my review I said that she did a fantastic job and that she was brilliant. And I like Tina a lot. So why would I say such mean things about her?
Donna: Hmm. You think somebody changed your article, don't you?
José: Yeah, that's all I can think of.

4. ***May 29:*** *Donna and José decide to talk to Joanne later that evening.*
José: Ah, Joanne. Can we talk to you for a moment?
Donna: There is something we'd like to ask you about the night of the school play.
Joanne: Yes, of course. What is it?
Donna: Well, I didn't see you at the school play. Were you there?
Joanne: No, I wasn't. You see, I played tennis with Sally. I got home by about quarter to six. Then it was too late to go and I stayed at home.
José: I see. Now, what I'd like to know is, have you been in the office of the Courier lately?
Joanne: Of course not! Why should I?
Donna: Well, Joanne, here is something I've found. Is this your earring?
Joanne: Yes, great. Where did you find it?
Donna: In the office of the Courier.
Joanne: Oh, …

5 The fingertip rule

Ziel: Schulung des Hörverstehens, Darstellung interkultureller Unterschiede

Wortschatz *fingertip*

Materialien LC-CD, Track 25

LC 25

Text: *Tina: "We have a lot of rules at school, for example a dress code. You're not allowed to wear just what you want. In fact the teachers are quite strict about it. In the summer we have the fingertip rule. It works like this. Let's say somebody is wearing shorts. OK. When they stand up and have their hands by their sides, their fingertips must be above the shorts. If their fingertips are below the shorts, the shorts are ... well ... too short!"*

Erarbeitung L geht bei der Besprechung der Übung auch auf die Unterschiede zwischen der liberalen Haltung an deutschen Schulen und der eher rigiden Haltung an amerikanischen Schulen hinsichtlich der Verhaltensregeln von S ein.

6 How to use a dictionary

Ziel: Hinführung zum Gebrauch des zweisprachigen Lexikons, Reflexion über die Notwendigkeit von Regeln im Schulbetrieb

Erarbeitung Der Text wird von L vorgelesen, die Aussprache der unbekannten Lexik dabei verdeutlicht. Anschließend lesen die S die einzelnen Schulregeln vor. Dabei werden Fehler in der Aussprache korrigiert. In Gruppenarbeit wird den S jetzt ausreichend Zeit gegeben, die unbekannte Lexik mit Hilfe eines zweisprachigen Wörterbuchs zu erschließen. Die Ergebnisse werden in der Klasse besprochen. Dies kann bei leistungsschwächeren Lerngruppen in der Muttersprache erfolgen.

Als **Hausaufgabe** zeichnen die S einen die Schulregeln verletzenden S. Die Versprachlichung der S-Zeichnungen erfolgt in der nächsten Stunde. Dabei übernimmt der jeweilige Banknachbar die Besprechung der Zeichnung seines Nachbarn. Aufgabe d) der Übung wird für eine weitgehend freie Diskussion in der Klasse genutzt, bei der L das Hauptaugenmerk auf die Kommunikation zwischen den S legt. Strukturelle Fehler werden nur bei groben Verstößen berichtigt.

Lösungsvorschlag: a) *1.* 'Ausschließen' *is the best German word here.*
2. 'Polite' means 'höflich' *in German.*
3. You could look under 'essentials'. 'Non-' gives the opposite meaning.
4. The German word would be 'Entschuldigung'.
5. You just have to look up 'appropriate'.
6. The British English word is 'trousers'.
7. This word means 'vernünftig' *in German.*

d) *Students have to be at school on time. If they are ill, they need an excuse from their parents. Students may not leave the school building until school is over. They have to do their daily homework. Cigarettes and alcohol are not allowed at school. If students are late to class, they have to give an excuse, but not in a written form. Teachers are not allowed to give any assignments which take more than twenty minutes. // I think we don't need any school rules.*

PB 10

7 A song: (What a) Wonderful world

Ziel: Nachdenken über den Sinn des Lernens, Auflockerung des Unterrichts durch einen *Song*

Hintergrundinfo *'**What a wonderful world**', written by Sam Cooke (with Lou Adler and Herb Alpert), was a number 1 hit in 1957. Sam Cooke was born in 1931 in Clarksdale, Mississippi. In 1951, with the 'Soul Stirrers', he began his writing and recording career with gospel classics such as 'Nearer to Thee' and 'Be with me Jesus'. In the following years he wrote and recorded Number 1 hits such as 'Everybody Loves To Cha Cha Cha', 'Only Sixteen', 'Chain Gang', 'Twisting The Night Away' and 'Cupid'. He died on December 11, 1964. For 14 years Sam Cooke sanctified and glorified his gospel heritage and forged new paths by being the first black artist to establish his own record company (SAR). Even today, some 40 odd years after he began his writing and recording career, his music endures with cover recordings by artists from all genres of the recording industry. In 2001 Sam Cooke received proclamations in Los Angeles County, Mississippi and Chicago declaring December 11 Sam Cooke Day.*

Wortschatz *biology, ⟨loved⟩, ⟨trigonometry⟩, ⟨algebra⟩, ⟨slide rule⟩*

Materialien PB-CD 2, Track 10

Erarbeitung Das Lied wird ohne Vorbereitung von der CD vorgespielt. Anschließend wird in einem Gespräch die Kernaussage des *Songs* formuliert. Bei leistungsstarken Klassen wird diese Aussage hinterfragt. Dies leitet direkt zu dem Cartoon über.

Hinweis Auf der CD ist noch eine weitere Strophe zu hören, die nicht im Buch abgedruckt ist. Der Text lautet: *Now I don't claim to be an A-student / But I'm trying to be / For maybe by being an A-student, baby / I can win your love for me.*

Lösungsvorschlag: *The song shows that love can be much more important for young people than learning. The cartoon makes clear, on the other hand, that success in life starts with learning at school.*

let's check At Cooper Middle School (S. 69)

Materialien Kopiervorlage 47 (*Cloze test*) • Kopiervorlagen 48, 49 (*Word power 1, 2*)

Erweiterung Die **Kopiervorlagen 47–49** können bei der Bearbeitung von *Let's check* an beliebiger Stelle eingesetzt werden.

1 Word power: True and false friends

Ziel: Festigung des Wortschatzes, Erkennen von *false friends*

Wortschatz *translation*

Erarbeitung Die Übung wird im Klassenverband gemacht. L schreibt die englischen Begriffe an die Tafel. Gemeinsam werden dann die deutschen Entsprechungen genannt, im Tafelbild integriert und ins Heft niedergeschrieben. Im zweiten Teil der Übung notiert L die *false friends* an der Tafel. Dann erarbeiten die S mit ihrem zweisprachigen Wörterbuch die korrekten englischen Übersetzungen, die abschließend an der Tafel und als Hefteintrag fixiert werden.

Lösung: *1. to become* – werden
2. fast – schnell
3. mustn't – nicht dürfen
4. art – Kunst
5. problem – Problem
6. city – Stadt
7. direct – direkt
8. meaning – Bedeutung
9. map – Landkarte
10. notes – Notizen
11. socks – Socken
12. turn – Reihe
13. actually – tatsächlich
14. brave – tapfer
15. spend – verbringen
16. system – System

1. bekommen – *to get*
2. fast – *almost*
3. nicht müssen – *needn't*
4. Art – *kind*
8. Meinung – *opinion*
9. Mappe – *school bag*
10. Noten – *grades*
13. aktuell – *up-to-date*
14. brav – *good*
15. spenden – *to give / to donate*

2 If-sentences

Ziel: Wiederholung der *if-clauses*

Materialien → WB ex. 1, 2, 3

Erarbeitung Teil a) der Übung wird gemeinsam im Klassenverband durchgeführt. Aufgabe b) erfolgt in Stillarbeit oder wird als **Hausaufgabe** erledigt. Die Lösungen der S werden vorgelesen und ggf. verbessert.

Lösung: a) *1. If it rains, the streets will get wet.*
2. If they don't play better, they won't win the match.
3. It isn't good for you if you don't drink enough.
4. We will have to work hard if there is a test next week.
5. If you don't learn your words, you won't get a big part in the play.

6. I won't be able to help if you don't tell me what the problem is.
7. It always makes a difference if you try to help other people.
8. I will feel better if you stop that noise.

Lösungsvorschlag: b) *1. If students want to get good grades, they must work hard.*
2. We'll go to the beach if the weather is really warm.
3. If people can speak more than one language, they'll be at home in different worlds.
4. If you don't do your assignments, your teachers won't be happy.
5. If the weather is nice tomorrow, we'll get up early.
6. If you say that again, you'll get into trouble.
7. I will be there to help you if you like.
8. If the Huskies beat the Cougars, they will be the best team in Denver.
9. If you don't look where you're going, you'll fall into the sea one day.

3 Mixed bag: Looking back

Ziel: Wiederholung gemischter Pensen

Materialien → WB ex. 4

Erarbeitung Es handelt sich bei dieser Übung um eine komplexe Aufgabenform. Die Bearbeitung erfolgt in einer Stillarbeitsphase. L fordert die S auf, die Übung zunächst vollständig durchzulesen. Erst beim zweiten Durchgang wird mit dem Notieren der Lösungen begonnen. Nach der Bearbeitung vergleichen die S ihre Ergebnisse mit dem Nachbarn. Abschließend werden die richtigen Lösungen von L oder einem S an der Tafel oder auf Folie präsentiert.

Lösung:

1. If	*13. if*	*25. choose*	*37. prepare*
2. will	*14. between*	*26. may*	*38. If*
3. place	*15. talk*	*27. take*	*39. success*
4. about	*16. don't*	*28. there*	*40. must*
5. sea	*17. fantastic*	*29. rules*	*41. started to*
6. beautiful	*18. in*	*30. you*	*42. write*
7. shines	*19. offer*	*31. must*	*43. play*
8. parks	*20. classes*	*32. principal*	*44. lots*
9. sit	*21. can*	*33. assignments*	*45. fun / easy*
10. too	*22. kinds*	*34. adult*	*46. didn't*
11. are	*23. If*	*35. found*	*47. think*
12. jealous	*24. student*	*36. where*	*48. have to*

Vocabulary

Box on page 165

Lösung: 1 *break, cheer, outlaw, poem, anything, shoe, show, word, weather, maths, without*

2 [aɪ] *night, life, twice, size, guy, smile*

[eɪ] *lady, game, rain, great, made*

3 *packet – past – printer – push*
theatre – timetable – tomorrow – trains
to wear – weather – wheel – white

left – legend – lesson – level
road – rock – role – room
shelf – sheriff – to shine – shirt

Focus on travel and transport

Erstinformation

Hauptanliegen von *Focus on travel and transport* ist die Vermittlung landeskundlicher Informationen zu den Vereinigten Staaten von Amerika. Die S erhalten einen Eindruck von der geographischen Weite und Ausdehnung des Landes. Gleichzeitig werden ihnen gängige Transport- und Reisemöglichkeiten aufgezeigt, die in Beziehung zu der enormen Weite des Landes und den Entfernungen gebracht werden. Die räumlichen Gegebenheiten in Europa werden abschließend kontrastiv gegenübergestellt.

Hintergrundinfo

United States Geography, 2003: *North America, bordering both the North Atlantic Ocean and the North Pacific Ocean, between Canada and Mexico. Area: 9,629,091 sq km, about half the size of Russia; about three-tenths the size of Africa; slightly larger than China; about two and a half times the size of Western Europe. The United States is the world's third-largest country (after Russia and Canada) and by population (after China and India). Coastline: 19,924 km. Elevation extremes: Death Valley is the lowest point (–86 m) and Mount McKinley the highest point (6,194 m). Climate: mostly temperate, but tropical in Hawaii and Florida, arctic in Alaska, semi-arid in the great plains west of the Mississippi River, and arid in the Great Basin of the southwest. Terrain: vast central plain, mountains in the west, hills and low mountains in the east; rugged mountains and broad river valleys in Alaska; rugged, volcanic topography in Hawaii.*

American Railroad History: *The first regular passenger service steam engine built and operated in the US was the 'Best Friend of Charleston', operated by the South Carolina Railroad in 1830. Railroads spread rapidly in the eastern and southern states in the early 1800s. By the 1850s, track linked the Atlantic seaboard to the Midwest. In 1869, the east and west coast were connected by the first transcontinental route. There was no more important decade of rail growth than the period of 1850 to 1860. During this time period, total mileage grew to 30,000 miles forming the beginning of a major national rail network. From 1870 to 1916, total track miles grew from 53,000 miles to 245,000 miles, an average of over eleven miles per day. During this time, technological improvements such as standard track, more powerful locomotives, air brakes and larger cars brought uniformity to the industry. Today most American railroads are primarily high-volume freight haulers.*

Some American cities: *Founded in 1869, the City of* ***Seattle*** *is located in the State of Washington on Pudget Sound, 113 miles (182 km) from the US-Canadian border. Seattle is a commercial, cultural and advanced technology hub of the US Pacific Northwest and a major port city for trans-Pacific and European trade. Surrounded by mountains and water, the greater Seattle area features picture-perfect views and abundant recreational opportunities year-round.*

The city of ***San Francisco*** *is represented by a variety of unique landmarks, buildings and structures. The Golden Gate Bridge, Alcatraz Island and Fisherman's Wharf are but a few of the things that immediately conjure up images of San Francisco's distinct and appealing character. But the rest of the Bay area, including the cities of Oakland, San José, Berkeley and Santa Clara, also offers a variety of great attractions and activities.*

When Spanish occupation of California began in 1769, an exploratory expedition led by Gaspar de Portola moved north through the area now known as ***Los Angeles****. Twelve years later, on September 4, 1781, a group of twelve families established a community in the area discovered by Portola, and named it El Pueblo de Nuestra Senora la Reyna de Los Angeles de Porciuncula, after the nearby river. Over time, the area became known as the Ciudad de Los Angeles, 'City of Angels', and on April 4, 1850 became the city of Los Angeles.*

Located on Lake Michigan at the mouth of the Chicago River in northeastern Illinois, ***Chicago*** *is identified by its North, South, East and West sides. State Street forms the border between east and west while Madison Street divides north and south. Chicago, also known as the 'windy city', has 29 miles of lake frontage and 15 miles of public beach. It is home to the world's largest population of Poles outside Warsaw. And it holds another record: the Chicago Public Library is the world's largest library with a collection of more than two million books.*

The first South Floridians were the Tequesta Indians, who discovered the area more than 10,000 years ago and had it all to themselves until the Spanish claimed it in the 16th century. At about the same time, the Seminoles arrived, along with a group of runaway slaves. They fought to stay in Florida, and the area became a war zone from 1836 until 1857.

Miami's *first permanent residents were Bahamians who helped found South Florida's first real community, Coconut Grove. The area's greatest change came thanks to a visionary Cleveland widow named Julia Tuttle, who purchased 640 acres on the north bank of the Miami River in 1891. Within years, Tuttle – the 'mother of Miami' – convinced Standard Oil co-founder Henry Flagler to extend his railroad to Miami, build a luxury hotel, and lay out a new town. The railroad arrived in 1896. The City of Miami was incorporated on July 28 that same year. When Fidel Castro took over Cuba in 1959, no one dreamed that the revolution would change Miami as much as Cuba. More than half-a-million Cuban exiles fled to Miami to start a new life. These enterprising refugees launched the area into its future as what many call the 'Capital of the Americas'. Nowadays, Greater Miami and the City of Miami Beach continue to be an international mecca for travel, business and to establish a home.*

Boston *is the nation's oldest major city. The streets of this old city are winding and narrow which makes driving in Boston a memorable experience. Boston is also a city of education. More than 250,000 students attend college in Boston and Cambridge. The founding of Harvard University, the first college in America in 1636, and the first public school, Boston Latin a year earlier, planted the seeds for the Boston area to develop into a world renowned centre for higher education. Along with high profile universities such as Boston College, Boston University, MIT, and Northeastern University, there is a school for everyone in Boston. Boston has been called the biggest small town in America. More than 600,000 people plus the student population reside in Boston's twenty neighbourhoods. Whether you live in Boston, or are a student, or a tourist, it is an exciting and stimulating city. It is linked to its history, but it's also moving ahead to the future.*

The city of ***Washington****, situated on the Potomac River between Maryland to the northeast and Virginia to the southwest, is coextensive with the District of Columbia. This district was chosen by Congress in 1790 as the site for a permanent seat of government for the new nation. Parts of the territory of Maryland were taken to set up an enclave which was to be completely independent from either state. Washington thus became one of the few cities in the world that was planned expressly as a national capital. The site for the city of Washington was proposed by the first US president, George Washington who also negotiated a contract with the French engineer Pierre-Charles L'Enfant to design a plan for the city.*

For background information on ***New York City:*** *cf.* **Green Line New Bayern 1**, *Teacher's Book, Unit 7, pp.* 172–173.

Thema Weite und Ausdehnung der Vereinigten Staaten, die gängigen Transport- und Reisemöglichkeiten

Lernziel Die S erhalten eine Vorstellung von der geographischen Ausdehnung der Vereinigten Staaten, anhand zentraler Großstädte werden die Entfernungen im Lande verdeutlicht, Reise- und Transportmöglichkeiten werden in Bezug zur Weite des Landes gesetzt.

Redeabsichten Einfache Gebrauchstexte verstehen und sprachlich umsetzen

Wortschatz *transport, kilometre*

Materialien Folie 20 (*Focus on travel and transport*) • Kopiervorlage 50 (*Extras*)

Hinführung In einem L-S-Gespräch wird den S Gelegenheit gegeben, ihr Vorwissen über die Vereinigten Staaten von Amerika zu artikulieren. Dabei kann auf das Wissen der S aus dem ersten Band, aber auch auf persönliche Erfahrungen zurückgegriffen werden. In einem zweiten Schritt lenkt L das Augenmerk der S auf die geographischen Gegebenheiten. Dies geschieht unter Einbeziehung der USA-Landkarte hinten im Schülerbuch, aber auch unter Verwendung der Karte auf Seite 70.

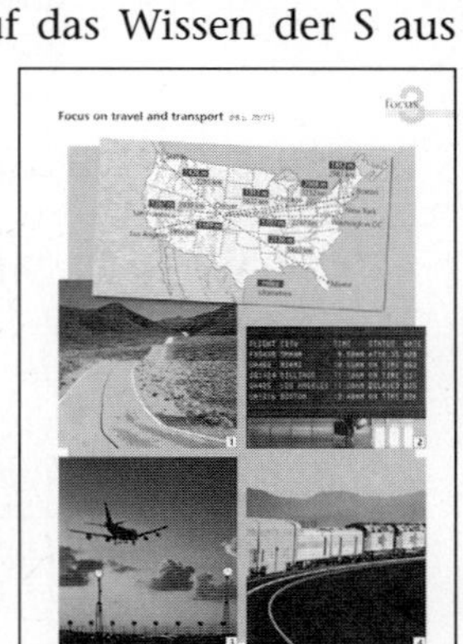

Erarbeitung L legt **Folie 20** (*Focus on travel and transport*) auf. Sie zeigt die USA-Karte und die Fotos aus dem Schülerbuch (Seiten 70/71). Die S werden durch die Fotos an ihre eigenen Urlaubserfahrungen mit den verschiedensten Verkehrsmitteln erinnert und sie werden angeregt, diese Erfahrungen zu versprachlichen.

Erweiterung L fordert die S auf, die Karte hinten im Schülerbuch näher anzuschauen. Dazu wird **Kopiervorlage 50** (*The United States of America*) ausgeteilt. Das Arbeitsblatt enthält eine Zuordnungsübung und ein Kreuzworträtsel zu den Städtenamen und den dazugehörigen amerikanischen Staaten. Auf diese Weise werden die geographischen Kenntnisse der S weiter gefestigt.

Lern- und Arbeitstechniken: Die S vertiefen ihre Techniken im Hörverstehen. Sie veranschaulichen erhaltene Informationen in Form eines Diagramms und beschäftigen sich mit einer Landkarte zur Informationsentnahme.

1 How long does it take?

Ziel: Versprachlichung von Informationen aus einem Text mit grafischen Elementen

Wortschatz *to take, table, journey, less*

Materialien → WB ex. 1

Erarbeitung L hängt bei dieser Übung eine Karte der USA im Klassenzimmer auf, um eine konzentriertere Arbeit zu ermöglichen und vor allem auch, um die Dimensionen des Landes besser veranschaulichen zu können. Die Übung wird in einem Unterrichtsgespräch bearbeitet, wobei die S neben der Landkarte auch die Informationen des Schülerbuchs nutzen. Da in der Übung auch die *if*-Sätze wiederholt werden, achtet L darauf, dass diese Struktur trotz des Gesprächscharakters präzise angewendet wird.

Lösungsvorschlag: *It's 1426 miles from Denver to Seattle. It takes more than 28 hours if you go by car. It takes even longer if you go by train.*
It's 1017 miles from Denver to Chicago. The journey takes more than 20 hours if you go by train. It's much less if you go by plane.
It's 1707 miles to Washington DC. It takes more than 34 hours if you drive. It's much less if you fly. etc.

2 Flying is so easy!

Ziel: Erweiterung der Fähigkeit Hörverstehen, Erstellen eines Diagramms zur Informationsverarbeitung

Wortschatz *delayed, snow, Thanksgiving*

Materialien LC-CD, Track 26 • → WB ex. 2

LC 26

Text: *Scott: Did I tell you what happened to my cousin Jeanie last year? Well, she works in Los Angeles and in November she was going home to Lakewood, that's near Denver. She wanted to visit her parents for Thanksgiving. Well, Thanksgiving is always on a Thursday, so she booked a flight for the day before. But on that Wednesday there was a really bad storm in Denver, with lots of snow.*

Anyway, Jeanie called her parents from Los Angeles at 11.30 on Wednesday morning and said things like "I'll be there in just a few hours! I can't wait! No, there's nothing wrong. Why? I just called to say hi. Goodbye." Then she took a taxi to the airport and at one o'clock she got on the plane and flew to Denver. That takes two and a half hours. Fantastic! You leave California, eat lunch on the plane, and the next thing you know you're in Denver. Only Jeanie wasn't in Denver. She was in Omaha, Nebraska! The plane couldn't land at Denver airport because there was so much snow.

Three hours later she was still waiting in Omaha after six cups of coffee and eight phone calls to her parents. But finally her plane was able to take off and two and a half hours later she was at Denver airport. Great! Only the snow was so bad she had to wait another two and a half hours to get a bus into downtown Denver and then on to Lakewood. Of course, the buses were really slow that day. Four hours after that she at last arrived at her parents' house in Lakewood. What a journey! Sometimes it's quicker by car.

Erarbeitung L fordert die S auf, zunächst nur zuzuhören. Beim ersten Vorspielen werden noch keine Notizen angefertigt. Vor dem zweiten Durchgang wird der Anfang des Diagramms aus dem Schülerbuch ins Heft übertragen. Jetzt wird der Text zum zweiten (und ggf. dritten) Mal gehört und dabei die Informationen in Stichpunkten notiert.

Lösungsmöglichkeiten: *It took Jeanie 16 hours to travel from Los Angeles to her parents' home in Lakewood.*
Diagram: Los Angeles 11.30 – (by taxi) – Los Angeles airport 1.00 – (by plane) – Omaha 3.30 – (waiting) – Omaha 6.30 – (by plane) – Denver 9.00 – (waiting) – Denver airport 11.30 – (by bus) – home 3.30

PB 11

3 Role play: At Denver airport

Ziel: Rollenspiel zur Einübung von Redemitteln am Flughafen

Wortschatz *status, gate, on time, departure, check-in, seat, cool, boarding pass*

Materialien PB-CD 2 Track 11 • → WB ex. 3, 4

Erarbeitung Der Dialog zwischen Sally Gooch und der Stewardess wird, nachdem der Text zweimal von der CD präsentiert und gemeinsam gelesen wurde, von zwei S vorgespielt. Dann wird den S Gelegenheit gegeben, sich auf die unterschiedlichen Rollen und die möglichen Gesprächssituationen vorzubereiten. Ziel ist es, eine Situation *At the Airport* zu schaffen, bei der mehrere Fluggäste und das Bodenpersonal agieren.

Lösungsvorschlag: *Assistant: Can I have your ticket, please?*
You: *Here it is.*
Assistant: *Flight twelve sixteen to Boston.*
You: *Yes, I'm going to see my uncle and aunt there.*
Assistant: *Oh, how nice. You can have a window seat if you like.*
You: *Yes, that would be great. What about this water pistol? Can I take it onto the plane?*
Assistant: *Oh no, you must leave it here with me. You can pick it up when you come back.*
You: *That's OK. When is boarding time?*
Assistant: *It's in half an hour. From gate B26.*
You: *Thank you.*
Assistant: *You're welcome. Have a nice flight.*

Festigung

4 A short tour of Europe

Ziel: Kontrastive Gegenüberstellung des thematischen Rahmens zu Europa

Wortschatz *Europe, to plan, tower, Naples, route, means of transport, formula (pl. formulae)*

Materialien → WB ex. 5

Erarbeitung Die Begriffe <u>route</u> und <u>Europe</u> können als *cognate words* vorausgesetzt werden und brauchen nicht näher erläutert zu werden. <u>*Means of transport*</u> wird durch Paraphrasierung erklärt: *Do you go by car, or by bus, or by plane?* <u>*Eiffel Tower*</u> wird als *famous sight in Paris,* <u>*Real Madrid*</u> als *successful Spanish football club,* <u>*London Eye*</u> als *gigantic wheel which takes people 135 metres high above the London skyline,* <u>*Naples*</u> als *beautiful city in southern Italy,* <u>*formula*</u> *one race* als *car race* und Kurfürstendamm als *boulevard* in Berlin beschrieben. Es bietet sich an, die Übung in Gruppenarbeit erledigen zu lassen, so dass die S ihre unterschiedlichen Präferenzen und Vorstellungen hinsichtlich der Reiseziele und der jeweiligen Transportmöglichkeiten in Einklang bringen müssen. Die verschiedenen Lösungsvorschläge und die darin enthaltenen Begründungen werden vorgelesen.

Lösungsvorschlag: *I would start in Munich and go to Madrid by plane. I would go by plane because it's such a long way from Munich to Madrid. From there I would fly to Paris because that's quite long, too. From Paris I would go to Calais by train and then take the boat to Dover. I think that going by boat must be really exciting. From Dover I would take the train to Victoria Station in London. From London I would fly to Berlin because this would be the quickest way. Then I would fly to Naples. From there I would go to Monte Carlo by car and enjoy the sun on the beach.*

Unit 6: In the country / Revision 3 (Planungsübersicht)

Abschnitt	Seite	Stunden	Themen / Ziele	Strukturen	Grammatischer Anhang	Übungen	Workbook	CDs	Folien	Kopiervorlagen	Diktat-/Transfertexte
Intro	72, 73	3	Urlaub auf einer *guest ranch*; Auf dem Lande; Textsorte: Prospekt			1, 2	1	LC 27	21		
Language A	74, 75	4	Leben auf einer *guest ranch*; Visuelle Darstellung von Strukturen (T)	*Some / any / every / no + compounds*	G25–29	1–6	1–4	PB 2/12	22	51, 52	
Language B	76, 77	4	Charakterprofil erstellen; *Personal letter*; Umgang mit einer mündlichen Beschwerde; *Song: Skip to my Lou*			1–6	1–5 / LC	PB 2/13, 14; LC 28	23	53, 54	1
Text	78–80	5	Eine Tiergeschichte lesen und verstehen; Aufbau, Sprache und Charaktere in einer Geschichte; Eine Diskussion führen			1–4	1, 2 / *Tandem Activity 3*	PB 2/ 15–17	24	55(a), 56	2
Let's check	81	2	Integration der Lernziele von *Focus* 3 und *Unit* 6		G25–29	1–3	1–3 / Ausschneidebogen 3, 4			57–59	
Revision 3: Unit 5 / Unit 6	82, 83	2–3	*Unit*übergreifende Wiederholung: Strukturen, Wortschatz, Redemittel	*If-clauses; Modal auxiliaries; Some / any + compounds*		1–5	1–5				

6

Erstinformation

Passend zu den Themen Freizeit und Reisen lernen die S in *Unit* 6 eine für den Westen der USA typische Form des Tourismus kennen: die *guest ranch*. Sie erfahren, dass die Vereinigten Staaten nicht nur aus faszinierenden Großstädten bestehen, sondern dass der Reiz dieses Landes gerade im Kontrast zwischen städtischem Leben und den vielen ländlichen Gebieten liegt. Der Hauch von Wildem Westen gekoppelt mit Fragen zu Tier- und Umweltschutz bildet einen motivierenden Hintergrund für landeskundliche Informationen und Spracherwerb. Als Einstieg werden die S mit dem Konzept der *guest ranch* anhand eines Prospekts vertraut gemacht.

In *Language* A wird über die Figur der Sally Gooch, die bereits in *Unit* 5 als Schülerin der Cooper Middle School in Denver eingeführt wurde, die Verbindung zu Montana hergestellt. Sallys Onkel Ed Gooch führt zusammen mit seiner Frau Martha eine Ranch in Montana, die einerseits eine *working ranch* mit Viehbestand ist und andererseits Touristen, die häufig aus dem Osten der USA stammen, am Ranchleben teilhaben lässt. Wie Henry Holden, der Tourist aus Boston, haben diese *dudes*, wie sie manchmal etwas respektlos genannt werden, oft nur eine sehr unklare Vorstellung vom Alltag der Rancher und Cowboys. Holden beschwert sich deshalb bei Sally, die ihren abwesenden Onkel vertritt, über mangelnden Komfort.

In *Language* B wird das Thema Beschwerde fortgeführt. Henry Holden schreibt einen Brief an seine Mutter, in dem er noch einmal darauf eingeht, warum er Grund zum Unmut zu haben glaubt. Der Haupttext der *Unit* erzählt die Lebensgeschichte eines Mustangs aus Montana von den Fohlentagen in der Freiheit der Rocky Mountains bis zur Gegenwart, in der das Pferd auf der Ranch der Familie Gooch als Reitpferd für Touristen eingesetzt wird. Besonders ansprechend wird der Text dadurch, dass die S die Ereignisse aus der Perspektive des Pferdes erleben.

Im strukturellen Bereich geht es vor allem um eine umfassendere systematische Einführung von indefiniten Begleitern und Pronomen, die den S zum größten Teil lexikalisch und in Grundzügen auch in ihrer Verwendungsweise bekannt sind. Der Schwerpunkt der *Unit* liegt auf der mündlichen Sprachproduktion (*conversation, discussion, role play*). Die S erwerben die für die Erstellung von persönlichen Mitteilungen benötigten *skills*.

intro In the country (S. 72 / 73)

Thema

Vorstellung von Informationsmaterial und Kontaktaufnahme mit einer *guest ranch*

Hintergrundinfo

***Montana** is a predominantly rural state in the northwest of the USA. Its land area is greater than that of Germany (approx. 145,000 square miles vs. 135,000 square miles), but its total population was according to a 2002 estimate well under a million. The population of the city of Munich (1.3 million) alone is greater than the number of inhabitants of Montana. Montana has a population density of 6.2 persons per square mile whereas in Germany there is an average of 600 persons per square mile. The population is almost all white (91%) with Native Americans being the largest minority group (6.4%).*

***The Lewis and Clark Expedition** of 1804–1806 was the first group of white explorers to cross Montana. Hard on the heels of the expedition arrived the fur trappers and traders. Trappers brought alcohol, disease and a new economic system to the Native American population. Roman Catholic missionaries followed the trappers into Montana. In the 1860s the discovery of gold brought many prospectors into the area and Montana became a territory in 1864. As more and more white people came into the area, Indians lost access to their traditional hunting grounds and conflicts grew. The Sioux and Cheyenne were victorious in 1876 at the Battle of the Little Bighorn against General Custer. Yet, in the end, the Indians could not hold out against the strength of the United States army.*

***Cattle ranches** began to flourish in western valleys during the 1860s as demand for beef in the new mining communities increased. During the 1880s railroads crossed Montana, and the territory became a state in 1889. Silver and copper were discovered and the Anaconda Copper Company became one of the world's largest copper mining companies. Modern Montana has been characterized by a slow shift from an economy that relies on the extraction of natural resources to one that is service-based. After 1970, tourism supplanted mining as the states'* *second largest industry. Montana's four largest industries are agriculture, tourism, timber and mining.*

Yellowstone National Park, *established in 1872, is the first and oldest national park in the world. Apart from an outstanding mountain wildland with bears, wolves and free-ranging herd of bison and elk, Yellowstone preserves some 10,000 hot springs and geysers, the majority of the planet's total. With approx. 3,500 square miles (~ 9,000 square km) it is larger than the states of Rhode Island and Delaware combined.*

Lernziel Einfache Gebrauchstexte verstehen, bildliche und grafische Darstellungen erfassen, einem Alltagsgespräch folgen

Redeabsichten Personen, Orte und Dinge mit einfachen Wendungen beschreiben

Wortschatz *cattle, ranch, to take part (in), aspect, calf (pl. calves), to be located, southern, western, vacation (AE), horseback riding, cattle drive, camping, visit, rodeo, trout (pl. trout), fishing, square dance, MA (Massachusetts), MT (Montana), gear, cap, cowboy, fall (AE), thick, jacket, boot, to break in, saddle, spur, wildlife, wild, black bear, ⟨branding⟩, ⟨roping⟩, ⟨acre (= 2.59 sq km)⟩, ⟨chaps⟩, ⟨authority⟩*

Materialien Folie 21 (*Activities at the Lazy G*)

Hinführung Da das Thema Reisen in *Focus on travel and transport* unmittelbar vorher behandelt worden ist, ist ein Gespräch z. B. über Traumreisen leicht zu entwickeln. Als gewünschtes Reiseziel werden sicher auch die USA genannt. Auf Nachfragen, wohin die S in den Vereinigten Staaten reisen möchten, werden wohl vorwiegend Städtenamen (New York, San Francisco) erwähnt werden sowie Disneyland oder die Staaten Kalifornien und Florida.

Erarbeitung **Wortschatz:** L bietet nun eine Alternative dazu an und legt zur Illustration **Folie 21** (*Activities at the Lazy G*) auf. Sie zeigt drei Fotos von Seite 72 im Schülerbuch, den Prospekt des Yellowstone National Park (Seite 73) und ein weiteres Foto, das Freizeitmöglichkeiten auf einer Ranch in Montana illustriert. L deckt die Abbildungen nach und nach auf und erläutert dabei den neuen Wortschatz. Viele der neu einzuführenden Wörter werden auch im Deutschen gebraucht oder sind dem Deutschen sehr ähnlich (*ranch, aspect, western, camping, rodeo, fishing, square dance, cap, cowboy, thick, jacket, boot, saddle, authority, wild, black bear*). Deswegen erübrigt sich eine lange Phase der Semantisierung. Bei *thick* erfolgt der Hinweis, dass das Wort nicht in Bezug auf Personen verwendet wird (zumindest nicht in der Bedeutung von ‚dick'). Andere Wörter werden durch einen Verweis auf die bekannten Bezeichnungen im BE erklärt (*vacation, fall*), wieder andere durch die Anwendung einfacher Erschließungstechniken (*to take part in, southern, horseback riding, visit, to break in, wildlife*). Was noch bleibt (*cattle, branding, roping, calf, acre, to be located, cattle drive, trout, gear, chaps, spur*), steht in so engem Zusammenhang mit den präsentierten Illustrationen, dass die Wörter problemlos beim Gespräch über die Fotos semantisiert werden können.

Text: Nachdem die Wörter im Unterrichtsgespräch geübt worden sind, öffnen die S die Bücher und lesen den Text. Bei einer Klasse mit Ausspracheproblemen ist zunächst eine Präsentation durch L ratsam. L stellt durch Kontrollfragen sicher, dass die neu erschlossenen Wörter auch wirklich verstanden wurden. Die Klasse diskutiert nach der Beantwortung der Fragen, ob sie das Angebot der *Lazy G Ranch* attraktiv findet.
What can you do on a guest ranch? (horseback riding, trout fishing, square dance)
Which ranch activities can you watch? (a cattle drive, branding, roping)
What do you call it when you help with an activity? (I take part in the activity.)
What do you call young cows and bulls? Spell the singular and the plural. (calves: c-a-l-f, c-a-l-v-e-s)
What do you call animals that do not live on the ranch? (wildlife)
Which big black animal lives in the mountains of Montana? (the black bear)
How can you explain where a Montana guest ranch is? (I can say it is located in southern / western / … Montana.)

What must you bring when you go to a guest ranch and want to take part in activities? (I must bring my gear, for example boots, a cap and a thick jacket.)
What do you need when you go horseback riding? (I need a saddle, chaps and maybe spurs.)
Is the Lazy G only a guest ranch? (No, it isn't. It's a real cattle ranch.)

Festigung

1 A vacation at the Lazy G

Ziel: Sicherung des Textverständnisses

Materialien → WB ex. 1

Erarbeitung Da die Bilder im Rahmen der Wortschatzerarbeitung bereits beschrieben wurden, wird Aufgabe a) zur Festigung der neuen Lexik eingesetzt. Partnerarbeit ist sowohl bei dieser Aufgabe als auch bei Aufgabe b) möglich.

Lösungsvorschlag: a) *1. Lots of people are on horseback. Their horses are standing. Maybe the people in the picture are listening to somebody. Behind these people I can see green grass.*
2. In the next picture a cowboy on a horse is trying to rope a cow.
3. Then there is a picture of Ed and Martha Gooch. They own the Lazy G ranch. They are wearing jeans, cowboy boots and a cowboy hat. A dog is with them.
4. The last picture shows a man next to a little river. He is holding a fish, maybe a trout. He has just caught the trout.

b) ***A** is a letter from Mr and Mrs Gooch to a man in Boston who has booked a vacation on the Lazy G. They are sending him some material for his information.*
***B** is a brochure on Yellowstone National Park. It tells you something about the wild animals that live there.*
***C** is a list of things the guests of the Lazy G must or can bring.*
***D** is a map and it shows how you can get to the Lazy G by car.*

Festigung

2 Listening: A phone call

Ziel: Hörverstehensschulung in Verbindung mit *note taking*

Materialien LC-CD, Track 27

LC 27

Text: *(Telephone rings.)*
Chuck: (Texan accent) This is the Lazy G Ranch: Can I help you?
Sally: Oh, hello – er – can I speak to Mr or Mrs Gooch?
Chuck: 'Fraid they're not in right now.
Sally: Oh, right. Well, this is Sally Gooch. They're my uncle and aunt.
Chuck: Well, howdy, Miss Sally. I'm Chuck. Chuck Miller. I'm kind of new here.
Sally: Hi, Chuck. Sounds like you come from Texas, right?
Chuck: I sure do. Right first time. Well, what can I do for you, Miss Sally?
Sally: Mm, can you tell Mr and Mrs Gooch that I'll be there Monday. They know I'm coming, but not exactly when. My flight is going to arrive at 1:10 pm. Uncle Ed usually picks me up at the airport.
Chuck: Well, if he doesn't, I will.
Sally. Thanks, Chuck. Oh yes, and I'd like to stay for a week if that's OK. It's the first week of my school vacation. But my dad's going to be in Europe on business, you see, and he's going to take Mom with him.
Chuck: Sounds like a good solution to me. You get on over here and I'll teach you horseback riding.
Sally: That's nice of you, Chuck. But I learned to ride when I was six.
Chuck. Well, did you now? OK, then you can join us on a cattle drive.
Sally: Yep, that's what I want to do. And how's Rusty? I usually ride him.
Chuck: Rusty? Oh, he's doing just fine. He's a great little horse.
Sally: OK, Chuck. You'll pass on the message to my uncle and aunt, right? I must go now.
Chuck: You bet I will. OK, then. Take care.
Sally: Thanks. Bye!

Erarbeitung Die Fähigkeit, Texten und Bildern Informationen zu entnehmen, wird auf gesprochene Sprache übertragen. Die Lösungen zu der Aufgabe werden an der Tafel notiert. Die S fixieren das Gespräch zwischen Chuck und Mr und Mrs Gooch schriftlich (ggf. als **Hausaufgabe**) und spielen es in der nächsten Stunde vor.

Lösungsvorschlag:

A phone call

Chuck:	*Caller: Sally Gooch*
Chuck Miller *from Texas* *new at the Lazy G Ranch* *will pick Sally up if uncle does not* *wants to teach Sally horseback riding* *will take her on a cattle drive*	*wants to stay first week of school vacation* *(her mum and dad go to Europe)* *will be there on Monday* *flight is going to arrive at 1:10 pm*

language

A At the Lazy G (S. 74 / 75)

Thema Beschwerde eines Gastes

Hintergrundinfo *Mr Holden from Boston is clearly unprepared for the kind of Montana ranch life he is exposed to at the Lazy G. There is a touch of arrogance in his attitude towards westerners which is sometimes thought to be typical of New Englanders.*

Redeabsichten Kritik äußern, sachlich und freundlich auf Kritik reagieren

Wortschatz *pickup, in case, bell, anybody, anywhere, to complain, to treat*

Materialien PB-CD 2, Track 12 • Folie 22 (*At the Lazy G*) • Kopiervorlage 51 (*Extras*)

Strukturen Die indefiniten Begleiter *some, any, every, no* und ihre Zusammensetzungen

Lernziel Erfassen der Bedeutung und Erlernen der Verwendungsweise der neuen sprachlichen Mittel

Hinführung Mit der Frage *What is Sally Gooch doing in the first week of her summer vacation?* knüpft L an *Intro* an und lässt im L-S-Gespräch die meisten der neuen Vokabeln bereits einfließen.

Erarbeitung **Wortschatz:** Um das weitere Gespräch in die gewünschte Richtung zu lenken, legt L noch einmal **Folie 21** auf. Das erste Bild zeigt einen *pickup* hinter der Reitergruppe. Zu dem Angler (Foto Nr. 2) wird erläutert: *He can't complain. He has got a really nice fish. You can complain when the food is bad in a restaurant.* Foto Nr. 5 dient als Anlass für folgende Semantisierungen: *On a guest ranch somebody must always be there in case a guest needs anything. For 'in case' you can also say 'if'. You know the word 'case' from German grammar. German has got four cases. Ed Gooch must always treat his guests nicely. He mustn't be unfriendly to anybody. His guests can ring a bell* (Geräusch imitieren) *when they want to talk to him.*

PB 12

Text: Nach der Semantisierungsphase erfolgt die Präsentation des Textes von der CD. Den Fragen zur Sicherung des Textverständnisses in Übung 1 schließt sich eine Lesephase, u. a. mit verteilten Rollen, an.

Strukturen: Das Sammeln der Belegstellen für die Erarbeitung der neuen Strukturen erfolgt in Übung 2.

Erweiterung • Zur Vertiefung der Textinhalte präsentiert L **Folie 22** (*At the Lazy G*). Sie zeigt die Abbildung aus dem Schülerbuch sowie drei weitere Zeichnungen zum Textinhalt. Die Illustrationen werden nacheinander aufgedeckt und die S erzählen die Geschichte Schritt für Schritt nach. L achtet darauf, dass die neuen Strukturen bei der Nacherzählung korrekt verwendet werden.

• Zur weiteren Festigung bietet sich der Einsatz von **Kopiervorlage 51** *(At the Lazy G)* an. Sie enthält den Dialog aus dem Schülerbuch (Seite 74) mit größerem Zeilenabstand zum Auseinanderschneiden. Die S rekonstruieren den Text in Partnerarbeit.

Lern- und Arbeitstechniken: Die S erfahren erneut durch die Betonung des entdeckenden Lernens bei der Grammatikeinführung, dass sie in der Lage sind, Regeln selbstständig zu erschließen. Sie erkennen durch die Kontrastierung mit dem Deutschen strukturelle Unterschiede in den beiden Sprachen.

Festigung

1 Questions

Ziel: Sichern des Textverständnisses

Erarbeitung Da Mr Holdens Neigung, sich zu beschweren, in den Folgetexten eine große Rolle spielt, wird die Antwort auf Frage 6 an der Tafel oder auf Folie fixiert, um später leichter darauf zurückgreifen zu können.

What does Mr Holden complain about?

horse too slow	*bed hard*
can't use spurs	*flies everywhere*
room without the view he booked	*western evening not special, too expensive*

Lösungsvorschlag: *1. Sally and her uncle have just come back from the airport. Martha tells them that there's a problem with a calf on Silvertop. She wants to go there with Ed.*
2. Sally must stay at the ranch in case one of the guests needs anything.
3. Sally promises to look after everything.
4. Mr Holden complains about his horse because he thinks it's too slow.
5. Sally says that maybe they can find a better horse for Mr Holden.
6. Mr Holden complains that he hasn't got the view he booked, that his bed is too hard, that there are too many flies, and that the western evening was not very special.

→ G25 (p. 132)

2 *Some, any, every, no* and their compounds

Ziel: Kontrastive Gegenüberstellung der indefiniten Pronomen und ihrer Zusammensetzungen, Erkennen der Bedeutungsunterschiede durch Übersetzen ins Deutsche

Wortschatz *compound*

Erarbeitung Die Verwendung von *some* und *any* ist im Wesentlichen schon aus Jahrgangsstufe 5 bekannt. Im Mittelpunkt steht hier einerseits die Wiederholung, andererseits die Systematisierung der bislang nur lexikalisch eingeführten *compounds*. L konzentriert sich zunächst auf die eventuell auftretenden Probleme bei der Unterscheidung von *any* (in bejahten Sätzen) und *every*. Mit den Fragen *Why should somebody be there? Why will there be no problem?* und *Who can ride Rusty?* werden die S zur Verwendung von Zusammensetzungen mit *any* und *every* in den Antworten animiert. In Anlehnung an die im Schülerbuch abgebildeten Diagramme wird folgendes Tafelbild entwickelt:

→ G27/8 (p. 132/3)

Any or every?

In case the guests need anything. (= irgendetwas)	*Sally will look after everything.* (= alles)
this or this or this ↖ ↑ ↗ x x x	*this and this and this* ↓ x x x

Rusty is a good horse.

Anybody can ride him. (= jeder: jeder x-beliebige)	*Everybody can ride him.* (= jeder: alle)

Nach dieser Vorbereitung fordert L die S auf, die Belegstellen aus dem Text herauszusuchen. Die vier *indefinite pronouns* werden als *grid* an die Tafel oder auf Folie geschrieben. L oder ein S trägt die gefundenen *compounds* in die jeweiligen Spalten ein und lässt Platz für die deutsche Übersetzung. Jetzt werden die Sätze mit den Belegstellen sorgfältig besprochen, damit die Unterscheidung zwischen ‚jeder' und ‚jeder beliebige' sowie ‚einige' und ‚irgendein' auch wirklich deutlich wird. L oder ein S ergänzt die deutschen Übersetzungen in der Tabelle.

→ G26 (p. 132)

Als nächstes geht L anhand eines Beispiels auf *some* in Fragen ein. L fragt zunächst nach der bekannten Regel (*some* in bejahten Sätzen, *any* in Fragen und Verneinungen) und erinnert dann an die genaue Bedeutung von *any* (irgendwelche, x-beliebige). Daraus wird die Ergänzung zu der im Vorjahr gelernten Regel abgeleitet und an der Tafel oder auf Folie fixiert.

> *Some in questions*
>
> *You use 'some' in questions when you think there will be a positive answer.*
>
> *You always think there will be a positive answer when you offer something.*
>
> *He's nice. He'll say yes.*
>
> *Can I have some sandwiches?*

→ G29 (p. 133)

Abschließend macht L die S noch auf Grammatikpunkt **G29** zu *no + compounds* aufmerksam und geht dann zu den Übungen 3–5 über, in denen die neuen Anwendungsregeln gefestigt werden.

Lösung: a) *A – every, B – some, C – any, D – no*

Lösungsvorschlag: b) Die S stellen fest, dass es durchaus einen Unterschied bei der deutschen Übersetzung von *any* und *every* gibt. Die Übersetzung ‚jeder / jede / jedes' genügt nicht, um die genaue Bedeutung auszudrücken. *Any* und seine Zusammensetzungen muss mit ‚jeder beliebige' und *every* und seine Zusammensetzungen mit ‚jeder' im Sinne von ‚alle' übersetzt werden.

Festigung

3 *Some* or *any*?

Ziel: Festigung von *some* und *any* und ihren *compounds*, besondere Berücksichtigung von *any* in bejahten Aussagen und *some* in Fragen

Wortschatz *left*

Materialien Kopiervorlage 52 (*Grammar plus*) • → WB ex. 1

Erarbeitung Bis zum ersten Teil von Punkt 5. führt das Anwenden der aus dem Vorjahr bekannten Regeln zu korrekten Ergebnissen. Ab Punkt 5. müssen die S die erweiterten Regeln zum Gebrauch von *some* und *any* anwenden.

Lösung: *1. anything*
2. something
3. anything
4. some
5. any, some
6. anything
7. any

Erweiterung Zur Festigung von *some* und *any* bietet sich der Einsatz von **Kopiervorlage 52** (*The Some-and-Any brothers*) an. Sie enthält eine lustige Detektivgeschichte, in der die indefiniten Pronomen und ihre Zusammensetzungen ergänzt werden müssen.

Festigung

4 *Some, any, every* or *no*?

Ziel: Einsetzen der *indefinite pronouns* und ihrer *compounds*

Erarbeitung Die Übung erfolgt in Stillarbeit oder als schriftliche **Hausaufgabe**.

Lösung: *1. everything*
***some**thing*
***any**thing*
***every**thing*
some

*2. **any**where*
***every**where*
***some**one*
***some**where*
***no**thing*
***some**times*

Festigung

5 What's missing?

Ziel: Einsetzen der *indefinite pronouns* und ihrer *compounds*

Materialien → WB ex. 2

Erarbeitung Die Bearbeitung von Übung 5 erfolgt mündlich im Unterricht.

Lösung: *1. anywhere*
2. Anybody / Everybody
3. some, everybody
4. anywhere / everywhere
5. somebody, nothing
6. something
7. any
8. Everything, any
9. somewhere
10. Nobody

6 Useful phrases

Ziel: Training der Sprechfertigkeit, Redewendungen und Phrasen situationsgemäß anwenden

Materialien → WB ex. 3, 4

Erarbeitung Die Übung kann auch in Partnerarbeit durchgeführt werden. Die Sicherung der Ergebnisse erfolgt anschließend im Unterrichtsgespräch.

Lösung: a) *2. Can I speak to my aunt or uncle, please? – g) Sorry. They're not in right now.*
3. Who am I talking to? – e) I'm Chuck Miller. I'm new at the ranch.
4. Can you tell them I'll be there on Monday? – a) On Monday. OK. Anything else?
5. I'd like to stay for a week if that's OK. – c) A week? I'm sure that'll be OK.
6. They'll pick me up, won't they? – b) If they don't pick you up, I will.
7. You're from Texas, aren't you? – i) That's right. I'm from an old cattle town.
8. How's Rusty? – d) He's just fine. He's a great horse.
9. Maybe I could join you on a cattle drive. – j) Sure. Why not?
10. OK, Chuck. See you then. – f) Bye, Sally.

Lösungsvorschlag: b) *You ask how someone is: How's Rusty?*
You say how someone is: He's just fine. He's a great horse.
You meet someone: Hello. My name is Sally Gooch. / Who am I talking to? / You're from Texas, aren't you?
You want to help someone: Hello, Sally. What can I do for you? / If they don't pick you up, I will.
You say someone isn't there: Sorry. They're not in right now.

language

B Mr Holden writes a letter (S. 76 / 77)

Thema Brief des schwierigen Gastes Mr Holden an seine Mutter

Redeabsichten Sich beschweren und auf Beschwerden reagieren

Wortschatz *Mom (AE), to take a break, bank, laptop, to keep (+ doing), to expect, style, simple, fiddle, to look forward to, rude, accent, to realize, ⟨squeaking⟩*

Materialien PB-CD 2, Track 13 • Folie 23 (*Mr Holden writes a letter*)

Lernziel Sammeln von Informationen über eine bestimmte Person in übersichtlicher Form, Wortschatz zur Verwirklichung einer bestimmten Sprechabsicht ordnen

Hinführung Als Einstieg zeigt L den S das Foto von Mr Holden (Seite 76) und provoziert sie mit der Aussage: *Look, that's a real cowboy.* Der Widerspruch ist vorprogrammiert. Um ihre Aussagen zu belegen, müssen die S wiederholen, was sie schon über Mr Holden wissen. L hält die Informationen an der Tafel oder auf Folie fest.

Erarbeitung **Wortschatz:** In dem Unterrichtsgespräch lässt L zusätzliche Informationen einfließen, um die neuen Wörter zu semantisieren: *Mr Holden works a lot, but now his doctor says*

he must stop for some time. He must <u>*take a break*</u>*. Mr Holden usually* <u>*keeps working*</u> *and working. He works all the time at his* <u>*bank*</u>*. But now he's* <u>*looking forward to*</u> *his vacation, he's happy that he's going on holiday. Looking forward to something means feeling happy about something in the future. Mr Holden* <u>*expects*</u> *a nice holiday. He thinks his holiday is going to be nice. But maybe he doesn't* <u>*realize*</u>*, he doesn't understand that at a guest ranch the* <u>*style*</u> (ggf. anschreiben) *is* <u>*simple*</u> (anschreiben, Verweis auf das Deutsche), *that people in other parts of the US have got a different* <u>*accent*</u> (anschreiben) *and that maybe he doesn't like the music there. He thinks that* <u>*fiddles*</u> (anschreiben, anzeichnen) <u>*squeak*</u>*. Doors sometimes squeak* (Geräusch imitieren). *He likes his* <u>*laptop*</u>*, that's a small computer, and he thinks Sally is* <u>*rude*</u>*. A pupil who calls his or her teacher stupid is rude.*

Alternative Der Wortschatz kann natürlich traditionell vorentlastet werden. Da es sich aber entweder um *cognate words* oder um Wörter handelt, die aus dem Kontext gut erschließbar sind, ist es durchaus möglich, nach der Textpräsentation eine Stilllesephase einzulegen, in der die S auf einer Liste mit den unbekannten Wörter eintragen müssen, welche Bedeutung diese ihrer Meinung nach haben.

PB 13 **Text:** L kündigt an, dass die S aus einem Brief an Mr Holdens Mutter noch mehr über ihn erfahren werden. Der Brief wird von der CD präsentiert. Zur Unterstützung des Hörverstehens wird beim zweiten Durchgang **Folie 23** (*Mr Holden writes a letter*) aufgelegt. Die Folie zeigt Mr Holden beim Schreiben seines Briefes. Anhand von Gedankenblasen können die S die wesentlichen Aussagen des Briefes visuell nachvollziehen. Die S geben anschließend Mr Holdens Eindruck von seinem Urlaub mit eigenen Worten wieder. Die Folie wird in der folgenden Stunde noch einmal zur Wiederholung der Textinhalte eingesetzt. Weitere Informationen bietet der Folienordner.

Festigung

1 Mr Holden

Ziel: Textverständniskontrolle durch Ausarbeiten eines Charakterprofils

Materialien Kopiervorlage 53 (*Extras*)

Erarbeitung L greift zurück auf die an der Tafel oder auf Folie gesammelten Informationen aus der Hinführungsphase vor der Textpräsentation. Die Stichpunkte werden mit den Informationen aus dem Brief ergänzt und es entsteht ein Charakterprofil von Mr Holden.

Lösungsvorschlag: ***Mr Holden's profile***

name:	*Henry Holden*
comes from:	*Boston, MA*
works at:	*bank*
listens to:	*his doctor*
likes:	*work, computers, Boston hotels, his parents*
dislikes:	*slow horses, hard beds, steak and fries every day, square dance, fiddles, different accents, people who tell him he can't ride*

Erweiterung Zur weiteren Festigung der Textinhalte teilt L **Kopiervorlage 53** (*Mr Holden*) aus. Sie enthält eine Liste von Aussagen über Mr Holden und die S müssen entscheiden, ob diese Aussagen zutreffend sind oder nicht (*true / false*). Abschließend werden die Entscheidungen schriftlich begründet.

Festigung

⟨2⟩ Spoken and written language

Ziel: Unterschiede zwischen gesprochener und geschriebener Sprache in Ansätzen bewusst machen

Materialien Kopiervorlage 54 (*Spoken and written language*) • → **WB ex. 1**

Erarbeitung Sprachreflexion auf dieser Lernstufe einsprachig zu betreiben, ist nur möglich, wenn L lenkt und Formulierungen anbietet. Deshalb wird Aufgabe a) zunächst im Plenum besprochen. In dem Unterrichtsgespräch wird versucht, die wesentlichen Unterschiede herauszuarbeiten. Erst danach werden Gruppen gebildet und die S bearbeiten nun Aufgabe b). L stellt sicher, dass beide Varianten der Aufgabe bearbeitet werden. Bei völliger

Freiwilligkeit dürfte in den meisten Klassen eine starke Tendenz zur *spoken language* vorherrschen. Den Gruppen muss vor Aufnahme der Arbeit an den Texten klar sein, dass nach der Gruppenarbeitsphase ein Mitglied der Gruppe den Text präsentiert und ein weiteres erläutert, welche typischen Kennzeichen gesprochener bzw. geschriebener Sprache eingearbeitet worden sind. Es ist sinnvoll, Folien an die Gruppen auszugeben und die Texte darauf schreiben zu lassen. Typische Kennzeichen werden unterstrichen, damit es der Klasse leichter fällt, den S, die ihr Ergebnis präsentieren, zu folgen.

Alternative L teilt zur Unterstützung des Unterrichtsgespräch in Aufgabe a) **Kopiervorlage 54** (*Spoken and written language*) aus. Das Arbeitsblatt macht die S auf die Unterschiede zwischen gesprochener und geschriebener Sprache aufmerksam, die sie instinktiv erkennen und richtig einordnen können. Da es sich um den Einstieg in das Problem handelt, wurden Beispiele gewählt, die sehr eindeutig sind. Es bietet sich an, darauf hinzuweisen, dass die Verwendung von *damn* nicht grundsätzlich ein Kennzeichen gesprochener Sprache ist. Ausgehend von den Beispielen wird der Unterschied in einem nächsten Schritt verallgemeinert.

Lösungsvorschlag: a) ***Text A*** *is a spoken text. Sally is talking to her aunt and uncle. Later she is talking to Mr Holden. There are no links between the sentences in the dialogue. People use only simple words and phrases. They speak in short sentences with simple grammar, and sometimes they only use parts of the sentences.*
Text B *is a written text. Mr Holden writes in the letter to his mother what he thinks and feels. He uses difficult words and phrases and some difficult grammar. He writes in long and whole sentences. And he uses links between his sentences.*

b) ***Text A:*** *Ed: I'm sorry that you don't like your vacation here. We can give you another room if you don't like the view from your room. Other people have liked it very much.*
Mr Holden: Is there a better bed in the other room?
Martha: Well, our beds are hard because that is good for you.
Mr Holden: I don't think hard beds are good. Then tell that girl that she mustn't be rude to the guests. She told me I couldn't ride.
Ed: I'm sure Sally didn't want to be rude. She only wanted to say that some horses work better for some people than for other people.
Mr Holden: Well, that horse didn't work for me. It was really slow.
Ed: We can give you another horse next time.
Mr Holden: There won't be a next time. I'm going to go to Florida next time.
Text B: *Dear Henry,*
I'm sorry to hear that you don't like your holiday. But what do you expect when you go to a guest ranch? Of course, it isn't a hotel. Of course, people in Montana like different music. When I was a girl, we sometimes went to square dances. I liked that very much. If you go to Florida next year, don't bring your laptop. You're on vacation and you mustn't work when your doctor tells you to take a break.
Love, Mom

3 Listening: Trouble with a guest

Ziel: Hörverstehenstraining, einen Kompromiss als Reaktion auf eine Beschwerde erkennen, Wortschatz zur Verwirklichung einer Sprechabsicht sammeln

Materialien LC-CD, Track 28 • → WB ex. 2, 3

LC 28

Text: *Man: Good morning, Ms Fleetwood. What can I do for you? Is everything all right?*
Woman: Good morning, Mr Jones. Actually it isn't. I couldn't sleep at all last night.
Man: I'm afraid I don't understand. Why couldn't you sleep?
Woman: You know what I mean, Mr Jones. The noise from the square dance in the barn.
Man: But Ms Fleetwood, we have a square dance evening every weekend. And it's usually over by eleven o'clock. Why didn't you join in the fun?
Woman: I don't like loud music and I hate dancing. I always go to bed early, you know.
Man: What a pity! Sorry, Ms Fleetwood, but we've never had any guests that didn't like our music before.
Woman: Well, I'm different. I take it there's another square dance evening next Friday? You must do something about it.
Man: Well, all right, Ms Fleetwood. Would you like to move to another room? There's one at the back where you won't hear so much of the music. But it's smaller than the one you have now.

Woman: *No, I don't want to move. I've come here because there is enough noise in the city where I live. In my vacation I need to go somewhere quiet, where I can be away from it all.*
Man: *Hm, I see. Look, Ms Fleetwood, I have another idea. This should be exactly the right thing for you: Why don't you go on a camping trip over the weekend? You could go for a walk in the mountains, everything is so beautiful and quiet out there.*
Woman: *Well, that sounds good to me.*
Man: *OK, we'll organize the trip for you. You see, Ms Fleetwood, here at our ranch everyone gets the vacation they're looking for.*

Hinführung In Anknüpfung an die von den S produzierten Dialoge zwischen Ed, Martha und Mr Holden fragt L, was Ed und Martha wohl über Mr Holden sagen, wenn er nicht dabei ist. Diese Aussagen dürften deutlich unfreundlicher ausfallen als die in den Dialogen verwendeten. L lenkt die Aufmerksamkeit der S auf die Tatsache, dass Dienstleistende ihre Kunden höflich behandeln müssen, auch wenn diese schwierig sind.

Erarbeitung Die Höraufträge müssen in mindestens zwei, wahrscheinlich eher drei Durchgängen bearbeitet werden. Um die ersten beiden Fragen zu beantworten, reicht *listening for the gist*. Das Sammeln von Formulierungen dürfte in vielen Klassen zwei Durchgänge erfordern. L rät den S Abkürzungen zu verwenden, wenn sie die Formulierungen notieren.

Lösungsvorschlag: *1. Ms Fleetwood complains about noise. She couldn't sleep during the square dance evening. Mr Jones is going to organize a camping trip for her at the next square dance evening.*

2. Sorry: I'm afraid, what a pity, sorry;
Suggestion: why didn't you, would you like to, look, I have another idea, this should be exactly the right thing, you could;
Agreeing: well, all right, I see, OK.

Festigung

4 Role play: I want to complain

Ziel: Rollenspiel zur Anwendung der gelernten Redemittel

Materialien → **WB ex. 4, 5**

Erarbeitung In vielen Klassen werden die Partner die Dialoge zunächst einmal zusammen schriftlich ausarbeiten müssen, um zu befriedigenden Ergebnissen bei der Präsentation kommen zu können. In leistungsstarken Klassen reicht die Übungsphase während der Partnerarbeit aus.

Lösungsvorschlag: *B: Is there anything I can do for you?*
A: Well, I hope there is. I went horseback riding this morning. My horse was really wild. That's dangerous.
B: Oh. Which horse did you ride?
A: I think his name was Bronco.
B: He is usually very quiet, but of course you can have another tomorrow. Sugar is really nice. Try her. But perhaps you should take riding lessons, too.
A: Why didn't you tell me that there was a cattle drive yesterday?
B: You were out fishing. We couldn't tell you. I hope you caught a lot of fish.
A: Well, yes, but your brochure says that the nearest river is one mile away, but I had to drive ten miles to go trout fishing.
B: There is a river one mile from here, but in the other river you find a lot more trout.
A: Your brochure also says that there is a swimming pool. I wanted to go swimming yesterday, but then I found that there is no water in your pool.
B: Sorry, we were having a problem with the pool. But next week we're going to fill it.

PB 14

5 A song: Skip to my Lou

Ziel: Auflockerung des Unterrichts durch einen Song

Wortschatz *tune, ⟨to skip⟩, ⟨buttermilk⟩, ⟨two by two⟩, ⟨darling⟩*

Materialien PB-CD 2, Track 14

Erarbeitung Der Text sollte zunächst gelesen werden. Wenn die S über den Inhalt verwundert sind, kann L sie darauf hinweisen, dass es sich um ein bekanntes Kinderlied handelt, und dass auch im Deutschen Kinderlieder oft scheinbar unsinnige Texte haben. Da die Melodie leicht ins Ohr geht, können die S schon beim ersten Hören mitsingen. In Gruppenarbeit können weitere Textzeilen gefunden werden.

Festigung

6 Word power: Find the odd one out

Ziel: Wortschatzwiederholung durch Ausschlussverfahren

Erarbeitung In weniger leistungsstarken Klassen kann L die Aufgabe *Can you make a new group with more words for each odd word you have found?* schriftlich erledigen lassen.

Alternative L kann auch eine(n) *Odd one out*-König(in) küren, indem einzelne S im K.O.-System gegeneinander antreten. L besteht auch hier stets auf einer Begründung.

Lösungen: *1. cougar – the other animals are farm animals*
2. ceiling – the other words are activities
3. saddle – the other words have got something to do with music
4. fall – the other words are parts of your riding gear
5. bank manager – the other words have got something to do with ranches
6. better – the other words are prepositions of place, they tell you where something is
7. compound – the other words are verbs
8. climb – the other words tell you something about feelings
9. work – the other words have got something to do with holidays
10. dialogue – the other words are about writing, this word is about speaking
11. to be located – the other words aren't verbs

text

Rusty's story (S. 78–80)

Thema Die Lebensgeschichte des Pferdes Rusty, das Henry Holden auf der Lazy G Ranch geritten hat

Hintergrundinfo *Rusty's story is similar to the story of many mustangs in the so-called Wild West. Mustangs compete with the ranchers' cattle for the grass and are often considered a nuisance. Sometimes they are caught and broken in, sometimes they are killed and used for cat and dog food. Cowboys like Bronco Bill are described by Monty Roberts in his book 'The Man Who Listens To Horses', published shortly after the enormous success of the novel 'The Horse Whisperer' by Nicholas Evans. Monty Roberts is considered the original 'horse whisperer' by many people. In countless demonstrations he has shown that it is possible to 'break in' a young horse without the use of physical force if you know how to communicate with it. In his book Roberts criticises the brutal methods his father supposedly used to make a horse accept the saddle and the rider. Rusty's biography also shows the dark sides of the rodeo circus where money and fame are often more important than the horse's well-being.*

Redeabsichten Die eigene Meinung äußern und begründen

Wortschatz *to be born, plain, mustang, narrow, canyon, fence, to frighten, truck, bumpy, fear, pain, to train, rider, to tie, post, heavy, sack, terrified, to kick, rope, to pull, training, to get rid of, to trust, to practice (AE), colored, to knock over, ⟨bronco⟩, ⟨fancy⟩, ⟨whip⟩, ⟨corral⟩, ⟨penalty⟩*

Materialien PB-CD 2, Track 15–17 • Folie 24 (*Rusty's story*) • → **WB ex. 1**

Hinführung L sammelt in einem *brainstorming* Wörter an der Tafel, die die S mit dem Stichwort Rodeo in Verbindung bringen.

Erarbeitung **Wortschatz:** L ergänzt weitere Informationen und lässt dabei große Teile des neuen Wortschatzes einfließen (*mustang, bronco, frighten, fear, plain, terrified, kick, pull, rider, heavy, sack, get rid of, whip, etc.*). Das geschieht folgendermaßen: *Here you can see a wild horse. In the USA you call wild horses mustangs. In Montana mustangs sometimes live in the narrow (narrow ↔ broad) canyons between the mountains* (zwei Berge mit Schlucht dazwischen anzeichnen). *But they usually like the plains better. On a plain there is no moun-*

tain. You can see a long way on a plain. Some people catch mustangs, put them on a truck – a truck is bigger than a car – and sell them for example as dog food. When the roads are very bumpy, you can feel it inside the truck (Demonstration) *and the horses are afraid or frightened. You can also say terrified. But some people want to ride mustangs. Then it feels fear, it is frightened and kicks* (Demonstration und Hinweis auf Fußball, Sportzeitung ‚Kicker'). *You call a mustang that has not had a rider on its back a bronco. People often put broncos in corrals. A corral is a piece of land with a fence* (Tafelzeichnung) *and a post* (Tafelzeichnung) *on each side. They sometimes take a rope and tie the horse to a post so that it can't run away. The horses want to run away and they pull and pull* (evtl. anhand eines Seiles oder Schals demonstrieren), *but the rope* (Zeichnung oder Realie) *is stronger. Some people put a heavy – 100 kg are heavy, one kg is not heavy – sack* (wenn nötig, anschreiben) *on the horse's back. The horse doesn't like that and tries to get rid of the sack. It tries to make it go away, for example it tries to throw it off. Sometimes people use a whip* (Tafelzeichnung oder Realie) *to hit the horse. Then it is hurt and feels pain. Of course, the horse doesn't trust people who hurt it. When you trust a person, you are sure that the person is not going to hurt you. People call that training (cognate), but that is not how you train a horse. When you train a horse you must be very nice to the horse and you must practice* (ggf. Hinweis auf das bekannte Substantiv) *a lot. When you try to jump over a fence and the horse knocks the fence down and it falls* (evtl. zuerst *knock* demonstrieren und dann anhand eines aufgestellten Buches *knock down*), *you get a penalty. Maybe some of you know the word penalty from ice hockey. In some horse shows the riders must wear fancy dress. Fancy clothes are clothes you don't usually wear.* Die Thematik des Textes kann schon angerissen werden, indem man einerseits fragt, warum Menschen an Rodeos teilnehmen bzw. sie besuchen, und andererseits die S darüber spekulieren lässt, ob Rodeos den Pferden wohl Spaß machen.

PB 15 PB 16 PB 17

Text: Jetzt wird der Text von der CD präsentiert. Da es sich um einen langen Text mit zahlreichen neuen Wörtern handelt, sind die Bücher geöffnet, um den S die Möglichkeit zu geben mitzulesen. Nach jedem Track (**Track 15**, Zeilen 1–36; **Track 16**, Zeilen 37–77; **Track 17**, Zeilen 78–119) sichern Fragen das Verständnis:
What was Rusty's life like when he was young?
How did he feel when people caught him?
Why did he not like Bronco Bill?
Why did he like Cheryl better?
What does Rusty think about rodeos?
How does he feel about life on the Gooches' ranch?

Alternative

- Die Einführung des neuen Wortschatzes kann auch anhand von **Folie 24** (*Rusty's story*) erfolgen. Sie enthält sechs neue Zeichnungen zum Text und eignet sich sowohl als Semantisierungshilfe als auch zur visuellen Unterstützung während der Textpräsentation von der CD. L deckt die Illustrationen in beiden Fällen nach und nach auf. In der folgenden Stunde wird die Folie zur Nacherzählung der Geschichte eingesetzt. Dies kann in Gruppenarbeit erfolgen. L bildet sechs Gruppen analog zu den sechs Zeichnungen. Nähere Hinweise zum Einsatz der Folie befinden sich im Folienordner.

- Wer Zeit sparen und die Aufgaben zum Text (Übung 1) weglassen möchte, präsentiert den Text von der CD bei geschlossenen Büchern, ohne die S darauf vorzubereiten, dass der Erzähler ein Pferd ist. Zunächst wird so getan, als handele es sich um einen Jungen. Die Grausamkeit, mit der das Pferd behandelt wird, tritt dadurch noch deutlicher in den Vordergrund. In Anlehnung an das in Reiterkreisen bekannte Gebet eines Pferdes kann L eine Wunschliste der Pferde an die Menschen zusammenstellen lassen.

A horse's wishes

- *Give me good food and water.*
- *Let me be together with my friends.*
- *Give me enough exercise.*
- *Tell me clearly what you want in my language.*
- *You can show me that you are the boss, but don't hit me.*
- *Understand that I get frightened easily and that I need to feel safe.*
- *Don't forget to think of my health when you want to win.*
- *Don't sell me when I'm old and weak.*

Lern- und Arbeitstechniken: Die S erweitern ihre Kenntnisse über die Funktion von Textmerkmalen und Textstrukturen. Ferner lernen sie wichtige Diskussionsstrategien kennen und erhalten Anleitungen zur Vorbereitung von kontroversen Gesprächen. Sie sammeln Argumente (*for / against*) zur Begründung ihrer Position und strukturieren die zur Diskussion benötigten Sprachmittel.

1 Looking at the text

Ziel: Textverständniskontrolle durch Strukturierung der Geschichte, Überschriften für einzelne Abschnitte finden (a), Sammeln von Wörtern und Wendungen zur Personenbeschreibung (b), Beschreibung der wichtigsten Charaktere der Geschichte (c)

Wortschatz *to divide, change, positive, copy*

Materialien Kopiervorlage 55 / 55a (*Extras*) • → **WB ex. 2**

Erarbeitung L kann *divide* mit Hilfe einer Tafelzeichnung erklären: Ein Kuchen wird in vier Teile aufteilt. Beim Substantiv *change* genügt der Hinweis auf das bekannte Verb. *Positive* erklärt sich spätestens dann, wenn L es anschreibt. Auch *copy* ist ein *cognate word*, dessen Bedeutung mit dem Hinweis auf das Fotokopieren hinreichend klar sein dürfte. Aufgabe a) erfolgt in einer Partnerarbeitsphase. Die Ergebnisse werden im Plenum besprochen und von L an der Tafel festgehalten.

Zur Bearbeitung von Aufgabe b) teilt L **Kopiervorlage 55 / 55a** (*Rusty's story, Part I / II*) aus. Sie ist identisch mit dem Text im Schülerbuch, so dass die S die farbige Markierung direkt auf den Arbeitsblättern vornehmen können. Anhand der Markierungen wird die Struktur des Textes deutlich. Die S können die Textabschnitte mit überwiegend positiven bzw. negativen Aussagen ebenso wie den gemischten Abschnitt durch die Farbgebung sofort erkennen. Zunächst arbeitet jeder S für sich, dann vergleichen die Banknachbarn ihre Ergebnisse. Im anschließenden Unterrichtsgespräch werden diese abgerufen und an der Tafel fixiert.

Lösungsvorschlag: a)

Rusty's life	*Good or bad?*	
1. Free: with his parents free in the Rocky Mountains (ll. 1–7)	☺	
2. Caught: caught and taken to Bronco Bill (ll. 8–26)		☹
3. Bronco Bill: broken in by Bronco Bill (ll. 27–61)		☹
4. Cheryl: sold to Cheryl (ll. 62–77)	☺	
5. Rodeos: ridden in barrel races (ll. 78–102)	☺	☹
6. Sold again: sold to Ed Gooch (ll. 103–119)	☺	

b) ***More positive:*** ***Part 1:*** *good life (l. 2), run free (l. 3), looked after (l. 6);* ***Part 4:*** *like (l. 64), happy (l. 66), feel safe (l. 73), understand (l. 74), feel good (l. 75), fun (l. 76);* ***Part 5:*** *excited (l. 83), win races (l. 87), a lot of money (l. 88), love (l. 89), happy (l. 90), easy (l. 96);* ***Part 6:*** *good people (l. 105), enjoy life (l. 106), happy (l. 111), never feel alone or scared (ll. 116 / 117), home (l. 119)*

More negative: ***Part 2:*** *a lot of noise (ll. 8 / 9), frightened (l. 9), trap (l. 12), hurt (l. 16), die (l. 19), dark and narrow (l. 22), bumpy (l. 22), scared (l. 23), terrible journey (ll. 23 / 24), fear and pain (l. 26);* ***Part 3:*** *hit (l. 35), terrified (l. 37), couldn't move (l. 38), tied a rope around legs (ll. 40 / 41), stand for hours (ll. 42 / 43), frighten (l. 45), hate (l. 50), kick (l. 54), break leg (l. 55), whip (l. 57);* ***Part 5:*** *terrible (l. 80), dangerous (l. 92), hurt (l. 93), get nervous (l. 98), sad (l. 101), hate (l. 104)*

c) *1. Bill thinks he's great and knows a lot about horses, but he terrifies them and he uses fear and pain to make them do what he wants. He's not a nice person because Rusty had to stand on three legs for hours and Bronco Bill used the whip a lot.*
2. Cheryl is nicer. She didn't hit Rusty and she understood him and wanted him to feel good. But she rode Rusty in rodeo events and they can be very dangerous for horses. When Rusty was too old and slow she sold him. But at least she sold him to good people.
3. Rusty had a hard life. A lot of people were not very nice to him. He was frightened, but he tried to fight, too. When people were nice to him, he learned to trust them and then he did his best for them. He liked it when Cheryl and he won rodeos, but now he is happy to be at home again.

Festigung

2 What do you think?

Ziel: Persönliche Meinungsäußerung

Erarbeitung

Auf die Fragen *Did you like the story?* oder *Did you find it easy to understand?* werden unterschiedliche Antworten kommen. Wenn L dann fragt *Who's right?*, wird den S klar, dass es darauf keine eindeutige Antwort gibt. L macht deutlich, dass jeder das Recht auf seine persönliche Meinung hat, dass aber manche Meinungen überzeugender vorgetragen werden als andere, und dass es möglich ist zu lernen, überzeugend zu argumentieren.

Lösungsvorschlag: *1. I like the story because I can understand horses better now. /*
I don't like the story because there are so many bad people in it.
2. The story is exciting because you want to know what happens to Rusty. /
The story isn't exciting because there's not enough action.
3. The story is interesting because cowboys and horses are interesting. /
The story isn't interesting because there are no fights.
4. The story is easy to understand. I can often guess what the new words mean. /
The story is difficult to understand because there are so many new words.
5. When I read the story, I felt sad because people were so bad to Rusty. /
When I read the story, I felt happy for Rusty because he came home in the end.

Transfer

3 How to discuss things in class

Ziel: Fördern der kommunikativen Kompetenz durch bewusstes Anwenden von Diskussionsstrategien

Wortschatz *to discuss, opinion, discussion, argument, to disagree*

Materialien Kopiervorlage 56 (*Communication skills*)

Erarbeitung

Discuss, discussion und *argument* sind *cognates*, deren Sinn spätestens beim Anschreiben deutlich wird. *Opinion* und *disagree* werden erläutert: *What you think is your opinion. When you have the same opinion as somebody else you agree with him or her, when you have a different opinion, you disagree*. Um die S daran zu gewöhnen, ihre Argumentation zu strukturieren, bespricht L alle vier Schritte zur Vorbereitung einer Diskussion sorgfältig im Plenum und arbeitet sie anhand eines weiteren Themas zunächst relativ schematisch mit den S durch.

Erweiterung

Vor Übung 4 bietet sich der Einsatz von **Kopiervorlage 56** (*A visitor on Lazy G*) an. Es handelt sich um einen Fragebogen mit Auswertung. Ziel ist es herauszufinden, zu welcher Art von Touristen der Bearbeiter gehört. Die S können ihn in Einzel- oder in Partnerarbeit ausfüllen.

4 Some statements you can discuss in class

Ziel: Eine Diskussion führen, das Für und Wider abwägen

Wortschatz 〈*to take a vote*〉

Erarbeitung

Man kann die Themen in Gruppen von etwa sechs S diskutieren lassen. Damit die Diskussion in geordneten Bahnen abläuft, macht sich zunächst jeder Diskussionsteilnehmer in Stillarbeit unter Beachtung der eben gelernten vier Schritte stichpunktartige Notizen zu seiner Argumentation. Dann wird eine Meinungsumfrage durchgeführt. Ein S wird zum Diskussionsleiter ernannt, ein weiterer protokolliert die Argumente. Nach einer festgelegten Zeit zeigt ein neues Meinungsbild, ob die Diskussion jemanden dazu veranlasst hat, seine Position zu ändern.

Alternative

Wenn L etwas mehr Kontrolle über die Diskussion haben möchte, lässt er ein Thema auswählen, zu dem sich jeder in Stillarbeit Argumente zurecht legt. Dann werden bestimmte S aufgerufen, an einer Podiumsdiskussion teilzunehmen. Ein S ist Diskussionsleiter. Die Mitschüler notieren sich während der Diskussion die Argumente, die sie besonders beeindruckend fanden.

Lösungsvorschlag: *2. You have to show your pet who is boss.*
For: *An animal is not a person.*
Animals who think they are the boss can be dangerous.
Pets are happier when they know who the boss is.
Against: *People who do that often hurt their animals.*
It is nicer to be your pet's friend.
Not every animal understands 'a boss' (for example a cat doesn't).

3. A vacation at the seaside is better than a vacation in the mountains.
For: *The weather is usually better.*
You can do a lot of different things.
You meet a lot of people there.
Against: *It's not so hot in the mountains.*
It's nice there in summer and in winter.
You can get away from the crowds.

4. Letters are nicer than e-mails.
For: *You can use nice paper.*
You usually write more carefully.
A love letter is better than a 'love e-mail'.
Against: *It's faster.*
You usually answer more quickly.

let's check

In the country (S. 81)

Materialien Kopiervorlage 57 (*Cloze test*) • Kopiervorlagen 58, 59 (*Word power 1, 2*)

Erweiterung Die **Kopiervorlagen 57–59** sind während der Bearbeitung von *Let's check* an beliebiger Stelle einsetzbar.

1 Word power: Mixed activities

Ziel: Wortschatzwiederholung, Wortschatzstrukturierung, Bewusstmachen von Kollokationen

Materialien → WB ex. 1, 2

Erarbeitung Die Aufgaben a), c) und d) können im Unterrichtsgespräch durchgeführt werden. Aufgabe b) wird in Gruppenarbeit im Unterricht oder als **Hausaufgabe** bearbeitet.

Lösung: a) *2. to book a vacation*
3. to take a break
4. to keep smiling
5. to trust a friend
6. to knock over a barrel

Lösungsvorschlag: b) ***Ranch words***

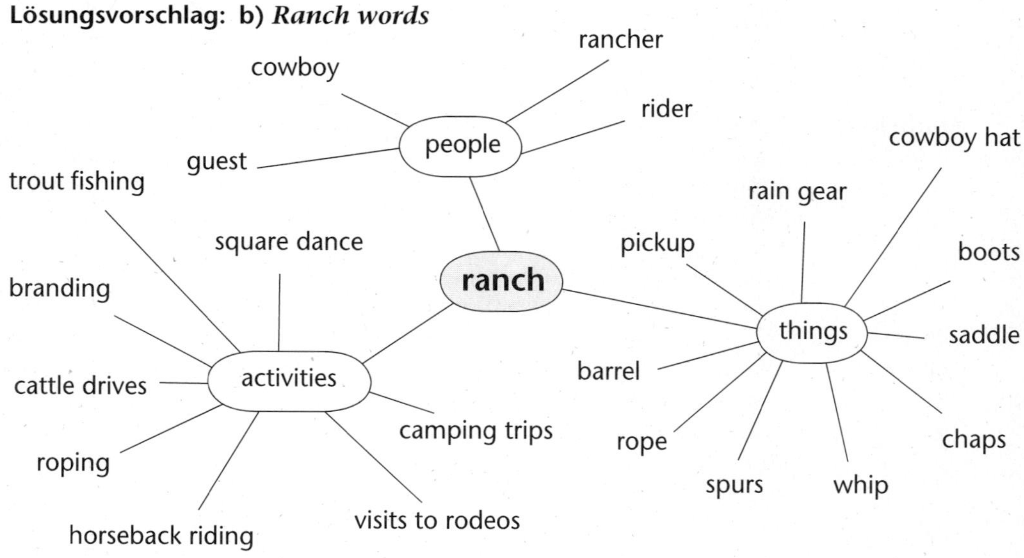

Lösung: c) *1. thin*
2. to pull
3. to disagree
4. narrow
5. to live
6. to break

d) *1. plain*
2. to frighten
3. rope
4. terrified
5. gear
6. pain
7. opinion
8. sack
9. to kick
10. fear

2 A ranch vacation

Ziel: Training der Sprechfertigkeit in Alltagssituationen

Materialien → WB ex. 3

Erarbeitung Die Übung wird, nachdem das Beispiel von zwei S vorgelesen wurde, in Partnerarbeit durchgeführt.

Lösungsvorschlag: *2. You: Have you got any trousers?*
Assistant: Yes, we have. Here are some nice red trousers.
You: No, I think these trousers are not so useful for a ranch vacation.
Assistant: Well, here are some blue jeans.
You: Great. Everybody at the ranch will wear jeans. Can I try them on?
Assistant: Yes, of course.

3. You: Have you got any socks?
Assistant: Yes, we have. Here are some nice pink socks.
You: No, these socks aren't very thick.
Assistant: Well, here are some very thick socks.
You: Great. These are the right socks for a ranch vacation.
Assistant: Anything else?
You: No, that's all. Thanks.

3 Mixed bag: A farmer joke

Ziel: Wiederholung gemischter Pensen, Festigung des Wortschatzes, insbesondere der indefiniten Begleiter

Wortschatz ⟨*kangoroo*⟩, ⟨*grasshopper*⟩

Materialien → WB ex. 3

Erarbeitung Da es sich um eine komplexe Aufgabe handelt, wird die Übung in Stillarbeit vorbereitet, bevor die Lösungen im Unterrichtsgespräch erfragt werden.

Lösung: *1. somewhere*
2. vacation
3. meets
4. invites
5. some
6. some
7. go
8. shows
9. Texas
10. Both
11. Look
12. man
13. nothing
14. live
15. have
16. times
17. some
18. think
19. head
20. there
21. some
22. some
23. life
24. asks
25. any

Materialien → WB ex. 1–5

1 I'll be surprised if ...

Ziel: Festigung der *if-clauses, pattern* 1

Erarbeitung Anhand des Stimulus *I'll be surprised if you have problems with this exercise.* macht L die S auf die zu übende Struktur aufmerksam und lässt, falls nötig, die Regeln kurz wiederholen. Die Übung wird entweder mündlich im Rahmen des Unterrichtsgesprächs oder schriftlich in Stillarbeit erledigt. Ein S schreibt auf Folie, damit die Ergebnisse dann gemeinsam überprüft werden können.

Lösungsvorschlag: *1. **I'll be** surprised if Nottingham Forest **win(s)** the match on Saturday.*
*2. Even if Wayne **plays** his best table tennis, he **won't** beat Carina!*
*3. If we **leave** for the match at eleven, we'**ll get** to Manchester early enough.*
*4. **Will** you **be** annoyed if I **don't come** to the game?*
*5. Your daughter **won't get** better at tennis if she **doesn't do** enough practice.*
*6. If you **like** the brown pony best, **I'll give** him to you to ride again tomorrow.*
*7. An animal **won't love** you if you **don't treat** it right.*
*8. Some birds **(will) learn** to talk if you **take** the time to teach them.*

2 The camping trip

Ziel: Festigung der *if-clauses, pattern* 1 in einem inhaltlich anspruchsvollen Kontext, der verhindert, dass sich die S nur auf die Struktur konzentrieren, und dadurch den Grad der Habitualisierung überprüft

Erarbeitung Mit der Frage *What can you tell me about Mr Holden?* stimmt L die S thematisch auf die Dialoge ein. Die Aufgabe wird schriftlich (als **Hausaufgabe** oder in Stillarbeit) erledigt, da es nicht nur um das Einsetzen der richtigen Form geht, sondern auch um eine inhaltlich stimmige Antwort. Manche S brauchen dafür etwas Zeit, um nachdenken zu können. L kann eine Wiederholung von **G21** (Seite 129) vorschalten, wenn sich in Aufgabe 1 gezeigt hat, dass es noch Probleme mit der Struktur gibt. Nachdem die S schriftliche Lösungsvorschläge erarbeitet haben, tragen sie sie ihrem Partner vor, um dann die Lösungen zu wählen, die präsentiert werden sollen. Jeweils zwei S tragen jetzt die kurzen Dialoge möglichst rollengerecht vor. L kann *grammar detectives* ernennen, die auf die Verwendung der richtigen Struktur achten.

Lösungsvorschlag: *Mr Holden: What will we do if one of us gets ill?*
Chuck: No problem. If one of you gets ill, we'll bring him back to the ranch in the pickup.
Mr Holden: What will we do if we get lost in the mountains?
Chuck: I know the mountains very well, but if we're really in trouble, I'll call Ed Gooch on my mobile.
Mr Holden: What will happen if we have an accident with our pickup?
Chuck: We'll walk all the way back. Sorry, I'm only joking! If that happens, I'll just call Ed and he'll come and fetch us in his jeep.
Mr Holden: What will happen if a cougar attacks us?
Chuck: Don't worry. It's OK. When wild animals see or hear people, they usually run away. If you see a cougar, stand still and make a lot of noise.
Mr Holden: What will I do if a bear comes into my tent?
Chuck: Well, if that happens, don't move and shout for help.

3 Kevin

Ziel: Verwendung der modalen Hilfsverben im Rahmen einer integrativen Aufgabe, gleichzeitige Überprüfung von Textverständnis und der Fähigkeit, die richtige Zeit zu wählen

Erarbeitung L stellt eine inhaltliche Verbindung zwischen den Gefahren in den Rocky Mountains und denen am Great Gable her und weist darauf hin, dass die Höhe der Berge oft gar nicht entscheidend für ihr Gefahrenpotenzial ist. Bei leistungsstarken Klassen bietet sich eine zügige mündliche Bearbeitung im Unterrichtsgespräch an. Bei leistungsschwächeren Klassen ist eine schriftliche Bearbeitung vorzuziehen, ggf. verbunden mit einem Hinweis auf **G23** auf Seite 130.

Lösungsvorschlag: *1. wasn't able to, will have to, will be able to*
2. Will I have to, we'll have to, won't be allowed to
3. was allowed to, wasn't able to, was able to, wasn't allowed to
4. will I be able/allowed to, will be able/allowed to, will have to

4 On the ranch

Ziel: Verwendung von *some, any, no, every* und den jeweiligen Zusammensetzungen

Erarbeitung

L macht darauf aufmerksam, dass es zwar manchmal Unfälle im Urlaub gibt, aber dass normalerweise der Urlaub sehr angenehm ist, was auch daran liegt, dass Menschen ihn angenehm für die Gäste machen, indem sie immer freundlich sind. Der kommunikative Charakter der Übung lädt zur mündlichen Behandlung ein. L kann aber durchaus eine kurze Stillarbeitsphase vorschalten, in der den S Gelegenheit gegeben wird, sich mit den Dialogen vertraut zu machen.

Lösungsvorschlag: a) *1. some, 2. something, 3. any, 4. some, 5. some, 6. Any, 7. no, 8. something, 9. nothing, 10. something*
b) *11. somewhere, 12. someone / somebody, 13. anywhere*
c) *14. nobody, 15. any, 16. some, 17. someone, 18. Any, 19. Nobody, 20. anything*
d) *21. anything, 22. someone/somebody, 23. something, 24. No, 25. anything*
e) *26. any, 27. anything, 28. any, 29. any, 30. any, 31. any*
f) *32. Everyone/Everybody, 33. everything; 34. anywhere; 35. every; 36. some, 37. anything, 38. nothing, 39. everything, 40. anything, 41. anyone/anybody*

5 Donna's things

Ziel: Verwendung von *some* und *any* bei einer Bildbeschreibung

Erarbeitung

Mit dem Hinweis *Let's play a game and test your memory.* dürften die S hinreichend motiviert sein. Nach der Partnerarbeit spielen zwei S ihren Dialog der Klasse vor, um L Gelegenheit zu geben einzugreifen, wenn es nötig sein sollte.

Lösungsvorschlag: – *Are there any books in Donna's room?*
– *Yes, there are some. There are some books on her table.*
– *Right.*
– *Is there anything on the bed?*
– *Yes, there are some dresses on the bed.*
– *Wrong. There aren't any dresses on the bed. They're on the cupboard door.*
etc.

Unit 7: Heroes and heroines / Focus 4: Focus on traditions / Revision 4 (Planungsübersicht)

Abschnitt	Seite	Stunden	Themen / Ziele	Strukturen	Grammatischer Anhang	Übungen	Workbook	CDs	Folien	Kopiervorlagen	Diktat- / Transfertexte
Intro	84, 85	3	Bekannte Figuren aus Geschichte und Populärkultur; Charaktere beschreiben			1–3	1–3	PB 2 / 18–23; LC 29		60	1
Language A	86, 87	3	Handlungen beschreiben; Formen und Funktion von Adverbien	*Adverbs of manner; Position of adverbs;* Verben der sinnlichen Wahrnehmung + *adjective*	G30	1–4	1–5	PB 2 / 24		61	
Language B	88, 89	4	Arbeit in der Kulturindustrie; Beschreiben, was man gut kann; Handlungen und Fähigkeiten vergleichen	*Comparison of adverbs of manner*	G31–33	1–6	1–4	PB 2 / 25, 26	25	62, 63	2
Text	90–92	5	Ein Indianermärchen lesen und zusammenfassen; Einsatz von Stilelementen (T)			1–4	1–5 / LC	PB 2 / 27–30	26	64	
Let's check	93	2	Integration der Lernziele von *Unit 7*			1–4	1, 2			65–67	
Focus 4	94, 95	2–3	Sitten / Gebräuche verschiedener ethnischer Gruppierungen in den USA		G30–33	1, 2	1–5	PB 2 / 31–35; LC 30–32	27	68	
Revision 4	96–99	3–4	*Unit*übergreifende Wiederholung: Schwerpunkt Wortschatz	*Adverbs and adjectives; Position of adverbs; Future tenses; Present perfect*		1–13	1, 2				

Erstinformation

Unit 7 befasst sich mit bekannten Figuren aus Geschichte, Literatur und Populärkultur, einem Thema, das bei den S auf großes Interesse stoßen dürfte, da es in ihrem eigenen Lebensbereich eine große Rolle spielt. Im *Intro*-Teil werden den S mit Pocahontas, Tom Sawyer und Huckleberry Finn, Harry Potter, Batman, Cinderella und Lara Croft einige Beispiele visuell präsentiert, wobei zu jedem Bild ein zuzuordnender Kurztext gehört, der sowohl zur Schulung des Lese- als auch des Hörverstehens herangezogen werden kann. In den anschließenden Übungen haben die S Gelegenheit, eigenes Wissen zu diesen Charakteren und zu ihren persönlichen Lieblingsfiguren einzubringen.

Language A vertieft die neue Thematik. Anlässlich einer Party, die Bruce für seine Freunde gibt, erscheinen alle als die bereits vorgestellten Figuren verkleidet. Verschiedene Eigenschaften und Verhaltensweisen, die für diese Figuren typisch sind, dienen im strukturellen Bereich der Einführung des Adverbs in Gegenüberstellung zum Adjektiv.

In *Language B* ändert sich die Perspektive, aus der das Thema der *Unit* behandelt wird. Tinas Uncle Fred, ein Zeichner von Comicfiguren, wird vorgestellt. In einem Interview für die Schülerzeitung spricht er über seine Tätigkeit, einen *fun job* in der Kulturindustrie. Im grammatikalischen Bereich behandelt dieser *Unit*teil die Steigerung von Adverbien und grenzt Adjektive, die nach Verben der sinnlichen Wahrnehmung stehen, von den Regeln zur Verwendung von Adverbien ab.

Der Haupttext bietet mit *The Native American Cinderella* eine aus dem nordamerikanisch-indianischen Kulturkreis stammende Version des Märchens von Cinderella, das sich sehr gut mit der Grimmschen Fassung, die in *Extra line* (Seite 106) abgedruckt ist, vergleichen lässt. Darüber hinaus lernen die S in diesem *Unit*teil, Charaktere zu beschreiben. Durch den eigenständigen Umgang mit Texten entwickeln sie ein vertieftes Textverständnis und lernen, Stilelemente bewusst einzusetzen. Die selbstständige, kreative Textproduktion dient der Verbesserung des eigenen Schreibstils.

intro Heroes and heroines (S. 84/85)

Thema

Vorstellen bekannter Figuren aus Geschichte, Literatur und Populärkultur

Hintergrundinfo

Pocahontas*, a nickname, meaning 'the naughty one' or 'spoiled child', was the daughter of Powhatan, ruler of the land which the English named Virginia. Her real name was Matoaka. The legend is that Pocahontas saved Jamestown colony from extinction twice, once in 1607, which is the basis for the Disney movie, in which she saves the life of John Smith from execution by her father. In 1614, she saved the colony again by marrying colonist John Rolfe. This marriage created several years of peace between the colonists and the Indians. Pocahontas accepted Christianity and was baptized Rebecca. In 1616, she undertook a tour to England as a visiting princess with her husband, which is covered in Roy Disney's 'Pocahontas II: Journey to a New World'. Pocahontas died of the English disease at the age of 21 or 22 and was buried in the church at Gravesend, England. The Disney film is accurate in some respects, e.g. the settings are portrayed authentically, according to current historical and archaeological knowledge. Many other things, however, are pure fiction, which is strongly criticised by the Powhatan Nation. They even complain that Disney not only gave new life to the 'good Indian/bad Indian theme', but that they badly falsified history in the name of entertainment.*

Tom Sawyer & Huckleberry Finn and Mark Twain (Samuel L. Clemens): *Samuel Langhorne Clemens, who wrote under the pseudonym Mark Twain, signifying 'two fathoms deep' or 'safe water', was born in 1835 in the village of Florida, Missouri. He grew up in the river town Hannibal, which is characterized by a mixture of idyll and nightmare in and around which his two most famous characters, Tom Sawyer and Huckleberry Finn, live out their adventures. 'The adventures of Tom Sawyer' was published in 1876 and was followed in 1883 by 'Adventures of Huckleberry Finn', which had taken Twain eight years to write. These two novels have enjoyed enormous popularity since their publication. It is their colloquial, yet poetic style, their humour and the embodiment of the dream of perfect innocence and freedom that has moved millions of readers of all ages. Mark Twain died in 1910.*

Harry Potter: *J.K. Rowling's Harry Potter books are read by children and adults all over the world and have won many prizes, e.g. The British Book Awards Children's Book of the*

Year, and the Smarties Prize. Their success is also shown in their being translated into many languages. Now they are even available in Latin and Welsh. Like that of her main character, Harry Potter, J. K. Rowling's life also has much of a fairy tale. Divorced and living on public assistance in Edinburgh, with her baby daughter, she wrote the first volume of Harry Potter in a café while her daughter was sleeping. According to Rowling herself, she got the idea for Harry Potter on a train journey from Manchester to London. At present there are five titles available in the Harry Potter series (in reading order: 'Harry Potter and the philosopher's stone', 'Harry Potter and the chamber of secrets', 'Harry Potter and the prisoner of Azkaban', 'Harry Potter and the goblet of fire', 'Harry Potter and the order of the phoenix'.

***Batman:** Batman first appeared in Detective Comics in 1939. In 1940, the character was given his own magazine with the publication of Batman 1. From the 1940s until the 1960s Batman appeared regularly in Detective Comics, Batman, and World's Finest Comics. Because of the figure's popularity, several films were made. Batman is unique from most other super heroes in that he has no super powers but relies on hard training and intellect instead. Known also as 'the Dark Knight' he resides in Gotham City and is the alter-ego of the millionaire Bruce Wayne, who devoted his life to fighting crime after he had witnessed the murder of his parents. Realizing that criminals are often superstitious cowards, he chose his costume after the bat, a dark creature of the night, in order to frighten criminals.*

***Cinderella** seems to be a timeless tale including elements of magic, misfortune, love and the struggle of good versus evil. The story deals with universal issues and is found in many variations around the world, for example in Vietnam, China, Korea, the Philippines, India, Egypt, England and North America, Russia, Czechoslovakia, several Native American nations, Germany and France. The origin of the Cinderella story with which most Germans and Americans are familiar, is the version of the* Gebrüder Grimm *in their '*Kinder- und Hausmärchen*' (1812). Their collection of fairy tales, especially the story of Cinderella, is strongly influenced by the French Charles Perrault (1628–1703), who published a book called 'Fairy tales for adults'.*

***Lara Croft** is the main character of different video games and two films with Angelina Jolie as the heroine, called 'Lara Croft Tomb Raider (2001)' and 'Lara Croft Tomb Raider: The cradle of life (2003)'. Lara Croft was brought up in the world of the English aristocracy. Both her parents died when she was a child. When she was flying home from Switzerland, where she attended a finishing school, her plane crashed over the Alps with Lara being the only survivor. This experience caused her to change her life-style. She decided to fly around the world investigating ruins, tombs, temples and putting her life in danger just for the thrill of it. Like most 'superheroes' Lara Croft has a dual identity. To earn a living, she works as a journalist and writer of travel books, but her real occupation is her interest in archaeological sites and tombs.*

Lernziel Erste Eindrücke und Informationen zu bekannten Charakteren aus Geschichte, Literatur und Populärkultur bzw. Film erhalten, die Informationen auswerten und den zugehörigen Bildern zuordnen, eigenes Wissen zu bekannten Charakteren einbringen, Hörverständnis (Globalverständnis) schulen

Wortschatz *hero (pl. heroes), heroine, cruel, stepmother, stepsister, prince, to fall in love (with), mischievous, however, identity, crime, Cinderella, modern, athletic, archaeology, Native American, chief, colonist, magic, wizard, evil, lord, ⟨quidditch⟩*

Materialien Kopiervorlage 60 (*Extras*) • → **WB ex. 1**

Hinführung Die Einführung erfolgt über ein allgemeines Unterrichtsgespräch zum Thema Lieblingsfilme und Lieblingsbücher, das sich schließlich auf *fairy tales, comics and literature* verengt, so dass anschließend direkt zu den beiden Eröffnungsseiten übergegangen werden kann.

Erarbeitung **Wortschatz:** Der neue Wortschatz wird im L-S-Gespräch eingeführt. Nach dem allgemeinen Einstieg über die Lieblingsfilme und Lieblingsbücher der S äußern sie sich zu den Bildern und erzählen, was sie über die abgebildeten Figuren wissen. L ergänzt die S-Beiträge durch das neue Vokabular, fixiert es an der Tafel und lässt die S die neuen Wörter nachsprechen. *The characters you see on the pictures are all heroes or heroines, this means that they are the main figures from comics, books or fairy tales. If you are very brave or if you saved somebody's life, you are also a hero or heroine.*

Zu Pocahontas (Seite 84, Bild A): *Pocahontas is an Indian who was born in North America and whose forefathers lived there long before. That's why you call someone like Pocahontas a Native American. The leader or boss of an Indian tribe is called chief. The Indians or Native Americans were the first to live in North America, but in the 17th century, many colonists or people from European countries came to live there, too. Colonists are people who leave their countries to live in another country.* Zu Tom Sawyer and Huckleberry Finn (Bild B): *The two boys like playing tricks on other people, so you can say they are mischievous.* Zu Harry Potter (Bild C): *Harry Potter is not a normal person, he is a wizard, who uses magic, for example, he can make cakes or other things fly. He plays quidditch, a typical wizard sport and the evil (evil ↔ good) Lord Voldemort is his worst enemy.*

Zu Batman (Seite 85, Bild D): *Batman wears a mask, so nobody knows who he really is, nobody knows his real identity. He fights crime, for example people who steal money.* Zu Cinderella (Bild E): *Cinderella is a fairy tale, a story which isn't true. A fairy is a good woman with magical powers, for example, a good fairy helped Cinderella. Cinderella has a stepmother and stepsisters, because her father married again, so the stepmother isn't her real mother and the stepsisters aren't her real sisters. The stepmother and the stepsisters do bad things to Cinderella, so they are cruel. A prince falls in love with her, this means that he likes her very much.* Zu Lara Croft (Bild F): *Lara Croft does a lot of sports, so she has an athletic body. She loves archaeology, this means that she is interested in ruins, old castles or temples.* *Modern* ist selbsterklärend und *however ~ but.*

Alternative Die Wortschatzerarbeitung kann auch komplett in die Hand der S gegeben werden. L teilt dazu **Kopiervorlage 60** (*Heroes and heroines*) aus. Sie enthält die sechs Textabschnitte des *Intro*-Teils mit einem breiten Rand. Die S erarbeiten den unbekannten Wortschatz selbstständig mit ihrem Wörterbuch.

Festigung

1 Famous characters

Ziel: Hörtexten Informationen entnehmen und diese Bildern zuordnen (a), Charaktere kategorisieren (b), die persönliche Meinung äußern und begründen (c)

Wortschatz *fairy tale*

Materialien PB-CD 2, Track 18–23

Erarbeitung Die Texte werden nach der Wortschatzerarbeitung zweimal von der CD gehört. Jeder Abschnitt hat eine eigene Track-Nummer. Anschließend lesen die S sie entweder im Klassenverband oder in Stillarbeit noch einmal durch und bearbeiten Aufgabe a). L fordert im Unterrichtsgespräch dazu auf, die getroffenen Entscheidung jeweils zu begründen. Dadurch wird der neue Wortschatz noch einmal umgewälzt und die Möglichkeit zur Aussprachesicherung gegeben.

Lösung: a) *Picture B shows Tom Sawyer and Huckleberry Finn. The information about them is in text 2.*
Picture C shows Harry Potter. The information about him is in text 6.
Picture D shows Batman. The information about him is in text 3.
Picture E shows Cinderella. The information about her is in text 1.
Picture F shows Lara Croft. The information about her is in text 4.

b) ***comics***	***books***	***fairy tales***	***computer games***
Batman	*Harry Potter*	*Cinderella*	*Lara Croft*
(Pocahontas)	*Tom Sawyer & Huckleberry Finn*		

Real person: *Pocahontas*

More details: *Pocahontas: There are two Disney films about her life. Pocahontas is not her real name. Tom Sawyer & Huckleberry Finn: Mark Twain is the author of the books about these two boys. Harry Potter: He had to spend about ten years with the Dursleys: his Aunt Petunia, his Uncle Vernon and his fat cousin Dudley. He is famous, because Lord Voldemort killed his parents and tried to kill him, too, but Harry didn't die. He wears glasses and has a bird named Hedwig. Batman: He choose his costume after an animal that flies at night. Lara Croft: She's the heroine of video games and two films called 'Tomb Raider' and 'The cradle of life'. Cinderella: She is more beautiful than her sisters, that's why they don't like her.*

2 Listening: Choosing a video

Ziel: Globales Hörverstehen schulen, einem Hörtext wesentliche Informationen entnehmen, *note taking*

Wortschatz *library, movie*

Materialien LC-CD, Track 29

LC 29 **Text:** *José: OK, guys. What video are we going to choose? How about a Batman adventure?*
Tina: Oh, no!
Bruce: Not Batman again.
Donna: No way, José! We've seen all the Batman movies already. More than once.
José: OK, OK. Well, somebody else can make a suggestion then.
Bruce: I'd like to watch this Harry Potter video.
Donna: No, not Harry Potter. Please.
Tina: Why not, Donna? Aren't you enjoying the book?
Donna: Yes, I am. It's great. But I'm still reading it, so I don't know the ending yet. And I don't want to know it.
Bruce: Hm. What else is on the shelves?
Tina: Here's Pocahontas.
Donna: But you and I watched that together not long ago, Tina.
Tina: We can watch it again, I don't mind. It's one of my favourite cartoons of all time.
José: Well, I'm not interested in some stupid story about a Native American girl.
Bruce: I agree. It's a girls' movie.
Tina: (indignantly) How can you say that when you haven't ever seen it? Tell them, Donna!
Donna: No, it isn't a stupid story. But once is enough for me.
Bruce: (triumphantly) Three against one. Sorry, Tina!
Tina: Bruce, you're so –
Bruce: Who wants to watch Lara Croft?
Donna: Oh, I do. I've heard that's a really exciting movie.
José: But I think it's on TV tomorrow evening.
Tina: Really? Then it isn't a good idea to get it for this evening.
José: I can see we're never going to agree about what we want to watch this evening. Let's forget it.
Donna: (interrupts) No, wait! Look at this video here. Tom Sawyer and Huckleberry Finn.
Bruce: Are you crazy, Donna? That movie must be at least a hundred years old!
José: Yes, it's in black and white.
Tina: What? No colour? No, thanks!
José: Like I said, let's forget the video and listen to music instead. I have a really cool new CD ... (fade out)

Erarbeitung Die Hinführung zum Thema erfolgt über ein Unterrichtsgespräch darüber, welches Video man zusammen ansehen könnte und welche Schwierigkeiten sich bei der Auswahl ergeben könnten. Anschließend erklärt L, dass José und seine Freunde vor demselben Problem stehen. L fordert die S auf, beim ersten Vorspielen des Hörtextes von der CD nur zuzuhören. Danach übertragen die S die im Buch vorgegebenen Rubriken in ihr Heft und notieren beim zweiten Hören, weshalb die Freunde den jeweils vorgeschlagenen Film nicht sehen wollen. Bei schwächeren Lerngruppen fordert L die S auf, beim ersten Vorspielen nur auf die Filme bzw. Charaktere zu achten und sich erst beim zweiten Hören auf die gegen den jeweiligen Film vorgebrachten Gründe zu konzentrieren. Die Notizen werden dann erst beim dritten Durchgang angefertigt.

Lösung:

Character	***Reason***
Batman	*have already seen all the Batman movies*
Harry Potter	*Donna is still reading it, doesn't want to know the ending*
Pocahontas	*Donna has already watched it, Bruce and José think it's a girls' movie*
Lara Croft	*is on TV the next evening*
Tom Sawyer & Huckleberry Finn	*too old and in black and white*

Festigung

3 Who is it?

Ziel: Erweiterung der Thematik *heroes and heroines* in Quiz-Form, Einbringen persönlicher Interessen und Vorlieben, *note taking*

Materialien → WB ex. 2, 3

Erarbeitung Mit dieser Übung wird die Thematik erweitert, da die S ihre eigenen Interessen und Vorlieben einbringen können. Die Übung wird entweder als **Hausaufgabe** aufgegeben oder in Partnerarbeit während der Unterrichtsstunde erledigt. Um den S hinsichtlich Umfang und Gestaltung eine Hilfestellung zu bieten, gibt L folgende Schlagwörter vor: *Appearance/Special features/Short summary of the plot/Author of the book or main actor (actress) in the film/Title of one of the books (films).*

language

A A party (S. 86 / 87)

Thema Verkleidungsparty bei Bruce

Lernziel Übertragung der Thematik *heroes and heroines* auf die Lebenswelt der S, ein Partygespräch verfolgen, Formen und Funktionen von Adverbien kennen lernen und selbstständig anwenden

Redeabsichten Handlungsabläufe beschreiben und Aussagen wiedergeben

Wortschatz *to recognize, scar, to behave, ear, to change one's mind*

Materialien PB-CD 2, Track 24

Strukturen Formen und Funktionen von Adverbien

Hinführung Die Hinführung zum Thema erfolgt über ein Unterrichtsgespräch über Parties im Allgemeinen, z. B. welche Art von Parties es gibt und welche Vorbereitungen dabei zu treffen sind. Dann wird zur speziellen Situation, nämlich der Verkleidungsparty, die Bruce organisiert hat, übergeleitet.

Erarbeitung **Wortschatz:** Die Erarbeitung des Wortschatzes erfolgt im L-S-Gespräch anhand der Illustration im Schülerbuch (Seite 86). Die S beschreiben die dargestellten Personen, soweit es ihnen möglich ist. L liefert den neuen Wortschatz: *The first boy has a <u>scar</u>, so you can see, he's Harry Potter. You <u>recognize</u> him immediately because of his scar. Everybody recognized Batman because of his black mask with the two <u>ears</u>. The blonde girl doesn't wear a costume. Maybe she wore a costume at first, but then <u>she changed her mind</u> and now she wears normal clothes. Bruce's guests all <u>behave</u> very well on his party, so his parents have no reason to complain.*

PB 24

Text: Nachdem der neue Wortschatz eingeführt wurde und die S wissen, als welche Figuren sich die Gäste von Bruce verkleidet haben, bietet sich die Textpräsentation bei geschlossenen Büchern von der CD an. Vor dem zweiten Hören werden die S aufgefordert darauf zu achten, welcher Gast in welcher Verkleidung erscheint. Nach der anschließenden Besprechung wird der Text mit verteilten Rollen gelesen. Die Überprüfung des Textverständnisses erfolgt in Übung 1. Da die S dort bereits Adverbialstrukturen verwenden müssen, bietet sich der direkte Übergang zur induktiven Regelfindung in Übung 2 an.

Lern- und Arbeitstechniken: Die S erarbeiten ein weiteres Grammatikkapitel induktiv. Sie erstellen ein *grid* und leiten selbstständig die Anwendungsregeln ab.

Festigung

1 What they say

Ziel: Textverständniskontrolle, erste Verwendung von Adverbien

Erarbeitung Diese Übung dient sowohl zur Überprüfung des Textverständnisses als auch zur – zunächst unbewussten – erstmaligen Verwendung von Adverbien, da die entsprechenden Textpassagen von den S wiedergegeben werden. Anhand dieser Übung macht L bereits auf das Adverb als neue grammatische Struktur aufmerksam, die dann mit Hilfe von Übung 2 induktiv erarbeitet wird. Alternativ kann L auch mit Übung 2 beginnen und die Textverständniskontrolle anschließend durchführen.

Lösung: *1. Donna couldn't see Bruce's scar clearly at first.*
2. Bruce says that José made his costume very cleverly.
3. Nobody is talking to the Joker because he's smiling so nastily.
4. He doesn't want the Joker to behave badly./He says to the Joker: "Don't behave badly at my party."
5. He says: "What beautiful ears you have. Would you like to dance with me? I'm sure you dance beautifully."
6. Donna thinks that Bruce has organized the party really well.

2 Adjectives and adverbs

Ziel: Induktive Erarbeitung der Unterschiede zwischen Adjektiven und Adverbien (a), Regelfindung und Vertiefung (b), Rückführen der Adverbien auf die Adjektive (c), Bewusstmachen der Schwierigkeiten bei der Schreibung einiger Adverbien und Darstellung einiger unregelmäßiger Adverbbildungen (d)

Wortschatz *adverb, adverb of manner, spelling*

Materialien → WB ex. 1, 2

→ G30 (p. 134)

L greift die vorgegeben Beispiele auf, die den entsprechenden Adjektiven gegenübergestellt werden und entwickelt ein Tafelbild, das die S in ihre Hefte übertragen. Hilfreich ist hierbei, wenn der jeweilige Bezug der Adverbien zum Verb bzw. der Adjektive zum Substantiv farblich hervorgehoben wird. Bei einem Vergleich der Beispielsätze stellen die S fest, dass Adverbien in der Regel nach dem Verb bzw. dem Objekt stehen und zur Beschreibung von Tätigkeiten verwendet werden. Den S wird deutlich, dass Adjektive im Unterschied zu Adverbien eine Person oder Sache beschreiben und entweder vor einem Substantiv oder nach dem Verb *to be* stehen. Sie erkennen, dass Adverbien der Art und Weise beschreiben, wie etwas passiert.

Difference between adjective and adverb

I'm a bad guy. *That's an easy question.* *I am nasty.*	*Don't behave badly.* *Everyone else recognized me easily.* *You're smiling so nastily.*
Adjectives describe a noun (= a person or thing).	*Adverbs describe a verb (the action). You put them after the verb or the object.*

L lässt den S nun Zeit, Aufgabe b) zu erledigen. Sie müssen dabei den Text noch einmal sorgfältig durcharbeiten und alle Adjektive und die dazugehörenden Adverbien in einem *grid* festhalten. Im nächsten Schritt geht L auf die Bildung der Adverbien ein. Die S erkennen, dass Adverbien häufig aus Adjektiven gebildet werden, an die *-ly* angehängt wird. Auf die Unregelmäßigkeiten, die auch im Text auftreten, z.B. *hard – hard, fast – fast, good – well,* wird besonders hingewiesen. L hält die Ergebnisse an der Tafel fest:

Formation of adverbs

Regular forms

adjective + -ly = adverb

Be careful with the spelling!

terrible – terribly
angry – angrily
careful – carefully

Irregular forms

adjective	*adverb*
good	*well*
fast	*fast*
hard	*hard*

Lösungsvorschlag: a) *Adjectives describe a noun. Adverbs describe a verb. You put adverbs usually after the verb or the object.*

b) ***Adjective***	***Adverb***
Clever *girl.*	*José's made his costume very* ***cleverly****.*
I'm ***nasty****.*	*You're smiling so* ***nastily****.*
I'm a ***bad*** *guy.*	*Don't behave* ***badly*** *at my party.*
It'll be a ***hard*** *job.*	*I'll try* ***hard*** *to be nice to everybody.*
What ***beautiful*** *ears you have!*	*I'm sure you dance* ***beautifully****.*
This is nice ***fast*** *music.*	*Say it* ***fast****.*
This is a ***good*** *party.*	*You've organized it really* ***well****.*

c) ***Adjective***	***Adverb***
noisy	*noisily*
careful	*carefully*
athletic	*athletically*
excited	*excitedly*
safe	*safely*

d) (siehe Tafelbild 2, Seite 162) ***How to make most adverbs:*** Grundsätzlich werden die meisten Adverbien gebildet, indem man an das entsprechende Adjektiv *-ly* anhängt.
Difficult to spell regular adverbs: *1.* Bei Adjektiven, die auf *-le* enden, fällt im Adverb das *-e* weg und man hängt *-ly* an. *2.* Bei Adjektiven, die mit einem Konsonanten + *-y* enden (z. B. *angry*), wird das Suffix *-ily* angehängt. *3.* Endet ein Adjektiv auf *-ful*, so wird *-ly* angehängt, das *-l* also verdoppelt. 4. Endet ein Adjektiv auf *-ic* (z. B. *athletic*), so wird *-ally* angehängt.
Irregular adverbs: *good – well, fast – fast, hard – hard.*

Festigung

3 Superman to the rescue

Ziel: Adverbien bilden und in korrekter Wortstellung verwenden

Materialien → WB ex. 3, 4

Erarbeitung Der Einstieg zu dieser Übung erfolgt durch ein Unterrichtsgespräch über Superman im Allgemeinen und die Unterschiede zu Batman im Besonderen. Bei stärkeren Lerngruppen lässt L die S unter Verwendung von Adverbien eigenständige Sätze bilden, wie Superman etwas tut. Bei schwächeren Klassen erfolgt dies erst nach der Bearbeitung der Übung.

Lösung: *2. A fire shoots through a house quickly.*
3. Two children upstairs scream loudly.
4. Neighbours stand and watch the fire helplessly.
5. Superman flies to the scene fast.
6. Everybody starts to cheer excitedly.
7. They know their hero well.
8. Superman brings the children out safely.
9. Everybody can smile again happily.

Festigung

4 At Cooper Middle School

Ziel: Verwendung von *adverbs of manner* zur Situationsbeschreibung

Materialien Kopiervorlage 61 (*Grammar plus*) • → WB ex. 5

Erarbeitung L lässt die S die Bilder zunächst kurz beschreiben, um die dargestellte Situation zu verdeutlichen und weist sie dann an, Sätze mit Adverbien zu bilden, die beschreiben, wie etwas getan wird.

Lösungsvorschlag: *2. The girl is cheering excitedly. The Cougars are winning.*
3. The teacher is running fast to her next lesson. She is late for her class.
4. The boy is doing his homework badly. He can't wait to go to the party.
5. The girl is smiling happily. A nice boy has invited her to dance.
6. The teacher is shouting angrily. The students aren't listening to him. They're talking loudly.

Erweiterung Nach Übung 4 bietet sich der Einsatz von **Kopiervorlage 61** an. Sie dient zur Festigung der neuen grammatischen Struktur und enthält drei verschiedene Übungen zur kontrastiven Verwendung von Adjektiven und Adverbien.

B A fun job (S. 88/89)

Thema Die Arbeit eines Zeichentrickkünstlers in der Kulturindustrie

Hintergrundinfo *__Walt Disney World__ is extremely popular with children and families, as it brings Disney's films as well as many fairy tales to life. There are Disney World Parks in California, Florida, Paris, Tokyo and soon there will also be one in Hong Kong. They usually consist of two water parks, the Blizzard Park and the Typhoon Lagoon, and several theme parks, e.g. the Magic Kingdom, where you can join Cinderella's surprise celebration (a live event), or the Disney-MGM-Studio, where you discover the world of showbiz. In the Disney-Animal-Park you can see dinosaurs and you can participate in a festival of the Lion King and many more things.*

Lernziel Ein Interview lesen und nachvollziehen, die Fragetechnik im Interview vertiefen

Redeabsichten Beschreiben, was man gut machen kann, Handlungen und Fähigkeiten vergleichen

Wortschatz *company, imaginative, version, ⟨animator⟩*

Materialien PB-CD 2, Track 25

Strukturen Die Steigerung von Adverbien, Adjektive nach Verben der sinnlichen Wahrnehmung

Hinführung Die Hinführung erfolgt über ein Unterrichtsgespräch zum Thema *A fun job*. Die S bringen ihre Vorstellungen ein, welcher Beruf ihrer Ansicht nach ein *fun job* ist und begründen dies. Anschließend wird Tinas Onkel Fred vorgestellt und zum Text übergegangen.

Alternative L kann auch mit einem Gespräch über Disney World (das in Übung 6 wieder aufgegriffen wird) beginnen und danach fragen, wie all die Figuren, die in Disney World bzw. in den Comics und Filmen zu sehen sind, eigentlich entstehen.

Erarbeitung **Text:** Eine gesonderte Wortschatzeinführung erübrigt sich hier, da die wenigen neuen Vokabeln aus dem Kontext heraus verstanden werden. Der Text wird ohne weitere Vorentlastung von der CD präsentiert, die S lesen mit. Anschließend wird er gemeinsam gelesen. Das Global- und Detailverständnis wird überprüft und die Frage aufgegriffen, weshalb Onkel Freds Beruf für ihn ein *fun job* ist.

Strukturen: Nach der inhaltlichen Besprechung des Textes erfolgt die nochmalige Durchsicht im Hinblick auf die Steigerung von Adverbien. Die S erarbeiten das Pensum in Übung 1 induktiv.

Erweiterung Selbstständige Fortführung des Interviews in Partnerarbeit, wobei ein S die Rolle von Uncle Fred, der andere S die Rolle von Tina übernimmt.

1 More about adverbs

Ziel: Induktive Regelfindung zur Steigerung von Adverbien und Kennenlernen der unregelmäßigen Steigerungen

Erarbeitung Diese Übung kann in Partner- oder Gruppenarbeit durchgeführt werden. L macht die S auf Grammatikpunkt **G31** aufmerksam. Die Ergebnisse, die die S zusammengetragen haben, werden in einem Tafelbild oder auf Folie festgehalten. Die S übertragen es in ihre Hefte.

→ G31 (p. 134)

The comparison of adverbs

Regular forms	*Irregular forms*
fast – faster – fastest *(one syllable = + -er, -est)*	*well – better – best* *(adjective: good – better – best*
slowly – more slowly – most slowly *(adverbs ending -ly = + more, most)*	*badly – worse – worst* *(adjective: bad – worse – worst)*

Lösung:

Comparative adverb forms	*Superlative adverb forms*
harder (hard)	*most happily (happy)*
better (good)	*hardest (hard)*
more freely (free)	*worst (bad)*
more easily (easy)	
faster (fast)	
worse (bad)	

Rule for regular adverbs: Adverbien mit der Endung *-ly* werden ebenso wie mehrsilbige Adjektive mit *more* und *most* gesteigert. Einsilbige Adverbien werden wie einsilbige Adjektive mit *-er* und *-est* gesteigert.

Irregular forms: Nur die Grundformen der Adjektive *good* und *bad* unterscheiden sich von denen der Adverbien, die Steigerungsformen sind gleich.

Festigung

2 More from the interview

Ziel: Anwendung des Komparativs von Adverbien

Materialien → WB ex. 1

Erarbeitung Diese Übung eignet sich als Einzel- bzw. Stillarbeit. Die Ergebnisse werden anschließend im Klassenverband besprochen.

Lösung: *1. faster*
2. more carefully
3. better
4. more slowly
5. harder
6. more crazily
7. worse

Festigung

3 Winners

Ziel: Anwendung und Vertiefung der Steigerung von Adverbien (Komparativ und Superlativ), Vergleiche mit Adverbien im Satz

Materialien → WB ex. 2

Erarbeitung Diese Übung lässt sich gut als Wettkampf verschiedener Gruppen gestalten. Zunächst wird sie aber im Klassenverband mit den vorhandenen Beispielsätzen durchgeführt. L erinnert an die Vergleiche mit Adjektiven im Satz. Analog dazu wird ein Tafelbild zum Ausdruck von Gleichheit bzw. Ungleichheit mit Adverbien entwickelt:

→ G32 (p. 135)

Comparisons with adverbs

Gleichheit	*Ungleichheit*
as … as	*(more) … than*
Donna dances as beautifully as Sally. *Our car drives as fast as your car.*	*Donna dances more beautifully than Sally.* *Our car drives faster than your car.*
	not as … as
	Donna doesn't dance as beautifully as Sally.

Erweiterung Danach lässt L Gruppen bilden und fordert sie auf, sich möglichst viele vergleichbare Sätze auszudenken. Gewonnen hat die Gruppe mit den meisten Sätzen. Alternativ kann diese Aufgabenstellung auch als **Hausaufgabe** erfolgen.

Lösung: *2. The winner of the red hat has to sing worst – worse than everybody else.*
3. The winner of the yellow hat has to sneeze most funnily – more funnily than everybody else.
4. The winner of the orange hat has to eat cake fastest – faster than everybody else.
5. The winner of the green hat has to talk rubbish best – better than everybody else.
6. The winner of the purple hat has to bark most realistically – more realistically than everybody else.

Festigung

4 Adjectives after verbs

Ziel: In einem Hörtext auf den Ausdruck von Gefühlen achten, Bewusstmachen der Verwendung von Adjektiven nach Verben der sinnlichen Wahrnehmung

Wortschatz *popcorn*

Materialien PB-CD 2, Track 26 • Folie 25 (*A party*)

Erarbeitung (PB 26) Die Texte werden zweimal von der CD vorgespielt. Danach lesen mehrere S sie möglichst ausdrucksvoll vor. Die Liste mit den Adjektiven nach den Verben, die die S in Aufgabe b) zusammengetragen haben, wird im Klassenverband besprochen. Zur Regelfindung wird folgendes Tafelbild erstellt, das die S in ihre Hefte übertragen:

→ G33 (p. 135)

Adjectives after verbs

I feel angry.	*Verbs + adjective:*
These flowers smell fantastic.	
It tastes wonderful.	*to feel, to smell, to taste, to sound, to look*
This song sounds good.	
He seemed nice.	*to seem, to become, to get* (werden)

Wichtig ist, dass den S deutlich wird, dass es sich bei diesen Verben, nach denen ein Adjektiv steht, um Verben der sinnlichen Wahrnehmung handelt, die keine Tätigkeit, sondern eine Person oder Sache beschreiben und daher nicht von Adverbien, sondern von Adjektiven begleitet werden.

Lösungsvorschlag: b) ***Adjectives after verbs:*** *feel, smell, taste, sound, seem, get, look;*
1. I don't feel good today.
2. It smells great in the kitchen.
3. I hope Dad's cake will taste as good as it smells.
4. Your new CD sounds beautiful.
5. He only seems angry, I'm sure he's OK.
6. Why did your friend get so angry?
7. Do you know why she's looking so sad?

Erweiterung Nach Übung 4 bietet sich zur Vertiefung des gesamten grammatischen Pensums von *Unit* 7 der Einsatz von **Folie 25** (*A party*) an. Sie enthält zwei Etagen eines Wohnhauses, in denen unterschiedliche Parties stattfinden. Die obere Zeichnung zeigt eine Party von Jugendlichen, die untere eine von Erwachsenen. L fordert die S auf, die beiden Parties zu beschreiben. Dazu werden Adjektive an der Tafel gesammelt. In einem nächsten Schritt beschreiben die S die Tätigkeiten, die auf den Parties stattfinden. Dazu werden Adverbien an der Tafel gesammelt. Nachdem beide Bilder beschrieben wurden, werden sie miteinander verglichen. Nähere Hinweise zum Einsatz der Folie befinden sich im Folienordner.

5 Talking about movies

Ziel: Einsetzen von Adverbien und von Adjektiven nach Verben der sinnlichen Wahrnehmung

Wortschatz *to end*

Materialien Kopiervorlage 62 (*Grammar plus*) • → WB ex. 3, 4

Erarbeitung Die Übung wird mündlich im Klassenverband durchgeführt. L oder ein S fixiert die Ergebnisse an der Tafel oder auf einer Folie.

Lösung: *1. feel happy*
2. to eat popcorn quietly
3. sound realistic
4. see well
5. happen fast
6. look good
7. ends differently
8. get too nervous

Erweiterung Zur weiteren Festigung der grammatischen Pensen bietet sich **Kopiervorlage 62** (*A questionnaire*) an. Es handelt sich um einen Fragebogen, den die S zunächst selbst ausfüllen. Anschließend stellen sie die Fragen an einen Partner und vergleichen die erhaltenen Ergebnisse schriftlich mit ihren persönlichen Einträgen.

6 Tina's trip to Disney World

Ziel: Verwendung von Adjektiven und Adverbien mit Steigerungsformen, Adjektive nach Verben der sinnlichen Wahrnehmung

Wortschatz *to suggest*

Materialien Kopiervorlage 63 (*Extras*)

Erarbeitung Die S bearbeiten die Übung in einer Stillarbeitsphase. L oder ein S notiert die Ergebnisse anschließend zur Kontrolle an der Tafel oder auf Folie.

Lösung: *1. fantastic*
2. well
3. different
4. angry
5. cleverly
6. more easily
7. wonderful
8. happily
9. famous
10. beautiful
11. slowly
12. funniest
13. excited
14. loudly
15. nice
16. broad
17. broadly
18. fast
19. sad

Erweiterung Zum Abschluss von *Language B* kann **Kopiervorlage 63** eingesetzt werden. Sie enthält zwei weitere Einsetzübungen zur kontrastiven Verwendung von Adjektiven und Adverbien. Das Arbeitsblatt eignet sich auch als schriftliche **Hausaufgabe**.

text The Native American Cinderella (S. 90–92)

Thema Ein Indianermärchen kennen lernen

Wortschatz *invisible, tent, to go down, to lie, gentle, rag, to cut (off), to burn, coal, to mend, fool, kind, rainbow, Milky Way, to punish, leaf (pl. leaves), to tremble,* ⟨*warrior*⟩, ⟨*moose (pl. moose)*⟩, ⟨*ornament*⟩, ⟨*bowstring*⟩, ⟨*aspen*⟩

Materialien PB-CD 2, Track 27–30 • Folie 26 (*The Native American Cinderella*)

Lernziel Die Textsorte Indianermärchen kennen lernen

Redemittel Charaktere beschreiben

Hinführung Um in die Thematik Indiandermärchen einzusteigen fragt L die S, welche Indianergeschichten sie kennen. Wahrscheinlich werden sie Winnetou oder Pocahontas nennen.

Erarbeitung L legt als Einstieg **Folie 26** (*The Native American Cinderella*) auf. Die Folie zeigt die vier Abbildungen aus dem Schülerbuch und zwei weitere Zeichnungen zu der Geschichte. Die Zeichnungen werden einzeln aufgedeckt und die S beschreiben zunächst die Bilder und die dargestellten Personen.

Erweiterung Da es in diesem *Unit*teil u. a. um kreatives Erzählen geht, kann L die S in Partner- oder Einzelarbeit eine eigene Geschichte zu den Illustrationen ausdenken lassen, die vorgetragen wird, bevor zur Semantisierung des Wortschatzes und zur Lektüre des eigentlichen Textes übergegangen wird. **Folie 26** wird nach Abschluss der Texterarbeitung noch einmal zur Nacherzählung der Geschichte herangezogen.

Wortschatz: Während die S beschreiben, was auf den Bildern der Folie zu sehen ist, liefert L Zusatzinformationen in Form von neuem Vokabular und fixiert dieses schriftlich an der Tafel. Sinnvoll ist es, den Text und damit auch die Wortschatzeinführung in die vom Buch vorgegebenen Abschnitte zu untergliedern. Um bei der Beschreibung der Bilder nicht zuviel vorwegzunehmen, bleiben einige Wörter zunächst unerklärt, da sich deren Bedeutung entweder aus dem Kontext erschließen lässt oder es für die S interessant ist, über deren Bedeutung zu spekulieren, so z.B. *invisible (l. 4), moose (l. 26), to lie (l. 28), to burn one's face with coal (l. 39), fool (l. 67), rainbow (l. 84), Milky Way (l. 87), to punish (l. 105), aspen trees (l. 107), to tremble (l. 109).*

Bei der Semantisierung der neuen Wörter orientiert L sich an den Abbildungen 1 und 3 auf **Folie 26**, die mit den Zeichnungen im Schülerbuch (Seite 90) identisch sind. *Look at picture No. 1: There are two Indians, a man and a woman, the man is a fighter or a warrior. At night, when the sun goes down, the two Indians go into their tent, the place where they live and sleep. The woman looks very friendly or gentle or kind. Indians often do archery. So they need a bow and an arrow. And if they want to shoot the arrow, they need a bowstring for the bow. The two women in picture No. 3 who are standing, wear beautiful clothes with many ornaments, but the woman, who is on her knees wears only old rags. Rags are very old clothes which you must mend* (gestisch darstellen) *if you want to use them again. The two women cut off the other woman's hair with a knife.*

PB 27

Text: Jetzt wird der erste Abschnitt des Textes (**Track 27**, Zeilen 1–30) bei geschlossenen Büchern von der CD präsentiert. Die S werden gebeten, darauf zu achten, was über die beiden abgebildeten Personen in der ersten Zeichung gesagt wird. Nach der inhaltlichen Besprechung und dem gemeinsamen Lesen lässt L die S darüber spekulieren, woher *Strong Wind* denn wusste, wer ihn sehen konnte und wer nicht. Bei der Besprechung ist auf die Klärung der Vokabeln *moose* (Zeile 26) und *lying* (Zeile 28) zu achten. Daran schließt sich das Hören mit anschließender Lektüre des zweiten Abschnittes (**Track 28**, Zeilen 31–61) an. Das korrekte Verständnis von *to burn one's face with coal* und *fool* werden überprüft. Sicherlich denken sich die S bereits, dass nun auch die dritte Tochter ihr Glück versuchen will. L lässt sie daher darüber diskutieren, wie es ihr wohl gelingen könnte, den unsichtbaren *Strong Wind* zu sehen. Danach wird der dritte Abschnitt gemeinsam gehört und gelesen (**Track 29**, Zeilen 62–87). Die unbekannten Wörter *rainbow* und *Milky Way* werden von den S erschlossen. Den letzten Abschnitt spielt L zweimal von der CD vor (**Track 30**, Zeilen 88–115) und sichert das Verständnis der verbleibenden Wörter *to punish, aspen trees* und *to tremble*.

PB 28

PB 29

PB 30

Festigung

1 Describing the characters

Ziel: Die Charaktere in dem Märchen beschreiben

Wortschatz *description*

Erarbeitung Bei lernstarken Gruppen wird die Übung in Gruppenarbeit durchgeführt, wobei jede Gruppe einen der Charaktere aussucht und beschreibt. Die Gruppen präsentieren ihre Ergebnisse, die an der Tafel fixiert und von den anderen S in ihre Hefte übertragen werden. Bei leistungsschwächeren Lerngruppen werden beide Übungsteile im Klassenverband erarbeitet.

Lösungsvorschlag: a) ***The chief's youngest daughter:*** *much younger than her two sisters/very beautiful and gentle, everybody loved her/worked hard/had only rags to wear/her sisters cut off her long black hair/her skin had scars because her sisters burned her face with coal from the fire / told the truth/got beautiful clothes and beautiful ornaments from Strong Wind's sister/became Strong Wind's wife and helped him to do his great work*
Additional words: *pretty, lovely, friendly, wonderful, helpful, poor, honest, lucky and happy (in the end)*

The chief's older daughters: *were jealous of their younger sister and treated her cruelly/ both of them lied because they wanted to marry Strong Wind /laughed at their younger sister and called her a fool when she went to look for Strong Wind/were angry when Strong Wind married their sister/Strong Wind changed them into aspen trees because they treated their sister cruelly/that's why they have always trembled as soon as the wind comes*

Additional words: *evil, false, jealous, disappointed, angry, unhappy (in the end)*

Strong Wind: *was a great Native American warrior who lived on a beautiful part of the Atlantic coast/lived in a tent together with his sister/was famous because he had the power to become invisible/this helped him to go to his enemies and to listen to their plans/many girls wanted to become his wife but he used a clever trick to check if the girls told the truth/became visible to the youngest daughter because she told the truth and married her/punished the two older sisters*
Additional words: *brave, clever, imaginative, powerful, rich*

Strong Wind's sister: *lived in a tent with her brother/helped her brother with his work and with his trick/was kind to the youngest daughter and prepared her to become Strong Wind's wife*
Additional words: *helpful, kind*

b) ***The chief's youngest daughter*** *was very beautiful, gentle and hard-working. But her sisters hated her and treated her cruelly. She became Strong Wind's wife because she was honest. She told the truth when she said that she didn't see him.*

The chief's older daughters *were jealous of their younger, much more beautiful sister and did evil things to her. Both of them wanted to marry Strong Wind. That's why they lied and said that they could see him and his sled. In the end Strong Wind punished them. He changed them into aspen trees which always tremble when he comes near.*

Strong Wind *was a famous warrior with the power to become invisible. As many girls wanted to marry him, he used a clever trick to find out who was telling the truth. He married the chief's youngest daughter because she didn't lie. He punished her two cruel sisters and changed them into aspen trees with his great power.*

Strong Wind's sister *lived with her brother and helped him to find the right girl. She was very kind to the chief's youngest daughter and prepared her to become Strong Wind's wife.*

⟨2⟩ Different versions of *Cinderella*

Ziel: Vergleich zweier Versionen des Märchens (a), Ähnlichkeiten schriftlich zusammenfassen (b)

Wortschatz *similar, summary*

Materialien → WB ex. 1, 2

Erarbeitung Vor der Bearbeitung der Übung stellt L die Frage, weshalb die Geschichte wohl den Titel *The Native American Cinderella* trägt. Die S skizzieren kurz den Inhalt der *Cinderella*-Version, die ihnen geläufig ist. Da das Märchen den S vertraut ist, bereitet das unbekannte Vokabular bei der Lektüre der Grimmschen Fassung (Seite 106 im Schülerbuch) keine besonderen Schwierigkeiten.

Alternative **Wortschatz:** Bei leistungsschwächeren Lerngruppen erfolgt eine traditionelle Vorentlastung des wichtigsten Wortschatzes (die vollständige Semantisierung befindet sich im Kapitel *Extra line*, Seite 189): *Cinderella got her name, because she had to sleep in the cinders (this is what is left if you burn wood or coal) or you can also say ashes by the hearth (a kind of oven with an open fire). If you have to sleep there, you get very dirty (dirty ↔ clean). She had to pick out (= take out) the lentils (very small, round, brown vegetable), but two doves (special birds) helped her. When her mother died, she was buried in a grave with a hazel (hazelnut is a small, brown fruit) on it. Cinderella was very sad and cried many tears. The prince fell in love with Cinderella and gave her many rings and earrings or jewellery. Cinderella was very delighted or happy. Then she became his bride (a woman is a bride before the marriage). Now they live in a big palace or a castle.*

Text: L beginnt jetzt, die Grimmsche Fassung abschnittweise vorzulesen, überprüft jeweils das Globalverständnis und lässt die S den Inhalt kurz zusammenfassen. Anschließend wird der Text gemeinsam mit verteilten Rollen gelesen. Jetzt kann zur Bearbeitung der Übung übergegangen werden. Die S erstellen eine Liste mit den Charakteren der Grimmschen Fassung und stellen diesen die der nordamerikanisch-indianischen Fassung gegenüber (siehe Tafelbild 1, Seite 170). Dies kann in zwei Gruppen erfolgen. L hält die Ergebnisse an der Tafel oder auf Folie fest.

Characters	
Grimm's Cinderella	The Native American Cinderella
Cinderella	chief's youngest daughter
the two stepsisters	the two older sisters
stepmother	–
father	–
king	–
prince	Strong Wind
two white doves in the hazel tree	Strong Wind's sister

Die weitere Auswertung der *similarities* erfolgt im Klassenverband. Aufgabe b) eignet sich gut als **Hausaufgabe**.

Similarities between the two stories

- *a beautiful young girl who is treated badly by her sisters or stepsisters*
- *the two older sisters both try hard to get the warrior or prince to marry them*
- *but the youngest sister is the lucky one, she becomes the man's wife, because she's good and not evil like her two sisters*
- *the two cruel sisters are punished in the end*

Lösungsvorschlag: a) ***Characters in the Grimm version:*** *Cinderella (matches chief's youngest daughter), Cinderella's stepsisters, two beautiful, but cruel girls (match the two older sisters), stepmother (no equivalent in the other story), father (no equivalent in the other story), king (no equivalent), prince (matches Strong Wind), two white doves in the hazel tree (could be seen as matching Strong Wind's sister)*

b) ***Basic story:*** *Cinderella was a young and beautiful girl who lived with her father, her stepmother and her two cruel stepsisters. The two girls treated her very badly. She had to work hard and had to wear rags. At night she slept in the cinders by the hearth, that's why they called her Cinderella. One day the king invited all beautiful girls in the land to a ball, so that his son could choose a bride. Her two stepsisters went to the ball but Cinderella wasn't allowed to come with them. So she cried under the hazel tree on her mother's grave until a bird brought her a wonderful dress of gold and silver in which she could go to the ball. The prince danced with her all night and fell in love with her. When she had to leave quickly, she lost her slipper on the stairs. The prince decided that he would marry the girl whose foot fitted the slipper. He also came to Cinderella's house and the two stepsisters cut off their toes to get their feet into the slipper, but it didn't fit. Luckily, he also found Cinderella and the slipper fitted her like a glove. The prince was happy to have found the beautiful girl from the ball and decided to marry her. For that reason the two stepsisters suddenly tried to be nice, but Cinderella's doves pecked out their eyes and punished them with blindness for the rest of their lives.*

Short summary: *In both stories there is a beautiful young girl who is treated badly by her sisters or stepsisters. Although the two older sisters both try hard to get the warrior or prince to marry them, the youngest sister is the lucky one. She becomes the man's wife, because she is good and lovable and not evil like her two sisters. In both stories the two cruel sisters are punished in the end.*

3 How to improve your style

Ziel: Einen Text stilistisch verbessern, ein Gefühl für die Nuancen einer Sprache und deren Wirkung bekommen, den eigenen Schreibstil weiterentwickeln

Wortschatz *to improve*

Materialien Kopiervorlage 64 (*Communication skills*) • → **WB ex. 3, 4**

Erarbeitung Der Text wird gemeinsam gelesen. Anschließend fragt L die S, ob ihnen der Text gefällt oder nicht. Die S begründen ihre Einschätzung. Danach bittet L die S, den Text neu zu schreiben und stilistisch zu verbessern, indem sie die angegebenen Tipps berücksichtigen. Die Tipps werden kurz im Plenum besprochen, dann beginnt die Stillarbeitsphase.

Die S tauschen ihre Versionen anschließend mit dem Nachbarn aus und besprechen sie. Dabei wird überprüft, ob alle Tipps in der *Box* berücksichtigt wurden. Auf diese Weise besteht die Möglichkeit zur Selbstkontrolle. L gibt bei Bedarf Hilfestellungen.

Lösungsvorschlag: *In 1616, Pocahontas packed her best clothes and her most beautiful ornaments carefully in a bag. Then she set off on the long trip to England with her husband John Rolfe. While they were on their way across the Atlantic, there was a terrible storm, which threw the ship from side to side. Pocahontas was very afraid and cried: "Oh, why did I leave my country?" When they finally arrived in England, Pocahontas had to meet lots of people because her husband had an important job. Luckily, Pocahontas could speak English and could talk to the people. She became famous and popular because everybody wanted to see this strange Indian woman with her long black hair and her colourful Indian clothes. They also got invitations to dinners and balls. One day, John had some wonderful news for Pocahontas. "Even the King wants to meet you!" he cried. Of course, Pocahontas was very excited and nervous about the idea. "I hope I don't make any mistakes," she said nervously. However, she didn't have to worry. When she met the king, there was no problem at all, because he was very nice and listened to her when she told him all kinds of interesting things about Indians.*

Erweiterung Nach Übung 3 bietet sich der Einsatz von **Kopiervorlage 64** (*A crossword puzzle*) an. Die S bearbeiten in Partnerarbeit ein lektionsübergreifendes Kreuzworträtsel.

Festigung

4 Creative writing

Ziel: Kreative Ausgestaltung des Mittelteils einer Geschichte über Tom Sawyer und Huckleberry Finn, selbstständige Anwendung der Möglichkeiten zur stilistischen Verbesserung

Hintergrundinfo *The exercise is based on one of the stories taken from 'The adventures of Tom Sawyer'. Tom and Huckleberry Finn go to a cemetery at night. At the cemetery they see three dark figures. At first the boys believe the figures to be ghosts of the dead, but then they discover that they are inhabitants of the village: Indian Joe, Muff Potter and Doc Robinson. The three men begin to dig out the coffin of a man, who was buried recently, and put the corpse on a bier. Suddenly they start to quarrel and fight about money. While Potter is unconscious (Doc Robinson has beaten him up), Indian Joe kills the doctor with Potters knife. When Potter wakes up again, Indian Joe puts the blame on him, but promises not to tell anybody that he has murdered the doctor. Tom and Huck, who have witnessed everything, start to run and swear that they won't tell anybody what happened that night at the cemetery.*

Wortschatz *shock, cemetery*

Materialien → WB ex. 4, 5

Erarbeitung Vor der Bearbeitung der Übung wiederholt L gemeinsam mit den S, was sie bereits über Tom Sawyer und Huckleberry Finn (*Intro*, Seite 84/85) wissen. Danach werden Anfang und Ende der Geschichte gemeinsam gelesen und im Klassenverband Ideen für die Ausgestaltung des Mittelteils gesammelt. Die Ausarbeitung des Mittelteils erfolgt dann in Einzel- oder Partnerarbeit bzw. als schriftlich **Hausaufgabe**.

Lösungsvorschlag: *There were two men at the cemetery. One of them had a big, long knife. They shout loudly at each other. Suddenly one of the man hit the other man and ran away. The man fell down, and Tom and Huck saw the knife in his body. The were so terrified that they didn't move the whole night. When the sun came out in the morning, they ran home. They will never go to a cemetery at night again.*

let's check

Heroes and heroines (S. 93)

Materialien Kopiervorlage 65 (*Cloze test*) • Kopiervorlagen 66, 67 (*Word power 1, 2*)

Erweiterung Die **Kopiervorlagen 65–67** können während der Bearbeitung von *Let's check* an beliebiger Stelle eingesetzt werden.

1 Word power

Ziel: Festigung der Adverbien

Erarbeitung Die Bearbeitung dieser Übung kann als Partner- oder Gruppenarbeit gestaltet werden. Es lässt sich daraus auch ein Wettkampf veranstalten, bei dem die Gruppe mit den meisten Adverbien gewinnt.

Lösungsvorschlag: *1. speak loudly, quietly, excitedly, nervously, angrily, correctly, kindly, gently*
2. work hard, cleverly, irregularly, seriously
3. dance athletically, well, idiotically, crazily, fantastically, beautifully
4. write nicely, beautifully, interestingly, boringly, imaginatively, realistically, tidily
5. eat slowly, quickly, healthily (bekannt: health), regularly, terribly
6. drive badly, carefully, slowly, fast, cruelly, dangerously, nervously

2 Word links

Ziel: Die Verbindung zwischen Wörtern erklären, Kurzdefinitionen geben

Erarbeitung Bei dieser Übung lernen die S, zwei Wörter in einem Beispiel- bzw. Definitionssatz zu verwenden. Da ähnliche Anforderungen auch in Schulaufgaben auftreten, bietet sich die Bearbeitung in Einzelarbeit an.

Lösungsvorschlag: *2. When you burn coal it keeps you warm.*
3. When you break something you must mend it if you want to use it again.
4. Sometimes you marry a person if you have fallen in love with him or her.
5. When a wizard uses magic, funny or strange things happen, for example, cups and plates fly around.
6. Leaves grow on trees and fall off in the autumn.
7. If you are invisible nobody can see you.
8. The hero or heroine is the main character in a story.

3 How are they doing it?

Ziel: Festigung von Adverbien anhand von Bildbeschreibungen

Erarbeitung L weist die S darauf hin, dass es darum geht zu beschreiben, was die abgebildeten Menschen tun und insbesondere, wie sie es tun.

Lösungsvorschlag: *2. Lara Croft is climbing a mountain carefully.*
3 The Hulk is knocking over trees angrily.
4. Harry Potter is looking at the photo of his parents sadly.
5. Superman is flying quickly.
6. Hermione Granger is shouting loudly.
7. Cinderella is working hard.
8. Pocahontas is smiling happily.

4 A story competition

Ziel: Wiederholung gemischter Pensen, insbesondere der Adverbien und ihrer Steigerungsformen, Vergleiche im Satz

Materialien → WB ex. 1, 2

Erarbeitung L weist auf *to play/fight fair* hin, ansonsten folgt *fairly* den normalen Bildungsregeln bei Adverbien. Außerdem hat *fairly* noch die Bedeutung ‚ziemlich'.

Lösung: *Sven: Why isn't there an Art competition? I draw much* ***better*** *than I write.*
Sally: Because the school tries to do things ***fairly*** *– and we had an Art competition last time!*
José: Donna will win the competition. She writes ***most brilliantly*** *of all of us.*
Donna: Don't be silly. There are lots of kids who can invent funny stories ***more cleverly*** *than I can.*
Tina: Oh, come on, Donna: You know you don't mean that ***seriously****!*
Donna: Yes, I do. I have to work ***harder*** *at my stories than you think!*
Bruce: Well, we'll see. Anyway, I won't win. Nobody spells as ***badly*** *as I do.*
Tina: But your computer can ***easily*** *check the spelling for you.*

Sally: How will they choose the winner? I mean, a story can seem ***funny*** (Adjektiv nach Verb der sinnlichen Wahrnehmung) *to one person, but not to another.*
José: No idea. But if we want to have a chance, we'll have to work ***fast*** *– we only have a week!*

Vocabulary

Box on page 174

Lösungsvorschlag: 1

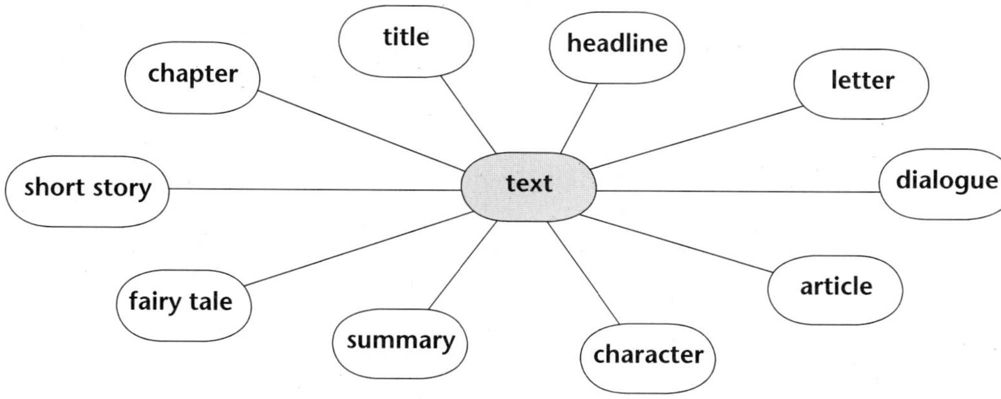

2 *1. here, hear*
2. where, wear
3. board, bored
4. dear, deer
5. there, their
6. no, know
7. through, threw

1. I'm over ***here****. Can you* ***hear*** *me?*
2. ***Where*** *can I* ***wear*** *this dress?*
3. Are you ***bored****? Then come and write these words on the* ***board****.*
4. Oh ***dear****! The* ***deer*** *has run away.*
5. Harry and Hermione were ***there*** *with* ***their*** *friends.*
6. I don't ***know*** *the answer. I have* ***no*** *idea.*
7. The Hulk ***threw*** *him* ***through*** *the door.*

3 *1. articles*
2. dialogue, conversation
3. dictionary
4. letter
5. heading
6. interview
7. pictures, diagrams, photos
8. poem
9. form
10. paragraphs
11. comic, cartoon

focus 4

Focus on traditions

Erstinformation Nachdem in Band 1 die geographische Vielfalt der USA mit den wichtigsten Sehenswürdigkeiten Thema der letzten *Unit* war, hat diese *Focus on …*-Doppelseite zum Ziel, den S Einblick in die kulturelle Vielfalt der USA zu geben, die nicht zuletzt aus den unterschiedlichen Sitten und Gebräuchen der verschiedenen ethnischen Gruppierungen, die die Vereinigten Staaten ausmachen, resultiert. Die S lernen Jugendliche mexikanischer, dänischer, asiatischer und ungarischer Abstammung kennen sowie mit John Cloud einen *Native American*. Hierdurch wird an den vorangegangenen Text *The Native American Cinderella* angeknüpft und den S verdeutlicht, dass Indianer nicht nur Bestandteil von Märchen oder anderen Indiandergeschichten sind, sondern dass sie in der Geschichte und Kultur Nordamerikas bis heute eine Rolle spielen. Die Jugendlichen stellen sich selbst vor und sprechen über die Sitten und Gebräuche ihres Heimatlandes bzw. des Landes, aus dem ihre Vorfahren stammen. Dadurch wird eine wichtige Parallele zur Situation der in Deutschland lebenden Jugendlichen nichtdeutscher Abstammung geschaffen, die sich im Unterricht gut thematisieren lässt. Neben dem Kennenlernen fremder kultureller Traditionen wird bei den S ein Bewusstsein für eigene Sitten und Gebräuche entwickelt.

Hintergrundinfo *Inhabitants of the USA (racial groups): 75,1% whites, 13% blacks, 13% Hispanics, 3,6% Asians, 0,9% Indians / Eskimos / Aleutians.*

Thema Sitten und Gebräuche verschiedener ethnischer Gruppierungen in den USA

Lernziel Traditionen und kulturelle Hintergründe einiger ethnischer Gruppierungen in den USA kennen lernen, einem Text Informationen entnehmen und diese der Klasse aufbereitet präsentieren

Wortschatz *cultural, Mexican, to pray, Danish, celebration, decorated, flower, Asian, decoration, Hungarian, recipe, to cook, culture, Crow, fair, parade, ⟨great-great-grandparents⟩, ⟨wedding anniversary⟩*

Materialien PB-CD 2, Track 31–35 • Folie 27 (*Focus on traditions*) • Kopiervorlage 68 (*Extras*)

Hinführung Die Hinführung zum Thema kann, falls sich S verschiedener ethnischer Herkunft in der Klasse befinden, mit einem Gespräch über Sitten und Gebräuche, z.B. besondere Festivitäten, landestypische Kleidung, bestimmte Musik und Musikinstrumente erfolgen. Ansonsten können Traditionen in Deutschland, z.B. an Ostern, Weihnachten und Silvester zusammengetragen werden, bevor L danach fragt, welche Traditionen und Feste anderer ethnischer Gruppen die S kennen. Anschließend wird zum eigentlichen Thema mit der Frage übergeleitet, aus welchen Ländern die Bewohner der USA eingewandert sind.

Erarbeitung **Wortschatz:** L kann die Semantisierung des neuen Wortschatzes in gewohnter Weise vor der Textpräsentation vornehmen. Zur Unterstützung wird **Folie 27** (*Focus on traditions*) aufgelegt. Die Folie zeigt die fünf Kinder aus dem Schülerbuch und je ein Foto zur Illustration der fünf unterschiedlichen kulturellen Traditionen. *Culture / cultural: People from different countries have different cultures and so there are also cultural differences.* Leicht erschließbar bzw. ableitbar sind *Mexican / Danish / Asian / Chinese / Hungarian → Mexico / Denmark / Asia / China / Hungary, to pray → prayer, celebration → to celebrate. Decorated, decoration: If you have a Halloween party, you'll have witches and pumpkins for decoration. Your room will be decorated with witches and pumpkins. Flowers: Many people get flowers for St. Valentine's Day. To cook, recipe: If you want to cook a meal and don't know how to do it, you need a recipe. Fair: The Oktoberfest in Munich is the biggest fair in Germany. Parade: At Carnival there are many parades.*

Alternative Die S erarbeiten den neuen Wortschatz selbst. Dazu wird **Kopiervorlage 68** (*Customs and traditions*) ausgeteilt. Sie enthält die fünf Textabschnitte mit einem breiten Rand.

PB 31 PB 32 PB 33

Die S tragen die Bedeutung der neuen Wörter in die Randspalte ein. Dies kann auch arbeitsteilig erfolgen. Die Klasse wird in fünf Gruppen eingeteilt und jeder Gruppe wird ein Textabschnitt bzw. eine Person zur Bearbeitung zugewiesen. L geht herum und hilft insbesondere bei der Aussprache. Die Gruppen werden aufgefordert, der Klasse das neue Vokabular im Rahmen eines Textvortrags zu erläutern.

PB 34 PB 35

Text: Nach der Wortschatzerarbeitung erfolgt die abschnittweise Präsentation der Texte von der CD. Dazu wird noch einmal **Folie 27** zur Unterstützung herangezogen. Es schließt sich eine kurze inhaltliche Besprechung und das Lesen der Textabschnitte durch die S an.

Lern- und Arbeitstechniken: Die S vertiefen ihre landeskundlichen und interkulturellen Kenntnisse und erweitern ihre Fertigkeiten im Umgang mit dem Wörterbuch.

Festigung

1 Customs and traditions

Ziel: Wiederholen und Zuordnen von Ländernamen, Nationalitäten und den dazugehörigen Sitten und Gebräuchen

Materialien → WB ex. 1, 2

Erarbeitung Zunächst übertragen die S das im Buch vorgegebene Raster in ihre Hefte. Die Bearbeitung der Übung erfolgt entweder in Einzel- oder in Gruppenarbeit. Die S untersuchen die fünf Textabschnitte nach den entsprechenden Kategorien und präsentieren die Ergebnisse anschließend im Plenum. L fixiert sie an der Tafel oder auf Folie.

Lösung:

Country	***Nationality***	***Customs and traditions***
Mexico	*Mexican*	*mariachi music, charro, piñata*
Denmark	*Danish*	*big parties with Danish cakes and flower decorations*
China	*Chinese*	*New Year celebrations with special food and decorations, lantern festival*
Hungary	*Hungarian*	*special Christmas dinner, paint Easter eggs*
North America	*Indian / Native American*	*Crow Fair in Montana, powwows, parades, rodeo events*

Festigung

2 Listening: Three interviews

Ziel: Schulung des Hörverstehens in Verbindung mit *note taking* (a), Wiedergabe des Gehörten anhand von Notizen, Reflexion über eigene Sitten und Gebräuche, Vorbereitung von Gesprächsbeiträgen mit dem Wörterbuch (b)

Materialien LC-CD, Track 30–32 • → WB ex. 3, 4, 5

LC 30

Text: ***Interview with José***

Girl: There are people from different cultural backgrounds at our school. We're doing a project for the Cooper Courier about their customs and traditions, for example Christmas. So I'm going to ask you a few questions, OK? First of all: How do people in Mexico celebrate Christmas?

José: Christmas is an important religious holiday in Mexico. The celebrations go on for about two weeks. They start nine days before December 24th, with the posadas.

Girl: What is a posada?

José: The people from the neighbourhood act out the scene when Joseph and Mary, the parents of Jesus Christ, are looking for a place in Bethlehem where they can stay the night.

Girl: Who takes part and what do they do?

José: There are adults and children. They carry candles and lanterns and little statues and ask at three different houses if they can come in, and in the third house they are allowed to stay. The guests come inside to pray and sing together.

Girl: What happens after that?

José: There's a party for the children, with a piñata. It often looks like a big star. It's decorated with paper in all colours, and it's full of candy and sometimes toys, and the children try to break it one after the other. But they are blindfolded so they can't see. They have to hit the piñata until it breaks and all the sweet things fall out so the children can eat them.

Girl: *What happens on Christmas Eve?*
José: *On December 24th everyone goes to church.*
Girl: *Does anything special happen on January 6th?*
José: *Yes, children don't usually get their Christmas presents until that day. In Mexico there are a lot of different kinds of bread, and on January 6th Mexicans make a special kind of sweet bread that looks like a ring and has a little Jesus statue in it.*

LC 31 ***Interview with Donna***
Girl: *Can I ask you some questions about the Chinese New Year, Donna?*
Donna: *OK. What do you want to know?*
Girl: *Like, when do the Chinese celebrate New Year?*
Donna: *The Chinese calendar is different from the calendar in the USA. That's why the Chinese don't celebrate New Year at the same time as Americans. We don't just have one day of celebration, we have fifteen! Each of the fifteen days is special, and there are different customs for each day.*
Girl: *What kind of things do they do then?*
Donna: *Well, on the first day, for example, they only eat vegetables because they believe that will bring them good luck. On the second day they pray to all the gods. There are rules about staying at home or visiting friends and relatives for each day. And there's special food for each day. People believe that if you keep to the rules you will have good luck all through the new year.*
Girl: *What else is special apart from the food?*
Donna: *There are lovely decorations in people's homes, with lots of flowers, fruit and candy, which all have special meanings.*
Girl: *What happens on the fifteenth day?*
Donna: *There's a huge lantern festival with a lantern parade for the children. It's really beautiful.*
Girl: *Do you have fireworks?*
Donna: *Yes, people believe that fireworks and shooting off firecrackers help to send out the old year and welcome the new one. So they have fireworks on New Year's Eve.*

LC 32 ***Interview with John***
Girl: *Crow Fair is one of the biggest Native American events. When is it?*
John: *It's in August, and it goes on for six days.*
Girl: *When did it start?*
John: *It started in 1904. It was a typical country fair where the Crow farmers could show the things they made. They organized a parade, horse races and traditional dancing so that it would be more popular. Over the years it became bigger and bigger, and many Crow people came because it was a chance to practice their culture.*
Girl: *What else is there apart from parades, horse racing and dancing?*
John: *They act out battle scenes, tell stories from old times, and there are exhibitions of traditional things and food. People wear traditional clothes and paint their faces and bring their horses to the parade. Of course the powwows are most important.*
Girl: *What is a powwow?*
John: *A powwow is a Native American celebration, an event where people come together and have friendly dance competitions. People sing, dance and play the drums, and everybody can watch, but you shouldn't take photos of the dancers if you don't ask them first.*

Erarbeitung Die S werden darauf hingewiesen, dass sich die drei Interviews auf verschiedene traditionelle Ereignisse beziehen. L weist die S an, beim ersten Hören lediglich eine Liste der erwähnten kulturellen Eigenheiten anzulegen und sich erst beim zweiten bzw. dritten Durchgang Genaueres dazu zu notieren.

Transfer Zur Vorbereitung von Aufgabe b), die als Partnerarbeit oder als **Hausaufgabe** gestaltet werden kann, empfiehlt es sich, mit den S eine (deutsche) Schlagwortsammlung zu den beiden Ereignissen anzulegen. Anschließend bereiten die S diese auf, indem sie die entsprechenden Wörter selbstständig im Wörterbuch nachschlagen. Die Bearbeitung im Unterricht hat den Vorteil, dass L herumgehen und den S individuelle Hinweise zur Wörterbucharbeit geben kann.

Lösungsvorschlag: a) *1.* ***Christmas in Mexico*** *(interview with José):*
celebrations start nine days before December 24th with the posadas;
posadas: people from the neighbourhood act out the scene when Joseph and Mary are looking for a place to stay in Bethlehem, adults and children carry candles, lanterns, and little

statues and ask at three different houses if they can come in, at the third house they are allowed to stay, guests come in, sing and pray;
after that: party for children with piñata: looks like a big star, decorated with paper in all colours, full of candy and toys, children try to break it, but they are blindfolded, children have to hit the piñata until it breaks and all the sweets fall out;
Christmas Eve: everyone goes to church;
January 6th: children don't get Christmas presents until that day, sweet bread that looks like a ring and has a Jesus statue in it

2. ***Chinese New Year*** *(interview with Donna):*
Chinese calendar is different from the calendar in the USA, Chinese New Year not at the same time as the American;
fifteen days of celebration with different customs for each day;
first day: people only eat vegetables to have good luck, second day: prayer to all the gods, rules about staying at home or visiting friends and relatives for each day (if you keep to the rules you will have good luck all through the new year), special food for each day, lovely decorations with flowers, fruit and candy in people's homes;
fifteenth day: lantern parade for children;
fireworks on New Year's Eve to send out the old year and to welcome the new one

3. ***Crow Fair*** *(interview with John):*
Crow Fair: one of the biggest Native American events in August, goes on for six days, started in 1904, was a typical country fair, Crow farmers showed what they made, organized a parade, horse races and traditional dancing (to make it more popular);
chance for Crow people to practice their culture, e.g. acting out battle scenes, tell stories from old times, exhibitions of traditional things and food, people wear traditional clothes and paint their faces, bring their horses to the parade;
powwow: event where people come together and have friendly dance competitions, people sing, dance and play the drums, everyone can watch, but you shouldn't take photos of the dancers without asking them

b) ***Christmas in Germany:*** *Christmas is celebrated for three days, but Christmas Eve is most important;*
many people have a Christmas tree, which they decorate on the 24th December, often you find a crib with a little Jesus statue in it and Mary, Joseph, shephards, a donkey and an ox and the three kings stand around it;
many people go to church before they have Christmas dinner and give each other their presents;
January 6th: Catholic children dressed up as the three kings and go from house to house to collect money and write a blessing over the doors

New Year's Eve: *many people go to a party;*
at midnight you see fireworks everywhere

Materialien → WB ex. 1, 2

Hinweis Die letzte Wiederholungseinheit bietet auf vier Seiten eine breite Auswahl an Übungen für unterschiedliche Sozialformen. Auf den ersten beiden Seiten liegt der Schwerpunkt im Bereich Grammatik, auf den letzten beiden Seiten im Bereich Wortschatz.

1 Adverbs

Ziel: Anwendung von Adverbien

Erarbeitung Die Übung eignet sich für eine Partnerarbeitsphase.

Lösung: a) ***Adverbs:*** *brilliantly, bravely, carefully, dangerously, happily, hungrily, immediately, loudly, regularly, quickly, slowly*
Nouns: *assembly, family*
Adjectives: *friendly, lovely*

b) *1. The man was in disguise, but the Sheriff knew* ***immediately*** *that it was Robin Hood.*
2. The outlaws had to run ***quickly*** *to escape from the Sheriff's men.*
3. Robert acted ***brilliantly*** *in the Robin Hood play.*
4. The people were talking ***loudly****, but they stopped when the play started.*

c) *1. Please drive* ***carefully*** *through the village.*
2. Do the buses go into Nottingham ***regularly****? – Yes, there's one every hour.*
3. Mark was singing ***happily*** *on his way home from school.*
4. "What's for tea?" he asked ***hungrily****.*

Lösungsvorschlag: d) ***Adverbs left:*** *bravely, dangerously, slowly*
1. Harry Potter fights ***bravely*** *against Lord Voldemort.*
2. But he often acts ***dangerously****.*
3. He walks up the stairs in Hogwarts ***slowly****.*

2 Talking about food

Ziel: Kontrastive Gegenüberstellung von Adjektiven und Adverbien

Erarbeitung Die Übung wird am besten in Einzelarbeit oder als schriftliche **Hausaufgabe** erledigt.

Lösung: *1. These sausages are* ***fantastic****! – Yes, they taste* ***good****, don't they? And you can prepare them so* ***easily****. Nothing can go* ***wrong****! – Yes, but you have to do them* ***carefully*** *– if you don't want to burn them.*
2. What's for lunch, Mum? I've had a ***hard*** *time at school and I'm as* ***hungry*** *as a horse! – Chicken and chips. I'm a bit* ***late*** *today, but I'm getting things ready as* ***well*** *as I can. Can you set the table for us* ***quickly****?*
3. It's ***important*** *to eat your food* ***slowly****. If you eat too* ***fast****, you don't notice so* ***easily*** *when you start to feel* ***full****. And don't go to* ***fast*** *food places too often. They are the* ***worst*** *of all. People who eat there* ***regularly*** *often get* ***overweight****.*
4. Why are you looking at me so ***unhappily****? – I feel* ***terrible****! – Was it that* ***funny*** *fish we had? It didn't smell very* ***fresh****, did it? – No, and it tasted* ***awful****! Why didn't we call the waiter and tell him quite* ***clearly*** *that it was* ***bad****?*

3 Adverbs and adverbial phrases

Ziel: Stellung von Adverbien im Satz

Erarbeitung Die S werden vor der Übung noch einmal auf die Ort-vor-Zeit-Regel bei Adverbien hingewiesen (siehe Beispiele 4 und 7).

Lösungsvorschlag: *1. Mark always goes to bed early.*
2. In the summer people often climb Great Gable.
3. Most people usually drive carefully.
4. We have English at school every day.
5. David plays the piano beautifully.

6. *Yesterday we nearly had an accident here.*
7. *Mum and her friends meet at the tennis club every week.*
8. *I sometimes do my homework too quickly.*

4 Time signals

Ziel: Wortstellung bei Adverbien

Lösungsvorschlag: *2. I'm going to visit my cousin next week.*
3. What did you do yesterday evening?
4. Have you done your homework already?
5. I always have muesli for breakfast.
6. Simon's tidying his room at the moment.
7. We went to the Lake District last year.
8. My brother will be fifteen next month.
9. I'm going to meet Jenny in a few minutes.
10. I've seen that film before.

5 Mixed bag: Different places – different times

Ziel: Anwendung der Zeitformen *past tense, present perfect, will future, going-to future*

Erarbeitung Es empfiehlt sich eine Kurzwiederholung der *question tags* sowie der *signal words* für das *present perfect* vor oder während der Bearbeitung dieser Übung.

Lösung: *1. You look great! What* ***was*** *your holiday like? – You* ***went*** *to France,* ***didn't*** *you? – No, we* ***went*** *to Denmark. It* ***was*** *fantastic! – Really? I'****ve never been*** *there.* ***Did*** *you* ***take*** *lots of photos while you* ***were*** *away? – Oh, yes. Hundreds! I'll* ***show*** *them to you if they* ***come out*** *well.*

2. What are your plans for Easter? – We ***are going to spend*** *a week on a farm. –* ***Have*** *you* ***booked*** *the holiday already? – No, we* ***haven't done*** *that yet. But I don't think we'****ll have*** *any trouble. I'm sure we'****ll find*** *a place all right.*

3. We ***haven't made*** *any holiday plans yet. Last year and the year before we* ***stayed*** *at my grandparents' house at the seaside. But now my grandma's in hospital. She* ***fell*** *and* ***broke*** *her leg a week ago. That's why we* ***won't be able to*** *go there this time. Grandpa says it* ***will be (is)*** *too much for him if we all come to stay.*

4. You ***have never been*** *to America,* ***have*** *you? – No, I* ***haven't****. But Dad* ***is often*** *there on business. He promises he'****ll take*** *us with him next time. He* ***is going to fly*** *to New York again next spring, so we'****ll probably go*** *with him!*

6 Annoying situations

Ziel: Anwendung von *present perfect* und *will future*

Erarbeitung Diese Übung wird am besten in Partnerarbeit durchgeführt.

Lösungsvorschlag: *2. The two men have had an accident./The two men have crashed their cars. They'll have to call the police./They'll have to buy new cars.*
3. The two people have got lost. They'll have to ask someone the way.
4. The boy has missed the bus. He'll have to wait for the next bus.
5. The girl has burnt the sausages. She'll have to throw them away.

7 Just for fun

Ziel: Auflockerung des Unterrichts durch einen Sprachwitz

8 Mixed bag: Simon and Barker

Ziel: Wortschatzwiederholung und Wiederholung gemischter Pensen

Lösung:

1. walk	*6. without*	*11. chase*
2. at	*7. about*	*12. arrived*
3. with	*8. afraid*	*13. under*
4. into	*9. to*	*14. near*
5. course	*10. out*	*15. towards*

16. anything
17. in
18. at
19. nervous
20. into
21. to
22. after
23. later
24. where
25. through
26. looked for
27. now
28. out of
29. wet
30. off
31. moment
32. met
33. at
34. like
35. jealous
36. don't have

9 Associations: A word game

Ziel: Förderung der Kreativität bei gleichzeitiger Wortschatzwiederholung

10 Everybody's story

Ziel: Freie Sprachproduktion, Erzählen und Erfinden von Geschichten

11 Different pairs: A puzzle

Ziel: Kurzdefinitionen verstehen und ihnen die entsprechenden Wortpaare zuordnen

Lösung: *1. target, bull's-eye*
2. role, part
3. serve, return
4. bacon, sausage
5. buy, sell
6. bass, drums
7. good, well
8. stone, rock
9. behind, opposite
10. wind surfing
11. weather forecast
12. bat, racket
13. sunshine, sunscreen
14. overweight, oversleep

***Word left:** screen*

12 Get it right!

Ziel: Kollokationen mit *to get*

Erarbeitung Die Übung wird in einer Stillarbeitsphase oder als schriftliche **Hausaufgabe** erledigt.

Lösung: *1. You're staying with an English family. On the first evening you want to ask about the next day. – When do you usually **get up**?*
*2. You're travelling by bus. It stops, and you ask your friend: – Is this where we **get off**?*
*3. You're on the train, and your friend has got a timetable. – When do we **get to** London?*
*4. You and your friends are out in the garden when it starts to rain. – If we don't go in soon, we'll **get wet**!*
*5. You and your friend have bought a map of London. – Now at least we won't **get lost**.*
*6. You're telling your friend about your trip from Germany. – The flight was delayed, but in the end we **got on** the plane!*
*7. A friend telephones and asks you to go to the cinema. The film starts in fifteen minutes. – OK, I'll **get ready** right away!*
*8. Someone you know always copies from her neighbour in tests. You think: – One day, she'll **get into** trouble!*

13 How many can you think of?

Ziel: Wortschatzwiederholung über Wortfelder

Erarbeitung Die Übung wird am besten in Partnerarbeit durchgeführt.

Lösungsvorschlag: *1. **Buildings:** house, church, barn, shed, stable, shop, castle, cinema, farm, hospital, hotel, lighthouse, museum*

*2. **Sports and activities:** archery, baseball, basketball, biking, camping, surfing, fishing, swimming, jogging, volleyball, racket, bat, bull's-eye, (horseback) riding, pony trekking, rugby, skiing, skating, soccer, tennis*

*3. **Things to eat:** biscuit/cookie, hamburger, French fries/chips, sweets/candy, chips/crisps, chocolate, cheese, chicken, lamb, fruit, vegetables, salad, jam, jelly, marmalade, omelette, pasta, pizza, sandwich, sausage, ice cream, jelly, cake, bread*

4. ***Weather words:*** *cloud, fog, foggy, weather forecast, hot, cold, wet, dry, rain, rainy, to rain, rainbow, sun, sunny, sunscreen, sunshine, to shine, snow, storm, wind, thunder*

5. ***School subjects:*** *Maths, History, English, German, French, Italian, Spanish, Geography, Biology, PE, RE, Science, Music, Art, Technology, Health*

6. ***Travel and transport:*** *airport, plane, flight, to fly, to arrive, to leave, to be late, delayed, to depart, departure, to board, boarding pass, boat, ship, harbour, train, platform, station, bike, biking, to book, bus, coach, taxi (cab), to drive, driver, city centre/downtown, mile, to pick up, North, South, East, West, travel agent's, trip, means of transport*

7. ***Adjectives that describe feelings:*** *to be afraid of, to be frightened of, angry, annoyed, to be hungry/thirsty, to be happy, to be scared, to be hurt, to be bored, to be disappointed, to be excited, to be nervous*

8. ***Music:*** *instrument, bagpipes, drums, bass, keyboard, piano, fiddle, guitar, jazz, rock, pop, karaoke, mariachi, musical, CD player, stereo, singer*

9. ***Things in the house:*** *bathroom, bedroom, kitchen, living room, chair, door, cupboard, drawer, table, television, telephone*

extra line

Hinweis *Extra line* ist ein fakultativer Lehrwerkteil mit motivierenden Lesetexten. Die Textsammlung ist in sechs Abschnitte unterteilt (*A: Christmas quiz, B: Poetry page, C: Signs, D: My life at school and at home, E: José's play, F: Cinderella*) und deckt unterschiedlichste Textsorten ab. Der frühestmögliche Einsatzort ist angegeben. Die unbekannten Wörter aus den *Extra line*-Texten befinden sich im Anschluss an das *Vocabulary* auf den Seiten 176–177 im Schülerbuch. Alle *Extra line*-Vokabeln sind zusätzlich im *Dictionary* (Seite 178 ff.) enthalten. Sie sind dort mit Spitzklammern 〈 〉 als fakultativ gekennzeichnet.

A Christmas quiz (after Unit 2)

Ziel: Einstimmung auf Weihnachten mit Hilfe eines Fragebogens (a), Erstellen eines ähnlichen Fragebogens über ein weiteres Ereignis (b)

Wortschatz 〈*Christmas, spirit, cheap, expensive, to go on a diet, sick, Christmas carol, version, Sahara Desert*〉

Hinführung Die S wiederholen die englischen Weihnachtsbräuche, die sie aus **Green Line New Bayern 1**, *Extra line* (*A: Christmas time*) kennen. Im Anschluss daran folgt ein Unterrichtsgespräch, in dem die S schildern, was sie in der Vorweihnachtszeit erledigen müssen, was sie besonders an der Weihnachtszeit (nicht) mögen und wie sie Heiligabend bzw. die Feiertage verbringen. Leitfragen: *For how many people do you have to buy presents? Have you already bought any presents? What do you have for dinner at Christmas? Have you got a Christmas tree? Who decorates it? Do you sing Christmas carols with your family?*

Erarbeitung **Wortschatz**: Einige der neuen Wörter sind den S sicher schon bekannt bzw. können wegen ihrer Ähnlichkeit zum Deutschen ohne Erklärung erschlossen werden (<u>Christmas</u>, <u>Christmas carol</u>, <u>version</u>, <u>Sahara Desert</u>). Die übrigen Wörter erklärt L durch Beispielsätze: *At Christmas time there's a special <u>spirit</u> in the air. This Christmas tree costs only £10 – it's very <u>cheap</u>. And that tree costs £30 – that's <u>expensive</u>! I'm overweight, I must <u>go on a diet</u>. When I eat too many sweets, I feel <u>sick</u>.*

Text: Es bietet sich an, das Quiz in Partnerarbeit durchzuführen. Die S schreiben ihre Antworten auf und tauschen diese dann mit ihrem Nachbarn aus. Dann zählen sie die Punkte entsprechend dem Lösungsschlüssel zusammen und lesen sich gegenseitig den passenden Kommentar vor.

Lösungsvorschlag: b)
Halloween quiz

1. When it's getting dark at Halloween do you …
a) wear a costume and go from door to door to ask for sweets?
b) stay at home and watch TV?
c) go to a Halloween party?

2. At Halloween I've never …
a) played tricks on people.
b) seen other children as ghosts or monsters.
c) put a jack-o'-lantern in my window.

3. Jack-o'-lanterns …
a) are things I love.
b) frighten me.
c) are things that I have never seen.

4. Are you happy when …
a) Halloween is over?
b) you make a jack-o'-lantern?
c) your mum makes pumpkin pie?

5. Did you ever play 'trick or treat'?
a) I've never heard of that. What is it?
b) Yes, I did.
c) No, I didn't.

6. When I want to have a costume …
a) my parents buy me a cheap one.
b) I make a mask and put it on.
c) my mother makes me a scary one.

Check your points here

1. a: 2, b: 3, c: 1	*4. a: 3, b: 1, c: 2*
2. a: 2, b: 3, c: 1	*5. a: 3, b: 1, c: 2*
3. a: 1, b: 2, c: 3	*6: a: 3, b: 2, c: 1*

How many points did you get?
6–9 points: Wow, you are a big Halloween fan. You like frightening other people.
10–14 points: You know about Halloween, but are not very interested in it. Put on a scary costume at Halloween and have fun!
15–18 points: You don't like Halloween at all. You're like a baby that is afraid of everything!

B Poetry page (after Unit 3)

Wortschatz ⟨*poetry*⟩

1 Playing with language

Ziel: Ein kurzes Gedicht lesen und verstehen, sich auf ein Spiel mit Sprache einlassen und selbst ein Gedicht schreiben

Wortschatz ⟨*goggles, to take a pee, to read out loud, rhyme, rhythm*⟩

Materialien PB-CD 2, Track 36

Hintergrundinfo *Kenn Nesbitt is an American poet who was born on February 20, 1962 in Berkeley, California. Now he lives in Spokane, Washington, with his wife Ann, his son Max and his daughter Madison. In 1994, he wrote his first children's poem 'Scrawny Tawny Skinner' after having dinner with a friend whose 4-year-old daughter did everything she could to get out of eating her dinner. From 1994 to 1996 he wrote about three or four poems a year (e.g. 'My Foot Fell Asleep', 'Binkley', 'A Melancholy Tale', 'You Can Never Be Too Careful'). In 1997, he wrote a complete book with children's poems. Other books followed, e.g. 'I've Seen My Kitchen Sink', 'Sailing Off to Singapore', 'The Aliens Have Landed!'. Many of his poems appeared in textbooks all over the world (Germany, Singapore, Netherlands, Israel).*

Erarbeitung **Wortschatz:** Da die S die Bedeutung von *poem* bereits kennen, wird *poetry* davon abgeleitet. Die Wörter *rhyme* und *rhythm* können wegen ihrer Ähnlichkeit zum Deutschen leicht erschlossen werden bzw. erklären sich aus dem Zusammenhang. *To read out loud* ist ableitbar. Die Semantisierung der übrigen neuen Vokabeln erfolgt durch Zeichnungen oder Beispielsätze: *Goggles are big glasses that you wear under water.* (Hier bietet sich zusätzlich eine kleine Skizze an der Tafel an.) *Where's the bathroom? I must take a pee.*

PB 36 **Text:** Aufgrund der abwechslungsreichen Arbeitsanweisungen zu dem vorliegenden Gedicht *Swimming Ool* kann ohne Hinführung oder Erklärung der einzelnen Großbuchstaben im Gedicht begonnen werden. Nach dem Lesen von Aufgabe a) trägt ein S das Gedicht vor. L präsentiert anschließend die Tonaufnahme von der CD. Aufgabe b) schließt sich unmittelbar an und die S nennen ihre Antworten, die L an der Tafel fixiert. Zur Überprüfung des Verständnisses folgt ein kurzes Unterrichtsgespräch, damit das Sprachspiel um *to take a pee* deutlich wird. In Aufgabe c) suchen die S zunächst weitere Buchstaben oder Zahlen, die man als Ersatz für englische Wörter nehmen kann. Die S-Vorschläge werden an der Tafel festgehalten, so dass die S einige Ideen für ihre eigene Textproduktion vor Augen haben. Das Schreiben erfolgt in Stillarbeit und einige Werke werden dann in der Klasse vorgelesen. Leistungsstarke S werden darauf hingewiesen, dass sie auch Zusammensetzungen aus Buchstaben, Zahlen und Wortresten in ihren Text einbauen können (z. B. *bcause, pple*).

Alternative Die S schreiben ihre Gedichte als **Hausaufgabe** auf ein Blatt und illustrieren diese. In der nächsten Stunde werden die Werke vorgetragen, in der Klasse aufgehängt oder zu einem kleinen Gedichtband zusammengeheftet. Hierzu gestaltet ein S noch ein Titelblatt bzw. ein kurzes Vorwort.

Lösung: b) *B: be, C: see, T: tea, P: pee*

Lösungsvorschlag: c) *R: are, U: you, Y: why, 2: to, 4: for*
Dear Pter,
How R U? Y didn't U write back? Happy birthday 2 U. B4 I come 2 your party, I must go to a department store bcause I need a present 4 U. C U soon. Betty

2 Haikus

Ziel: Haikus kennen lernen und selbst dichten

Wortschatz ⟨*Japan, nature, syllable, strict*⟩

Materialien PB-CD 2, Track 37

Erarbeitung **Wortschatz:** Die Wörter *Japan* und *nature* können durch ihre Nähe zum Deutschen leicht selbst erschlossen werden. Die Semantisierung der beiden anderen Vokabeln erfolgt mit Hilfe von erklärenden Beispielsätzen und Kontrollfragen. *The word 'punish' has two syllables, the word 'stewardess' has three syllables* (Silben deutlich sprechen). Zur Überprüfung des Verständnisses und zum Einüben der Aussprache fragt L einen S nach der Anzahl der Silben eines weiteren Wortes. S gibt die Antwort und erfragt dann von einem Mitschüler die Silbenzahl eines neuen Worters. L: *How many syllables are there in 'paragraph'?* S: *'Paragraph' has three syllables. Our teacher never laughs and gives us bad grades. He's very strict.*

PB 37 **Text:** Aufgrund der Erklärung im Buch erübrigt sich eine weitere Hinführung zu Haikus. Die S hören das Gedicht von der CD, lesen dann die Definition und Beispiele und versuchen, nach den vorgegebenen Regeln ihr eigenes Gedicht zu schreiben. L betont noch einmal, dass sich das Gedicht nicht reimen muss, und dass nur die Anzahl der Silben, nicht der Wörter, in einer Zeile entscheidend ist. Wie in Aufgabe 1 erfolgt das Schreiben in Stillarbeit oder als **Hausaufgabe** mit Illustrationen.

Lösungsvorschlag: *Nice weather today/children playing in the streets/let's go outside now!*

3 Lucky Trade

Ziel: Ein Gedicht lesen und sich mit dem Inhalt beschäftigen

Wortschatz ⟨*trade, trading places, might, kind of, to pack, to wonder, to hurry up, to brush, to floss, to mention, detention*⟩

Materialien PB-CD 2, Track 38

Erarbeitung **Wortschatz:** Aufgrund der zahlreichen unbekannten Wörter empfiehlt es sich, eine Folie mit den Vokabeln und Erklärungen anzufertigen. Zumindest sollten die Wörter an die Tafel geschrieben werden. Zur Erklärung werden Synonyme bzw. Beispielsätze herangezogen. *Let's make a trade is the same as let's make a deal, for example: I give you my pen and I get two of your pencils.* Für *trading places* wird den S das bekannte *role play* als Synonym genannt. Unterstützend nennt L ein Beispiel: *Dad, let's play trading places: I am you, and you are the daughter.* Für *might* gibt L den S das Synonym *could* an. Die Erklärung von *kind of* erfolgt in einem Satz: *Hey, I like your shirt. It's kind of cool!* Das Verb *to pack* braucht wegen der Ähnlichkeit zum Deutschen nicht erläutert werden. *My teacher is on the phone with Mum. I wonder what they are talking about. Look, there's our bus. Hurry up or it will leave without us. After dinner I go to the bathroom and clean my teeth: First I brush them and then I floss. Did I mention that I'm from London, too? No? Sorry, I forgot. I forgot my homework today, so I have detention this afternoon.*

PB 38 **Text:** An das Hören und Vorlesen des Gedichts schließt sich die Beantwortung der Fragen an. 1–4 werden mündlich im Unterricht behandelt, während es sich bei den beiden letzten Aufgaben anbietet, sie von den S schriftlich bearbeiten zu lassen.

Erweiterung Zusätzlich wird den S aufgegeben, sich eine andere Person auszusuchen, mit der sie gerne Rollen tauschen möchten. In Partnerarbeit werden zuerst Ideen gesammelt, dann schreiben die S ein Gedicht oder einen Bericht über den Tagesablauf im Körper des anderen. Beim anschließenden Vorlesen rät die Klasse, um welche Personen es sich jeweils handelt. Hat L genügend Zeit zur Verfügung, wird ein kleiner Film gedreht, in dem die S ihre vertauschten Rollen mit selbst geschriebenen Dialogen spielen.

Lösungsvorschlag: *1. The daughter or son is telling the story.*
2. The mother works somewhere. She isn't the boss. The daughter or son goes to school.
3. Today the child is going to work and the mother is going to school.
4. It's funny that the child tells her or his mom to wash her face, to brush her teeth and that the child packs lunch for her. And that the mother has detention in school is very funny, too.
5. I'd like to change places with my parents for one day so that they see that school is no fun, that it's boring and I always have a lot of homework in the afternoon. I also would like to tell my parents what to do and I'm interested in my parents' job.
6. Now I see that you don't have an easy life. Today was a very hard day because I had detention until four o'clock. And in school the others were kind of mean to me. I really understand you much better now. I look forward to going back to work again tomorrow.

C Signs (after Unit 4)

1 In the Lake District

Ziel: Verkehrsschilder verbalisieren und Wissen über das Lake District anwenden

Wortschatz ⟨*sign*⟩

Erarbeitung Das Wort *sign* wird problemlos anhand der Illustrationen erschlossen. Die S sehen drei Verkehrsschilder, die häufig im Lake District vorkommen. Im Unterrichtsgespräch äußern sie ihre Vorschläge zu den Bedeutungen der abgebildeten Schilder. L ergänzt die Vorschläge der S: *The first sign means that animals can be on the roads. This is important in the Lake District because there are many sheep. There are a lot of hills in the Lake District, so be careful when you see the second sign. It means there is a steep hill. There is a lot of wind in the Lake District. The third sign means 'be careful because of the wind'.*

2 More signs

Ziel: Die Bedeutung von Schildern erkennen und einen Dialog verfassen

Wortschatz ⟨*to smoke, to park*⟩

Erarbeitung Beide Wörter lassen sich leicht anhand der Bilder erschließen. Zuerst werden die Aussagen den richtigen Schildern zugeordnet. Dann formulieren die S mündlich Sätze, in denen sie ausdrücken, wo die abgebildeten Schilder meist vorkommen.

Erweiterung • Die S malen mit Buntstiften Verkehrsschilder, zeigen sie ihrem Partner oder der Klasse und fragen nach der Bedeutung.

• Die S suchen sich ein Schild aus und verfassen in Partnerarbeit einen Dialog, den sie der Klasse vorspielen. Als Requisite wird das jeweilige Schild gemalt und im Dialog an der entscheidenden Stelle hochgehalten.

Lösung: *1 – h), 2 – c), 3 – b), 4 – d), 5 – a), 6 – g), 7 – f), 8 – e)*

Lösungsvorschlag: *1. I can find this sign in my school bus.*
2. I can find this sign in our playground.
3. I can find this sign at roads that are not far from an airport.
4. I can find this sign near schools and the kindergarten.
5. I can find this sign at my bus stop where I take the bus to school.
6. I can find this sign in museums.
7. I can find this sign in front of hospitals, schools, museums, etc.
8. I can find this sign in our school cafeteria or in a plane.

Lösungsvorschlag: ***In a plane***: *Mr Burton wants to smoke a cigarette.*
Stewardess: I'm sorry, Sir, but this is the non-smoking part of the plane. Look at this sign above your head!
Mr Burton: Am I allowed to smoke anywhere else in this plane?
Stewardess: Yes, you are. Go to the back part of the plane. You're allowed to smoke from row 40 on.
Mr Burton: OK. Thank you for the information. I'll go and smoke my cigarette over there then.

3 Fun with road signs

Ziel: Unterricht durch lustige Bedeutungen der Schilder auflockern und korrekte Aussagen fomulieren

Wortschatz ⟨*steering wheel, motorbike, moose (pl. moose), attention*⟩

Erarbeitung Die Vokabeln ergeben sich aus den Bildern bzw. werden vom L kurz an der Tafel skizziert. Die S lesen die lustigen Regeln, die unter den Verkehrsschildern stehen und formulieren im Anschluss daran die korrekte Bedeutung. L hilft bei der genauen Formulierung: *No Pedestrians, Slippery Road, Quay/Riverbank, No Passing/Overtaking, No Motor Vehicles*

Lösungsvorschlag: b) *1. Don't drive here at night.*
2. Here you can swim in good and in bad weather (you can close the roof).
3. You're only allowed to walk here when your little sister comes with you.

c) *Watch out for moose*

D My life at school and at home (after Unit 5)

Ziel: Den Schulalltag in Kenia kennen lernen und mit dem deutschen Schulsystem und Cooper Middle School vergleichen

Hintergrundinfo ***Education system in Kenya:*** *Since 1985 there has been the 8–4–4 system. Children aged six to 14 have to go to primary school which ends with the Kenya Certificate of Primary Education (KCPE). Then they can go to a secondary school for another four years if they want and get the Kenya Certificate of Secondary Education (KCSE). After that they can choose to go to university and do their first degree studies for another four years.*

Grading system: *Students in secondary school are graded on a twelve-point scale: A, A- (distinction/very good), B+, B, B- (credit/good), C+, C, C- (average), D+, D, D- (fair), E (poor). So the highest scale is A and the lowest scale is E.*

Wortschatz ⟨*Kenya, not till, giraffe, zebra, lion, baboon, well behaved, pay for, waste, Swahili, tribal, Kikamba, an hour and a half, study time, firewood, to cook, meal, ugali, maize, flour, sugar, hut*⟩

Hinführung Zur Einstimmung zeigt L den S – sofern vorhanden – Bilder (Fotos, Dias, Bildbände) von Kenia. Alternativ kann ein S ein Referat über das Land halten. Dabei ist es wichtig, den S auch die Lage Kenias auf einer Karte zu verdeutlichen. Die S äußern ihre Vermutungen zum Schulsystem in Kenia. L lenkt dieses Unterrichtsgespräch mit Leitfragen: *Do you think everybody can go to school there? Why?/Why not?*

Erarbeitung Die Arbeitsanweisung im Schülerbuch sieht vor, den S den Text ohne Vorentlastung der neuen Wörter zu präsentieren. Es bietet sich zur Vorbereitung an, einen S die Geschichte laut vorlesen zu lassen und währenddessen ein Bild oder eine Folie zu zeigen, auf der die vorkommenden Tiere (*giraffe, zebra, lion, baboon*) sowie verschiedene Speisen/Zutaten (*maize, flour, sugar*) zu sehen sind. Die restlichen Wörter ergeben sich aus dem Kontext. Auf die stammessprachlichen Ausdrücke wird gesondert hingewiesen. Es empfiehlt sich, nach den Zeilen 21 und 45 kurz zu unterbrechen, um eventuelle Verständnisfragen mit den S zu klären.

1 Moses Nzioki's life

Erarbeitung Die S stellen nach der Lektüre das kenianische Schulsystem dem deutschen gegenüber. L fixiert die Vorschläge in einem zweispaltigen Tafelbild.

Erweiterung Als **Hausaufgabe** schreiben die S im gleichen Stil wie Moses ihren Alltag auf. Dies kann als imaginärer Brief an Moses erfolgen, um ihn über den deutschen Schulalltag aufzuklären.

Lösungsvorschlag: a)

Moses' school and home
- *school finishes at 4 pm/5 pm*
- *he has to walk 8 km*
- *he sees wild animals on his way*
- *they have a school garden*
- *55 pupils in class*
- *pupils behave well*
- *his parents have to pay for the school*
- *not everybody can go to school/ only boys go to school*
- *he speaks many languages*
- *he has sports in the afternoon*
- *he has an hour and a half study time in school*
- *the girls' job is to collect water and firewood and cook dinner*
- *main food: ugali*
- *he sleeps in a hut – there's not much to do in the evenings*

My school and home
- *school finishes at 1 pm*
- *I go by bus or bike*
- *I don't see any wild animals*
- *we don't have a school garden*
- *about 25–30 pupils in class*
- *we don't always behave well*
- *school is for free*
- *every child goes to school*
- *we speak only one language and learn one or two more in school*
- *I have sports in the morning or in the afternoon*
- *I do my homework at home*
- *girls also go to school*
- *different food every day*
- *I sleep in a house*
- *I watch TV or meet my friends in the evenings*

b) *I am a girl and I would not like to live in Moses' village. I like school. I couldn't do the same hard work every day (collect water and firewood and cook dinner). I am glad that I can go to school by bus and needn't walk eight kilometres. However, I would love to see the wild animals every morning. I definitely prefer smaller classes. I think you can't work well if there are 55 children in one room.*

c) *His sisters don't go to school. They stay at home and collect water and firewood and cook dinner. Moses has his own hut, but his sisters have to stay in one hut together.*

E José's play (after Unit 7)

Ziel: Eine moderne Version einer Episode aus Mark Twains *Tom Sawyer* lesen und verstehen

Wortschatz ⟨*pancake, to say grace, flower, perfect, Hold your horses!, paintbrush, paint, coat, properly, rat, string, skill, to have a go, no way!, to risk, artist, candy bar, who on earth?, doughnut*⟩

Materialien PB-CD 2, Track 39–42

Erarbeitung **Wortschatz:** Da der Text einige unbekannte Wörter enthält, erfolgt die Semantisierung der Vokabeln auf Folie, unterstützt durch Erläuterungen von L: *A lot of Americans eat pancakes for breakfast. Before a meal some people pray to God, they say grace.* Das Adjektiv *perfect* muss wegen seiner Ähnlichkeit zum Deutschen nicht erklärt werden. Die Einführung der nächsten drei Wörter *paintbrush, paint* und *coat* erfolgt auf einmal, da sie thematisch zusammenhängen. L malt einen Pinsel an die Tafel und erklärt: *You put paint on the walls with a paintbrush. Before you put on the second coat, you must wait until the first coat is dry.* Um die S auf die zwei unterschiedlichen Bedeutungen von *coat* aufmerksam zu machen, fragt L: *What other meaning of coat do you know?* Die S antworten mit der Bedeutung ‚Mantel', die sie in *Unit* 5 gelernt haben. L fragt die S nach anderen Wörtern, die mehrere deutsche Bedeutungen haben. Beispiele: *floor* = Fußboden, Stockwerk; *drama* = Theater, Drama; *figure* = Figur/Gestalt, Ziffer; *diary* = Tagebuch, Terminkalender; *bar* = Tafel, Riegel, Stück, Stange; *to grow* = wachsen, anbauen; *to get* = bekommen, werden; usw. *Properly: If you want to paint the wall properly, you must put on a second coat of paint. Rat: It's an animal that is similar to a mouse, but it's a little bit bigger. Usually people don't like rats. Can you hold my rat for a minute? No way! I'll never touch it!* Das Wort *string* wird am besten durch das Zeigen einer Schnur eingeführt. *Skill: He plays tennis, golf and hockey very well. He has a lot of skills.* Die Bedeutung von *to risk* wird aus dem Deutschen erschlossen. *Artist: Picasso was a famous artist.* Das Wort *candy bar* wird aus den bekannten Bestandteilen von den S erschlossen. *Oh, my candy bar is gone. Who on earth has stolen it? A doughnut is a sweet cake, sometimes with a hole in the centre.* Zur Veranschaulichung malt L einen Doughnut an die Tafel. Durch anschließendes Chorsprechen wird die Aussprache gesichert.

PB 39 PB 40 PB 41 PB 42

Text: Jetzt werden die vier Szenen des Theaterstücks direkt von der CD präsentiert. L stoppt nach jeder Szene (**Track 39** = Szene 1, **Track 40** = Szene 2, **Track 41** = Szene 3, **Track 42** = Szene 4), um einige Verständnisfragen zu stellen:
Scene 1: Why does Tom need a good breakfast today? What does he have for breakfast? Why does he have to paint the fence? What was Tom's original plan for the day? Why can't Sid paint the fence? How many coats of paint does Aunt Polly wish and how much time does Tom have to paint the fence?
Scene 2: Where is Ben going? Explain Tom's trick. What will Ben give Tom if he lets him paint a bit? What does Tom get from Milly?
Scene 3: Tom got a lot of things from his friends. Make a list of those that probably weren't in the original play by Mark Twain.
Scene 4: What is Aunt Polly's reaction when Tom comes back?
Diese Fragen werden entweder mündlich gestellt oder den S auf einem Arbeitsblatt präsentiert. Anschließend wird das Theaterstück mit verteilten Rollen gelesen.

Lösungsvorschlag: ***Scene 1:*** *Tom needs a good breakfast today because he has to paint the fence in front of the house. He has four pancakes and two yoghurts. He has to paint the fence because he was a bad boy yesterday. Tom wanted to go swimming in the river. Sid can't paint the fence because he has to do some work for his English test and practice the fiddle for the square dance next Saturday. Aunt Polly wants three coats of paint. Tom has got all day to paint.*

Scene 2: *Ben is going down to the river. Tom is very clever. He tells Ben and Milly that you must be an artist to paint a fence and that only he can do it perfectly. Then after a while he lets the others paint and makes them feel very special. He tells them that it is a risk if he lets them paint a bit, so he gets lots of presents for allowing the others to paint. In the end Tom doesn't have to do the work and even gets presents! Ben gives Tom two bags of popcorn, an apple and a dead rat on a string. Milly allows Tom to ride on her skateboard and she gives Tom her tooth and a Superman comic.*

Scene 3: *a skateboard, a Superman comic, a Mickey Mouse pencil case, candy bars, a picture of the Denver Broncos, a Madonna CD, chips, a Harry Potter poster*

Scene 4: *Aunt Polly is amazed that Tom has already finished.*

Erweiterung

Zur näheren Beschäftigung mit dem Text bietet sich eine *true/false*-Übung an. Die S bestimmen bei den folgenden Sätzen die richtigen Aussagen und verbessern die falschen.
1. *When the play starts, Aunt Polly is washing up.*
2. *Sid has been bad.*
3. *Tom is in a hurry because he wants to help Aunt Polly.*
4. *Sid is going to be busy today.*
5. *Tom is angry because Ben has got a dead rat.*
6. *The fence has to be perfect because it is in front of the school.*
7. *Tom lets Ben paint because Ben is his best friend.*
8. *Tom lets Milly paint because she gives him a spider.*
9. *Aunt Polly thinks Sid took the doughnuts.*

Lösungsvorschlag: *1. false: She's setting the table for breakfast. 2. false: Tom has been bad. 3. false: He's in a hurry because he wants to go down to the river. 4. true 5. false: Tom wants to have Ben's dead rat. 6. false: The fence has to be perfect because it is on the main street. 7. false: Tom lets Ben paint because he doesn't want to paint. 8. false: Tom lets Milly paint because he's lazy and gets a ride on her skateboard, her tooth and a Superman comic. 9. true*

Transfer Es bietet sich bei diesem Text ferner eine szenische Ausgestaltung an. Die S besorgen oder basteln sich die nötigen Requisiten und üben das Stück für eine Aufführung ein. Dabei können sehr viele S mitspielen, da die zweite Szene beliebig durch andere Freunde Toms erweitert werden kann. Hierfür schreiben die S die Dialoge selbst und überlegen sich weitere Geschenke für Tom. Die Aufführung kann vor den Eltern erfolgen oder von L mit einer Videokamera aufgenommen werden.

F Cinderella (after Unit 7)

Ziel: Ein Märchen lesen und verstehen

Hintergrundinfo *The brothers Jakob (1785–1863) and Wilhelm Grimm (1786–1859) mainly wrote their fairy tales between 1812 and 1815.*

Wortschatz ⟨*grave, to cook, cinders (pl.), hearth, dirty, jewellery, branch, hazel, tear, to water, bride, delighted, palace, lentils (pl.), ashes (pl.), to pick out, dove, to shiver, slipper, step, to fit, elder (eldest), toe, to manage (to do sth), blood, heel, late, stool, to fit like a glove, to peck, blindness*⟩

Erarbeitung **Wortschatz:** Die Semantisierung der neuen Vokabeln erfolgt an der Tafel oder auf Folie, um den S das Schriftbild zu visualisieren. *A grave is where dead people are put. Sometimes dead people are burnt and then their cinders = ashes are put in a grave. A hearth is where you can start a fire and cook. Dirty ↔ clean. Rich women often wear many rings, earrings and other jewellery.* Zur Erklärung von *branch* malt der L einen Baum an die Tafel und deutet auf die Zweige. *Hazel is a bush on which hazelnuts grow.* Zur Verdeutlichung bringt L eine Haselnuss mit. *When a person cries there are tears in his or her eyes* (gestisch unterstützen). *Flowers need water. You must water the flowers so that they grow. At a wedding the bride usually wears a beautiful white dress. Then all the guests are delighted about how wonderful the bride looks. A king or rich people live in a palace. Lentils are like beans and you can make a soup from them. There are good lentils and bad ones. Pick out the good ones for our soup and throw the rest away. White doves are a symbol of peace.* Der L malt eine Taube an die Tafel. *If it's very cold, your body starts to shiver* (gestisch unterstützen). *At home women often wear special kinds of shoes. They are called slippers.* Das Wort *stairs* wird von *upstairs/downstairs* abgeleitet. *Look, my shoes fit perfectly. They are not too big and not too small. They fit like a glove.* L verwickelt die S jetzt in ein Gespräch über ihre Geschwister: *Have you got any brothers or sisters? Are they older or younger than you? I have two elder sisters. My eldest sister is 16 years old.* Das Wort *toe* wird gezeigt: *You have five toes on each foot. Can you manage to be here by four o'clock? If you cut your finger, blood will come out of it. A heel is part of your foot* (zeigen). Bei *late* verweist der L auf die zwei unterschiedlichen Bedeutungen: *late = dead.* Die S nennen einen Satz, in dem *late* in der bereits bekannten Bedeutung (spät) vorkommt. *A stool is a chair without a back.* Hierbei weist der L die S auf die Ähnlichkeit zum deutschen Stuhl hin, betont aber hier die Bedeutung ‚Hocker'. *A budgie pecks food on ground. When you can't see, you're blind. The noun is blindness.*

Text: Der Text wird in Abschnitten laut gelesen. Da den meisten S das Märchen bekannt ist, wird die Geschichte trotz der zahlreichen neuen Wörter leicht verstanden. Es bietet sich an, nach einzelnen Abschnitten einige Verständnisfragen zu stellen:
Nach Zeile 32: *How do the stepsisters treat poor Cinderella? Explain her name. What do the daughters want their father to bring from the fair? What does Cinderella do with the hazel branch?*
Nach Zeile 68: *Why does the king hold a ball and invite all the beautiful young girls? What does Cinderella have to do so that she is allowed to go to the ball? How does she manage to pick the lentils out of the ashes in time?*
Nach Zeile 103: *What happens while Cinderella is sitting under the hazel tree at her mother's grave? What happens while she was running down the palace steps? What is the prince's plan to find her?*
Nach Zeile 139: *What does the eldest sister do to make her left foot fit the slipper? What happens when the prince rides past the grave? What does the other sister do?*
Nach Zeile 173: *What happens to the two stepsisters at the wedding?*

Lösungsvorschlag: *ll. 1–32: The stepsisters treat her badly. They take Cinderella's nice clothes and make her wear rags and work in the kitchen from morning till night. Cinderella gets her name because she has to sleep in the cinders by the hearth. The two stepdaughters want their father to bring them beautiful dresses and jewellery. Cinderella's wish is the first branch that touches her father's hat on his way home. Cinderella plants the branch on her mother's grave and waters it with her tears. Then a hazel tree grows.*
ll.33–68: The king wants to find a bride for his son. Cinderella has to pick all the lentils out of the ashes in two hours. She manages to do that in only one hour because two white doves and other birds help her.
ll. 69–103: A bird throws down a dress of gold and silver and a pair of golden slippers. While Cinderella is running down the palace steps she loses her left shoe. The prince wants to look for the girl whose foot fits the golden slipper and then marry her.
ll. 104–139: The eldest sister cuts off her big toe. When they ride past the grave, two white doves tell the prince to look at the blood in the shoe and find the right girl. The other sister cuts off her heel.
ll. 140–173: The two doves peck out their eyes.

Erweiterung

L erstellt für die S ein Arbeitsblatt, in dem es um unvollständige Sätze aus dem Text geht, die im Multiple-Choice-Verfahren ergänzt werden.

1. *The stepsisters make Cinderella wear a) beautiful dresses, b) rags, c) silver slippers.*
2. *At night Cinderella has to sleep in a) the cinders, b) in her own bed, c) in a bed together with her stepsisters.*
3. *Cinderella wants her father to bring her a) a nice ring, b) new shoes, c) a branch.*
4. *When the two stepsisters hear about the invitation to the ball, they are a) sad because they can't go, b) delighted, c) angry.*
5. *When Cinderella asks if she can go to the ball, her stepmother says: "You? With your dirty clothes and with a) dirty shoes, b) no shoes, c) brown shoes?"*
6. *Her stepmother says: "I've thrown a dish of lentils into the ashes. If you can pick them all out again in a) two hours, b) three hours, c) four hours, you can go to the ball."*
7. *Under the hazel tree poor Cinderella cries: "Shiver and shake, you little tree, a) Money and Jewellery, b) New Clothes and Shoes, c) Silver and Gold throw down to me."*
8. *When Cinderella arrives at the ball, her stepsisters and stepmother a) say hello to her, b) don't recognize her, c) tell her to go home immediately.*
9. *The eldest sister can't get a) her big toe, b) her heel, c) her little toe into the slipper.*
10. *When the prince wants Cinderella to put on the shoe, she sits down on a) a chair, b) her bed, c) a stool and puts her foot into the slipper.*
11. *The slipper fits a) like a glove, b) like socks, c) like a hat.*

Lösung: *1 – b), 2 – a), 3 – c), 4 – b), 5 – b), 6 – a), 7 – c), 8 – b), 9 – a), 10 – c), 11 – a)*

Alternative

• Mit ähnlichen Inhalten wie die Multiple-Choice-Übung kann auch eine *true/false*-Übung angefertigt werden.

• Das Märchen wird bis Zeile 139 präsentiert und die S schreiben das Ende der Geschichte als **Hausaufgabe** selbst. Im Unterricht werden dann einige S-Arbeiten vorgelesen bzw. von L korrigiert.

Transfer

Die S fertigen als **Hausaufgabe** einen Comic zu dem Märchen an. Der Umfang von 6–8 Bildern wird vorgegeben. Die S malen die Szenen und fügen Texte in Sprechblasen ein. Zusätzlich schreiben sie einen Satz zur Erläuterung bzw. zum Schauplatz unter die einzelnen Zeichnungen. Die Ergebnisse werden im Klassenzimmer aufgehängt.

Hinweis Die Lösungen zu den Texten in *Mediation* haben Vorschlagscharakter. In vielen Fällen sind auch andere Lösungen möglich.

Unit 1

1 The host family

a) *Mr Smith:* *Hello, how are you?*
Stefan: *Fine, thanks. And how are you? My name is Stefan. It's nice to meet you.*
Mr Smith: *Nice to meet you, too. Welcome to Nottingham, Stefan.*
Alex Smith: *This is my sister Fiona.*
Stefan: *Hi Fiona.*
Alex Smith: *And this is my mum.*
Stefan: *Hello, Mrs Smith.*

b) *Mrs Smith:This is your room, Stefan. Is it OK for you?*
Stefan: *It's great. Thank you. When do you usually get up in the morning?*
Alex: *Oh, we usually get up at eight o'clock.*
Stefan: *Really? At home I always get up at quarter to seven.*
Alex: *What! When does school start in Germany?*
Stefan: *Our school starts at quarter to eight.*
Fiona: *Wow! That's very early! We start at quarter to nine. And how do you get to school?*
Stefan: *I go by bus. What about you?*
Fiona: *Oh, we go on our bikes.*

c) *Stefan:* *What time do you come home from school?*
Alex: *Well, school finishes at 3.15.*
Stefan: *Oh no! And what about lunch?*
Fiona: *Oh, we have lunch at school, of course. Don't you?*
Stefan: *No, I usually have it at home. Sometimes we have lessons in the afternoon. Then I buy a sandwich for lunch.*

d) *Alex:* *What activities do you do at school?*
Stefan: *Activities? We have subjects like German, English, maths, art, …*
Alex: *No, I mean things like drama group, pet club, basketball club, … We do them in the lunch break.*
Stefan: *Really? Oh, we don't have activities like that at our school. I play football, but I do that at a football club.*
Fiona: *Look, here's Tabby. Do you like cats?*
Stefan: *Well, we've got a dog because my mother is allergic to cats. But I like cats, too. I like all pets.*

2 On the notice board

Du: Also: Oben links geht es um eine neue Aktivität, und zwar Ballett und Stepptanz. Sie wird von Frau Mandy Smith angeboten und ist für alle Altersgruppen. Um mehr darüber herauszufinden, kann man Frau Smith mailen.

Es gibt auch einen Club für Naturwissenschaft – ein neues Projekt für Schüler der Jahrgangsstufen 6–8, die sich für Natur und Umwelt interessieren. Man hat vor, Daten über Pflanzen, Tiere und Wasserqualität in der Umgebung zu sammeln und zu analysieren. Man trifft sich jeden Mittwochnachmittag um 15 Uhr im Labor und verbringt einen Nachmittag im Monat auf dem Feld. Bei Interesse kann man sich an Herrn Carr in Zimmer 24 wenden.

Die Fußballmannschaft für Schülerinnen und Schüler unter 14 trainiert heute (Dienstag) um 14.30 Uhr in Vorbereitung auf das morgige Spiel gegen Sudbury. Treffpunkt ist vor dem B-Block. Der Trainer heißt Jim Moss.

Frau Price bietet Cheerleading an. Es findet dienstagnachmittags in der Aula (im großen Saal) statt. Weitere Informationen gibt es per E-Mail von Jill Price.

Es gibt auch einen Schachclub, der sich dienstagnachmittags in Zimmer 31 trifft. Neue Mitglieder sind willkommen. Man organisiert Wettbewerbe und spielt gegen andere Schulen. Ansprechpartnerin ist Helen King.

Die Theater-AG leitet Herr Oliver in Zimmer 12. Für die Produktion im Herbst gibt es ein Treffen am Donnerstag, 12. September, um 15 Uhr. Alle sind willkommen. Im Dezember wird außerdem eine Talentshow veranstaltet. Ort und Zeit der regelmäßigen Treffen sind noch nicht ausgehängt. Am besten fragt man bei Herrn Oliver nach.

Unit 2

3 The Nottingham project

a) *Hi Tom,*
How's everything in Nottingham? Thank you for your e-mail. I am writing today because I need some information about Robin Hood and Nottingham. I want to write an interesting text for my English class. Maybe you can help me.
Here are my questions:

- *When did Robin Hood, England's most famous outlaw, actually live?*
- *Why was the Sheriff Robin Hood's worst enemy?*
- *Who owned the land, the forests and the deer at that time?*
- *Why did the peasants hate the Normans?*
- *Why was Robin Hood the Sheriff's biggest problem?*
- *Why didn't Robin and his men come to Nottingham more often?*
- *Why was it so difficult to catch them in Sherwood Forest?*
- *Was life in the Middle Ages really more exciting than life today?*
- *What is Nottingham like today?*

Please answer soon because I'm going to present my text next week.

Love,
Lisa

b) *Dear Lisa,*
Thanks for your e-mail. Everything is fine here in Nottingham. Here are some answers to your questions:

1. *We don't know exactly when Robin Hood lived. We think it was in the late 1100s.*
2. *The Sheriff was Robin Hood's worst enemy because he and his men chased Robin Hood and wanted to catch him.*
3. *The King owned the land, the forests and all the deer at that time.*
4. *The peasants were Saxons. They hated the Normans because when the Normans conquered the Saxons in 1066, they took their land away from them.*
5. *He was the Sheriff's biggest problem because he had a lot of men and the Sheriff couldn't catch him.*
6. *Robin and his men didn't come to Nottingham more often because it was too dangerous there.*
7. *It was very difficult to catch them in Sherwood Forest because they knew all the best places to hide, like the Major Oak.*
8. *Life in the Middle Ages was an adventure, but I don't know if it was more exciting than life today. They didn't have cars or cinemas or computer games. And the smell in the streets was terrible!*
9. *I think Nottingham today is very nice. It isn't the biggest city in England, but lots of tourists come here because they are interested in the legend of Robin Hood. There are lots of visitor attractions like the castle, the Tales of Robin Hood and, of course, Sherwood Forest.*

Love,
Tom

4 A play about Robin Hood

The characters in our play

1. ***Robin Hood:*** *He is the most important character in our play, a man who loves adventures. He steals money from the Normans and gives it to the poor Saxon peasants.*

2. ***The Sheriff of Nottingham:*** *His worst enemy is Robin Hood. He is not very popular, and a lot of people hate him and are frightened of him.*

3. ***Maid Marian:*** *She comes from a rich family that lives in Nottingham. She often gives Robin's men important information about the Sheriff, and one day she wants to get married to Robin.*

4. ***Little John:*** *His name is 'Little' John, but actually he is bigger than everybody else.*

5. ***Friar Tuck:*** *He is very good at archery and he protects Robin, but he is more famous for his big appetite.*

Unit 3

5 A text from the Internet

Die Londoner Band *Blue* hat vier Mitglieder: Duncan, Antony, Lee und Simon. Ihr erster Hit hieß "All Rise". Ihre nächsten beiden Hits erreichten Platz 1 in Großbritannien. Danach begann ihr weltweiter Erfolg. Sie gingen auf Tour, spielten auf Festivals und verkauften viele Platten, vor allem in Großbritannien, Irland, Kontinentaleuropa und im Fernen Osten. Die Band hat auch viele Preise gewonnen, zum Beispiel "Beste Band" in Großbritannien und "Beste Internationale Popgruppe" in Japan. Der beliebteste *Blue*-Hit in Julies Familie ist "Sorry Seems To Be The Hardest Word", weil er von der Band gemeinsam mit Elton John, dem Lieblingssänger von Julies Mutter, gesungen wird.

Unit 4

6 House rules

1. When the landlady gives you the key, you must give her 50 Euros. When you give the key back, you can have the money back. If you lose the key, you lose the 50 Euros.
2. You must keep the rooms tidy all the time.
3. They usually change the towels and the sheets every week.
4. You must be quiet between 1 and 3 pm and in the evening after 10 pm from Monday to Saturday, and the whole day on Sunday.
5. If you use the telephone it's 12 Cents for every minute you start.
6. If you break something, you must tell the landlady at once.
7. If you find something, please give it to the landlady.
8. If you don't follow these rules, the landlady can say that you must leave.

If you come into the apartment, it means you agree with the rules.

7 Dangerous mountains

Opa: Kennen Sie die Alpen, Herr Preston. Sind Sie schon mal dort gewesen?
Du: *Do you know the Alps, Mr Preston? Have you ever been there?*
Mr P: *Well, actually I spent some time in Lech in 1998. It's a beautiful place.*
Du: Er verbrachte im Jahr 1998 einige Zeit in Lech. Es ist ein schöner Ort.
Opa: Und denken Sie, dass die Berge hier genauso gefährlich sind wie die Alpen?
Du: *And do you think that the mountains around here are as dangerous as the Alps?*
Mr P: *Of course I know that the mountains around here aren't nearly as high as the mountains there. But it can be very dangerous around here, too.*
Du: Er sagt, er weiß natürlich, dass die Berge hier nicht annähernd so hoch sind wie die Berge dort. Dennoch kann es auch hier in der Gegend sehr gefährlich sein.
Opa: Was macht die Berge denn so gefährlich?
Du: *What makes the mountains so dangerous?*
Opa: Liegt es daran, dass die Leute nicht vorsichtig sind, wenn sie aufbrechen – oder ist es der Geist des alten Moses?

Du: *Is it because people aren't careful when they set off, or is it perhaps the ghost of Old Moses?*
Mr P: *Well, Old Moses and his barrels, that's an old story – but a story for tourists only.*
Du: Er sagt, Old Moses und seine Fässer, das ist eine alte Geschichte – aber eine Geschichte nur für die Touristen.
Mr P: *Hundreds of years ago there were actually whisky smugglers around here. That's true.*
Du: Es gab hier vor hunderten von Jahren tatsächlich Whiskyschmuggler. Das ist wahr.
Opa: Ist es denn wahr, dass Old Moses damals in den Schieferminen gearbeitet hat?
Du: *So is it true that Old Moses worked down in the slate mines in those days?*
Mr P: *Yes, that's true.*
Du: Ja, das stimmt.
Opa: War das nicht ein unheimlich gefährlicher Beruf?
Du: *Wasn't that a very dangerous job?*
Mr. P: *Yes, you're right. But who told you about these things?*
Du: Er sagt, es stimmt und er möchte von dir wissen, wer dir davon erzählt hat.
Opa: Es war der Milchmann. Er hat heute Morgen von Old Moses gesprochen. Das war sehr interessant.
Du: *The milkman talked about Old Moses this morning. That was very interesting.*
Mr P: *Ah, Tom! I see. He really likes these old stories, doesn't he? ... But back to your question about the mountains. The big problem here is the weather. It often changes and that makes the mountains dangerous because people aren't prepared for it.*
Du: Ach, das war Tom. Er mag diese alten Geschichten wirklich, nicht wahr? Aber zurück zu deiner Frage über die Berge. Das große Problem hier ist das Wetter. Es schlägt oft um, und das macht die Berge gefährlich, weil die Leute nicht darauf vorbereitet sind.

Unit 5

8 School rules

1. *Students should always be friendly to the principal, the teachers and the other students.*
2. *They must be at school at 7:40 am. They aren't allowed to be there later.*
3. *They aren't allowed to wear funny or special clothes, for example: no hats, no short skirts etc.*
4. *Students are not allowed to eat during lessons.*
5. *Students have to stay at school during the school day. They aren't allowed to leave without permission.*
6. *Students aren't allowed to play computer games at school.*

Unit 6

9 On the ranch

1. *Woman:* *Is there anybody on the Lazy G Ranch who can pick me up from the airport?*
Sally: *Sure. My uncle usually picks guests up from the airport. When do you want to come?*
Woman: *Well, I have to take a vacation in January or February. Is that a good time?*
Sally: *In the winter there aren't many guests on the ranch, especially in January and February.*
Woman: *Oh! Is there nothing you can do in the winter?*
Sally: *Oh yes, there is. There's always horseback riding and you can have riding lessons. And Montana is beautiful in the winter.*
Woman: *That's good. Hm, I guess it rains a lot then.*
Sally: *But rain's no problem if you have rain gear with you. Don't worry!*

2. *Martha:* *What's the problem with Rusty?*
Sally: *Everybody likes Rusty. Only Mr Holden complains about him. But Mr Holden complains about everything.*

Martha:	*That's true. He didn't like his room, and then he complained about the food. And he hated the square dance evening!*
Sally:	*This isn't his kind of vacation. He should try a beach in Florida next time.*
3. *Mr Holden:*	*Where's Mr Gooch? I can't find him anywhere!*
Sally:	*He must be in town. He wanted to buy a new pickup.*
Mr Holden:	*And nobody knows where Chuck is.*
Sally:	*I'm sorry, but he hasn't come back from Silvertop yet.*

10 Horses and riders

Chuck: *Well, Bernie. You did a great job with Rusty today. He seemed to like you. Do a lot of people go riding where you come from?*
Sally: Er sagt, dass du heute sehr gut mit Rusty zurechtgekommen bist. Rusty schien dich zu mögen. Er fragt, ob dort, wo du herkommst, viele Leute reiten.
Bernd: Es gibt einige Leute, die reiten. Aber Reiten ist in Deutschland nicht so beliebt wie hier in den Rocky Mountains.
Sally: *There are some people who go riding. But riding isn't as popular in Germany as it is here in the Rocky Mountains.*
Bernd: Es gibt auch nicht so viele riesige Rinderfarmen in Deutschland wie hier. Und deshalb braucht man Pferde nicht, um mit Rindern zu arbeiten. Reiten ist nur ein Hobby.
Sally: *And there aren't as many huge cattle ranches in Germany as there. So you don't need horses to work with cattle. Riding is just a hobby.*
Chuck: *So who taught you horseback riding?*
Sally: Wer hat dir denn das Reiten beigebracht?
Bernd: Meine Mutter. Wir reiten beide manchmal auf einem Hof in der Nähe. Mein Lieblingspferd ist groß und schwarz.
Sally: *His mother. They sometimes ride together on a farm near them. His favourite horse is big and black.*
Chuck: *And have you ever ridden a horse like Rusty before?*
Sally: Hast du je zuvor ein Pferd wie Rusty geritten?
Bernd: Nein, ich habe noch nie einen Mustang geritten. Aber es hat Spaß gemacht.
Sally: *No, he has never ridden a mustang before. But it was fun.*
Chuck: *Well, Ed Gooch – that's Sally's uncle – bought him only a year ago. Before that, Rusty was a rodeo horse in Colorado. He took part in barrel races, you know.*
Sally: Er sagt, dass Ed Gooch – also mein Onkel – ihn erst vor einem Jahr gekauft hat. Davor war Rusty ein Rodeopferd in Colorado. Er nahm an Tonnenrennen teil.
Bernd: Ich bin noch nie bei einem Rodeo gewesen. Das ist sicher sehr aufregend.
Sally: *Bernie has never been to a rodeo. He says it must be very exciting.*
Chuck: *You can say that again! There's a big rodeo in Billings at the weekend. Do you want to go there?*
Sally: Das kann man wohl sagen! Nächstes Wochenende findet ein großes Rodeo in Billings statt. Möchtest du hingehen?
Bernd: Au ja! Tolle Idee!
Sally: *He thinks that's a great idea.*

Unit 7

11 The white lady

Fred: *Who was that 'white lady' you were talking about?*
Du: Er möchte wissen, wer diese weiße Frau war, von der Sie gesprochen haben.
Hans: Also, sie war die Tochter eines reichen Herrn, der vor hunderten von Jahren auf der Burg in der Nähe unseres Dorfes wohnte. Sie war wunderschön und liebenswürdig. Und sie war in einen jungen Mann verliebt, der in unserem Dorf lebte.
Du: *She was the daughter of a rich lord who lived in the castle near our village hundreds of years ago. She was very beautiful and gentle. And she was in love with a young man who lived in our village.*
Fred: *What did her father think of this?*

Du: Was hielt denn ihr Vater davon?
Hans: Er war wahnsinnig eifersüchtig auf den jungen Mann. Er liebte seine Tochter sehr und wollte, dass sie bei ihm blieb.
Du: *He was jealous of the young man. He loved his daughter and wanted her to stay with him.*
Fred: *Did his daughter do what he wanted her to do?*
Du: Hat denn seine Tochter getan, was er von ihr wollte?
Hans: Nein, natürlich nicht. Sie wollte den jungen Mann heiraten und die Burg verlassen. Und so kam es, dass ihr Vater sie grausam bestrafte.
Du: *No, she didn't. She wanted to marry the young man and leave the castle. And so her father punished her cruelly.*
Fred: *What did he do? And didn't the young man help her?*
Du: Was hat er getan? Und half ihr der junge Mann nicht?
Hans: Wissen Sie, er konnte ihr nicht helfen. Der Vater schickte das arme Mädchen hinauf in das dunkelste und kälteste Zimmer der Burg, schloss die Tür und öffnete sie nie wieder. Danach ging er los, um den jungen Mann zu bestrafen.
Du: *No, the young man couldn't help her. The father sent the poor girl up to the darkest and coldest room in the castle, shut the door and never opened it again. After that he set off to punish the young man.*
Fred: *Was the young man able to escape?*
Du: Konnte der junge Mann entkommen?
Hans: Das weiß niemand genau. Die junge Frau aber, so sagen die Leute, stand jeden Abend an ihrem Fenster und rief den Namen des jungen Mannes – vergebens. Eines Nachts zog sie dann ganz ruhig ihre weißen Kleider an und sprang aus dem Fenster.
Du: *Nobody knows exactly. People say the young woman stood at her window every evening and called the young man's name. Then, one night, she quietly put on her white clothes and jumped out of the window*
Fred: *What happened then?*
Du: Was passierte dann?
Hans: Niemand hat je herausgefunden, was geschehen ist. Aber manchmal, wenn man die Burg betrachtet, kann man ganz deutlich eine Frau in weißen Kleidern sehen. Sie steht am Fenster und ruft traurig nach dem Mann, den sie liebt.
Du: *Nobody has ever found out what happened. But sometimes, when you look at the castle, you can see a woman in white clothes quite clearly. She is standing at the window and sadly calling the man she loves.*

Hörtexte zum Workbook

Hinweis Alle Hörtexte finden sich auf der Hörverstehens-CD. Die Lösungen zu den Aufgaben sind in der Lehrerversion des *Workbooks* enthalten (Klett-Nr. 547224).

intro Unit 1

1 Listening: Holidays (S. 3)

LC 34

Conversation 1

Boy: *Hi, Emma, how was your holiday in France?*
Emma: *Don't ask! It was terrible!*
Boy: *Why? What happened?*
Emma: *It rained every day. We couldn't do things outside, like go out on our bikes, or swim, or ...*
Boy: *So what did you do?*
Emma: *(resigned laugh) Huh! We went to museums and visited old churches.*
Boy: *Was it boring?*
Emma: *No, it wasn't. Some of it was quite interesting. We saw some beautiful old churches and I learned a lot about French history. My French is much better now, too!*

LC 35

Conversation 2

Mr Cooper: *Hello, Jack. Did you have a good holiday?*
Jack: *Yes, thanks, Mr Cooper. It was fantastic.*
Mr Cooper: *Did you do anything interesting?*
Jack: *Yeah, we went to Disneyland in Florida.*
Mr Cooper: *Oh really? What was it like?*
Jack: *Cool.*
Mr Cooper: *Cool? Isn't it hot in Florida?*
Jack: *Yeah, the weather was great and we had a lot of fun. The only problem was the people. There were just too many people.*

LC 36

Conversation 3

Andy: *Hi, Sally! How are you?*
Sally: *Fine thanks, Andy. But what about you? What happened to your leg?*
Andy: *I broke it when I was on holiday in Germany. I was in hospital for three days!*
Sally: *How did it happen?*
Andy: *I was on a bus and I got up before it stopped and I fell over. It was stupid of me, I know.*
Sally: *You poor thing. What was the hospital like? Was it boring?*
Andy: *No, it was great! I made lots of friends. Look – they all wrote their names on my leg.*

LC 37

Conversation 4

Mike: *Hi, Julie!*
Julie: *Oh, hi Mike. Nice to see you again!*
Mike: *And you! How was your holiday? Did you go anywhere interesting?*
Julie: *No, we stayed at home. But it was OK. I had lots of time for my hobbies. But I'm really tired now!*
Mike: *Why?*
Julie: *My mum had a baby last week. I've got a little sister now.*
Mike: *A baby? That's nice!*
Julie: *Nice? I'm not so sure. She cries and screams all the time. I can't sleep at night!*

Focus 1

LC 38

2 House of horrors (S. 13)

Wayne: *Trick-or-Treating is fun, isn't it? Look how many sweets we've got!*
Colin: *Hey, let's eat them now! I'm hungry.*
Barry: *No, not yet. We're going to visit Mrs Potter first.*
Wayne: *Oh, she's that crazy old lady, isn't she? Where does she live?*
Barry: *In a barn not far from here. She lives alone.*
Colin: *No, she doesn't. She's got a black cat.*
Barry: *I know. But she's got lots of money, too. I think she keeps it under her bed.*

Wayne: Hmm, money! That's good. OK, let's go!
Colin: What do we do if she doesn't give us any money or sweets?
Wayne: Play a trick on her, of course! I've got lots of ideas! Come on, gang!
(The gang approaching Mrs Potter's front door, shuffling, throat-clearing, etc.)
The gang: Trick-or-treat, our tricks aren't funny, give us lots and lots of money!
Barry: Come on, Mrs Potter! Open the door!
Wayne: Yeah, we haven't got all night.
(Creaky sound of door opening)
Mrs Potter (in a 'witch's voice'): Aha ... the children! (hisses) I'm so happy you're here. I've got a treat for you!
Colin (to the others): She looks scary. Let's go. We don't need more sweets.
Barry: Yes – er – we don't want any sweets, th-thanks. We'd like some money.
Mrs Potter: Money? Did you say money?
Wayne: Er, yeah. We're collecting money for – er – charity.
Barry: That's right, Mrs Potter. We want to use the money to help poor people.
Mrs Potter: How nice! But please come in first. Come and see my kitchen. I'm making something good to eat, to celebrate Halloween. (Cackles horribly)
Colin: Sorry, Mrs Potter, but we don't go into strangers' homes.
Barry: Psst! Be quiet Colin! Yes, we do! Come on, boys. We're going in.
Wayne: Barry!
Mrs Potter: Follow me to the kitchen, everyone ... (scary music/noises)

LC 39

Announcer: Now do exercise d) before you listen to the next part.
Announcer: Listen to the end of the story.
(Scary noises, followed by loud squawk from the cat and shrieks from the boys.)
Wayne: Look at that pumpkin! It's got legs and it's coming towards us!
Colin: Let's get out of here!
Barry: Run, everyone! As fast as you can!
Mrs Potter: Goodbye, you little devils! I'm so sorry you're leaving! But that's what happens if you ask old women like me for money!
(Screams from the boys, sound of running feet, another cackle from Mrs Potter.)

text

Unit 2

LC 40

5 Listening: Sarah's idea (S. 22)

Sarah: (enthusiastic) Hey, David – I've got an idea for a new activity at school.
David: Oh? What's that, Sarah?
Sarah: Well, you know the Drama Group are doing a play about Robin Hood?
David: Yes –
Sarah: Well, that's what gave me the idea. An archery club!
David. Oh. Right.
Sarah: (disappointed) That isn't a very excited reaction, David.
David: Sorry, but –
Sarah: But what? A club is quite easy to organize, you know.
David: Maybe. But you need bows and arrows and targets for an archery club. Where are you going to get them?
Sarah: The school's got money.
David: Not for things like that.
Sarah: Why not? The Activity Centre got a new table-tennis table last year.
David: But the money didn't come from the school. The people in the school table tennis team washed cars and earned the money.
Sarah: Oh, I didn't know. – Well, it can't be too difficult to earn enough money for some bows and arrows. So we can do something like that, too.
David: We?
Sarah: Yes. (wheedling) I'm sure you'd like to be in the archery club, too, David.
David: Don't be so sure! When Scott and I went to the Tales of Robin Hood we tried archery. He was quite good, but I was terrible! I missed the target every time!
Sarah: (knowingly) Ah, so that's why you weren't very excited about my idea. But listen, David, that's why you must join the club – so you can learn to hit the target!
David: (laughing) Oh, Sarah! Nobody can say no to you! – But before we can start an archery club we must talk to the sports teacher. And my suggestion is first to find out how many people would like an archery club. A popular idea has a better chance.

Sarah: *Yes, that's true. OK, let's ask all our friends. I'm sure we can find lots of people who are interested ...*

intro

Unit 3

LC 41

5 Listening: Music in my life (S. 28)

Narrator: *We asked Mrs Penrose and Mr Burton if they played a musical instrument when they were young and if they play a musical instrument now. Listen to what they said.*

Mrs Penrose: *When I was young I played the piano. I had lessons every week. The teacher was very nice. Her name was Mrs Mill. I went to her house after school. I think she lived in the same street. I stopped when I was a teenager though. I was going to concerts and discos and I never had the time to practice. Later, after the children came, I started piano practice again. I'm not very good but I enjoy it and that's the most important thing. And I can still read music.*

Mr Burton: *I played the guitar when I was young. I was about 12 years old when I started. I taught myself. It was good fun, nothing serious. I didn't have lessons and I couldn't read music but that didn't matter. When I was sixteen, I started a band with some of my friends. We didn't get very far. When we left school, everyone did their own thing. And now? Now I don't play an instrument. Not even the guitar. It's a pity, isn't it?*

LC 42

Narrator: *Later we asked Mrs Penrose and Mr Burton what sort of music they liked when they young and what sort of music they like now. This is what they said.*

Mrs Penrose: *When I was a teenager I was into pop music. I had my own cassette recorder and listened to it all the time. I loved discos and dancing. Now it's different of course. I don't listen to pop music at all and I don't know what's in the charts or who the stars are. We have lots of CDs at home, mostly classical. I just wish I had more time to listen to them.*

Mr Burton: *I liked rock music when I was a child: very loud rock music. My parents hated it and I often had arguments with them about it. My mother couldn't understand me. "It's bad for your ears", she used to say! I prefer jazz now and sometimes I go to concerts in Nottingham. That's the sort of instrument I would like to play – something in a jazz bad: a saxophone or a trumpet or another brass instrument.*

Focus 2

LC 43

1 Listening: What is their favourite breakfast (S. 36)

Robert: *Oh, have you got chocolate, Sarah? Can I have a piece, please? – Thanks. I'm really hungry.*
Sarah: *Why are you so hungry, Robert? Didn't you have any breakfast this morning?*
Robert: *Not much. I usually like to have a good breakfast. Muesli and milk, and then a nice fried egg on toast. But I got up late this morning, so I only had time for the muesli.*
Sarah: *I don't like muesli. Do you like it, Jenny?*
Jenny: *Yes, I do. But I have my muesli with yoghurt, not milk. And I don't like anything fried for breakfast, so after my muesli I just have toast with butter and strawberry jam.*
David: *You and your strawberry jam, Jenny! I remember when you lived with us last year you always wanted jam on your toast.*
Jenny: *Because I don't like marmalade, that's why. Marmalade tastes bitter.*
Sarah: *What do you like for breakfast, David?*
David: *Orange juice and bacon and toast with butter and marmalade. Not all together, of course! What about you, Sarah?*
Sarah: *My favourite breakfast food is fried bread. I love it with bacon and sausages! I'd like to eat it every day, but mum says no.*
Jenny: *Well, too much fried bread isn't good for you.*
Sarah: *Maybe, but it's delicious, and anyway, it's part of a traditional English breakfast. What do you think of breakfast here in England, Scott?*
Scott: *I think it's great. My favourite breakfast is fried egg and bacon. And if I can have sausage and tomato, too – well, yes, please! But breakfast in the US is good, too. We –*
Robert: *(interrupts) Hey, let's talk about something else. We're talking about food all the time and it's making me even hungrier! Have you got any more chocolate for me, Sarah?*

Unit 4

LC 44

3 Listening: The ghost of the wedding bells (S. 43)

Mrs Preston: *So you really think you saw Old Moses out on that path, Jenny?*
Jenny: *Well … I don't know! But when I saw that dark figure in the fog, it gave me a very funny feeling … I don't like thinking about it, even now …*
David (scornfully): *I bet there was no ghost! You were imagining it all, Jenny!*
Jenny (hotly): *No, I wasn't! And anyway, you didn't see it, David!*
Mrs Preston: *Well, you'll never know who it was – or what it was!*
Jenny: *No, I won't. But it's an exciting thing to remember. – Are there any other stories about ghosts in the Lake District, Mrs Preston?*
Mrs Preston (laughing): *There are lots! But that doesn't mean the stories are true!*
David: *Can you tell us any of them?*
Mrs Preston: *If you like! – What about the ghost of the wedding bells? Would you like to hear about that?*
Jenny: *Ooh, yes!*
Mrs Preston: *Well, it's an old story, of course. It happened so long ago that nobody knows quite when it was. There's a lovely lake – Thirlmere, it's called – not far from Derwentwater, and in those days there was a small castle very near the lake. The people who lived in the castle were very rich, of course, and they had a beautiful daughter.*
Jenny: *What was the daughter's name?*
Mrs Preston: *As far as I can remember, her name was Emily. – Well, Emily was in love with a young man from another rich family – and it was the day before their wedding. But a terrible thing happened! (short pause for dramatic effect) The date for the wedding was November 1st – so the day before that was October 31st.*
David (proudly realizing the fact): *Halloween.*
Mrs Preston: *Yes, it was Halloween. Now, there was always a big party in the castle at Halloween, and a lot of young people came. There were probably more guests than ever this time – because, of course, it was the evening before Emily's wedding. Well, I don't know how it happened, but I think there was a group of young people in a boat out on the lake together – and Emily fell in!*
Jenny: *She fell out of the boat – into the lake?*
Mrs Preston: *Yes! Well, actually, people say somebody pushed her! As you know, there weren't many young girls who could swim in those days. So –*
David: *So – she couldn't swim, OK – and did nobody save her?*
Mrs Preston: *No, nobody saved her.*
Jenny: *So Emily died – and there was no wedding! How sad! But what about the ghost?*
Mrs Preston: *Every year after that, on November 1st, although there was nobody in the church, people in the village could hear the sound of wedding bells!*
David: *Wedding bells? But who was ringing the bells?*
Mrs Preston: *Nobody could explain it! – And there was another thing that happened every year on November 1st.*
Jenny: *Oh? What was that?*
Mrs Preston: *People say it was Emily's ghost … But anyway, every year somebody's hands set the table in the castle – set the table with the best plates, the best glasses and silver – all ready for Emily and her new husband, and all the wedding guests …*

intro

Unit 5

LC 45

4 More about José (S. 49)

Woman: *Where are you from José? Are you from Denver?*
José: *Well, I was born here. But my family isn't from here.*
Woman: *Oh, where do your parents come from?*
José: *From Mexico.*
Woman: *Mexico? So do you speak English at home or …?*
José: *… no, Spanish. Well, Spanish to my parents and English to my brothers.*
Woman: *Oh, I see. What about school? How many students are there at your school?*
José: *Mmm. I'm not sure. About 350. Don't forget. It's only a middle school.*
Woman: *What time do classes start in the morning? Nine o'clock?*
José: *No, no. We get there by quarter to eight and the first class is at eight.*
Woman: *What clubs are you in? Do you help with the yearbook?*

José:	*Oh no. I'm in the drama club, the Cooper Players. And I write for the school magazine, the Cooper Courier. Oh, and I'm into music, too. I play the trumpet, in my father's band. But that's outside school.*
Woman:	*Yes, of course. Who are your best friends?*
José:	*Well, I don't have any really. I like most people in our class. Bruce is a really good guy. Sven's OK. Some of the girls are nice, too. Tina, Sally. Caitlin's OK as well.*
Woman:	*One last question. What do you think of girls' soccer?*
José:	*It's good. We have some great players in our school. In fact the girls' team always win. Anyway, why do you ask?*

language B

Unit 6

LC 46

4 Listening: Not my kind of vacation (S. 62)

Announcer:	*In New York they want to know what tourists think of the city. Listen to this interview with a tourist, Mr Tom Grace.*
Interviewer:	*Good morning, Mr Grace. You've just been to New York for a week, is that right?*
Mr Grace:	*Yes, that's right, and I'll never go back there again. It was terrible!*
Interviewer:	*Oh dear. What was wrong?*
Mr Grace:	*Well, it was so noisy!*
Interviewer:	*But it's a big city, Mr Grace. All cities are noisy.*
Mr Grace:	*Yes, but my hotel room was noisy too. And the noise went on all night. I didn't get any sleep at all.*
Interviewer:	*Did you ask for a quieter room?*
Mr Grace:	*Yes, but they said they were all the same.*
Interviewer:	*Where was your hotel, Mr Grace?*
Mr Grace:	*On the corner of Broadway and 46th Street. And it wasn't just noisy. The bed was hard. And the people weren't friendly.*
Interviewer:	*But what about New York City? Did you go anywhere interesting?*
Mr Grace:	*Well, I visited the Empire State Building.*
Interviewer:	*Oh, yes, you get a great view over Manhattan, don't you?*
Mr Grace:	*I didn't. There were too many clouds and it was raining. I went to see the Statue of Liberty, too.*
Interviewer:	*That's nice.*
Mr Grace:	*Yes, well … I had to wait a long time for the boat and then it was very full.*
Interviewer:	*Well, did you have some nice food? New York's a great place to eat.*
Mr Grace:	*I went to a fantastic Chinese restaurant one evening. But I was ill the next day. I'm sure it was the food. So I really didn't enjoy my holiday. But they gave us some good food on the plane on the way back.*

text

Unit 7

LC 47

5 Listening: King Kong (S. 74)

Bruce:	*OK, Sally, so what old movie are we going to design a poster for?*
Sally:	*Can we do a poster for King Kong, Bruce? Please!*
Bruce:	*King Kong, huh? That isn't so easy for me. I've never seen the movie.*
Sally:	*Actually there are two movies. But anyway – you know the character, don't you?*
Bruce:	*Sure. But not the story.*
Sally:	*That's no problem. I can tell you about it. You don't need to know all the details.*
Bruce:	*OK. So what happens?*
Sally:	*Well, it starts with a group of Americans who go by ship to a secret island.*
Bruce:	*Where?*
Sally:	*Somewhere. Nobody knows. It isn't important. Anyway, on this island there's a huge gorilla.*
Bruce:	*King Kong.*
Sally:	*Right. King Kong. He's really terrible – a dangerous monster. The natives who live on the island are very scared of him. So they give him young women to eat because they think this will make him happy, and then he won't attack their village.*
Bruce:	*Nice for King Kong. Not so nice for the young women.*

Sally:	*That's true. But the plan seems to work. Until the Americans arrive. And then the natives catch a young American woman from the ship and give her to King Kong, too. Her name is Ann.*
Bruce:	*And does King Kong eat Ann?*
Sally:	*No. She's beautiful and blonde and –*
Bruce:	*Don't tell me! He falls in love with her!*
Sally:	*Yes, he does.*
Bruce:	*Silly King Kong!*
Sally:	*Maybe, but anyway – Ann is very frightened, of course. But he's very gentle with her. (in romantic voice) He holds her in his hand and looks at her with love in his big eyes, and –*
Bruce:	*Go on with the story, Sally!*
Sally:	*(laughs) OK, OK. Well, the Americans save Ann and catch King Kong. And they decide that if they take him back to America, they can use him in a show and make a lot of money.*
Bruce:	*But how do they transport him?*
Sally:	*They make a huge cage on the ship. That's when you start to feel sorry for King Kong because he looks so sad and helpless in his cage. But when they arrive in New York City he escapes. And he's angry and frightened all at the same time. So he attacks everything and everybody he sees. And he's so strong that nobody can stop him. People try to run away from him, but – well, you can easily imagine the scene in the streets.*
Sven:	*That would be a good scene for our poster.*
Sally:	*True. Or maybe the last scene in the movie would be even better, when he climbs to the top of the Empire State Building and planes attack him. Of course that's the end of poor King Kong.*
Sven:	*Well, there are definitely enough exciting events in the story for a good poster.*
Sally:	*Yes, let's collect some ideas, and then … (fade out)*

Diktat- und Transfertexte

language B Unit 1

Poor thing

Every Wednesday after school, David, Becky and her friends meet with their favourite activity group, the pet club. They like animals very much, of course, and they want to know more about their own pets. Last week they met a new girl, Susan, in front of the door to the room where their meetings usually are. "Hi, there," Becky said, "I'm Becky and this is David. Would you like to join our pet club?" – "Yes, I would, but actually, I've got a really silly question," the girl answered. "Do you usually take your pets with you to show them to the others? By the way, my name is Susan." – "Hello, Susan, nice to meet you! That's not a silly question," David said, "You see, today is cats' day. Kim has got Tabby with her and she wants to tell us what we can do about ..." – "Did you say 'cats'?" Susan asked. "What a pity! I'm allergic to cats. They make me sneeze all the time. I can't go to your club. And I like animals so much!" – "Oh, you poor thing!" Becky said. "But wait a minute – I've got an idea!" Becky got very excited. "What about birds? Do you like birds? You could do bird watching. We've got a bird watching club. And if you are allergic to birds, too, it's no problem because you watch them from far away. If you want to get some information, just write to Philip. You can find his complete name and e-mail address on the activity board." (258 words)

Focus on Halloween

Hell or heaven?

Hello, class, let me tell you one of the many interesting and very exciting stories about Jack and his lantern. As you know, the custom of carrying lanterns in the form of a pumpkin goes back to what he did hundreds of years ago. One dark night in October, Jack invited a stranger to have a drink, but he knew that this man was the devil. He did not want to pay for the drink, and so he played a clever trick on the devil: he asked his visitor to change into money. This would show Jack that the devil could do everything. The devil did what Jack asked, and Jack put the money in a box. The devil could not get out of the box because there was a Christian cross in it, too! Then the devil made a deal with Jack. Jack let him out of the box and the devil left him alone. He also gave Jack a lantern to find his way through the scary darkness. But when Jack died, he was stuck between heaven and hell. The devil did not want to invite him into hell because he played this bad trick on him, and he could not go to heaven because he seemed to be the devil's friend. (216 words)

Neu: *cross, to seem*

Transfer *Go on with this story. You can answer this question for example: What could Jack do to go to heaven?*

language A Unit 2

The trick

Little John and the other outlaws are in Sherwood Forest. They're collecting wood. Alan a Dale joins them. "The Sheriff of Nottingham is going to celebrate his birthday tomorrow. A lot of people are going to come to the castle. They are going to have a brilliant meal. But imagine! The poor people in the villages are as hungry as a horse!" Little John: "Why don't we join the Sheriff and his men and cheer and laugh and eat at his party? When we go home we can bring the farmers and their families the Sheriff's bread and money. So everybody is happy." Friar Tuck: "A brilliant idea. Let's be quick. We must prepare a good trick. Maybe we can change into scary ..." Maid Marian: "Your suggestion is very dangerous. What if it goes wrong? We could get into trouble. This is not an exciting adventure but a fight against our worst enemy!" Alan a Dale says: "I agree. It is very difficult to get into the castle. But maybe we can think of an easier plan. Let's see. The Sheriff is very interested in music. Actually he loves guitars. How about ...?" (194 words)

Neu: *meal, fight*

Transfer *Can you go on? Think of a good plan. How could the Merry Men trick the Sheriff?*

text

Unit 2

Did Robin Hood really live?

Almost everybody, young and old, knows exciting stories about Robin Hood and his outlaws. This clever man played many tricks on the Sheriff of Nottingham and his men. Robin Hood's Merry Men stole from the rich people and gave the money to the poor farmers and their families. But did Robin Hood really live in Sherwood Forest in the Middle Ages? Nobody knows. Some history professors think that this man really fought against the unfair Normans. They describe him as a clever and brave man who was very popular because he helped the Saxons. Other professors say that Robin wasn't a real person. The people at that time were so unhappy that they dreamt of a hero. They wrote down stories about the future they wanted to have. In their dreams the Saxons fought against the Normans and won with the help of the famous outlaw. In the end we don't know if the legends about Robin Hood are really true or not. But Robin's adventures – true or not true – are very interesting. *(178 words)*

Neu: *professor, hero, dream*

language B

Unit 3

Surprise at the football match

The guitarist and the singer of Nuclear Puppy didn't feel good and so the band couldn't play on Friday. Sarah was angry at first, but then Robert asked her to go to the football match with him. Robert's mum bought another ticket and so they went to the City Ground. Arsenal, the Premiership leaders in the FA Cup, played against Nottingham Forest. The weather was nice. It was warm and sunny. There was a break after 45 minutes. The manager of Nottingham Forest said: "We have a big surprise for you. The girl group Atomic Kitten are in town and are going to play some of their hits for you." Sarah was so excited because Atomic Kitten are her favourite band. The girls played three of their songs. Sarah's favourite was called 'Whole again'. Then the football teams started to play again. In the end Arsenal won 2-1. So both Sarah and Robert were happy. It was a fantastic evening. *(166 words)*

text

Unit 3

A dream

Lewis was so excited after the Nuclear Puppy concert. He was their singer for one evening because Dave Edwards was staggering about on the stage and fell over. There was a short break and then Lewis went onto the stage, grabbed the microphone, welcomed the fans and started to sing. After the concert the manager wanted to help Lewis and his band 'The Frogs'. Only three weeks later 'The Frogs' played at Rock City for 5,000 fans who made a lot of noise. Especially the girls shouted: "Lewis, you are the greatest! We love you!" The concert was even on television. After the concert some girls came backstage and asked for autographs and CDs. Everybody knew 'The Frogs' now. Their music was on the radio all the time. Soon they became one of the best rock bands in the UK. Lewis and his band earned millions of pounds. Lewis bought a big car, a house with a swimming pool and a helicopter. He had a fantastic party every weekend and invited all of his friends. What a beautiful life! Suddenly he heard a voice that said: "Wake up, Lewis. It's eight o'clock." It was his mum. At first, Lewis didn't know where he was, but then he realized that he was lying in his bed and the dream was over. *(222 words)*

Neu: *dream, to realize*

language B Unit 4

Braveheart

The Prestons have had their sheepdog for eight years. Sometimes Mr Preston tells his guests the story of how he got him, although he knows that the dog, whose name is BH, short for Braveheart, hates it. "When BH was little, he promised his grandpa to become a sheepdog and to help the farmers to watch their animals and keep them safe. As his mum and dad and his fourteen brothers and sisters agreed that the idea was brilliant, he took part in a difficult competition where the farmers decided which dogs were best for the job. BH was so nervous that he couldn't sleep at first. But then he overslept and was almost late. When it was his turn in the field, the crowds cheered and sang so loudly that the noise made him even more nervous. He shut his eyes and ears and no longer heard the farmer's voice that told him what to do. And then he did something stupid: he chased the referee and started to attack him. When he came home, his grandpa already knew. He was very annoyed. In the evening, he was still disappointed and worried about BH's future. (200 words)

Neu: *ear, referee*

Transfer *Can you go on with the story? Think about another adventure with BH.*

text Unit 4

The new friend

(Would you like to know what has become of Kevin – the young man who was wearing the wrong clothes and those funny shoes when he tried to climb up one of the most dangerous mountains in Great Britain? I'm sure you have thought a lot about this. So here's a surprise for you – you can decide what happened to him. Did he learn from his adventure or wasn't he clever enough? This is one version.)

When he woke up in hospital he couldn't imagine how he got there. He was too tired and worried. Then Judy told him everything and he agreed that he was usually not careful enough. So he decided to become a new person – or nearly. This was six months ago and since then he has often been to the mountains and he has always put on the right clothes: strong shoes, warm sweatshirts and extra anoraks. He has never again gone out without maps and not once in his new life has he forgotten to pack the right food, drinks and even blankets. When he sees tourists and visitors take short cuts, he always shouts, and sometimes screams at them to come back. He even bought two dogs after he left hospital and taught them how to find people hidden under rocks. The dogs have saved many lives and have often rescued children lost in the dark and surprised by storms. Old Moses has become his friend, because when he was up Great Gable all alone in the fog, the friendly ghost came towards him with a glass of whisky and a box of biscuits. (195 words)

(He has never been happier than this in all his life and people know him now as a serious, lovely and quite popular Mountain Rescue person.)

Transfer *So, do you think this isn't realistic? Are you sure he hasn't changed? Do you think he is still the old stupid boy who hasn't grown up? This is your story then – but you have to write it. Here are some words you can use:* accident(s), adventure(s), annoyed, bored, bottle, a bully, chaos, dangerous, darkness, enough, to faint, forecast, not any better, to grab, to hurt, to laugh, lazy, to make somebody do something, to miss, nasty, nearly, opposite, to ruin, scary, a secret, a show-off, silly, to stagger, a target, to trick.

Look at each word first and imagine a scene – with Kevin in it. Then choose 15 words and write your story.

language B

Unit 5

A success story

Nicole Gerlernter has lived in Denver ever since her parents moved there sometime in the late 70s. Her family and social background are quite interesting. Both her father and her mother were famous acrobats in New York City before they moved to Denver, Colorado. They didn't want to hang around in a city like New York any longer. "If Denver is really as beautiful as people say, then it will be exactly the place to raise my children and give them a good education," Nicole's mother said. She and her husband gave up juggling and started to design computer programs. They had to get some experience in the beginning, of course, but they finally had a lot of success with their new job. Nicole liked the neighborhood where they lived. She went to elementary school there and from the very beginning it was her aim to become a teacher. After college she got her first job at her old school. Then she moved on to Cooper Middle School, one of the oldest schools in Denver. She finally became principal there and made the most of her abilities. *(192 words)*

text

Unit 5

Make A Difference Day

Make A Difference Day is the largest national day for helping others – a celebration of neighbors helping neighbors. It takes place on the fourth Saturday of every October. It's quite an experience to watch people, young and old, when they carry out a project that is useful to others. Some raise money and give it to old people's homes or to a charity. Others collect clothes, winter coats, for example, and give them poor families in their neighborhood. Sometimes they organize a bazaar and sell those clothes there. Then there are groups of people who go to the city parks and pick up trash there. Very often it takes people a lot of time to organize their projects, but in the end they all believe that they have an obligation to help their community. "The truth is that if people work together, they usually get fantastic results", says Kristi Lepage, who works for Denver's Earth Keepers Club. "It's a fact that in 2003, for example, about three million people all over the nation did wonderful things to show their interest in those who do not live on the sunny side of life." *(198 words)*

Neu: *result*

language B

Unit 6

Sally's letter

Dear Mom and Dad,
I had a good flight and Uncle Ed did not have to wait at all. When we arrived, there was a problem with a calf and Uncle Ed and Aunt Martha had to leave immediately to look after the poor animal. I stayed in case the guests needed anything. That was not a good idea! There was a man from Boston. He is in Montana to take a break from his job, but he has brought his laptop and is working all the time. He thinks he is a great rider, but the horses don't enjoy it at all when he is on their back. He complains about everything: the fiddle squeaks, the bed is hard, our accents are too strong, steak and fries are not good enough and I'm rude! It's hard to be nice to a guest like him.
Love to both of you, Sally *(154 words)*

text

Unit 6

Cheryl's story

Some years ago I met Bronco Bill, a man in fancy boots. He thought he knew everything about horses, but I soon realized that he treated them very badly. I saw him tie a rope round one of the horse's legs and the poor horse had to stand on three legs. He showed me a nice little horse called Rusty. Rusty looked frightened and tried to kick, but he was strong and fast. So I bought him. It took Rusty a long time to trust me. But when he understood it was actually fun to work for me, he did his best. We practiced for barrel races, a special event at rodeos. The crowds loved us and we made a lot of money. When Rusty became older, we did not win so often. I had to sell him, but I found a really good place for him at the heart of the Rocky Mountains.
(156 words)

intro Unit 7

An e-mail to a friend

I have just come back from the cinema. Sarah and I have watched the new Lara Croft film and I can tell you: it's fantastic! Angelina Jolie plays Lara Croft brilliantly. She really is a modern heroine, strong and athletic and has beautiful black hair. As her parents died early, she lives alone in a huge house. Lara loves archaeology and she travels around the world, looking for all kinds of dangerous adventures. But I won't tell you too much because I'm sure you want to see the film, too. You and Emma watched Pocahontas at your place, didn't you? I love Disney films, especially Pocahontas. It's so romantic, isn't it? But I think it is also very sad when she dies in the end. And she was only 21! I would love to watch this film once again. Maybe you could lend me the film tomorrow? That would be really nice of you. Please write back soon.
Good night, Liza *(167 words)*

Neu: *romantic, to lend*

language B Unit 7

A postcard from Disney World, Paris

Yesterday, after a six-hour drive, we arrived at Disney World, Paris. It's wonderful! Everything here is like in a film. I saw Cinderella's castle – it looked so beautiful! And there was even a big festival for her! We were all allowed to celebrate with her when she married her prince. There were so many guests: Mickey and Minnie Mouse, Dagobert Duck, Snow White and the seven dwarves, and many more. Everyone was dancing happily. Dagobert Duck danced the most crazily of all. Suddenly he came towards me, took my hands and danced with me. Or should I say, jumped around with me? At first I was really shocked, but then I had to laugh loudly. My brother took a photo of Dagobert and me. I'll show it to you when I'm back home again. What about your holiday? Have you travelled to see your aunt in Germany yet? You wanted to go to the 'Oktoberfest', didn't you? I'm really looking forward to hearing about your stay in Munich. We will be back in two days. Hope to see you soon.
Bye, Robert *(191 words)*

Neu: *Snow White and the seven dwarves, to be shocked*

Paul Driver's timetable

Play a question and answer game.
a) *Partner A und B fragen sich abwechselnd nach den fehlenden Stunden im Stundenplan.*

What has he got on Monday after lunch?

Which subject is it on Tuesday at 10.05?

A

Name: *Paul Driver* Tutor: *Mr Green*

	Monday	Tuesday	Wednesday	Thursday	Friday
8.45	Assembly	Assembly	Assembly	Assembly	Assembly
9.05		*German*	*PE*		*German*
10.05	*Maths*	*English*	*German*		*History*
11.00	Break	Break	Break	Break	Break
11.15	*Science*	*Technology*		*Health*	
12.10		Lunch	Lunch	Lunch	Lunch
1.25	*PE*	*Music*	*RE*	*English*	*Science*
2.20	Break	Break	Break	Break	Break
2.35			*Technology*	*Maths*	

b) *Jetzt kannst du diesen Code knacken und die Frage beantworten:*

Day	Mon	Thurs	Thurs	Fri	Mon	Mon	Wed	Fri
Time	9.05	9.05	10.05	11.15	12.10	2.35	11.15	2.35
Letter	6	6	8	3	1	1	2	1

Where is Paul from? ______________________

B

Name: *Paul Driver* Tutor: *Mr Green*

	Monday	Tuesday	Wednesday	Thursday	Friday
8.45	Assembly	Assembly	Assembly	Assembly	Assembly
9.05	*English*			*Science*	*German*
10.05	*Maths*	*English*		*Technology*	*History*
11.00	Break	Break	Break	Break	Break
11.15			*English*		*Maths*
12.10	Lunch	Lunch	Lunch	Lunch	Lunch
1.25	*PE*	*Music*	*RE*		
2.20	Break	Break	Break	Break	Break
2.35	*Art*	*History*		*Maths*	*Drama*

b) *Jetzt kannst du diesen Code knacken und die Fragen beantworten:*

Day	Wed	Mon	Thurs	Fri	Wed	Tues	Wed	Tues
Time	9.05	11.15	11.15	1.25	2.35	9.05	10.05	11.15
Letter	1	3	3	5	6	5	3	1

What does Paul play? ______________________

What's his favourite subject? ______________________

 ISBN 3-12-547223-7

A profile

a) Listen to the CD and take notes about the new pupil at Haywood.

Profile	
Name:	
Age:	
Birthday:	
Nationality:	
Address:	
Hobbies:	
Likes:	
Dislikes:	
Favourite band:	
Favourite subjects:	
Brothers and sisters:	
Pets:	

b) Now interview someone in your class and write a profile of him or her.

Profile		
Name:		What about a photo?
Age:		
Birthday:		
Nationality:		
Address:		
Hobbies:		
Likes:		
Dislikes:		
Favourite band:		
Favourite subjects:		
Brothers and sisters:		
Pets:		

 ISBN 3-12-547223-7

A school crossword

You and your partner have got the same crossword, but they are half empty.
Your partner has the words you need, and you have the words your partner needs.
Help your partner to complete the crossword.

[1] *waagerecht*

A

Example:

What's four across[1]?

It's someone at school.

Does it start with a P?

Yes, it does.

Is it …?

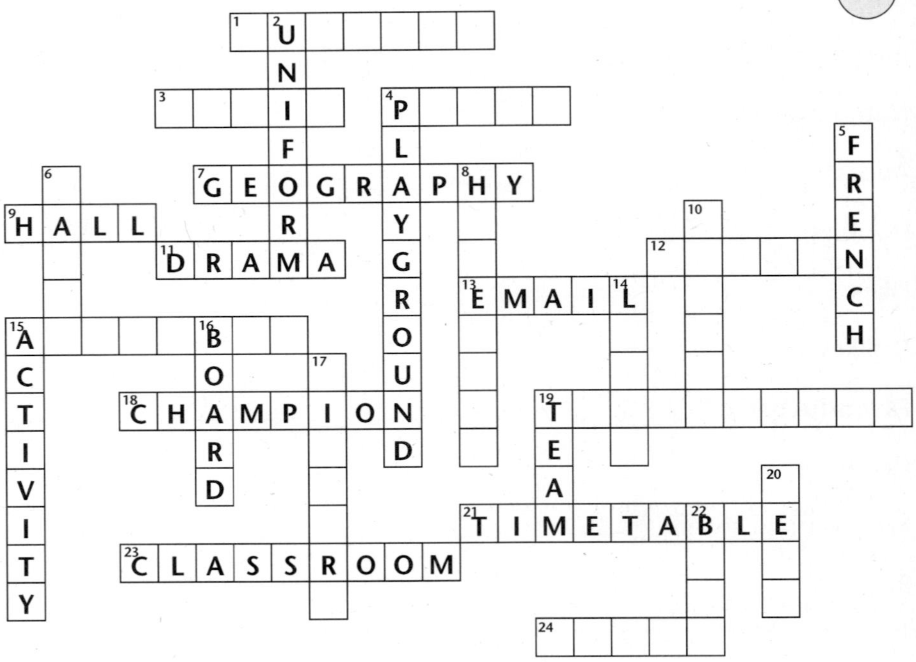

B

Example:

What's four down?

You go there in your break.

Does it start with a P?

Yes, it does.

Is it …?

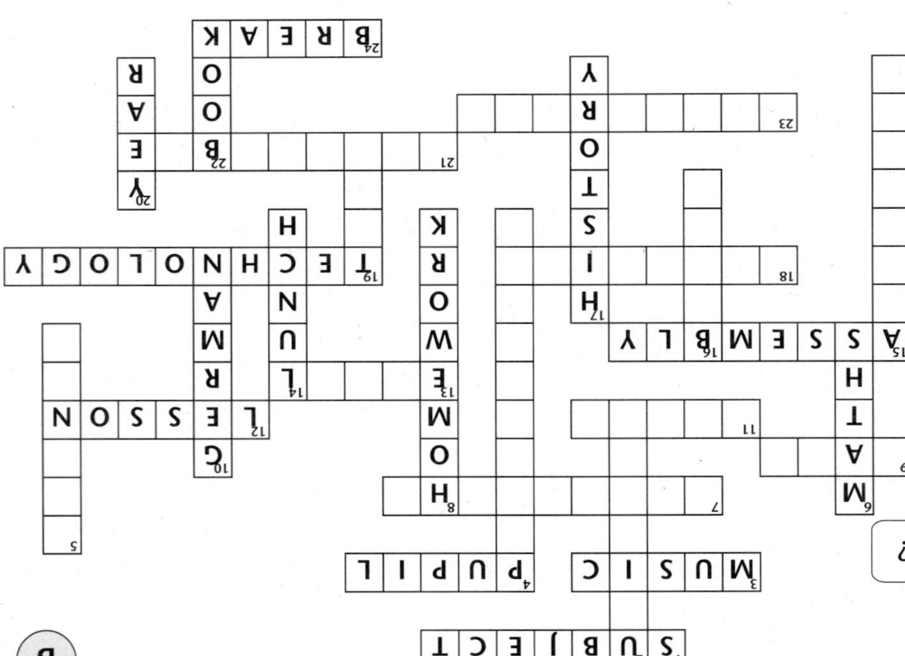

 ISBN 3-12-547223-7

Drama at the drama club

Put the sentences in the correct order.
Tragt die Ziffern in die Kästchen ein. Schneidet danach die Zeilen aus, sortiert sie und überprüft, ob euer Ergebnis mit dem Text im Schülerbuch übereinstimmt.

1	Hi José,
☐	And Simon was telling a joke when a girl fell off her chair, so he stopped because everyone was laughing already.
☐	The best thing was when two guys, Barry and Wayne, were doing a skateboard trick together and one of them sneezed.
☐	It made a terrible noise when it hit the floor.
☐	I must tell you about yesterday's drama group meeting here at Haywood.
☐	You see, lots of parents were watching while their kids were showing what they could do.
☐	He was the star of the show.
☐	It was so funny.
☐	Then Jenny dropped her microphone while she was singing.
☐	Robert jumped up and caught it with one hand, just before it hit us.
☐	We were really lucky!
☐	Bye now, Scott.
☐	They fell off the skateboard, and it flew across the stage.
☐	While he was taking the skateboard back, we all stood up and clapped.
☐	And everything went wrong!
☐	One guy was playing Michael Jackson and he tripped over his own feet while he was dancing.

 ISBN 3-12-547223-7

Simple past or past progressive?

a) Put in the correct form.

1. While the children **(play)** ______________ football, it **(start)** ______________ to rain.
2. When Becky **(come)** ______________ in, Barker **(sleep)** ______________ on her bed.
3. When Mr Cooper **(arrive)** ______________ late for school, his pupils **(wait)** ______________ for him in the classroom.
4. When Mr Penrose **(look)** ______________ into Mark's room, Mark **(not sleep)** ______________. He **(read)** ______________ a comic.
5. While Simon and Becky **(go)** ______________ for a walk with Barker, Robert **(try)** ______________ to phone them.
6. Tabby **(not want)** ______________ to play with the mouse while Sarah **(take)** ______________ photos of her.
7. *Mrs Croft:* Robert, **(anyone[1] phone)** ______________ for me while I **(play)** ______________ tennis?
8. *Mrs Dixon:* Sarah and Kim, what **(you do)** ______________ when I **(look)** ______________ for you this morning?

b) Becky met a lot of people in the shopping centre yesterday. What was happening there?

1. Becky **(listen)** ______________ to a CD when Jenny **(arrive)** ______________.
2. When David **(get)** ______________ there, Becky **(talk)** ______________ to Jenny.
3. When Sarah **(meet)** ______________ them, Becky and David **(look)** ______________ at Jenny's new CD.
4. When Mr and Mrs Penrose **(see)** ______________ Becky, she **(buy)** ______________ some new shoes.
5. Kim **(sit)** ______________ in the restaurant when Simon **(find)** ______________ her.
6. When her mum and dad **(meet)** ______________ her, she **(eat)** ______________ a big ice cream.

[1] *irgendjemand*

 ISBN 3-12-547223-7

Who was doing what when ...?

You need one page for a group of six pupils. You all live at Sweetheart Castle.
Heute morgen hat jemand einen Einbrecher im Garten gefangen. Es ist jetzt acht Uhr und ihr frühstückt gemeinsam. Jeder hat etwas gesehen, aber keiner kennt die ganze Geschichte.

a) *Schneidet die sechs Karten aus. Jeder ist die Person auf seiner Karte. Schaut eure Karten fünf Minuten lang an und legt sie dann beiseite. Jetzt trefft ihr euch zum Frühstück und jeder erzählt seine Geschichte.*

Did you see what happened?

When was that?

What did you see?

Grandma Sweetheart

I was putting Easter[1] eggs in the garden when it happened. I don't usually get up so early. Then I heard Mrs Useful's voice. It was coming from somewhere[2] near the pool. I ran to the pool and then I saw her. She was running after a man!

[1] *Ostern* [2] *irgendwo*

Smarty Sweetheart

I went to a party last night and came home at ten past four. I was walking through the garden when I saw Grandma and Mrs Useful near the pool. They were talking to somebody with a sack[1] on his head. The statue was lying next to him. The man was Doctor Sneeze.

[1] *Sack*

Mrs Useful, the housekeeper

I was collecting rubbish[1] in the garden when it happened. Rubbish from your party last week! I wanted to pick it all up before everyone woke up. I saw a man with the statue under his arm. I ran after him, then he fell over. I was carrying a big sack[2] for the rubbish, so I put it over his head. Then Smarty came. He can tell you more!

[1] *Müll* [2] *Sack*

Sweety Sweetheart

I was getting a glass of water from the kitchen when I heard voices in the garden. I looked out of the window and saw something funny. Mrs Useful was running after a man. Then he fell over something – Pussy the cat, I think. Pussy ran into the kitchen. She looked scared. I didn't go out because it was raining.

Lord Sweetheart

I was sleeping when a loud noise woke me up. It was only four o'clock. The milkman[1] doesn't usually come so early, I thought. I saw Pussy. She was running away from the pool. I was still very tired, so I went back to bed.

[1] *Milchmann*

Lady Sweetheart

When I went outside, I saw them. Smarty, Mrs Useful and Doctor Sneeze. Grandma was calling the police. It was raining and cold, but I waited until the police came. I don't know why he wanted the statue, but I hope they are going to send him to prison[1]!

[1] *Gefängnis*

b) Put the sentences in the right order. Write down the numbers in the boxes.

- ☐ Grandma Sweetheart called the police.
- ☐ Sweety Sweetheart went into the kitchen.
- ☐ Mrs Useful caught the man with the statue.
- ☐ Grandma Sweetheart got up.
- ☐ Lady Sweetheart went outside.
- ☐ Doctor Sneeze fell over Pussy.
- ☐ Lord Sweetheart woke up.
- ☐ Smarty Sweetheart came home.

 ISBN 3-12-547223-7

1 What are the subjects?

1. I learn about countries and people: ______________________
2. I learn to draw and paint pictures: ______________________
3. I learn about life in the past: ______________________
4. I learn what I can do when I'm hurt: ______________________
5. I learn how to work on a computer: ______________________
6. I find out about people and animals: ______________________

2 What can you say when ...

1. ... you see someone for the first time?	H. t...., h.. ... ...?
2. ... you want to ask your friend how he liked his holidays?	D.. y.. h... a g... h......?
3. ... you want to know more about your friend's holiday?	T... .. a.... i.!
4. ... you want to say that something in your holiday was very bad?	.. w.. t.......!
5. ... you want to agree with what someone says?	Y.. c.. s.. .... a....!
6. ... someone sneezes?	B.... ...!
7. ... you want to phone with your friend's mobile?	C.. . u.. .... m....., p.....!
8. ... someone says to you: "You like drama, don't you?" and you want to tell him or her that you like sports more?	W..., a....... I p..... s.....!
9. ... you want to show that you understand what someone says to you?	. s..!

3 In English, please

1. Du armer Kerl! ______________________
2. He, das kannst du doch nicht machen! ______________________
3. Er ist ein großer Angeber. ______________________
4. Wie ist das Wetter? ______________________
5. Wir hatten wirklich Glück! ______________________
6. Carina macht nur Spaß. ______________________

 ISBN 3-12-547223-7

1 What can you do with a ball and a bat?

1. Carina ________________ her bat in the air and shouted:
   "Come on, Wayne, let's start the game!"
2. She ________________ the ball in her left hand, ________________ it up and ________________ it really fast.
3. Wayne tried to ________________ the ball, but he ________________ .
4. 1–0 for Carina! Wayne ________________ the ball over to her and Carina ________________ again.
5. Wayne ________________ it, but Carina ________________ it back so hard that Wayne ________________ it.
6. 2–0 for Carina! Wayne got very angry and ________________ down the bat.

to serve (2x)

to hold

not to get

to return (2x)

to miss

to hit

to wave

to throw (3x)

2 The magic 'R'

1. You see something very scary: you are …
2. a dead body
3. If you like films with ghosts, you like … films.
4. You put a candle in it.
5. … or treat!
6. A monster's mask looks very …
7. In church you say a …
8. She wore a … costume.
9. In summer the sun is very …
10. You can make a lantern with it.
11. Trick or …!
12. You write down your friend's birthdays in a …
13. It has eight legs.
14. It raises money to help people.
15. When there's light, there's no …
16. It looks like a dog but it's very scary!
17. Every year you … your birthday.
18. You don't know this person, he's a …

 ISBN 3-12-547223-7

Halloween

Find the new words, and write them down in German.
Wenn du nicht sicher bist, schau im Dictionary (Seite 178 ff.) nach.

The history and customs of Halloween — Bräuche, Sitten

People in many parts of the world celebrate Halloween and wear costumes like the people in the picture. But how did this custom start? In the church calendar Halloween (October 31st) is the day before All Saints' Day. It was also a special day for the Celtic people of Ireland: They celebrated the end of summer and the beginning of the Celtic New Year, and they wore scary costumes to chase away ghosts. In the 1840s Irish people took this custom with them to America.

Trick-or-treating goes back to the old custom of 'souling'. On All Souls' Day – November 2nd – Christians walked from village to village and asked for 'soul cakes', something like sweet bread. When somebody gave them a soul cake, they said a prayer. Today, children wear costumes and go from door to door and ask for money or sweets. They cry: "Trick or treat, smell my feet, give me something good to eat!"

 ISBN 3-12-547223-7

An e-mail

Put in the missing words.

Dear Juliane,

It was great to ______ (1) your really interesting mail. It's strange[1] ______ (2) you don't have Halloween parties in ______ (3) village. I thought everybody celebrated Halloween ______ (4) October 31st. Well, let me tell you ______ (5) it. Halloween is when all ______ (6) witches, ghosts and things like that ______ (7) out at night. You know, that's ______ (8) people say! We usually have a ______ (9) and everybody has to dress up[2]. ______ (10) means everybody dresses up to look ______ (11) Dracula, a ghost or some other ______ (12) monster. Last year I dressed up ______ (13) Dracula. I wore my brother's black school ______ (14) and his favourite black shirt. ______ (15) mother let me wear her ______ (16) cape[3] and I bought a pair ______ (17) plastic teeth from the joke shop ______ (18) the street. I thought I looked ______ (19) but, of course, my lovely brother ______ (20) at me. Well, we played games ______ (21) then, later that night, my dad ______ (22) us a horror story in the ______ (23). He's good at telling stories and ______ (24) were all really frightened. ______ (25) the most[4] frightening part was at the ______ (26) of the story, when my mother ______ (27) out of the cupboard dressed up ______ (28) a ghost. Everybody jumped up and ______ (29). It was brilliant! Do you have ______ (30) holiday in Germany which we ______ (31) celebrate in England? Can you ______ (32) me about it? I'm really ______ (33). Say hello to everybody for me.

______ (34) of love, Janet :-)

[1] *merkwürdig* [2] *sich verkleiden* [3] *Umhang* [4] *am meisten*

a	**about**	**as**	**as**	**and**	**But**	**came**
come	**darkness**	**don't**	**down**	**end**	**get**	**great**
interested	**laughed**	**like**	**Lots**	**My**	**of**	**on**
party	**red**	**screamed**	**tell**	**terrible**	**That**	**that**
the	**told**	**trousers**	**we**	**what**	**your**	

 ISBN 3-12-547223-7

Let's go to Sherwood Forest

Acting a scene.
Partner A überträgt den ersten Satz ins Englische. Partner B kontrolliert die Aussage und übernimmt den nächsten Satz. Spielt die Szene zu Ende und tauscht beim nächsten Durchgang die Rollen.

A	B
Lass uns heute Nachmittag zum Sherwood Forest gehen. Ich würde gerne sehen, wo Robin Hood und seine Freunde lebten.	Let's go to Sherwood Forest this afternoon. I'd like to see where Robin Hood and his friends lived.
You can only see trees and animals there. That's boring!	*Man kann dort nur Bäume und Tiere sehen. Das ist langweilig!*
Das stimmt nicht! Es gibt eine interessante Ausstellung zu Robin Hood im Besucherzentrum.	That's not true! There's an interesting exhibition on Robin Hood in the Visitors' Centre.
I've got a better idea! There's an exciting Time Ride in 'Tales of Robin Hood'. You can go back to the Middle Ages and meet Robin Hood.	*Ich habe eine bessere Idee. Es gibt eine aufregende Zeitreise in* Tales of Robin Hood. *Man kann ins Mittelalter zurückgehen und Robin Hood treffen.*
Aber Robin Hood lebte vor über 900 Jahren!	But Robin Hood lived more than 900 years ago!
Well, it's not really Robin Hood. But you can see how he and his friends lived. It's a dangerous adventure, of course.	*Nun, es ist nicht wirklich Robin Hood. Aber man kann sehen, wie er und seine Freunde gelebt haben. Es ist natürlich ein gefährliches Abenteuer.*
Nun, ich bin mutig genug für diesen Ausflug! Lass uns gehen.	Well, I'm brave enough for this trip! Let's go.

 ISBN 3-12-547223-7

Right or wrong?

Listen to your partner and say what is wrong.
Partner A stoppt nach jedem Satz, damit Partner B entscheiden kann, ob die Aussage richtig oder falsch ist. Nach Teil 1 ist Partner B an der Reihe und liest die Sätze aus Teil 2 vor. Partner A korrigiert.

A

1

Wrong: Welcome to Sherwood in the year 1190, boys. I'm the Sheriff – the most famous man in town. I'm a Saxon, of course. We Saxons came from Germany in 1066 and conquered the Normans here in England. We've got all the power now. And we're richer than the Normans, too. I love money. I'm never happier than when I've got a big box of money in my hand!

Right: Welcome to Nottingham in the year 1190, boys. I'm the Sheriff – the most important man in town. I'm a Norman, of course. We Normans came from France in 1066 and conquered the Saxons here in England. We've got all the power now. And we're richer than the Saxons, too. I love money. I'm never happier than when I've got a big bag of money in my hand!

3

Wrong: Of course I have my problems, too. My oldest problem is that terrible outlaw, Robin Hood. I'm sure you know the name – he's really famous. Actually, he's the most stupid man in France. Just think – when he steals food from poor people, he gives it to rich families! Robin Hood is my best enemy, and one day I'm going to catch him.

Right: Of course I have my problems, too. My biggest problem is that terrible outlaw, Robin Hood. I'm sure you know the name – he's quite famous. Actually, he's the most stupid man in England. Just think – when he steals money from rich people, he gives it to poor families! Robin Hood is my worst enemy, and one day I'm going to catch him.

B

2

Wrong: The Norman peasants here hate me. But I'm not worried if I'm not popular. My castle is the oldest place in Sherwood. Anyway, the Normans know they mustn't make me angry. Their life is good enough already, and I can make it much better. They're as helpless as babies against my men. So they're more frightened of me than I am of them. Ha ha, it's great to be the boss!

Right: The Saxon peasants here hate me. But I'm not worried if I'm not popular. My castle is the safest place in Nottingham. Anyway, the Saxons know they mustn't make me angry. Their life is bad enough already, and I can make it much worse. They're as helpless as babies against my men. So they're more frightenend of me than I am of them. Ha ha, it's good to be the boss!

4

Wrong: But it's easy. He knows all the best places to hide in Nottingham Forest. And he doesn't often come to Sherwood. Oh well, I must go now. It's time for my breakfast, and I'm as hungry as a horse. But listen, boys: Don't help Robin Hood! Remember – it's better to be my enemy than my friend!

Right: But it's difficult. He knows all the best places to hide in Sherwood Forest. And he doesn't often come to Nottingham. Oh well, I must go now. It's time for my dinner, and I'm as hungry as a horse. But listen, boys: Don't help Robin Hood! Remember – it's better to be my friend than my enemy!

 ISBN 3-12-547223-7

Presents for the Sweethearts

You and your partner work for the Sweethearts at Sweetheart Castle.
Lady Sweetheart is too busy to go to the shops this year, so you must do it for her.

a) Read about the Sweetheart family, their cat and their neighbour.
Make a list of presents for everyone in your exercise book.

b) Look at your partner's list. Compare your ideas and then find the best present for everybody.

Let's get a comic for Grandpa Sweetheart. It's **more interesting than** a pen.

We can get a biro for Cindy. That's the **smallest** present.

A computer game isn't **as exciting as** a book of ghost stories.

c) What presents are you and your partner going to buy?

Lord Sweetheart: ______________________

Grandpa Sweetheart: ______________________

Grandma Sweetheart: ______________________

Smarty Sweetheart: ______________________

Sweety Sweetheart: ______________________

Shorty Sweetheart: ______________________

Cindy Sweetheart: ______________________

Doctor Sneeze: ______________________

Pussy: ______________________

 ISBN 3-12-547223-7

The relative and contact clause race

a) First make a grid. You and your partner have 15 minutes to describe[1] the people and things in the twelve pictures using relative clauses. If you can also think of a contact clause, you get extra points. You can write your sentences in any order you like. The winner is the person who has the most points after 15 minutes. You get two points for a correct relative clause and 5 points for a correct contact clause.

Example:

relative clause	contact clause
A person who takes people to the station.	A person you can ask for help when you're in trouble.

1
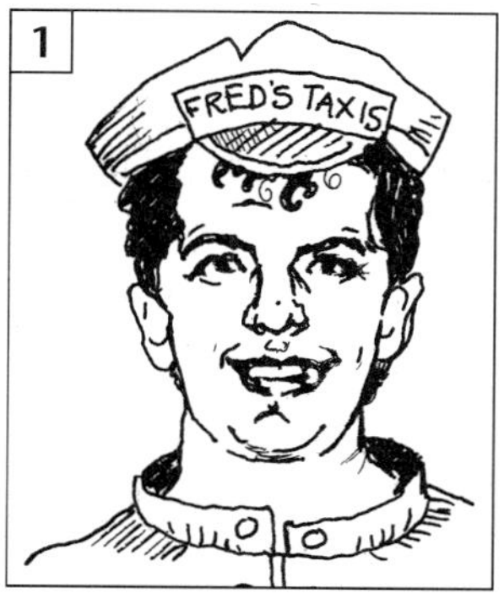

2
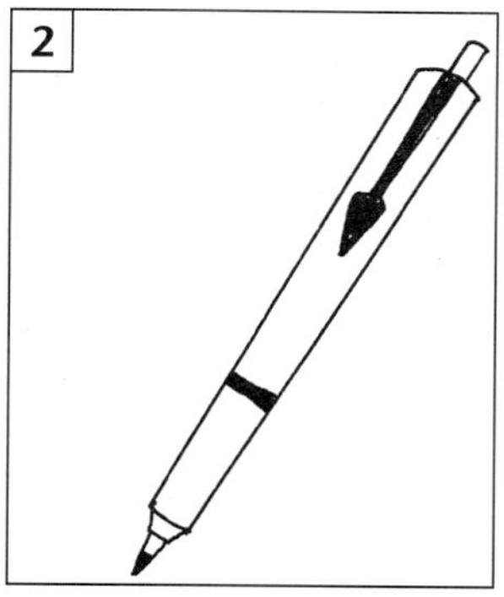

3

4

5

6

7

8
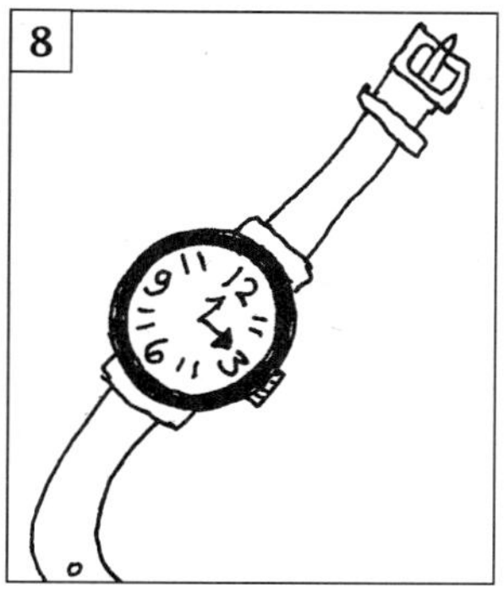

9

10
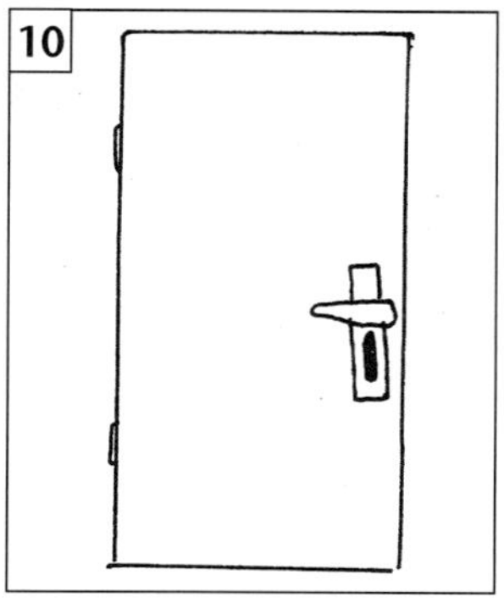

11

12

b) Exchange[2] your list with your partner and read your partner's sentences.
Can you match each sentence to a picture?
Write the correct number next to each sentence.
Exchange your lists again and check that your partner's answers are right.

c) Play a guessing game.
Write down five relative or contact clauses which describe something.
Can your partner guess what they are?

[1] *beschreiben* [2] *austauschen*

 ISBN 3-12-547223-7

1 What is …?

Explain the words. Use contact clauses or the relative pronouns ***who, which, that*** or ***whose.***

1. Norman ____________________
2. activity centre ____________________
3. bully ____________________
4. mask ____________________
5. newspaper ____________________
6. teacher ____________________
7. pocket money ____________________
8. shop assistant ____________________

2 A holiday in Nottingham

Read the text, then complete the answers to the questions with the correct relative pronoun or make a contact clause.

Five years ago Emma Adams opened a bed and breakfast, *Emma's*, near the fun park *Tales of Robin Hood*. Families from all over the world come to visit the fun park and stay in her B&B. Last week Mr and Mrs Schmidt from Berlin stayed there with their three children. All of the children liked different things about their visit. Thomas, the oldest, liked the stories about Robin Hood best. He wants to write a report on them for school when he gets back. Anna loved the Italian restaurant, *Mamma Mia's*, and their fantastic pizza. Susanne loved the bookshops, and found a great book, *Outlaws*. It has stories about the world's most famous outlaws, good and bad.

1. What is the *Tales of Robin Hood*?

It's the ____________________

2. Who are the Schmidts?

They're the family ____________________

3. Who is Thomas?

He's the child ____________________

4. What is *Mamma Mia's*?

It's the Italian restaurant ____________________

5. Who is Susanne?

She's the child ____________________

6. What is *Outlaws*?

It's the book ____________________

 ISBN 3-12-547223-7

Make your own crossword puzzle

Entwirf dein Kreuzworträtsel zunächst auf einem Blatt Papier und übertrage es erst in diese Kopie, wenn du überprüft hast, dass es auch wirklich funktioniert.

a) First choose a 8- or 10-letter word from Unit 2 for the middle word (e.g. experience, adventure, exhibition).

b) Then write other words from Unit 2 across it.

c) Now check your puzzle. If it works, draw your puzzle in the box here, like this:

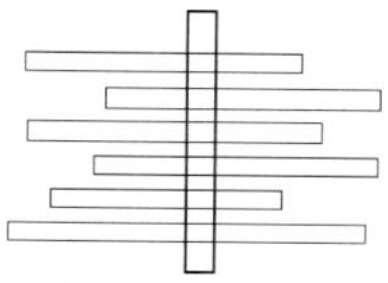

1. . . . .
2. . . . .
3. . . . .
4. . . . .
5. . . . .
6. . . . .
7. . . . .
8. . . . .
9. . . . .
10. . . . .

d) Write clues in the lines below and exchange[1] your crossword puzzle with your partner.

1. ______________________________
2. ______________________________
3. ______________________________
4. ______________________________
5. ______________________________
6. ______________________________
7. ______________________________
8. ______________________________
9. ______________________________
10. ______________________________

[1] *austauschen*

 ISBN 3-12-547223-7

I ❤ it! And what about you?

Find a partner. Do you and your partner like the same things?

a) Use the hearts and fill in this list – first for you.

❤❤ = love ❤ = like ~~❤~~ = don't like ~~❤~~ ~~❤~~ = hate

	Me	Partner
sports		
art exhibitions		
holidays at the seaside		
history books		
horror videos		
spiders		
rock music		
jogging		
shopping		
ice cream		
computer games		
homework		
skating		
bike rides		
swimming		
comics		

b) Now find out about your partner.
Fill in the list for him or her.
How many things do you agree about?

Do you like holidays at the seaside?

What do you think about art exhibitions?

❤❤ = love ❤ = like ~~❤~~ = don't like ~~❤~~ ~~❤~~ = hate

	Me	Partner
sports		
art exhibitions		
holidays at the seaside		
history books		
horror videos		
spiders		
rock music		
jogging		
shopping		
ice cream		
computer games		
homework		
skating		
bike rides		
swimming		
comics		

b) Now find out about your partner.
Fill in the list for him or her.
How many things do you agree about?

Do you like holidays at the seaside?

What do you think about art exhibitions?

 ISBN 3-12-547223-7

One day at the Robin Hood Centre

Last weekend three pupils of Haywood went to the Robin Hood Centre.
Here is their article for the school magazine. Put in the missing words.

We took the bus at half ____________ (1) ten and got off at Castle ____________ (2). Then we walked over to Maid ____________ (3) Way to the Robin Hood Centre. ____________ (4) name of the centre is the ____________ (5) *of Robin Hood*. It was about ____________ (6) o'clock when we got there. There ____________ (7) many people in front of the ____________ (8). Most[1] of them came from other ____________ (9): the USA, Germany, and France. Robin ____________ (10) is the most popular outlaw! We ____________ (11) very excited because Robin Hood ____________ (12) our hero[2], too. We waited for ____________ (13) an hour. Then the woman ____________ (14) the door gave us three little arrows. ____________ (15) were our tickets and part of ____________ (16) *Silver Arrow Game*. Then we went ____________ (17) the first room. The guide told ____________ (18) not to walk too slowly because ____________ (19) Sheriff's men were coming after us. ____________ (20) went through some rooms and looked ____________ (21) old pictures of Nottingham and Sherwood ____________ (22). There was a lot of information ____________ (23) the time Robin Hood lived. That ____________ (24) so interesting because there was so ____________ (25) to read. But there was a ____________ (26) film about the Robin Hood story. ____________ (27) was more exciting. Then we got ____________ (28) a little train. It took us ____________ (29) the Forest of Sherwood, where Robin's ____________ (30) sat under the trees. They sang ____________ (31) and drank and ate. After that ____________ (32) saw Robin win the bow and ____________ (33) competition. We saw how Robin stole ____________ (34) from rich people and gave it ____________ (35) poor families. Then we went down ____________ (36) street and it looked just like a ____________ (37) in 1190. At the end ____________ (38) the trip we just escaped the ____________ (39) arrows. In the last part of ____________ (40) Centre, a nice woman asked us ____________ (41) questions about Robin Hood, for example: "____________ (42) you think Robin Hood really lived?" ____________ (43) didn't get the answers right ____________ (44) we didn't read enough. So the ____________ (45) said, "Now you're outlaws, too, just ____________ (46) Robin Hood!"

[1] *die meisten* [2] *Held*

✂ ....

a	**about**	**arrow**	**at**	**at**	**because**	**countries**	**Do**
door	**eleven**	**Forest**	**friends**	**half**	**Hood**	**into**	**into**
is	**Lane**	**like**	**Marian**	**money**	**much**	**new**	**on**
of	**past**	**Sheriff's**	**some**	**songs**	**street**	**Tales**	**That**
The	**the**	**the**	**the**	**Those**	**to**	**us**	**wasn't**
We	**We**	**we**	**were**	**were**	**woman**		

 ISBN 3-12-547223-7

1 Contexts

What are the right words?

1. In the Middle Ages the King __________ the great castle over there on the hill.
2. I think we've got a mouse in the garage. Let's buy a __________ __________ !
3. Tourists mustn't __________ deer in Sherwood Forest!
4. There's an exciting __________ at the museum. You can see fantastic pictures there.
5. If you __________ one and one, you get two.
6. The word for the time in history from 1000 to 1500 is the __________ __________ .
7. You need __________ and __________ for archery.
8. The centre of the target is the __________ .
9. You can do the crossword puzzle if you look at the __________ .

2 Make new words

1. day	daily	6. to mark	__________
2. different	__________	7. competition	__________
3. to ride	__________	8. own	__________
4. to win	__________	9. text	__________
5. friend	__________	10. action	__________

3 Make sentences with these words

1. to invent __________
2. crowd __________
3. famous __________
4. sight __________
5. adventure __________

4 Numbers

Write down the correct words.

1. 2005 __________
2. 1931 __________
3. 1800 __________
4. 1566 __________
5. 1782 __________

 ISBN 3-12-547223-7

1 Opposites

1. fast	______	8. stupid	______
2. best	______	9. friend	______
3. easy	______	10. boring	______
4. child	______	11. merry	______
5. to sell	______	12. strong	______
6. end	______	13. in front of	______
7. loud	______	14. nasty	______

2 Find the odd word out

1	2	3	4
deer seal peasant spider	enough above in front of below	to smile to hunt to sneer to laugh	coffee milk bread tea
______	______	______	______

3 In English, please

1. Meine beste Freundin hat sehr schöne Haare. ______
2. Keine Nachrichten sind gute Nachrichten. ______
3. Machst du Witze? ______
4. Nach der Schule habe ich immer einen Bärenhunger. ______
5. Die Kinder waren verkleidet. ______
6. Die Menge jubelte, als die Wettkämpfer zur Tribüne gingen. ______

4 Sounds

Find out the spelling of the words.

[preə]	[ˌɪntər'æktɪv]	[tʃɑ:nts]	[əʊk]	[sɜ:v]
['streɪndʒə]	[tri:t]	['sɪlvə]	[kɔ:ps]	[bɜ:d]

 ISBN 3-12-547223-7

Talking about music

a) Work with a partner. Each person writes the names of four different kinds of music, instruments and jobs in his or her grid on the right.

Don't use the words you see there – those are examples. You can use these phrases to say what a word means:

is the opposite of
is a kind of
means the same as

	A	B	C	D
1			soundman	
2	rap			
3				bagpipes

b) Now each partner must guess what the other has in his or her boxes. Tell your partner a letter and a number (e.g. A2 or D3). Your partner must say if he or she has a kind of music, an instrument or a job in that box.

He or she must then talk about it, but mustn't say the word – that's your job! Write what you think your partner's word is in the box you told him or her. Now it's your partner's turn.

	A	B	C	D
1				
2				
3				

✂ ....

a) Work with a partner. Each person writes the names of four different kinds of music, instruments and jobs in his or her grid on the right.

Don't use the words you see there – those are examples. You can use these phrases to say what a word means:

is the opposite of
is a kind of
means the same as

	A	B	C	D
1			soundman	
2	rap			
3				bagpipes

b) Now each partner must guess what the other has in his or her boxes. Tell your partner a letter and a number (e.g. A2 or D3). Your partner must say if he or she has a kind of music, an instrument or a job in that box.

He or she must then talk about it, but mustn't say the word – that's your job! Write what you think your partner's word is in the box you told him or her. Now it's your partner's turn.

	A	B	C	D
1				
2				
3				

 ISBN 3-12-547223-7

Rapunzel

Do you remember the story of Rapunzel and her long hair?

a) First put the pictures in the right order: 1. F 2. ___ 3. ___ 4. ___ 5. ___ 6. ___ 7. ___ 8. ___

b) Now finish the dialogues of Rapunzel and the young man in the pictures.
Use *going-to future* or *will future*.

[1]*Leiter* [2]*Perücke* [3]*Gefangene(r)* [4]*Feuerwehr*

 ISBN 3-12-547223-7

Multiple choice

Find the right answer.

1. Becky can't go to the concert because it's her grandma's ☐ **50th** ☐ **60th** ☐ **70th** birthday.

2. ☐ **Kim and Lewis** ☐ **Kim and Jenny** ☐ **Scott and Lewis** are going to the concert. They've already got their tickets.

3. Sarah says, "Robert is always ☐ **nice** ☐ **terrible** ☐ **nasty** to me."

4. Becky says, "Of course he ☐ **likes** ☐ **hates** ☐ **doesn't know** you."

5. Sarah rings ☐ **Scott** ☐ **Robert** ☐ **David** to ask if he wants to come with her.

6. The concert is on ☐ **Thursday** ☐ **Friday** ☐ **Saturday** evening.

7. Nuclear Puppy are from ☐ **Manchester** ☐ **London** ☐ **Newcastle** and they're fantastic.

8. Robert's favourite football team is ☐ **Nottingham Forest.** ☐ **Arsenal London.** ☐ **Manchester United.**

9. Robert's ☐ **mum** ☐ **dad** ☐ **friend** is getting tickets for the match.

10. Robert doesn't know what to do. In the end he says, ☐ **"I'll come with you to the concert."** ☐ **"I don't want to miss the Arsenal match."** ☐ **"I'll stay at home on Friday."**

 ISBN 3-12-547223-7

Domino / Memory

a) Find the right pairs.
Zum Dominospielen schneidest du die Kärtchen längs nur in der Mitte durch.
Wenn du Memory spielen willst, musst du alle Kärtchen einzeln ausschneiden.

tennis player	a person who writes songs	song writer	the month before October
September	708-5276 is my telephone …	number	a person who paints pictures
painter	it's very hot in …	summer	a person who can swim
swimmer	a person who works on a farm	farmer	in church you say a … together
prayer	the opposite of 'stupid'	clever	a person who plays the drums
drummer	gold and …	silver	a person who plays tennis

b) Make two groups.

People: ______________________________

Others: ______________________________

 ISBN 3-12-547223-7

True or false?

Look at these statements and correct what is wrong.

1. Mr Cooper took Robert's French class, but didn't give them the test.

2. Lewis Hooper is a big fan of Atomic Kitten and knows all the words to their videos.

3. There was good news on Wednesday morning: Robert's dad could get tickets for the match.

4. At nine o'clock on Saturday night the children were sitting in Scott's car on their way to the football match.

5. At the beginning Kim, Lewis, Sarah and Robert were standing far to the right behind some huge speakers.

6. Lewis: "You get the worst sound if you sit next to the mixing desk."

7. Suddenly the guitarist was staggering about and fell over when the singer went over to him.

8. In ending A Robert went onto the stage and was the band's new drummer.

9. In ending A the soundman said, "Please say hello to Louie Super!"

10. In ending B Sarah and Robert met the band on the stage, but they didn't get autographs.

11. In ending B Nottingham Forest lost 1 to 3.

 ISBN 3-12-547223-7

Bingo with words

Bildet Sechsergruppen und bestimmt zunächst eine(n) Spielleiter(in). Die fünf Spieler(innen) tragen jetzt verdeckt jeweils vier Wörter aus den folgenden Listen in ihre Kästchen ein. Der Spielleiter liest die Wörter der Listen in beliebiger Reihenfolge vor. Wer ein Wort auf seiner Karte findet, streicht es durch. Wer zuerst vier Wörter in einer Reihe (waagerecht, senkrecht oder diagonal) durchgestrichen hat, ruft ‚Bingo' und hat gewonnen. Spielt den 2. und 3. Sieger aus und wechselt in der nächsten Runde den Spielleiter.

1. music nouns	2. football words	3. adjectives	4. verbs
concert	leader	annoying	repeat
microphone	Premiership	ill	be in love with
backstage	Arsenal	nasty	leave
autograph	Nottingham Forest	fantastic	ruin
manager	FA Cup	serious	be afraid of
speaker	win	amazed	seem
piano	lose	usual	become
guitar	football	definite	grow up
drum	team	angry	notice

 ISBN 3-12-547223-7

Wet weather

Put in the missing words.

a) The weather

"We'll have another rainy[1] day ______ (1) Saturday, with lots of clouds ______ (2) a storm in some places. ______ (3) Sunday will bring better weather, ______ (4) it will be warm and ______ (5) later in the afternoon. It ______ (6) be a wet week all ______ (7) England, and it's too cold ______ (8) the time of year. The ______ (9) will stop on Wednesday afternoon, ______ (10) it will get very windy[2]. ______ (11) weekend the weather will get ______ (12), and we'll see some nice, ______ (13) summer weather." ***

"Saturday ______ (14) be sunny again, but much ______ (15) than yesterday. Winter is on ______ (16) way already, and on Sunday ______ (17) it will rain all over ______ (18). There will even be some snow[3] over ______ (19) hills in the afternoon."

b) At the seaside

Sarah: ______ (1) you going to wear your ______ (2) skirt on Aunty's birthday?

Kim: Yes, ______ (3) course! I bought some new tights[4], ______ (4). Some extra warm tights.

Sarah: Are ______ (5) going to take your swimming things, too?

Kim: ______ (6), I don't think we'll need ______ (7). We can't go swimming in ______ (8) sea – not in weather like ______ (9). It's terrible!

Sarah: I'm going to ______ (10) my anorak and my wellies ______ (11) me. Aunty always takes us ______ (12) a long walk on Sunday ______ (13). I think she even likes ______ (14) in the rain.

Kim: I know! ______ (15) maybe it'll only rain in the ______ (16). Hey, Sarah, haven't we got ______ (17) old kite[5] somewhere? Why don't ______ (18) take it with us?

Sarah: Good ______ (19)! We can go to the ______ (20) and play with it on ______ (21) afternoon! I'll just go and ______ (22) if I can find it.

[1] *regnerisch* [2] *windig* [3] *Schnee* [4] *Strumpfhose* [5] *Drachen*

✂ ···

a)	and	and	Britain	But	but	colder	for
	hot	its	morning	Next	on	over	rain
	sunny	the	warmer	will	will		
b)	an	Are	beach	But	for	idea	morning
	mornings	new	No	of	see	Sunday	take
	the	them	this	too	walks	we	with
	you						

 ISBN 3-12-547223-7

LEARNING ENGLISH
GREEN LINE NEW 2, Ausgabe für Bayern

1 Contexts

What are the right words?

1. The rain ______________ our holiday – we couldn't go outside.
2. The person that is in front of the others is the ______________ .
3. 'Whole again' was the first international ______________ by Atomic Kitten.
4. The dog ______________ friendly, but actually it wasn't.
5. Let me ______________ you to my friend Lizzy.
6. Jenny's father speaks very good English ______________ he's German.

2 Find the odd word out

1	2	3	4
jazz	drum	seem	win
hip-hop	techno	be keen on	pop
hit	piano	fill in	singer
rock	bass	caller	drum

______________ ______________ ______________ ______________

3 Make sentences with these words

1. to sound ______________
2. to be called ______________
3. piece ______________
4. detail ______________
5. annoyed ______________
6. although ______________
7. disappointed ______________

4 Find words

Make words with the letters in:
How many can you find?

L	A	D	I	E	S	A	N	D	G	E	N	T	L	E	M	E	N

1 letter: ______________

2 letters: ______________

____

3 letters: ______________

____

4 letters: ______________

____

more letters: ______________

____

____

 ISBN 3-12-547223-7

1 Wordsnake

How many words can you find?

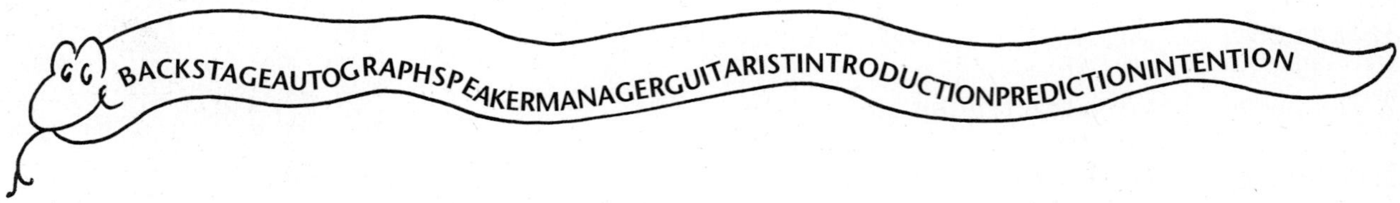

____

____

2 Opposites

1. to arrive ____________________
2. lowest ____________________
3. to stop ____________________
4. to sell ____________________
5. light ____________________
6. child ____________________
7. to catch ____________________
8. to pick up ____________________
9. to win ____________________
10. future ____________________

3 In English, please

1. Es wird wahrscheinlich bald regnen. ____________________
2. Ich habe sogar ein Autogramm von Lauryn Hill. ____________________
3. Ich bin nicht sehr scharf auf Techno. ____________________
4. Meine Lieblingsband ist Atomic Kitten. ____________________
5. Ich schaue mir gerne die Stars auf MTV an. ____________________
6. Obwohl es eng werden wird, wird Arsenal wahrscheinlich gewinnen. ____________________

4 Sounds

Find out the spelling of the words.

['pærəgrɑ:f]	**[ə'meɪzd]**	**['sʌmweə]**	**[ə'nɔɪd]**	**['dʒenrl]**
[prɪ'dɪkʃn]	**['rʌbɪʃ]**	**['stægə]**	**['ɔ:təgrɑ:f]**	**[ˌrɪə'lɪstɪk]**

 ISBN 3-12-547223-7

At the restaurant

Acting a scene.
Partner A überträgt den ersten Satz ins Englische. Partner B kontrolliert die Aussage und übernimmt den nächsten Satz. Spielt die Szene zu Ende und tauscht beim nächsten Durchgang die Rollen.

A	B
Du bittest den Kellner um die Speisekarte.	Can I have the menu, please?
Here you are. Do you already know what you would like to drink?	*Du überreichst sie und fragst deinen Gast, ob er schon weiß, was er trinken möchte.*
Du sagst ja, du weißt es. Du hättest gerne eine Cola.	Yes, I do. I'll have a coke, please.
Here's your coke.	*Du kommst zurück und bringst die Cola.*
Du bedankst dich.	Thank you.
Are you ready to order now?	*Du fragst deinen Gast, ob er bereit ist für die Bestellung.*
Du bist so weit und bestellst als Vorspeise die Tomatensuppe und als Hauptgericht das Steak mit Kartoffeln und Salat.	Yes, I am. For a starter, I'll have the tomato soup, please. And for a main course I'd like the steak with potatoes and salad.
Would you like a dessert, too?	*Du fragst deinen Gast, ob er auch einen Nachtisch möchte.*
Du überlegst und sagst, dass du gerne ein Schokoladeneis mit Sahne hättest.	I think I'll have a chocolate ice cream with cream, please.
Thank you for your order. I'll be back in a minute.	*Du bedankst dich für die Bestellung und sagst, dass du in einer Minute wieder zurück sein wirst.*

 ISBN 3-12-547223-7

Jenny's scrapbook

Find the new words, and write them down in German.
Wenn du nicht sicher bist, schau im Dictionary (Seite 178 ff.) nach.

1. Jenny's parents now live in Nottingham. In the <u>Easter</u> holidays the Leinerts went to the Lake District for a week and took David with them. Jenny made a scrapbook of the holiday.

   Ostern
2. Before we left home. It's always the same when we go on holiday. Everyone packs too much – and then we can't get it all in the car.
3. This is a photo David took of the Prestons – outside their bed and breakfast place where we stayed.
4. Derwentwater. This is what it looked like when we arrived! (Pity the weather didn't stay like this all the time …)
5. One afternoon we went rowing on Derwentwater – in this boat! (It was for the guests at our bed and breakfast place!)
6. A typical traffic jam in the Lake District!
7. Great Gable is the 7th highest mountain in the Lake District. Lots of people go rock climbing there. (We didn't, but our little adventure was exciting enough – for me, anyway.)
8. The ghost of Old Moses. No, I haven't got a photo! Pity!
9. AdventureTreks: Adventure activities, rock climbing, kayaking, canoeing, mountain biking, pony trekking, windsurfing etc.
10. The Honister slate mine was fantastic! Years ago they used ponies and sleds to take the slate down the steep path into the valley.
11. Mum took this picture. (It says it all! But we're still smiling!)

 ISBN 3-12-547223-7

Chaos at the Leinerts'

a) Put in the missing words.
If you need help, you can use the words in the box – but they aren't in the right order.

At quarter past nine, the Leinerts aren't ____________ (1) because they ____________ (2). Mrs Leinert is in the kitchen and Jenny is coming downstairs. She is waiting in front of the ____________ (3), but her father ____________ (4) yet. She's a bit nervous because perhaps she ____________ (5) to pack something. And she ____________ (6) forget to phone David and tell him that they will be a bit ____________ (7). An hour later, they ____________ (8) breakfast. Now they're working in the kitchen. Jenny's father is ____________ (9) sandwiches and her mother ____________ (10) the kitchen. But he ____________ (11) the butter knife, so Mrs Leinert has to clean the ____________ (12) again. 30 minutes later, they ____________ (13) home yet. Mr Leinert ____________ (14) that he has packed Jenny's big blue bag and wants to leave, but Mrs Leinert is afraid that they ____________ (15) of everything – and she is right! Thanks to Jenny Mr Leinert ____________ (16) his mobile and puts it in his pocket.

hasn't finished – has dropped – remembers – have just had – bathroom – making – is sure – ready – floor – haven't thought – have overslept – has forgotten – late – is tidying – mustn't – haven't left

b) Now choose eight out of the 16 words and write a funny story about a morning at your house when everybody is getting ready to leave for school and for work.

 ISBN 3-12-547223-7

At the Prestons'

Put the dialogue in the right order.
Schneidet die einzelnen Zeilen aus und mischt sie. Bringt den Dialog jetzt wieder in die richtige Reihenfolge.

Mrs Preston: I hope you're all enjoying your holiday. What have you done so far? Have you travelled around much yet?

Mrs Leinert: Yes, we have! We've seen most of the Lakes already. We travelled around in the car on our first day.

David: The weather was brilliant that day – so I took lots of photos. And yesterday we went on a boat trip on Ullswater. That was great!

Mrs Preston: You come from Germany, don't you, Mr Leinert? Have you ever been to the Lake District before?

Mr Leinert: Oh, yes. I was here once when I was a student. A long time ago!

Mrs Preston: Have you visited the Cumberland Pencil Museum at Keswick? That's very near here. Everyone says how interesting it is.

Jenny: I bought a box of Cumberland pencils yesterday. But I've never heard of the museum. Sounds like something for a wet day.

Mrs Leinert: Yes, we want to make the most of the good weather. Tomorrow we're going to climb Great Gable.

Just then, there is a knock at the back door and Tom, the milkman, looks in.

Tom: Morning, Hazel. Six pints again, is it?

Mrs Preston: Yes, please. Thank you, Tom.

Tom: Ah, you've got guests. I don't want to –

Mrs Preston: That's OK, Tom. They've just told me – they want to climb Great Gable tomorrow.

Tom: Great Gable, eh? Well, look out for the ghost. Especially if it gets foggy!

David: Ghost? What ghost?

Tom: The ghost of Old Moses – a whisky smuggler! Hasn't Hazel told you?

Jenny: No, she hasn't!

Mrs Preston: Oh, Tom, that old story! – Don't listen to him, Jenny.

Jenny: But I want to know what he means!

Tom: Well, I'll tell you, then …

 ISBN 3-12-547223-7

LC 14 Listening: Old Moses

a) Listen to the CD and play 'Bingo'.
Wenn du eine Aussage von der CD in den Kästchen findest, streiche sie durch. Sobald du zehn Kästchen gestrichen hast, rufst du ‚Bingo'.

The barrels fell off the sled.	He couldn't carry those barrels of whisky.	A lot of the houses have slate roofs.	Hundreds of years ago men were working there.	The gang smuggled whisky in from the Isle of Man.
One night the weather got worse.	He sold the whisky to people later.	Old Moses left the path.	The poor animal tripped.	He worked at night.
Old Moses had a secret hiding place.	Slate was very important in the Lake District.	The ponies took the slate down into the valley.	The mine was up the hills at Honister.	It got more and more difficult to see the path.

b) *Verwende die zehn Aussagen und erzähle die Geschichte von* Old Moses.

 ISBN 3-12-547223-7

Tom's story

a) Match the sentences to the people.

1. And Old Moses? Did he work down the slate mine then?
2. Gone?
3. Well, he couldn't carry them, could he? Ah, I know – he used a pony and sled from the mine!
4. Yes, we do! / Oh yes! Tell us!
5. Wow!
6. But Old Moses was a whisky smuggler. You told us. How did –?
7. They fell off the sled!
8. Yes, we have. But we haven't been there yet.
9. Until …?

Tom: So you want to know who Old Moses was, do you?

David & Jenny (together): ______________________________

Tom: Well, first let me tell you something about the old slate mine up in the hills at Honister. Have you heard of it?

David: ______________________________

Tom: Well, you must visit it. It's very interesting. Men were working down that mine hundreds of years ago. Slate was very important in the Lake District, you see. For roofs – a lot of the houses here have slate roofs, you know.

David: ______________________________

Tom: Yes, he did. That was a long time ago, when they still had ponies and sleds. That's how they took all the slate down into the valley.

Jenny: ______________________________

Tom: I'm just coming to that. Just listen, and I'll explain all about it. – Well, Old Moses was part of a gang that smuggled whisky in from the Isle of Man. He had a secret hiding place for his barrels of whisky somewhere up in the hills, near the mine.

Jenny: ______________________________

Tom: And how do you think he got all those barrels up there?

David: ______________________________

____

Tom: Right! He took the barrels up on his sled. And he did it at night when nobody was around. There he put the whisky in bottles which he sold to people later. And this went on for years …

Jenny: ______________________________

Tom: Until one night, when Old Moses was on his way up the mountain with his pony and sled – and the weather got worse. Well, it got very, very foggy – and more and more difficult to see the path. Then suddenly – maybe his pony was new, we don't quite know – anyway, suddenly the poor animal tripped over a stone – and fell! And guess what happened to the barrels of whisky?

Jenny: ______________________________

Tom: Right! They fell off the sled – and a moment later they were gone!

David: ______________________________

Tom: Down the mountain! Well, Old Moses left the path – in the fog – and …

b) Now find a new ending to the story. Can you think of a good one (that means a happy ending)?

 ISBN 3-12-547223-7

Signal words

Ihr braucht einen grünen und einen roten Stift. Malt zuerst die Kreise in der richtigen Farbe an und schneidet die Karten aus. Legt die Signal Cards *und die* Action Cards *in getrennten Stößen verdeckt auf den Tisch.*

Stellt sicher, dass ihr die Verbformen auf den Action Cards *alle kennt. Wenn ihr unsicher seid, schaut noch einmal in der Liste im Schülerbuch (Seite 198/199) nach.*

Partner A nimmt jetzt eine Signal Card, *Partner B eine* Action Card. *Partner A liest das Signalwort vor, Partner B bildet einen Satz mit dem Signalwort und der Handlung auf der* Action Card. *(Auf die richtige Zeitform achten!) Bemerkt der Besitzer der* Signal Card *einen Fehler, behält er oder sie die* Action Card.

Die Signal Card *wird als unterste Karte in den Stapel mit den Signalwörtern zurückgelegt. Wechselt euch mit dem Ziehen der* Action *und* Signal Cards *ab. Gewonnen hat der/die Spieler/in mit den meisten* Action Cards *am Ende des Spiels.*

Beispiel:

ever (?) ○	eat an Indian curry

last month ○	make a pizza

Signal Cards for simple past (grüne Kreise)

half an hour ago ○	yesterday (?) ○
last week (?) ○	last month ○
on Saturday ○	two days ago ○

Signal Cards for present perfect (rote Kreise)

just ○	ever (?) ○
yet (?) ○	not … yet ○
already ○	this month ○

Action Cards

jump from a plane	win money
eat an Indian curry	take a photo
make a pizza	see a ghost
row a boat	act in a play
ride a horse	visit a national park
cook Italian pasta	drink tomato juice
break an arm	write an e-mail
climb up a mountain	have a bath

 ISBN 3-12-547223-7

Find the ghosts

a) Can you find the words and do the crossword?

1. You need some brochures for your holiday? Go to the …
2. The opposite of a 'mountain'.
3. When the roads are … you must be especially careful.
4. Here's an extra … if you are cold at night.
5. It tells you if you'll need an umbrella[1] or warm clothes before you leave.
6. More than more.
7. A lot of the things I'm dreaming of are too …, so I can't buy them.
8. Another five minutes, we're … there.
9. They took Kevin there after his accident.
10. The Leinerts have been with the Prestons … Friday, tomorrow they're leaving.
11. It looks as if somebody is at the door, there has just been another …
12. The Lake District is lovely in … with all the new flowers[2] and the baby lambs.

[1]*Schirm* [2]*Blume*

b) When you put the letters in the grey fields in the right order, you'll get the German name of something very important when you want to see the ghosts.

T						N					E

 ISBN 3-12-547223-7

Kevin and Judy

Put in the missing words.

Woman: Good morning. Can I help ______ (1)?

Judy: Have you got any information ______ (2) bed and breakfast places?

Woman: Yes, ______ (3) a list of phone numbers. They're ______ (4) busy at this time ______ (5) year.

Kevin: Oh, well, what about ______ (6) – cheap[1] hotels?

Woman: Well, you can try ______ (7) Seaside Hotel. It's very ______ (8), and it's not expensive ...

Judy: ______ (9) sounds OK! Can we have ______ (10) map, please?

Woman: Yes. Here you ______ (11). And there's the hotel. It's ______ (12) far. Have you visited ______ (13) island before?

Judy: No, this is our ______ (14) time here. We've only just ______ (15).

Woman: Oh, it's a beautiful place ______ (16) lots of activities. Have you ______ (17) to the lake yet?

Kevin: No, ______ (18) yet. We'd like to go ______ (19) this morning. Are there any ______ (20) for hire[2]?

Woman: Yes, it's five ______ (21) for the day. Here's ______ (22) brochure.

Kevin: Thanks. Five pounds for ______ (23) day? It must be a ______ (24) big lake!

Woman: Well, some people ______ (25) to the other end of ______ (26) lake, spend some hours there ______ (27) the beach and then come ______ (28).

Kevin: Beaches? Great! We can go ______ (29), Judy!

Judy: No, we can't, Kevin! ______ (30) didn't bring our swimming things! ______ (31) let's go out in the ______ (32). It'll be fun.

Woman: There are ______ (33) interesting museums on the island, ______ (34) a very old church.

Judy: Museums? Well, ______ (35) don't really have a lot ______ (36) time ...

Woman: No? Well, you ______ (37) see the castle! It's full ______ (38) history.

Kevin: Yes, why not? We ______ (39) do that this afternoon.

Judy: ______ (40). Now, come on, Kevin. Let's ______ (41) to the hotel. If we ______ (42) hurry, we won't get a ______ (43).

[1] *billig* [2] *mieten*

a	a	about	and	are	arrived	back
been	boat	boats	But	can	don't	first
go	here's	hotels	must	nice	not	not
of	of	of	on	OK	pounds	room
row	some	swimming	That	the	the	the
the	there	very	very	We	we	with
you						

 ISBN 3-12-547223-7

1 Contexts

What are the right words?

1. There are a lot of ________________ roofs in the Lake District.
2. Working down in a ________________ is a dangerous job.
3. Have you already ________________ your holiday?
4. If the weather is ________________, you can't see very far.
5. Let's make the ________________ of the good weather.
6. There was a ________________ at the door.
7. Your mobile won't ________________ if the battery has run down.

2 Find the odd word out

1 canoeing, kayaking, feeling, windsurfing

____

2 pint, rescue, hospital, blanket

____

3 to travel, to book, to trek, to thank

____

4 clearly, expensively, slippery, carefully

____

5 smuggler, milkman, hour, agent

____

6 to tidy, to wash up, to clean, to chase

____

7 short cut, scrapbook, weather forecast, traffic jam

____

8 to shave, to escape, to travel, to follow

____

3 Complete the lists

to meet		met
	read	
		had
to hear		
	left	
		get
to win		
	found	
		taught

to ride		
	went	
		done
to write		
	saw	
		given
to be		
	hid	
		put

 ISBN 3-12-547223-7

1 Little words are important

Put in the right preposition.

1. You learn and talk ____________ God in RE.
2. Put ____________ your anorak. It's getting cold tonight.
3. They have seen a lot ____________ they arrived.
4. Our dog's bed is a box ____________ a blanket in it.
5. She changed the little boy ____________ a mouse.
6. In an archery competition you shoot ____________ a target.
7. If you want to have something, you ask ____________ it.
8. We always have a break ____________ the second and the third lesson.

since | about | into | between | at | with | on | for

2 Word fields

a) Make five lists.

soup | fought | ham | foggy | dish | rainy | meat | taught | menu
to return | to stagger | brought | to push | course | thought | to escape | caught
waiter | to chase | rice | cloud | starter | storm | salad | sun

____________	____________	____________	____________	____________
____________	____________	____________	____________	____________
____________	____________	____________	____________	____________
____________	____________	____________	____________	____________
____________	____________	____________	____________	____________

b) Can you find one or two more words?

____________	____________	____________	____________	____________
____________	____________	____________	____________	____________

3 Opposites

1. mountain	____________	5. best	____________
2. water	____________	6. long	____________
3. wife	____________	7. easy	____________
4. downstairs	____________	8. to buy	____________

 ISBN 3-12-547223-7

Martin Luther King Day

Acting a scene.
Partner A ist Austauschschüler(in) an einer amerikanischen Schule und unterhält sich mit Partner B über den bevorstehenden schulfreien Tag. Partner A beginnt, Partner B kontrolliert die Aussage und übernimmt den nächsten Gesprächsbeitrag. Spielt die Szene zu Ende und tauscht beim nächsten Durchgang die Rollen.

A	B
Du begrüßt deine(n) Gesprächspartner(in), erklärst, woher du kommst, und dass du noch nie an einer amerikanischen Schule warst.	Hello. I'm from … in … I haven't been to an American school before.
Hello. Welcome to the USA!	*Du grüßt zurück und heißt deine(n) Gesprächspartner(in) in den USA willkommen.*
Du bedankst dich. Du hast gehört, dass morgen keine Schule ist und fragst nach, warum.	Thanks! I've heard that there's no school tomorrow. Why's that?
It's the fifteenth of January – Martin Luther King Day.	*Du erklärst, dass es der 15. Januar ist – Martin Luther King Day.*
Du hast den Namen nie gehört.	I've never heard the name.
He was a famous Black American. He tried to help all Black Americans.	*Du erklärst, dass er ein berühmter schwarzer Amerikaner war, und dass er versucht hat, allen schwarzen Amerikanern zu helfen.*
Du fragst, wann er starb.	When did he die?
Someone killed him in 1968. That's why there's no school.	*Du sagst, dass irgendjemand ihn 1968 getötet hat. Deswegen ist keine Schule.*
Du fragst, was die Schüler(innen) am Martin Luther King Day machen.	What do the students do on Martin Luther King Day?
Some schools have a party and collect money.	*Du erklärst, dass manche Schulen ein Fest machen und Geld sammeln.*
Du fragst, was man da kaufen kann.	What can you buy?
You can usually only buy food and drinks.	*Du erklärst, dass es normalerweise nur Essen und Getränke gibt.*
Du fragst, was die Schulen mit dem Geld machen.	What do schools do with the money?
They give it to poor families or use it for projects.	*Du sagst, dass sie es an arme Familien geben oder für Projekte benutzen.*
Du findest, dass das interessant klingt, und sagst, dass du gerne hingehen würdest.	That sounds interesting. I'd like to go.
Why don't we go together? / Let's go together.	*Du schlägst vor, zusammen hinzugehen.*

 ISBN 3-12-547223-7

I'll help you if you help me

You need one page for a group of six pupils.
Ihr seid alle Mitglieder einer Familie. Jedes Familienmitglied möchte, dass die anderen versprechen, etwas zu tun. Ziel des Spiels ist es, die vier Versprechen der anderen zu bekommen. Als Regel gilt, dass du nur etwas versprechen musst, wenn dir als Gegenleistung auch etwas versprochen wird.

Beispiel:

Grandpa – come to the zoo with me on Sunday.

Alan – wash my car

Alan

Grandpa

Will you come to the zoo with me on Sunday, Grandpa?

Well, only if you wash my car.

OK. I'll wash your car if you come to the zoo with me.

Mum (Helen)

Judy – tidy her room (It's a terrible chaos!)
Grandma – help me in the garden next weekend
Dad – clean my bike (It's a lot of work!)
Who can go to the shops for me on Saturday? I'll be too busy.

Dad (John)

Alan – get up earlier at weekends (He usually stays in bed all morning!)
Mum – wash my new shirt
Grandpa – change the battery in my car
Who can wash my car for me? I'm too busy.

Alan

Grandpa – buy me a skateboard for my birthday (It's expensive, but great!)
Dad – help me with my homework
Judy – use the bathroom after me in the morning (I want to go before the others.)
I need ten pounds. Who can give me the money?

Judy

Mum – stay out of my bedroom when I'm not there
Alan – let me take some of his CDs to the party on Friday (They're great!)
Grandma – be nicer to my friends (She often says bad things about their clothes.)
Who can take me to the party on Friday?

Grandma

Grandpa – go with me to the Over 60's party (He doesn't usually like parties.)
Helen – feed the fish when Grandpa and I go on holiday
Judy – be quieter (She is playing terrible pop music. And it's too loud!)
Who can take me to the shopping centre?

Grandpa

Grandma – make my favourite chocolate cake
Alan – get a new pair of jeans
John – tidy the garage with me
Who can take the dog to the vet? I haven't got the time.

 ISBN 3-12-547223-7

1 What will happen if …

Match the parts of the sentences and finish them.

Example: If people want to get a good job, they will have to work hard.

1. If people
2. If Tina and Sally
3. If José and the others
4. If Tina, Bruce and José
5. If Sally and her group
6. If Joanne
7. If you

- plant some trees outside the school
- want to get a good job
- don't have a good idea
- organize a bazaar
- does more for school
- pick up trash
- want to do sth. for your community

it ______________________________

____

Sally ______________________________

they will have to work hard.

they ______________________________

____

she ______________________________

____

you ______________________________

____

they ______________________________

____

2 Make A Difference Day

Put in the right verb forms.

weren't allowed to – weren't able to – couldn't – wasn't allowed to – May – have to – had to (2x) – doesn't have to – were allowed to – needn't

1. The girls in Joanne's class ______________ do their assignment because of Make A Difference Day.
2. José ______________ play the trumpet on Sunday evening. "You ______________ bring your trumpet because we won't ______________ do a concert tonight," his dad told him.
3. Kristi and Caitlin ______________ give their cookies to the children in the hospital. So they asked: "______________ we give them to the doctors[1]?"
4. Joanne and Tina ______________ take the winter coats to the poor families. They ______________ give them to the people from the charity. But a few days later, they ______________ go with them to those families.
5. Sven ______________ go to the elementary schools on Saturday. He ______________ go on Monday.

[1] *Arzt/Ärztin*

 ISBN 3-12-547223-7

Right or wrong?

Listen to your partner and say what is wrong.
Partner A stoppt nach jedem Satz, damit Partner B entscheiden kann, ob die Aussage richtig oder falsch ist. Nach Teil 1 ist Partner B an der Reihe und liest die Sätze aus Teil 2 vor. Partner A korrigiert.

A

1

Wrong: Joanne Walters and I did a project we called "Get ready for summer". We collected nearly 30 rain coats for a charity. On Halloween we were allowed to go with the people from the hospital and give them to about 20 rich families. You can imagine how happy everyone was. I hope we'll be able to do something like that next month.

Right: Joanne Walters and I did a project we called "Get ready for winter". We collected nearly 30 winter coats for a charity. On Make A Difference Day we were allowed to go with the people from the charity and give them to about 20 poor families. You can't imagine how happy everyone was. I hope we'll be able to do something like that next year.

3

Wrong: Sven Schumpert and I asked every student at school to give us a history book. In the end we had 4000! We gave them to ten middle schools in the neighborhood. We had to clean the books, put them in bags and transport them. We weren't able to go to the schools on Sunday, so we went there on Monday morning and were allowed to miss three classes.

Right: Sven Schumpert and I asked every student at school to give us a children's book. In the end we had 400! We gave them to ten elementary schools in the neighborhood. We had to clean the books, put them in boxes and transport them. We weren't able to go to the schools on Saturday, so we went there on Monday morning and were allowed to miss two classes.

B

2

Wrong: Caitlin Robinson, Kristi Lepage and I decided to make sandwiches for the Children's Hospital on New York Boulevard. But when we took the sandwiches there, we weren't allowed to give them to the children. (Hospital rules!) Next month I guess we'll have to check first. So did we have to throw away all the sandwiches we weren't able to eat? No – we sold them in the park and were able to collect nearly 1000 dollars for the hospital!

Right: Caitlin Robinson, Kristi Lepage and I decided to make cookies for the Children's Hospital on Washington Boulevard. But when we took the cookies there, we weren't allowed to give them to the children. (Hospital rules!) Next time I guess we'll have to check first. So did we have to throw away all the cookies we weren't able to eat? No – we sold them in the street and were able to collect nearly 100 dollars for the hospital!

4

Wrong: I spent the week in an old people's home on Bryan Road. Many old people can't hear very well so I was able to help them. I read to them from a comic. And I talked to a lot of the old people. Some of them have done very boring things in their lives. It was a great experience and I hope I'll be allowed to do it again sometime.

Right: I spent the day in an old people's home on Bryan Street. Many old people can't see very well so I was able to help them. I read to them from a book. And I talked to a lot of the old people. Some of them have done very interesting things in their lives. It was a great experience and I hope I'll be allowed to do it again sometime.

 ISBN 3-12-547223-7

A trip to Hampton Mini Zoo

Kathy and her brother Benny took a trip by bike to Hampton Mini Zoo last week.
Look at the different pictures and write a report about what they

were able to / not able to, had to / didn't have to, were allowed to / weren't allowed to

did while they were there.

[1]*machine* – Maschine
[2]*monkey* – Affe
[3]*fox (foxes)* – Fuchs
[4]*wolf (wolves)* – Wolf

 ISBN 3-12-547223-7

Donna's diary (Part I)

a) Find three words from each part that help you to write about Donna's diary.
b) Then write down what you remember. You can work with a partner.

1

Thursday, May 14

2

Friday, May 15

3

Monday, May 18

4

Wednesday, May 20

5

Thursday, May 21

 ISBN 3-12-547223-7

Donna's diary (Part II)

6

Monday, May 25

7

Tuesday, May 26

8

Wednesday, May 27

9

Thursday, May 28

10

Friday, May 29

 ISBN 3-12-547223-7

All in a day's work!

Read what Ms Wilson tells her students in the morning. Put in the missing words.

"Good morning! Let's see who's ______ (1). Mark, I see you're back. ______ (2) nice. I hope you're feeling ______ (3). May I see your excuse[1], ______ (4)? Thank you. Is Shawna ______ (5)? Well, then. Maria? José? Bill? ______ (6) looks like everybody's getting ill! ______ (7) you're lucky, I won't ______ (8) here tomorrow!
Anyway, don't forget ______ (9) meeting[2] today at two forty-five. We're ______ (10) to practice[3] cheering for our ______ (11) team and we want everybody ______ (12)! Then at three fifteen the orchestra[4] ______ (13) meet in the music room ______ (14) practice for the next competition. ______ (15) in the band are asked ______ (16) meet at the football field ______ (17) three thirty.
Mr Riley wants ______ (18) to know that he is ______ (19) for students interested ______ (20) the next play. It's called 'What else ______ (21) new?' There will ______ (22) singing and dancing. Help is ______ (23) needed for the lights, the ______ (24), the make-up and other things. ______ (25) asks all the students who ______ (26) interested to write their name ______ (27) the list in the hall ______ (28) afternoon.
Of course, we need ______ (29) help in raising money for ______ (30) of our school activities. This ______ (31) we will sell cake ______ (32) cookies at the parents' and ______ (33) meeting on Thursday evening and ______ (34) will be a band ______ (35) at Parkway City Mall on Saturday ______ (36). That's all for this ______ (37).

[1]*Entschuldigung* [2]*Treffen* [3]*üben* [4]*Orchester*

✂ ....

afternoon	also	and	are	at	be	be
better	concert	costumes	everybody	football	going	He
here	here	If	in	is	It	looking
morning	on	please	some	Students	teachers'	That's
the	there	there	this	to	to	week
will	your					

 ISBN 3-12-547223-7

1 Contexts

What are the right words?

1. The first school American children go to is ________________ school.
2. A ________________ can help to make facts clearer.
3. After the first night of a new play, there are ________________ in the newspapers.
4. Mr Weinberger is not ________________. He's rather thin.
5. "You need some ________________ to do this job. Have you done this before?"
6. It's not always fun to ________________ children.
7. "You look ________________. Isn't the lesson interesting?"
8. Joanne's ________________ were not too good this term.
9. Last year's ________________ tells you a lot about our school.
10. If you don't ________________ with a problem, it probably won't go away.

2 Find the odd word out

1	2	3	4
schedule principal program biscuit	to be able to have to needn't to be allowed	shiny husky sunny foggy	grader trash neighborhood assignment
________	________	________	________

3 Word building

Can you make new words?

1. back	________________	6. lunch	________________
2. class	________________	7. sun	________________
3. year	________________	8. ear	________________
4. home	________________	9. finger	________________
5. neighbor	________________	10. middle	________________

4 Definitions

Explain these words in English.

1. assignment ________________________________
2. schedule ________________________________
3. biology ________________________________
4. lunchroom ________________________________
5. college ________________________________

 ISBN 3-12-547223-7

1 In English, please

1. Wenn du mit dem falschen Fuß aufstehst, wirst du den ganzen Tag scheußlich zu deinen Freunden sein. ______________________
2. Bist (!) du in der Lage, mir zu sagen, was mit der (Theater)Kritik passierte, wenn du dir das Diagramm anschaust? ______________________
3. "Sally treibt sich mit einer Gruppe verrückter Trottel herum," sagte ihre eifersüchtige Freundin. ______________________
4. Die Schüler waren mit Herrn Weinbergers Hausaufgaben unglücklich. "Er ist ein ganz gemeiner Kerl," sagte Tina. ______________________
5. Obwohl Frau Gerlernter jeden Morgen Semmeln mit Marmelade zum Frühstück isst, ist sie nicht übergewichtig. ______________________
6. "Gute Witze bringen mich zum Lachen, aber deine Witze sind ärgerlich oder zumindest langweilig." ______________________

2 What's this in American English?

Think of different words and different spelling.

1. sweets	________	8. neighbour	________
2. timetable	________	9. football	________
3. headmaster	________	10. chips	________
4. programme	________	11. crisps	________
5. rubbish	________	12. city centre	________
6. homework	________	13. flat	________
7. biscuit	________	14. class	________

3 How to describe people or things

Find the missing vowels.

1. crzy	________	9. thn	________	17. nnyd	________
2. md	________	10. vrwght	________	18. clvr	________
3. shny	________	11. wndrfl	________	19. fms	________
4. mn	________	12. brd	________	20. pplr	________
5. ld	________	13. xpnsv	________	21. hllw	________
6. yng	________	14. frd	________	22. sfl	________
7. nhppy	________	15. dlcs	________	23. ntrstng	________
8. brng	________	16. dsppntd	________	24. lvly	________

 ISBN 3-12-547223-7

The United States of America

a) Match the American cities to the states. If you need help, you can use the map in the back of your book.

1. **Boston**
2. **Chicago**
3. **Dallas**
4. **Denver**
5. **Detroit**
6. **Houston**
7. **Miami**
8. **New Orleans**
9. **New York City**
10. **Los Angeles**
11. **Philadelphia**
12. **San Diego**
13. **San Francisco** → a)
14. **Seattle**

a) **California**
b) **Colorado**
c) **Illinois**
d) **Florida**
e) **Michigan**
f) **Louisiana**
g) **Pennsylvania**
h) **New York**
i) **Massachusetts**
j) **Texas**
k) **Washington**

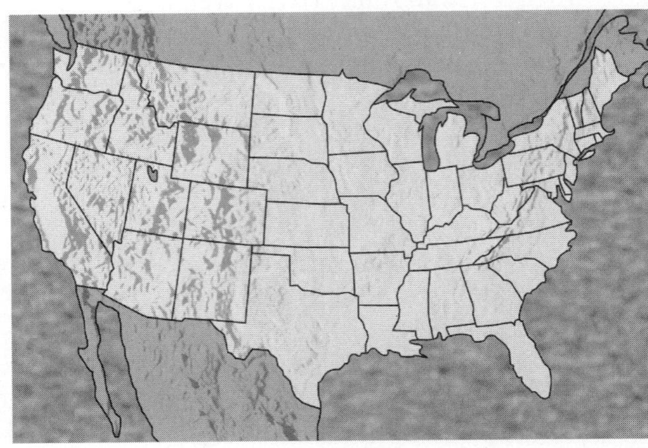

b) Fill in the cities and states. You don't need all of them.

 ISBN 3-12-547223-7

At the Lazy G

Put the dialogue in the right order.
Schneidet die einzelnen Zeilen aus und mischt sie. Bringt den Dialog jetzt wieder in die richtige Reihenfolge.

Martha: Hi, Sally! Great to see you. Did you have a good flight?

Sally: Hi, Aunt Martha! Oh, yeah, sure. Uncle Ed didn't have to wait at all. And how's it going here?

Martha: Oh, fine. – Well, actually no. Chuck rang a few minutes ago. There's a problem with a calf out on Silvertop. Ed, let's take the pickup and go right now.

Ed: Yeah, sure – but what about Sally?

Sally: Don't worry about me, Uncle Ed. I'll be fine. I'll take all my things up to my room.

Martha: That's right. Somebody should be here in case our guests need anything.

Sally: No problem. I'll look after everything.

Some time later

Guest: *(rings bell)* Hello! Anybody there? Huh, you can shout until you're blue in the face and nobody around here even notices! *(sees Sally)* Ah! My name's Holden – er, from Boston. I'm looking for Mr Gooch. Can't find him anywhere.

Sally: I'm afraid he isn't here, Mr Holden. Anything I can do for you?

Guest: Yes, there is. I want to complain about the horse I had this afternoon. Any horse would be better.

Sally: Oh, really? What was the problem?

Guest: He was too damn slow. With an animal like that I'd need some spurs!

Sally: But we don't allow any spurs here, Mr Holden. Which horse was it?

Guest: Which one? Oh, I don't know – a brown horse. Quite small.

Sally: Rusty? Oh, but he's a good horse. Anybody can ride him – if they treat him right. Well, maybe we can find a better horse for you.

Guest: OK, but there's something else. My room!

Sally: Your room? What's the problem?

Guest: Well, the view isn't exactly what I booked, the bed's hard and there are these damn flies everywhere. And your western evening for 30 dollars extra was nothing special! If it doesn't get any better ...

Sally: Ah! Sounds like my uncle and aunt outside. Excuse me –

 ISBN 3-12-547223-7

The Some-and-Any brothers

It's a very dark night and the Some-and-Any brothers have broken into a house. It's so dark that we can't see some of the words in the dialogue.

a) Fill in the missing words:

some – any – something – anything – someone – anyone – somewhere

Some: Hey! Can you see?

Any: No, I can't. I can't see ____________ . Man, it's really dark in here. Where are the torches[1]?

Some: What do you mean, where are the torches. Haven't you got them?

Any: No, I thought you had them. I guess we've forgotten them. Can't we turn on the lights?

Some: Of course not! Don't be silly. ____________ could see us. Come on, let's go upstairs. Maybe we can find ____________ money there.

Any: Ouch! Oh, God!

Some: What's wrong?

Any: There's ____________ on the floor and I almost fell over.

Some: What is it?

Any: How should I know. You know I can't see ____________ . Oh, it's some skates. Stupid people!

Some: Can't you do ____________ right? Now, be quiet and come on!

Any: Don't tell me to be quiet. I almost fell over. You're such a bully. But remember, ____________ you can do I can do better.

Some: OK. OK. I don't want ____________ arguments[2]. Here's a cupboard. I'm sure we can find ____________ money in it. Let's open the doors. Shhhh! Quiet, stupid! Do you want all the neighbours to hear us?

Any: Don't call me stupid! And I don't think ____________ can hear us.

Some: Now that's what I call luck! I've found a money box.

Any: Great! Can I help you?

Some: Sure. You can be very quiet, so I can try to open it.

Any: ____________ else I can do?

Some: Yes. Go to the window and listen. Tell me if ____________ is coming.

Any: Wait! What's that noise? I can hear ____________ outside.

Some: A dog is barking ____________ . Can you hear ____________ else?

Any: No, I don't think so, but I can hear better if I open the window.

Some: No, stop! Don't do that!

UUUUUUIIIIIIIII – UUUUUUIIIIIIIII – UUUUUUIIIIIIIII

Any: I haven't got a clue! I can't see ____________ .

[1] *Taschenlampe* [2] *Streit*

b) Do you think they escaped or did the police catch them? Write your own ending. Then read the dialogue with a partner and if you like, play it for the class.

 ISBN 3-12-547223-7

Mr Holden

a) Are these sentences about Mr Holden true or false?

	True	False
1. Mr Holden is from Texas.		
2. Mr Holden has never ridden a horse before.		
3. Mr Holden's room has got no view at all.		
4. Mr Holden has got e-mail.		
5. Mr Holden complains a lot.		
6. Mr Holden likes square dance.		
7. Mr Holden plays the fiddle.		
8. Mr Holden's health is not very good.		
9. Mr Holden works at a Boston hotel.		
10. Mr Holden is good at understanding different accents.		
11. Mr Holden likes Sally.		
12. Mr Holden does not want to go on vacation again.		
13. Mr Holden is a difficult person.		
14. Mr Holden is right to complain about everything.		

b) Give reasons for your answers.

 ISBN 3-12-547223-7

⟨Spoken and written language⟩

a) Decide what is typical for spoken language and for written language.

1. usually only simple words and phrases
2. at least some difficult words and phrases
3. usually only simple grammar
4. at least some difficult grammar
5. usually no links between sentences
6. different links between sentences
7. usually no links with 'and'
8. usually short sentences
9. usually long and whole sentences
10. sometimes only parts of sentences

Spoken	Written

b) Does Mr Holden say that or write that?

1. Although I keep trying to relax, it's hard because there's so much to complain about here.
2. He was too damn slow. With an animal like that I'd need some spurs!
3. The bed's hard and there are these damn flies everywhere. And your western evening was nothing special.
4. First of all they gave me a room without the good view they promised.

 ISBN 3-12-547223-7

PB 15 Rusty's story (Part I)

PB 16 PB 17 **a)** Look for positive and negative words and phrases in the text. Mark them with different colours and make lists. Say which parts of the text are more positive and which ones are more negative. Explain why.

I was born on a plain up in the Rocky Mountains of Montana. It was a good life in those days. I ran free with all the other wild mustangs all day and at night we slept under the stars. I didn't see much of my father, but my mother looked after me while I was still small.

Then one day some men came and made a lot of noise. We were frightened, and off we ran, down a hill and through a narrow canyon. But at the end of the canyon we suddenly saw a big fence. Too late – it was a trap! We tried to escape, but the men frightened us so much that we didn't know where we were going. They pushed about thirty of us onto a truck. Many of us were hurt, but the men didn't worry about the ones who could no longer walk. They just drove off and left them there to die. That was the last time I saw my parents or my home.

There wasn't much room for us in the truck. It was dark and narrow, the road was bumpy and we were all scared. It was a terrible journey, but in the end, hours later, we stopped somewhere. It was the beginning of a long time of fear and pain.

For some months I stayed on a ranch in Colorado where a man called Bronco Bill trained horses and riders. He wore a big cowboy hat and fancy boots. He knew how to deal with horses – at least that's what he thought. "You have to show 'em who's boss," he said. "You have to break 'em." I'll never forget the things he did to me. He tied me to a post and started to hit my back and my legs with a heavy sack.

■ I was terrified. I kicked and jumped around, but I couldn't move much and I couldn't run away. Then he hit me again and again. Sometimes he tied a rope around one of my legs and pulled it up, so I had to stand on three legs for hours. After that he stood behind me and hit me again or made loud noises to frighten me. We were fighting over who was going to be boss. He called it 'training'.

The only thing I learned was that I hated Bronco Bill. I hated him so much that I tried to get rid of him. When he put a saddle on me and tried to ride me, I threw him off. When he came near me, I kicked him. Once I broke his led and he had to go to the hospital. When he came back, he used his whip on me even more and didn't give me any food until I gave up. I did what he wanted because I was frightened of him. But I didn't let anyone else ride me, so he soon decided to sell me.

One day he brought a young woman to my corral. Her name was Cheryl and she seemed to like me. Together she and Bill pushed me into her truck, and I never saw him again. Although I was happy to leave Bill, at first I didn't let Cheryl ride me. I didn't know her, so how could I trust her? All the people I ever knew always tried to hurt me.

It took time, but she didn't give up. She showed me who was boss and let me know what she wanted, but she never hit me. I started to feel safe with her because I understood that here at last was someone who wanted me to feel good. When I realized that, with her, work was actually fun, I decided to do my best for her.

 ISBN 3-12-547223-7

Rusty's story (Part II)

■ Cheryl was a rodeo rider, and we practiced hard for her special event, the barrel race. My first rodeo was terrible! In a barrel race there are three colored barrels, and you have to go around them as fast as you can. But I was too excited. When it was my turn, I didn't watch out and hit two of the barrels. Now, if you knock a barrel over, there's a time penalty, so we came last that time. But I got better at it, and soon we were winning races. We made a lot of money, and the crowds really loved us. Cheryl and I were both happy!

I guess I was lucky, really. Some rodeo events are quite dangerous, and I heard of lots of horses that got hurt. But you didn't hear what happened to them after that. You just never saw them again. But I was never hurt in a barrel race. It was easy for me at first because I was young, strong and fast. But then I started to get nervous because I was getting older and slower. And then I started to lose races. In the end it became clear that Cheryl needed a younger horse. Finally the sad day came when she sold me to someone else.

The man who bought me was called Ed Gooch. I hated leaving Cheryl, but actually Ed and his wife are good people and I'm still with them today. I quite enjoy life on their ranch. When I have a good rider and we go on cattle drives, it's great. And when I have someone from the city who doesn't know anything about riding, it isn't so great. But I'm happy most of the time. Nobody has hit me since I left Bill, I don't have to work so hard any more, and I have learned to live with all kinds of people in different places. Here on the ranch I live and work together with some friends, and we never feel alone or scared any longer. Our ranch is in the Rocky Mountains of Montana, so you could say that I've come home at last.

 ISBN 3-12-547223-7

A visitor on Lazy G

Imagine you're visiting Lazy G.
Do this questionnaire[1], then work out your points and find out what kind of tourist you are.

1. You're staying at a guest ranch in Colorado. The people there ask what kind of breakfast you want. What's your answer?

a) You say you don't want any breakfast.
b) You explain what you usually have for breakfast at home and say you'd like that.
c) You say you'd like to have a typical American breakfast.

2. You're on a sightseeing tour on horseback, but you can't understand the guide very well. What do you say?

a) "I'd like to change to another tour with a German-speaking guide."
b) "I'm sorry, but my English isn't very good. Could you please speak a bit more slowly?"
c) You don't say anything. You'll look up the information later in your guide book.

3. You're in a restaurant and you tell the waiter "I become a pizza, please". He laughs and laughs. What do you do?

a) Your face becomes very red – you feel so silly about what you said.
b) You correct yourself quickly. But you feel angry. The waiter shouldn't laugh – he should just bring your pizza.
c) You laugh, too – because it is a funny thing to say.

4. You're on your way to the rodeo, but you get lost. What do you do?

a) You find someone who looks like a cowboy and you explain the situation.
b) You go into a snack bar[2] and ask to use the phone. Then you call the guest ranch.
c) You go on walking and hope you'll find it before the rodeo is over.

5. There are a lot of people at the rodeo when you finally get there, and someone stands on your foot. The person says "Sorry". What do you do?

a) You say "That's OK", but your face shows that you aren't very happy with the person.
b) You say "That's OK" and use the situation to talk to the person.
c) You feel angry and try to move away from the person.

6. You're in Yellowstone Park and there's a Halloween party at the visitors' centre. The costumes and music are great, and people are dancing. What do you do?

a) You watch the people from the back of the room.
b) You start to dance, too.
c) You find the best place to stand so that you can take photos of everything.

Points				How many points did you get?
1.	a) 1	b) 3	c) 2	**15–18 points:** You aren't worried about new places or difficult situations. You know what you want and how to get it. But maybe you can try to be a bit friendlier sometimes – and more 'open' to other people and customs.
2.	a) 3	b) 2	c) 1	
3.	a) 1	b) 3	c) 2	**10–14 points:** You're interested in other people and how they live, and you're always ready to take part. So you have a good time, you learn a lot – and you also give a good feeling about people from your country.
4.	a) 2	b) 3	c) 1	
5.	a) 3	b) 2	c) 1	**0–9 points:** You're nice, and you want to be friendly – but you sometimes feel a bit shy[3]. You shouldn't worry so much about doing something wrong. Just talk to people, and they'll try to help you. Then you'll have more fun when you travel.
6.	a) 1	b) 2	c) 3	

[1]*Fragebogen* [2]*Schnellimbiss* [3]*schüchtern*

 ISBN 3-12-547223-7

New Braunfels

Put in the missing words.

Have you heard of a __________ (1) called New Braunfels? With a __________ (2) like Braunfels, you probably think __________ (3) a city in Germany. Well, __________ (4) will be surprised to hear __________ (5) it isn't! New Braunfels is __________ (6) old city in the middle __________ (7) Texas hill country, in the __________ (8). But New Braunfels has __________ (9) strong connection[1] to Germany. It __________ (10) started by a group of German immigrants[2] __________ (11) 1845. These German immigrants were __________ (12) for a better life in __________ (13). If you walk around New Braunfels __________ (14), you can see many houses __________ (15) the old German 'fachwerk' style. And when __________ (16) need a break and something to __________ (17), you can stop at one __________ (18) the 'biergartens'. Braunfels is full __________ (19) German history. Every year __________ (20) November there is a 'wurstfest' __________ (21) celebrates the German art __________ (22) sausage making. Germans feel __________ (23) home in New Braunfels. __________ (24) summer New Braunfels is also __________ (25) for its water sports. Two __________ (26) run through the city. The Cormal, __________ (27) is often called the shortest __________ (28) in the world, is where __________ (29) like to swim. The Guadalupe __________ (30), with its white water rapids[3], __________ (31) where people go windsurfing, canoeing, __________ (32) kayaking. New Braunfels has __________ (33) for everyone, old and __________ (34), in summer and winter. It __________ (35) a tourist city full of __________ (36) and action.

[1] *Verbindung* [2] *Einwanderer* [3] *Stromschnellen*

a	America	an	and	at	drink
famous	history	In	in	in	in
is	is	looking	name	of	of
of	of	of	people	place	river
river	rivers	something	that	today	USA
was	which	which	you	you	young

 ISBN 3-12-547223-7

1 Little words are important

Put in the right preposition.

1. I can't take part ____________ the race, my foot hurts too much.
2. Your soup is cold? Complain about it ____________ the waiter.
3. Thank you ____________ the invitation. I'm looking forward ____________ the party.
4. This dress is old and looks terrible. Get rid ____________ it.
5. We want to do group work. Divide ____________ groups of four.
6. That's not right. I disagree ____________ you.
7. I'm frightened ____________ spiders.
8. Oh no, look at that. You have knocked ____________ the milk bottle.

in | over | into | to (2x) | for | with | of (2x)

2 Horse words

Find the right words and put the letters together.

(second letter)

(second letter)

(third letter)

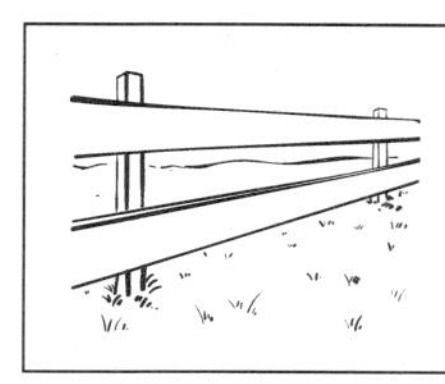
(second letter)

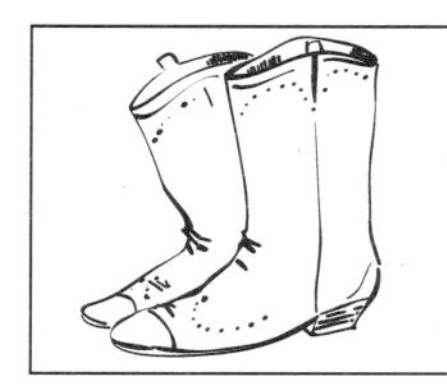
(second letter)

Solution:

3 Crossword

Across
1. 'Fall' is American English – what's the British word for it?
5. Do you take … in any activity at your school?
7. Mr Holden thinks everything is bad, so he … about everything.
9. The horse did not like the sack on its back, so it tried to get … of it.
10. Young cows are called …
11. We were too many people for one car. We had to … into two groups.
14. What's the opposite of 'broad'?

Down
2. It means very frightened.
3. … smiling, don't stop.
4. A lot of people have got a … round their garden. They don't like it when you climb over it.
5. The opposite of 'push' is …?
6. Thanks for the invitation. I'm looking … to your party.
8. This sack is hard to carry because it's too …
12. The British say holidays – what do the Americans say?
13. I know you won't do anything bad to me, I … you.

 ISBN 3-12-547223-7

1 Contexts

What are the right words?

1. A ______________ gives you information about a person's life.
2. At an art ______________ you can see lots of pictures.
3. If stars write their names on a photo for their fans, they give them an ______________ .
4. There are a lot of slate ______________ in the Lake District.
5. If you work hard at your aims, you'll probably have ______________ .
6. If there's bad weather, flights are often ______________ .
7. You can hurt a horse if you wear ______________ on your boots.

2 Word building

Can you make new words?

1. horseback ______________
2. cattle ______________
3. square ______________
4. boarding ______________
5. elementary ______________
6. finger ______________
7. ear ______________
8. over ______________
9. home ______________
10. back ______________

3 Rhymes

Make six lists. Add one word to each list.

catch | light | folder | screen | bow | round | sight | shoulder | sound | scene | ago | match

______	______	______	______	______	______
______	______	______	______	______	______
→ ______	→ ______	→ ______	→ ______	→ ______	→ ______

4 In English, please

1. Ich fühle mich schrecklich und alles tut mir weh. ______________
2. Welche Musik magst du am liebsten? ______________
3. Möchtest du nicht reinkommen? ______________
4. Was machen wir jetzt bloß? ______________
5. Worüber beschwert er sich denn noch? ______________
6. Du musst deinem Hund zeigen, wer der Chef ist. ______________

 ISBN 3-12-547223-7

Heroes and heroines

Find the new words and write them down in German.
Wenn du nicht sicher bist, schau im Dictionary (Seite 178 ff.) nach.

1. She has got a <u>cruel</u> stepmother and two cruel stepsisters. But a bird helps her to go to a ball where a prince falls in love with her. When she suddenly has to leave the ball she loses one of her shoes. The prince uses this to find her again. — grausam
2. They are best friends who live in a Mississippi River town and experience adventures together in the 1840s. They are mischievous boys, and often get into difficult situations. However, they have good hearts, so in the end they always try to do the right thing.
3. Although he is a hero in dark Gotham City, nobody knows his true identity. He and his young friend Robin work in disguise to fight the terrible crime in the city. Their greatest enemy is the Joker who thinks crime is funny.
4. She is a modern heroine, very strong and athletic. She comes from an old English family and she lives alone in a huge house. She is not often at home, however, because her love for archaeology and for dangerous adventures takes her all over the world.
5. She was born in 1595, the daughter of a Native American chief. Although she only had a short life, she helped her people and the English colonists to learn to live together. She married a colonist and visited England with him. She died there at the age of only 21.
6. His parents are dead and now he is a student at Hogwarts School where he learns magic. Ron Weasley and Hermione Granger are his special friends there, and he also enjoys playing the wizard sport quidditch. He helps to save the world from the evil Lord Voldemort.

 ISBN 3-12-547223-7

1 Signs[1]

You often see signs in different places.
Choose from the words on the right and write signs for these places.
Wenn du nicht sicher bist, schau im Dictionary (Seite 178 ff.) nach.

drive | ring the bell | write addresses | smile | practice | talk

+

loud | quiet | nice | correct | regular | slow

1. In a library — Please talk quietly!
2. In a road near a school — ______
3. At a post office — ______
4. In a photo shop — ______
5. In a guitar teacher's room — ______
6. On an old castle door — ______

[1] *Schilder*

2 The same information in two different ways

Change the adjectives and nouns to verbs and adverbs.

1. She's a terrible singer. She sings terribly.
2. He's a brilliant actor. He ______
3. She's a good teacher. ______
4. They're clever players. ______
5. She's a fast driver. ______
6. They're careful riders. ______

3 Walks

Complete this text with adjectives or adverbs. Choose your own words.

My dog always barks ______ when I say the word 'walk'. He thinks walks are ______ . He's usually a very ______ dog, but he sometimes runs after cats. And because he runs so ______ it isn't ______ to catch him. When that happens, I shout ______ at him. Then he comes back ______ and looks at me ______ with his big brown eyes. My dog knows very ______ how to make me ______ with him again!

 ISBN 3-12-547223-7

A questionnaire[1]

a) Read the questionnaire and put a tick (✔) next to your answers.
Then find a partner and ask him or her the questions. Put a cross (✘) next to his or her answers.

	✔	✘
1. How **well** can you sing?		
a) Terribly. People usually run away when I sing.	❑	❑
b) Badly, so I only sing in the bath.	❑	❑
c) I like singing, but I don't sing very well.	❑	❑
d) I'm quite good at singing.	❑	❑
2. How **tidily** do you write?		
a) Nobody can read what I write.	❑	❑
b) My writing is OK.	❑	❑
c) I write tidily.	❑	❑
d) I write beautifully.	❑	❑
3. How **well** can you spell English?		
a) I make too many mistakes[2].	❑	❑
b) I make more mistakes than I should.	❑	❑
c) I don't make many mistakes.	❑	❑
d) I never make any mistakes.	❑	❑
4. How **fast** can you run?		
a) I run slowly – I hate running.	❑	❑
b) I run fast if I have to.	❑	❑
c) I can run very fast.	❑	❑
d) I run so fast that you can't even see me.	❑	❑
5. How **carefully** do you check your homework?		
a) I never check it.	❑	❑
b) I check it very quickly.	❑	❑
c) I usually check it carefully.	❑	❑
d) I always check it very carefully.	❑	❑
6. How **well** can you act?		
a) I'm not even allowed in the Drama group!	❑	❑
b) Not very well, but they haven't thrown me out yet.	❑	❑
c) I can act well. I really like the stage.	❑	❑
d) Very well. I always get the biggest part.	❑	❑
7. How **well** can you play table tennis?		
a) I can't play table tennis.	❑	❑
b) Not very well – I feel silly when I play.	❑	❑
c) I don't play badly. Nobody laughs at me.	❑	❑
d) I'm the greatest table tennis player.	❑	❑
8. How **beautifully** can you draw?		
a) I hate drawing!	❑	❑
b) Badly, my people look like vegetables.	❑	❑
c) I can draw well, but not beautifully.	❑	❑
d) I'm the best in my art class.	❑	❑
9. How **fast** can you swim?		
a) I can't swim.	❑	❑
b) I can't swim very well.	❑	❑
c) I can swim well, but not very fast.	❑	❑
d) I'm the fastest swimmer in the school.	❑	❑
10. How **loudly** can you play pop music at home?		
a) I have to play it very quietly. I can't even hear it.	❑	❑
b) My parents go crazy because they think I play it too loudly.	❑	❑
c) The neighbours usually call the police.	❑	❑
d) I can play it as loudly as I like.	❑	❑

[1] *Fragebogen* [2] *Fehler*

b) Now compare your answers with your partner's and then write ten sentences about your questionnaires in your exercise books.

Examples:
1. c (✔) + a (✘) = I can sing better than Lisa.
2. a (✔) + b (✘) = I don't write as tidily as Lisa.
3. c (✔) + c (✘) = I can spell as well as Lisa.

 ISBN 3-12-547223-7

1 A real Harry Potter fan

José is a real Harry Potter fan. Here he talks about his hero and the writer J. K. Rowling. Put in the missing words.

"I simply love Harry Potter. J. K. Rowling is __________ **(good)** writer I know and she worked __________ **(hard)** before her first book was finished. All the characters are __________ **(fantastic)**, even the __________ **(nasty)** ones. Lord Voldemort is __________ **(evil)** of them all, but I also think he's __________ **(interesting)** than some others. Professor Snape seems __________ **(evil)** at first, too, but he isn't, although Harry always feels __________ **(angry)** and __________ **(unhappy)** when he's in one of Snape's lessons. Malfoy is Harry's __________ **(bad)** enemy. He always becomes very __________ **(nasty)** when he meets Harry. And he can talk rubbish really __________ **(good)**. Hermione Granger is __________ **(clever)** pupil I can think of, but she and Ron Weasley – who plays quidditch quite __________ **(bad)** are also Harry's __________ **(good)** friends. Hagrid is __________ **(funny)** teacher I know, much __________ **(funny)** than any muggle teacher. His lessons always seem to be really __________ **(crazy)** at least for many other teachers at Hogwarts. I really don't know which of the stories I like __________ **(good)**. I simply love all Harry Potter books."

2 An e-mail to a friend

Put in the missing words – in English, of course!

fantastisch – fast (2x) – glücklich (2x) – großartig – gut – nahe – schnell – schön – spät – süß (2x) – wild

Deenie, I must tell you about the __________ rock concert. We were a bit __________ , so my mum had to drive __________ . When we got to the concert hall, we had to wait for __________ half an hour. Then we got in. We stood in front, __________ the stage. We could see and hear very __________ . We could __________ touch the singer. He's so __________ ! And of course he sings __________ . My friend threw a teddy bear onto the stage. The singer picked it up and smiled __________ . Then he kissed[1] it and threw it back. Everyone screamed __________ . I caught the teddy and gave it to my friend. She was so __________ . After the concert, we stood __________ outside in the rain until my mum came to take us home. It was a __________ concert.

[1] *küssen*

 ISBN 3-12-547223-7

A crossword puzzle

The clues in this crossword puzzle are words that you know well from exercises or activities.

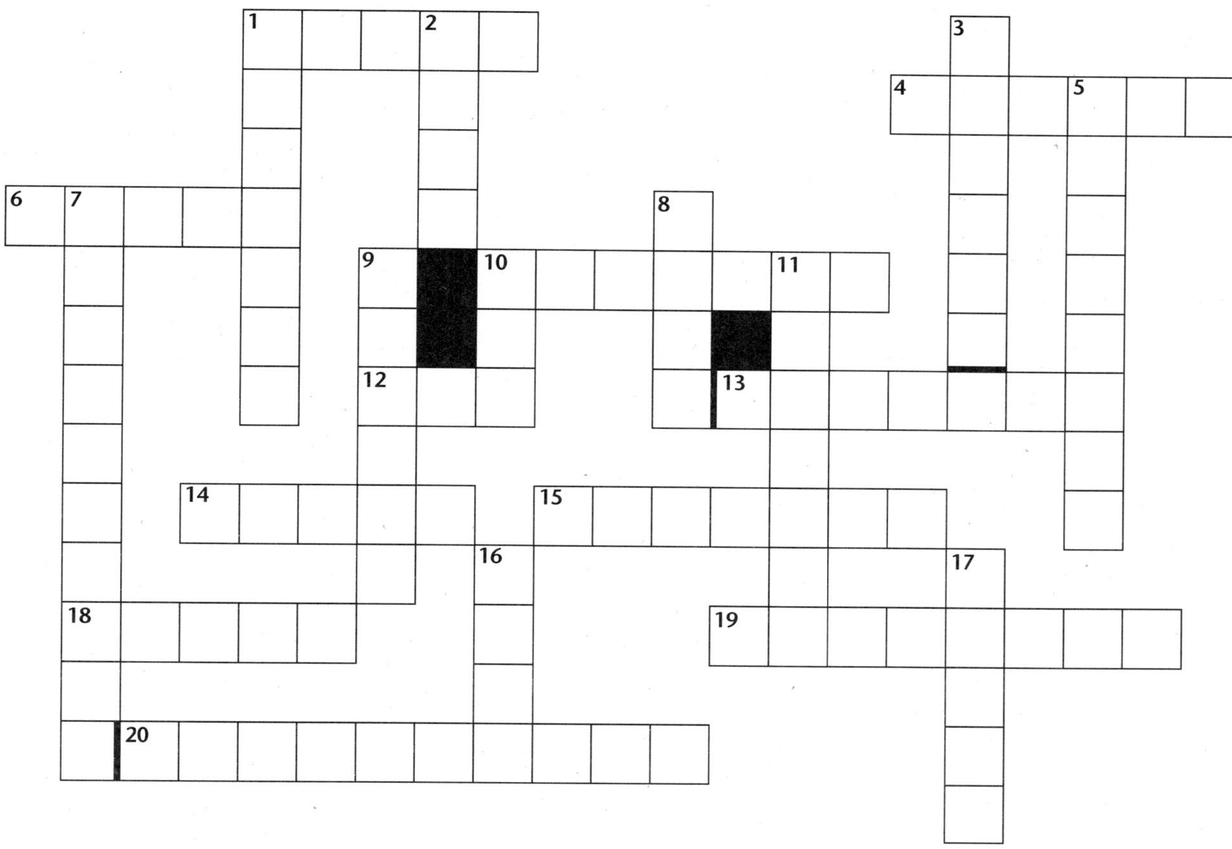

Across

1. … the right parts of the sentence. *(zuordnen)*
4. Put a ❍ round the words. *(Kreis)*
6. If you don't know a word, try to … it. *(erraten)*
10. These sentences are wrong. … them. *(korrigieren)*
12. The second part of 10. down.
13. … you won a thousand pounds – what would you buy? *(sich vorstellen)*
14. Put a tick (✔) for a correct answer and a … (✘) for a wrong answer. *(Kreuz)*
15. … how to use a German telephone in English. *(erklären)*
18. Listen carefully and make … *(Notizen)*
19. Think of a day in school and … it to a British e-mail partner. *(beschreiben)*
20. There are new words in this story. Try to … them. *(verstehen)*

Down

1. Fill in the … words. *(fehlend)*
2. A … helps you to find the correct word in a crossword puzzle. *(Hinweis)*
3. … this exercise before you do the next one. *(beenden)*
5. Some parts of this text are missing. Can you … it, please? *(vervollständigen)*
7. Write down the … words. *(unterstrichen)*
8. … a picture of your favourite room. *(zeichnen)*
9. Here are four ideas. … one and write about it. *(auswählen)*
10. And 12. across. … … the words on the next page. *(ausschneiden)*
11. Here are two pictures: What is different? … them. *(vergleichen)*
16. Here are twelve words. … them into groups. *(sortieren)*
17. … your story in your exercise book. *(schreiben)*

 ISBN 3-12-547223-7

Kim Ferrara's family – jobs and hobbies

Put in the missing words.

Hi! I'm Kim Ferrara from Birmingham. __________ (1) Birmingham, England. We live in Birmingham, __________ (2). Our neighborhood is OK – nothing special, __________ (3) it's a good place to live. __________ (4) family is small: there's Mom, my brother Clive __________ (5) me – and ET. She's our dog. __________ (6) house is very small but we __________ (7) a big backyard, and I often __________ (8) basketball with Clive when the weather __________ (9) good. My Mom works in a __________ (10) in the city. She really enjoys __________ (11) job. My job is to feed __________ (12) and take her for walks. This __________ (13) usually an easy job. I only __________ (14) problems when ET sees a cat __________ (15) she always has to chase it. __________ (16) think chasing cats is one of __________ (17) favorite hobbies. Another of her __________ (18) is looking in garbage cans[1]. We always __________ (19) when she's been in a garbage can __________ (20) she smells terrible. And of __________ (21) then it's my job to give her __________ (22) bath! What does my brother Clive do? __________ (23), he does a newspaper route every __________ (24), so he always has more money __________ (25) me. He helps Mom a lot with __________ (26) cooking[2], too. Mom hates cooking. She thinks __________ (27) such hard work, but cooking __________ (28) one of Clive's hobbies. "Real fun," __________ (29) always says. Clive and Mom do __________ (30) shopping on Saturdays, too. This means __________ (31) can play games on Clive's computer __________ (32) they're away. I love computer games, __________ (33) Clive usually gets there first. I __________ (34) you also want to know what __________ (35) job is. Well, she's our first __________ (36) . OK, OK, ET! I'm coming.

[1]*Mülleimer* [2]*Kochen*

✂ ....

a	**Alabama**	**and**	**bank**	**because**	**because**	**but**	**but**	**course**
ET	**ET's**	**ET's**	**guess**	**have**	**have**	**he**	**her**	**hobbies**
I	**I**	**is**	**is**	**is**	**it's**	**know**	**lady**	**morning**
My	**Not**	**Our**	**play**	**than**	**the**	**the**	**Well**	**when**

 ISBN 3-12-547223-7

1 Contexts

What are the right words?

1. Tom Sawyer and Huckleberry Finn are the two ______________ in Mark Twain's famous books.
2. They are two ______________ boys who love to play tricks on other people.
3. Cinderella has two evil ______________ and a cruel ______________ .
4. In the end, the ______________ , the king's son, marries her.
5. Pocahontas is the daughter of an Indian ______________ .
6. She wanted her people and the English ______________ to live together.
7. Batman, whose true ______________ is not known, fights the terrible ______________ in the city.

2 Definitions

Explain these words in English.

1. scar ______________
2. to behave badly ______________
____
3. to change one's mind ______________
4. animator ______________

3 American English, British English and German

American English	British English	German
1. ______________	1. flat	1. ______________
2. ______________	2. ______________	2. Taxi
3. ______________	3. ______________	3. Farbe
4. vacation	4. ______________	4. ______________
5. principal	5. ______________	5. ______________

4 Adverbs

Complete the sentences with adverbs.

1. José really looks like Batman. He has made his costume ______________.
2. Donna loves dancing. Look, she dances ______________.
3. This is Bruce's favourite song. Argh, he sings really ______________.
4. We are going to have an English test next week. We have to work very ______________.
5. Robert will win the running competition because he runs really ______________.

 ISBN 3-12-547223-7

1 Opposites

1. to arrive ____________________
2. before ____________________
3. beginning ____________________
4. interesting ____________________
5. everywhere ____________________
6. to laugh ____________________

2 Word families

1. annoyed annoying
2. bored ____________________
3. colour ____________________
4. competitor ____________________
5. bike ____________________
6. dark ____________________
7. hunger ____________________
8. to invite ____________________

3 Irregular verbs

Put these sentences in the simple past and in the present perfect.

1. I become ill.
2. Robert often eats too much.
3. Batman fights the terrible crime in the city.
4. Sally takes your pen.
5. Bruce wears a wonderful costume.
6. The singer staggers and falls over.

4 In English, please

1. Tut mir Leid, dass ich mich verspätet habe. ____________________
2. Ich habe meine Hausaufgaben vergessen. ____________________
3. Könnten Sie das bitte an die Tafel schreiben? ____________________
4. Könntest du das bitte wiederholen? ____________________
5. Ich verstehe das nicht. ____________________

 ISBN 3-12-547223-7

Customs and traditions

Find the new words and write them down in German.
Wenn du nicht sicher bist, schau im Dictionary (Seite 178 ff.) nach.

1. In our family Mexican traditions are still important. So in my dad's mariachi band we play Mexican music on typical instruments, and we wear the traditional costume, the charro. I really like it when we play and people enjoy our music. But I only wear the charro at concerts, and I think it's stupid that in Mexico girls aren't allowed to play in mariachi bands. We celebrate Christmas almost like people in Mexico. We go to church and pray a lot, and there's a party for the children with a piñata. — mexikanisch
2. My name is Danish, but I don't know much about Denmark. That's where my great-great-grandparents came from. I think we live like most of the other people here. But I remember one thing: on my grandparents' 50th wedding anniversary, there was a big celebration. Together with their friends we woke them up in the morning and sang Danish songs. We had a big party with Danish cakes, and the room was decorated with flowers.
3. Well, everybody can see that I'm from an Asian family. But I have never been to China, and I can speak Chinese a little bit, but I can't read or write it. My parents have a Chinese restaurant, and I love Chinese food. We keep up some Chinese traditions like the New Year celebrations with the special food and decorations and the beautiful lantern festival the Chinese community in Denver organizes. My parents read the news about China on the Internet every day.
4. My family came from Hungary, but that was a very long time ago. I don't know much about Hungarian traditions. Some years we've had a Hungarian Christmas dinner, but Mom and Dad often try out recipes from all over the world because they like cooking. I know that at Easter people in Hungary paint eggs beautifully by hand, but I think they do that in other countries, too.
5. We Native Americans or Indians lived here before everyone else, but we weren't strong enough to keep up our traditions. We weren't allowed to practice our culture for a long time, but now many of us have started to think of our traditions again. We think it's a pity if you forget where you came from. There are Native American events all over the US, and one of the biggest is the Crow Fair in Montana. It's a great summer festival for all people, not only for Native Americans. There are powwows at which people do traditional dances, and there are parades and rodeo events. My family goes there every year.

 ISBN 3-12-547223-7

Lösungen zu den Kopiervorlagen

Unit 1

Kopiervorlage 1: Paul Driver's timetable

b) A: *Where is Paul from? Scotland;* **B:** *What does Paul play? Piano. What's his favourite subject? Art.*

Kopiervorlage 2: A profile

a) ***Profile:*** *Name: Carina Maier/Age: 12 and a half/Birthday: 12th March/Nationality: German/Address: Schlossallee 1, Munich/Hobbies: Reading, drawing, tennis and table tennis/Likes: The colour blue/Dislikes: –/Favourite band: Blue/Favourite subjects: PE, English/Brothers and sisters: Two brothers, one 16, the other 9/Pets: Dog*

Kopiervorlage 4: Drama at the drama club

1 / 9 / 10 / 8 / 2 / 4 / 15 / 3 / 7 / 12 / 13 / 16 / 11 / 14 / 5 / 6

Hinweis: Der vollständige Text befindet sich auf Seite 13 im Schülerbuch.

Kopiervorlage 5: Simple past or past progressive?

a) *1. were playing, started*
2. came, was sleeping
3. arrived, were waiting
4. looked, wasn't sleeping, was reading
5. were going, tried
6. didn't want, was taking
7. did anyone phone, was playing
8. were you doing, looked

b) *1. was listening, arrived*
2. got, was talking
3. met, were looking
4. saw, was buying
5. was sitting, found
6. met, was eating

Kopiervorlage 6: Who was doing what when …?

Left: *7 / 2 / 5 / 1*
Right: *8 / 3 / 4 / 6*

Kopiervorlage 7: Word power 1

1 What are the subjects?
1. Geography, 2. Art, 3. History, 4. Health, 5. Technology, 6. Science

2 What can you say when …
1. Hi there, how are you?
2. Did you have a good holiday?
3. Tell me about it!
4. It was terrible!
5. You can say that again!
6. Bless you!
7. Can I use your mobile, please!
8. Well, actually I prefer sports!
9. I see!

3 In English, please
1. You poor thing!
2. Hey, you can't do that!
3. He's a big show-off.
4. What's the weather like?
5. We were really lucky!
6. Carina is only joking.

Kopiervorlage 8: Word power 2

1 What can you do with a ball and a bat?
1. waved
2. held, threw, served
3. return, missed
4. threw, served
5. returned, hit, didn't get
6. threw

2 The magic 'R'
1. frightened
2. corpse
3. horror
4. lantern
5. trick
6. scary
7. prayer
8. monster
9. bright
10. turnip
11. treat
12. calendar
13. spider
14. charity
15. darkness
16. werewolf
17. celebrate
18. stranger

Focus 1

Kopiervorlage 10: An e-mail

1. get, 2. that, 3. your, 4. on, 5. about, 6. the, 7. come, 8. what, 9. party, 10. That, 11. like, 12. terrible, 13. as, 14. trousers, 15. My, 16. red, 17. of, 18. down, 19. great, 20. laughed, 21. and, 22. told, 23. darkness, 24. we, 25. But, 26. end, 27. came, 28. as, 29. screamed, 30. a, 31. don't, 32. tell, 33. interested, 34. Lots

Unit 2

Kopiervorlage 15: Grammar plus

1 What is …?

Lösungsvorschlag: *1. A Norman is somebody who came from France to England in the Middle Ages.*
2. An activity centre is a place where young people can do different activities.
3. A bully is somebody (who) other people are scared of.
4. A mask is something (that/which) you can wear if you want to go in disguise.
5. A newspaper is something (that/which) you read to get information.
6. A teacher is a person who works at a school and who corrects tests.
7. Pocket money is the money (that/which) children get from their parents every week or month.
8. A shop assistant is a person in a shop who helps you with your shopping.

2 A holiday in Nottingham

1. It's the fun park which is near Emma Adams' bed and breakfast.
2. They're the family who stayed at Emma's last week.
3. He's the child who liked the stories about Robin Hood best.
4. It's the Italian restaurant which Anna loved.
5. She's the child who loved the bookshops.
6. It's the book which has stories about the world's most famous outlaws.

Kopiervorlage 18: One day at the Robin Hood Centre

1. past, 2. Lane, 3. Marian, 4. The, 5. Tales, 6. eleven, 7. were, 8. door, 9. countries, 10. Hood, 11. were, 12. is, 13. half, 14. at, 15. Those, 16. the, 17. into, 18. us, 19. the, 20. We, 21. at, 22. Forest, 23. about, 24. wasn't, 25. much, 26. new, 27. That, 28. on, 29. into, 30. friends, 31. songs, 32. we, 33. arrow, 34. money, 35. to, 36. a, 37. street, 38. of, 39. Sheriff's, 40. the, 41. some, 42. Do, 43. We, 44. because, 45. woman, 46. like

Kopiervorlage 19: Word power 1

1 Contexts

1. owned, 2. mouse trap, 3. hunt, 4. exhibition, 5. add, 6. Middle Ages, 7. a bow, an arrow, 8. bull's-eye, 9. clues

2 Make new words

2. difference, 3. ride, 4. winner, 5. friendly, 6. marked, 7. competitor, 8. owner, 9. context, 10. actor

3 Make sentences with these words

Lösungsvorschlag: *1. The outlaws invented some exciting things to scare the Sheriff of Nottingham.*
2. When there's a concert by the Underdogs, lots of people come. There's a huge crowd.
3. David Beckham is a famous football player.
4. The Statue of Liberty is a famous sight in New York City.
5. You can watch some of Robin Hood's adventures at the Tales of Robin Hood.

4 Numbers

1. two thousand and five, 2. one thousand nine hundred and thirty-one, 3. one thousand eight hundred, 4. one thousand five hundred and sixty-six, 5. one thousand seven hundred and eighty-two

Kopiervorlage 20: Word power 2

1 Opposites

1. slow, 2. worst, 3. difficult, 4. adult, 5. to buy, 6. beginning, 7. quiet, 8. clever, 9. enemy, 10. interesting, 11. sad (unhappy), 12. weak, 13. behind, 14. friendly (nice)

2 Find the odd word out

1. peasant, 2. enough, 3. to hunt, 4. bread

3 In English, please

1. My best friend has got very nice hair.
2. No news is good news.

3. Are you joking?
4. I'm always as hungry as a horse after school.
5. The children were in disguise.
6. The crowd cheered when the competitors went to the platform.

4 Sounds
1. prayer, 2. interactive, 3. chance, 4. oak, 5. serve, 6. stranger, 7. treat, 8. silver, 9. corpse, 10. bird

Unit 3

Kopiervorlage 22: Rapunzel

a) *1. – F, 2. – D, 3. – B, 4. – G, 5. – E, 6. – A, 7. – H, 8. – C*

b) *F: **I'll help you!***
*D: **I'm going to look for** a ladder.*
*B: **I'll never get** out of here!*
*G: **I'll phone** the fire brigade! **We won't have** telephones …*
*E: What **are you going to do?***
*A: **I'm going to climb up** your hair …*
*H: **It won't hurt** you. **I'll get** my wig.*
*C: **Will you come** to my castle with me?*

Kopiervorlage 23: Multiple choice

1. 60th, 2. Kim and Lewis, 3. nasty, 4. likes, 5. Robert, 6. Friday, 7. Newcastle, 8. Arsenal London, 9. mum, 10. "I don't want to miss the Arsenal match."

Kopiervorlage 24: Domino / Memory

b) *People: tennis player, song writer, painter, swimmer, farmer, drummer;*
Others: September, number, summer, prayer, clever, silver

Kopiervorlage 25: True or false?

1. Mr Cooper took Robert's French class and gave them an extra long test.
2. Lewis Hooper is a big fan of Nuclear Puppy and he knows all the words to their songs.
3. There was bad news on Wednesday evening: Robert's mum couldn't get tickets for the match.
4. At seven o'clock on Friday evening the children were sitting in Lewis's car on their way to the concert.
5. At the beginning Kim, Lewis, Sarah and Robert were standing far to the left in front of some huge speakers.
6. Lewis: "You get the best sound if you stand next to the mixing desk."
7. Suddenly the singer was staggering about and fell over when the guitarist went over to him.
8. In ending A Lewis went onto the stage and was the band's new singer.
9. In ending A the manager said: "So please welcome … Louie Super!"
10. In ending B Sarah and Robert met the band backstage and got autographs and a CD each.
11. In ending B Nottingham Forest beat Arsenal 2–1.

Kopiervorlage 27: Wet weather

a) *1. on, 2. and, 3. But, 4. and, 5. sunny, 6. will, 7. over, 8. for, 9. rain, 10. but, 11. Next, 12. warmer, 13. hot, 14. will, 15. colder, 16. its, 17. morning, 18. Britain, 19. the*

b) *1. Are, 2. new, 3. of, 4. too, 5. you, 6. No, 7. them, 8. the, 9. this, 10. take, 11. with, 12. for, 13. mornings, 14. walks, 15. But, 16. morning, 17. an, 18. we, 19. idea, 20. beach, 21. Sunday, 22. see*

Kopiervorlage 28: Word power 1

1 Contexts
1. ruined, 2. leader, 3. hit, 4. seemed, 5. introduce, 6. although

2 Find the odd word out
1. hit, 2. techno, 3. caller, 4. win

3 Make sentences with these words
Lösungsvorschlag: *1. U2's new song sounds really good.*
2. Atomic Kitten's most favourite song is called 'Whole again'.
3. I'd only like to have a piece of cake, not the whole cake.
4. I don't understand your plan. Please give me some details.
5. First she was a bit annoyed, but then she got really angry.

6. Although we went there very early, we didn't get a ticket for the game.
7. I was really disappointed because I couldn't get a ticket for the concert.

4 Find words
Lösungsvorschlag: *1 letter: I, a*
2 letters: in, is, am, an, me
3 letters: man, men, lie, see, sea, die, and, sad, mad
4 letters: mean, sees, seas, dies, sand, land, game, lane, side, said, need, time, lied, seem, seat, late, name, mile, main, lead, sell, seal, mend, gate
more letters: gentle, ladies, gentlemen, lands, games, lanes, sides, means, slide, needs, seems, seats, seemed, names, miles, leads, mends, gates, smile, smiles, small, smell, smells

Kopiervorlage 29: Word power 2

1 Wordsnake
backstage/autograph/speaker/manager/guitarist/introduction/prediction/intention

2 Opposites
1. to leave, 2. highest, 3. to go on, 4. to buy, 5. darkness, 6. adult, 7. to throw, 8. to drop, 9. to lose, 10. past

3 In English, please
1. It'll probably rain soon.
2. I even have an autograph of Lauryn Hill.
3. I'm not very keen on techno.
4. My favourite band is Atomic Kitten.
5. I like seeing/watching the stars on MTV.
6. Although it will be very close, Arsenal will probably win.

4 Sounds
paragraph/amazed/somewhere/annoyed/general/prediction/rubbish/stagger/autograph/realistic

Unit 4

Kopiervorlage 32: Chaos at the Leinerts'

a) *1. ready, 2. have overslept, 3. bathroom, 4. hasn't finished, 5. has forgotten, 6. mustn't, 7. late, 8. have just had, 9. making, 10. is tidying, 11. has dropped, 12. floor, 13. haven't left, 14. is sure, 15. haven't thought, 16. remembers*

Kopiervorlage 33: At the Prestons'

Hinweis: Der Dialog befindet sich auf Seite 52 im Schülerbuch.

Kopiervorlage 35: Tom's story

4/8/1/6/5/3/9/7/2
Hinweis: Der vollständige Hörtext befindet sich auf Seite 103 hier im Lehrerbuch.

Kopiervorlage 37: Find the ghosts

*1. travel agen**t**, 2. va**l**ley, 3. slipp**e**ry, 4. bl**a**nket, 5. weath**e**r forecast, 6. **m**ost, 7. ex**p**ensive, 8. ne**a**rly, 9. **h**ospital, 10. **s**ince, 11. kno**c**k, 12. spri**n**g // t – l – e – a – e – m – p – a – h – s – c – n* = Taschenlampe

Kopiervorlage 38: Kevin and Judy

1. you, 2. about, 3. here's, 4. very, 5. of, 6. hotels, 7. the, 8. nice, 9. That, 10. a, 11. are, 12. not, 13. the, 14. first, 15. arrived, 16. with, 17. been, 18. not, 19. there, 20. boats, 21. pounds, 22. a, 23. the, 24. very, 25. row, 26. the, 27. on, 28. back, 29. swimming, 30. We, 31. But, 32. boat, 33. some, 34. and, 35. we, 36. of, 37. must, 38. of, 39. can, 40. OK, 41. go, 42. don't, 43. room

Kopiervorlage 39: Word power 1

1 Contexts
1. slide, 2. mine, 3. booked, 4. foggy, 5. best, 6. knock, 7. work

2 Find the odd word out
1. feeling, 2. pint, 3. to thank, 4. slippery, 5. hour,
6. to chase, 7. scrapbook, 8. to shave

3 Complete the lists

to meet – met – met
to read – read – read
to have – had – had
to hear – heard – heard
to leave – left – left
to get – got – got
to win – won – won
to find – found – found
to teach – taught – taught
to ride – rode – ridden
to go – went – gone
to do – did – done
to write – wrote – written
to see – saw – seen
to give – gave – given
to be – was / were – been
to hide – hid – hidden
to put – put – put

Kopiervorlage 40: Word power 2

1 Little words are important

1. about, 2. on, 3. since, 4. with, 5. into, 6. at, 7. for, 8. between

2 Word fields

a) *1. soup, ham, meat, rice, salad*
2. to return, to stagger, to push, to chase, to escape
3. waiter, dish, menu, course, starter
4. fought, taught, brought, thought, caught
5. fog, rain, cloud, storm, sun

b) *1. pasta, potato, steak*
2. to ride, to fetch, to travel
3. dessert, takeaway, drink
4. bought
5. sunshine, foggy

3 Opposites

1. valley, 2. fire, 3. husband, 4. upstairs, 5. worst, 6. short, 7. difficult, 8. to sell

Unit 5

Kopiervorlage 43: Extras

1 What will happen if …

2. If Tina and Sally organize a bazaar, they'll need old clothes to sell.
3. If José and the others plant some trees outside the school, it won't look so boring at the front.
4. If Tina, Bruce and José don't have a good idea, Sally won't help them.
5. If Sally and her group pick up trash, they'll need a lot of bags.
6. If Joanne does more for school, she'll get better grades.
7. If you want to do something for your community, you can help someone in your neighborhood.

2 Make A Difference Day

1. weren't able to,
2. doesn't have to, needn't, have to
3. weren't allowed to, May
4. couldn't, had to, were allowed to
5. wasn't allowed to, had to

Kopiervorlage 45: A trip to Hampton Mini Zoo

Lösungsvorschlag: *1. Last week Kathy and her brother Benny went to Hampton Mini Zoo by bike. They weren't allowed to bring their bikes into the zoo, so they had to leave them outside. They had to pay 50p each for a ticket, but they didn't have to pay anything for the zoo guide.*
2. At the hamster park they were allowed to touch the hamsters, but they weren't allowed to pick them up. They were able to buy hamster food for 10p a bag, so that they could feed the hamsters.
3. They were also able to go pony riding, but they weren't allowed to feed the ponies.
4. Later Benny was very thirsty, but he wasn't able to buy a drink because the drink machine was broken. Kathy found a place where they were able to buy ice creams.
5. When they got to the snake house, they had to eat their ice creams outside because they weren't allowed to go in with them. They weren't allowed to touch the snakes, but they didn't want to anyway.
6. At 3 pm they were able to watch the zoo workers when they were feeding the foxes and at 4 pm they fed the wolves. They weren't allowed to sit on the walls while they watched. They weren't able to watch the workers when they were feeding the monkeys because that was at 3 pm, too, and they were watching the foxes at that time.

Kopiervorlage 46 / 46a: Donna's diary

Lösungsvorschlag: *1. Tina, assignment, nasty*
2. Bruce, jerk, drama club
3. José, Joanne, school play
4. tennis, Bruce, jealous
5. Joanne, mad, review
6. annoyed, nasty, earring
7. review, success, mean
8. José, review, nasty
9. Winey, layout, printer
10. office, truth, shiny

Kopiervorlage 47: All in a day's work!

1. here, 2. That's, 3. better, 4. please, 5. here, 6. It, 7. If, 8. be, 9. the, 10. going, 11. football, 12. there, 13. will, 14. to, 15. Students, 16. to, 17. at, 18. everybody, 19. looking, 20. in, 21. is, 22. be, 23. also, 24. costumes, 25. He, 26. are, 27. on, 28. this, 29. your, 30. some, 31. week, 32. and, 33. teachers', 34. there, 35. concert, 36. afternoon, 37. morning

Kopiervorlage 48: Word power 1

1 Contexts

1. elementary, 2. diagram, 3. reviews, 4. overweight, 5. experience, 6. raise/teach, 7. bored, 8. grades, 9. yearbook, 10. deal

2 Find the odd word out

1. biscuit, 2. needn't, 3. husky, 4. neighborhood

3 Word building

1. background, 2. classroom, 3. yearbook, 4. homepage, 5. neighborhood, 6. lunchroom, 7. sunshine, 8. earring, 9. fingertip, 10. middle school

4 Definitions

Lösungsvorschlag: *1. The work you must do for school at home is your assignment.*
2. Your schedule shows the subjects you have at school.
3. A school subject that deals with people and animals.
4. Students have their lunch in that room.
5. When you have finished school and you want to learn more, you can go to a college.

Kopiervorlage 49: Word power 2

1 In English, please

1. When you wake up on the wrong side of your bed, you'll be nasty to your friends the whole day.
2. Will you be able to tell me what happened to the review if you look at the diagram?
3. "Sally's hanging around with a group of mad/crazy jerks," said her jealous friend.
4. The students were unhappy with Mr Weinberger's assignments. "He's a real mean guy," said Tina.
5. Although Mrs Gerlernter has rolls and jam for breakfast every morning, she's not overweight.
6. "Good jokes make me laugh, but your jokes are annoying or at least boring."

2 What's this in American English

1. candy, 2. schedule, 3. principal, 4. program, 5. trash, 6. assignment, 7. cookie, 8. neighbor, 9. soccer, 10. fries, 11. chips, 12. downtown, 13. apartment, 14. grade

3 How to describe people or things

1. crazy, 2. mad, 3. shiny, 4. mean, 5. old/loud, 6. young, 7. unhappy, 8. boring, 9. thin, 10. overweight, 11. wonderful, 12. broad, 13. expensive, 14. afraid, 15. delicious, 16. disappointed, 17. annoyed, 18. clever, 19. famous, 20. popular, 21. hollow, 22. useful, 23. interesting, 24. lovely

Focus 3

Kopiervorlage 50: The United States of America

a) *1. – i), 2. – c), 3. – k), 4. – b), 5. – e), 6. – j), 7. – d), 8. – f), 9. – h), 10. – a), 11. – g), 12. – a), 13. – a), 14. – k)*

b) *Houston / Denver / Illinois / Detroit / Seattle / San Diego / Louisiana / Texas / Colorado / Boston / New York / Dallas / New Orleans / San Francisco / Massachusetts / Miami / Philadelphia / California / Washington / Chicago / Los Angeles*

Unit 6

Kopiervorlage 51: At the Lazy G

Hinweis: Der Dialog befindet sich auf Seite 74 im Schülerbuch.

Kopiervorlage 52: The Some-and-Any brothers

anything / Someone / some / something / anything / anything / anything / any / some / anyone / Anything / anyone / something / somewhere / anything / anything

Kopiervorlage 53: Mr Holden

a) *1. false, 2. false, 3. false, 4. true, 5. true, 6. false, 7. false, 8. true, 9. false, 10. false, 11. false, 12. false, 13. true, 14. false*

Kopiervorlage 54: ⟨Spoken and written language⟩

a) *1. spoken, 2. written, 3. spoken, 4. written, 5. spoken, 6. written, 7. spoken, 8. spoken, 9. written, 10. spoken*

b) *Mr Holden said the sentences 2. and 3. Mr Holden wrote the sentences 1. and 4.*

Kopiervorlage 57: New Braunfels

1. place, 2. name, 3. of, 4. you, 5. that, 6. an, 7. of, 8. USA, 9. a, 10. was, 11. in, 12. looking, 13. America, 14. today, 15. in, 16. you, 17. drink, 18. of, 19. of, 20. in, 21. which, 22. of, 23. at, 24. In, 25. famous, 26. rivers, 27. which, 28. river, 29. people, 30. river, 31. is, 32. and, 33. something, 34. young, 35. is, 36. history

Kopiervorlage 58: Word power 1

1 Little words are important
1. in, 2. to, 3. for, to, 4. of, 5. into, 6. with, 7. of, 8. over

2 Horse words
1. bronco, 2. rope, 3. saddle, 4. fence, 5. boots // Solution: rodeo

3 Crossword
Across: *1. autumn, 5. part, 7. complains, 9. rid, 10. calves, 11. divide, 14. narrow*
Down: *2. terrified, 3. Keep, 4. fence, 5. pull, 6. forward, 8. heavy, 12. vacation, 13. trust*

Kopiervorlage 59: Word power 2

1 Contexts
1. profile, 2. exhibition, 3. autograph, 4. mines, 5. success, 6. delayed, 7. spurs

2 Word building
1. horseback riding, 2. cattle drive, 3. square dance, 4. boarding pass, 5. elementary school, 6. fingertip, 7. earring, 8. overweight, 9. homepage, 10. background

3 Rhymes
1. catch, match; fetch
2. folder, shoulder; colder
3. screen, scene; mean
4. light, sight; bright
5. bow, ago; arrow
6. round, sound; found

4 In English, please
1. I feel terrible and everything hurts.
2. What kind of music do you prefer?
3. Wouldn't you like to come in?
4. What are we going to do now?
5. What else is he complaining about?
6. You must show your dog who is boss.

Unit 7

Kopiervorlage 61: Grammar plus

1 Signs
2. Please drive slowly.
3. Please write addresses correctly.
4. Please smile nicely.
5. Please practice regularly.
6. Please ring the bell loudly.

2 The same information in two different ways
2. He acts brilliantly.
3. She teaches well.
4. They play cleverly.
5. She drives fast.
6. They ride carefully.

3 Walks
Lösungsvorschlag: *1. loudly / happily / exitedly, 2. nice / interesting / great, 3. friendly / nice / good, 4. fast / quickly, 5. easy / possible, 6. loudly / angrily, 7. quickly, 8. quietly / nervously, 9. well, 10. happy*

Kopiervorlage 63: Extras

1 A real Harry Potter fan
the best / hard / fantastic / nasty / the most evil / more interesting / evil / angry / unhappy / worst / nasty / well / the cleverest / badly / best / the funniest / funnier / crazy / best

2 An e-mail to a friend
fantastic (great) / late / fast / almost / near / well / almost / sweet / beautifully / sweetly / wildly / happy / happily / great (fantastic)

Kopiervorlage 64: A crossword puzzle

Across: *1. match, 4. circle, 6. guess, 10. Correct, 12. out, 13. Imagine, 14. cross, 15. Explain, 18. notes, 19. describe, 20. understand*

Down: *1. missing, 2. clue, 3. Finish, 5. complete, 7. underlined, 8. Draw, 9. Choose, 10. Cut out, 11. Compare, 16. Sort, 17. Write*

Kopiervorlage 65: Kim Ferrara's family – jobs and hobbies

1. Not, 2. Alabama, 3. but, 4. My, 5. and, 6. Our, 7. have, 8. play, 9. is, 10. bank, 11. her, 12. ET, 13. is, 14. have, 15. because, 16. I, 17. ET's, 18. hobbies, 19. know, 20. because, 21. course, 22. a, 23. Well, 24. morning, 25. than, 26. the, 27. it's, 28. is, 29. he, 30. the, 31. I, 32. when, 33. but, 34. guess, 35. ET's, 36. lady

Kopiervorlage 66: Word power 1

1 Contexts
1. heroes, 2. mischievous, 3. stepsisters, stepmother, 4. prince, 5. chief, 6. colonists, 7. identity, crime

2 Definitions
Lösungsvorschlag: *1. Harry Potter has a scar on his face because Lord Voldemort hurt him badly.*
2. If you behave badly at a party, e.g. you drink too much or you shout too loudly, nobody will invite you again.
3. At first I didn't like English very much, but I've changed my mind and now I love it.
4. An animator is a person who designs characters for a cartoon company.

3 American English, British English and German
1. apartment, flat, Wohnung
2. cab, taxi, Taxi
3. color, colour, Farbe
4. vacation, holiday, Ferien / Urlaub
5. principal, headmaster, Schulleiter(in)

4 Adverbs
1. cleverly / well, 2. beautifully / well, 3. badly, 4. hard, 5. fast

Kopiervorlage 67: Word power 2

1 Opposites
1. to leave, 2. after, 3. end(ing), 4. boring, 5. nowhere, 6. to cry

2 Word families
2. boring, 3. coloured, 4. competition, 5. biking, 6. darkness, 7. hungry, 8. invitation

3 Irregular verbs
1. I became ill. / I have become ill.
2. Robert often ate too much. / Robert has often eaten too much.
3. Batman fought the terrible crime in the city. / Batman has fought the terrible crime in the city.
4. Sally took your pen. / Sally has taken your pen.
5. Bruce wore a wonderful costume. / Bruce has worn a wonderful costume.
6. The singer staggered and fell over. / The singer has staggered and fallen over.

4 In English, please
1. Sorry, I'm late.
2. I've forgotten my homework.
3. Could you write that on the board, please?
4. Could you repeat that, please?
5. I don't understand this.

Dictionary

In dieser alphabetischen Wortliste ist das gesamte Vokabular von **Learning English – Green Line New Bayern** 1 und 2 enthalten. Namen werden in gesonderten Listen nach dem Vokabular aufgeführt.

Die mit * gekennzeichneten Verben sind unregelmäßig. Die Wörter, deren Fundstellen in Spitzklammern stehen, sind fakultativ. Manche Wörter kommen zunächst fakultativ vor, z. B. in *Extra Line* oder in authentischen Texten, bevor sie obligatorisch eingeführt werden. Dann werden die Fundstellen kumuliert.

Die deutsche Übersetzung erscheint, wenn es zur Bedeutungsdifferenzierung notwendig ist. Die Angaben nach den Einträgen verweisen auf das erstmalige Vorkommen der Wörter mit dem jeweiligen Status – obligatorisch oder fakultativ, z. B.
across II U1LaB 13 = Band II, Unit 1, Language B, S. 13
anything ⟨**I ELE** 120⟩; **II U6LaA** 74 = fakultativ in Band I, Extra Line E, S. 120; obligatorisch in Band II, Unit 6, Language A, S. 74
artist ⟨**II ELE** 105⟩ = fakultativ in Band II, Extra Line E, S. 105
to **open I LS6** 19, 5 = Band I, Let's start 6, S. 19, Übung 5
tall I F1 25, 4 = Band I, Focus 1, S. 25, Übung 4

Abkürzungen:
LS = Let's start, **F1** = Focus 1, **EL** = Extra Line, **R1** = Revision 1
In = Intro, **LaA** = Language A, **LaB** = Language B, **T** = Text, **LC** = Let's check

A

a(n) I LS2 10
a bit **I U7T** 106
a few **II U3T** 41
a hundred **I F2** 48, 2
a long way ⟨**I ELA** 114, 1⟩
a lot of **I U5LaB** 78
an hour and a half ⟨**II ELD** 103⟩
a pair of **I F2** 49, 6
a week **II U2In** 21, 2
ability ⟨**II U5LaB** 64, 1⟩
able II U5LaB 64
to be able to (do sth) **II U5LaB** 64
Aboriginal I F4 99
about *ungefähr; circa; etwa* **II U5LaB** 64
about *über; wegen* **I LS2** 10, 2
above I U7T 106
accent II U6LaB 76
accident II U4T 54
acre ⟨**II U6In** 72⟩
acrobat II U5In 61
across II U1LaB 13
to **act something out I U4LaB** 67, 6
action I U5T 82, 4
activity II U1LaA 10
activity centre **II U1LaA** 10
actor II U1LaA 10
actually I U7LaB 104
to **add** ⟨**I ELE** 120⟩; **II U2T** 30, 7
address II U1In 9, 3
adjective II U2LaA 22, 2
adult II F1 19, 3
adventure II U2In 20, 2
adverb II U7LaA 87, 2
adverb of manner **II U7LaA** 87, 2
*to be **afraid** (of) **II U3LaA** 37, 5
African I F4 99
Afrikaans ⟨**I F4** 99⟩
after I U3In 50
afternoon I U1T 32
again I LS4 15, 6
again and again **I U5T** 81
against II U1T 15
age II U1In 9, 3
Middle Ages **II U2In** 21, 2
agent II U4LaB 53, 6
travel agent's **II U4LaB** 53, 6
ago I U6LaB 90
to **agree** (on) **II U1LaA** 12, 8
to agree (with) **II U1LaA** 12, 8
aim II U5In 60
air I U4T 68
airport I U2In 38, 2
algebra ⟨**II U5T** 68, 7⟩
*to be **alive I U5T** 80
all *alle(s); ganz* **I U2In** 38
all the time **I U2LaB** 42
all *ganz, vollkommen* ⟨**I ELE** 120⟩
all right ⟨**I ELB** 115, 1⟩; ⟨**I ELC** 117, 4⟩; **II U4T** 54
at all **II U5T** 67
most of **all II U3In** 34, 1
allergic II U1LaA 10
to **allow II U5LaB** 64
to be allowed to (do sth) **II U5LaB** 64
almost I U5LaB 78
alone I U1LaB 30
to leave sb alone ⟨**II F1** 18, 2⟩
aloud ⟨**I ELC** 116, 1⟩
alphabet I LS5 17, 6
already I U1LaA 28
also I U7In 100, 2
although II U3LaA 36
always I U1LaB 30
am I U3In 51, 4
amazed II U3T 42
American I U7In 100, 1
Native American **II U7In** 85
and I LS1 9
angry I U3LaB 54
animal I U1LaA 28
animator ⟨**II U7LaB** 88, 2⟩
wedding **anniversary** ⟨**II F4** 94⟩
annoyed II U3T 41
annoying II U3T 41
anorak I F2 49, 6
another I U4LaB 66
answer I LS6 19, 4
to **answer I LS5** 16, 1
anti-smoking ⟨**I ELC** 116, 2⟩
any I U5LaB 78
any more ⟨**I ELC** 116, 1⟩
not any better **II U4T** 54
not any more **II U5T** 66
anybody II U6LaA 74
anyone II U4T 55
anything ⟨**I ELE** 120⟩; **II U1T** 15
anyway II U2LaA 22
anywhere II U6LaA 74
apart from I U7LaB 104
apartment *(AE)* **I U7LaA** 103, 5
appetite II U2LaB 24
apple I U7LaB 104
April I U4In 62, 1
archaeology II U7In 85
archery II U2T 27
argument II U6T 80, 3
arm I LS7 21, 4
around I U4T 68
to hang around **II U5LaA** 62
to **arrive** (at) **I U7T** 108, 3

D

D

D

E

F

Friday I U1LaB 30
fried II F2 47
fried egg II F2 47
friend I LS2 10
friendly II U2LaA 23, 5
fries *pl. (AE)* I U7LaB 104
to **frighten** II U6T 78
*to be **frightened** (of) I U5T 80
frog I U1T 32
from I LS1 8
Where are you from? I LS1 9
Where … from? I LS1 9
front II U5LaA 62
in front of I U2In 38
fruit ⟨I U4In 63, 5⟩; II F2 46
full I U5In 75, 1
fun I U2TA 46, 4; ⟨I ELB 115⟩
funny I LS6 18
future II U1LaA 10, 2

G

game I LS4 15, 5
gang II U1T 15
gangster I U7T 106
garage I U1In 27, 3
garden I U1In 27, 3
gate *Tor, Pforte* I U6T 95, 3; *Gate, Flugsteig, Ausgang* II F3 71, 3
gear II U6In 73
general II U3In 35, 2
gentle II U7T 90
gentleman, *pl.* **gentlemen** II U3T 41
ladies and gentlemen II U3T 41
geography I U7In 101, 2
German I LS5 16
gerund I U7LaB 105, 3
*to **get** *(be)kommen; kriegen* I U1T 32; *werden* II U1T 15
to get into I U1T 32
to get lost I U3T 56
to get married ⟨I ELD 119⟩
to get married II U2LaB 24
to get off (the bus) I U2TA 44
to get on (the bus) I U2TA 44
to get rid of II U6T 78
to get up I U3LaA 52
to get wet I U2LaB 42
ghost II F1 18, 1
giraffe ⟨II ELD 103⟩
girl I LS3 12
*to **give** I U4In 64, 4
to give somebody the bumps I U4In 63, 4
to give up I U5T 81
glass I U1LaB 30, 2
glasses *pl.* I U4T 69
to fit like a **glove** ⟨II ELF 107⟩
gm (= gram) I U4 63, 5
*to **go** I LS2 10
to go (+ adjective) II F1 19, 4
Let's go! I LS2 10
to be going on II U1LaA 10
to be gone II U1T 15
to go down II U7T 90
to go down to ⟨I ELE 121⟩
to go for a walk I U3In 50
to go on I U2TA 45, 2
to go on (+ doing) II U3T 42
to go on a diet ⟨II ELA 100⟩
to go shopping I U2In 38
to go to sleep I U3T 57
to go wrong II U1LaB 13
God II U4T 55
thank God II U4T 55
goggles *(pl. only)* ⟨II ELB 101, 1⟩
gold II U5LaB 64
good I LS5 16
good tidings ⟨I ELA 114, 2⟩
no good II U3T 42
not any better II U4T 54
to be good at I LS5 16
Goodbye! I LS4 15, 8
*to have **(got)** I U1LaA 28
to **grab** I U4T 68
*to say **grace** ⟨II ELE 104⟩
grade *(AE)* ⟨I ELE 120⟩; II U5In 61
grader *(AE)* II U5LaB 65, 4
grammar I U2LaB 42, 2
grandma I F1 24, 1
grandpa I F1 24, 1
great-great-**grandparents** ⟨II F4 94⟩
grasshopper ⟨II U6LC 81, 3⟩
grave ⟨II ELF 106⟩
great *großartig, toll* I LS3 12; *groß* II U1LaA 10
great-great-grandparents ⟨II F4 94⟩
green I LS3 13, 6
to **greet** ⟨I ELE 121⟩
grey I LS3 13, 6
grid II U1LaA 12, 7
group I LS2 10
tutor group I LS2 10
*to **grow** I U7In 101, 2
to grow up II U3LC 45, 7
to **guess** I U4LaA 65, 5
Guess what? ⟨I ELE 120⟩
guest II U4In 48
guitar I U2LaA 40
guitarist II U3T 41
gun I U7T 106
guy II U1LaA 10

H

hair ⟨I ELD 119⟩; II U2LaA 23, 5
half, *pl.* **halves** ⟨I ELE 121⟩
an hour and a half ⟨II ELD 103⟩
half past (two) I U3In 51, 4
hall *Flur, Diele, Korridor* I U1In 27, 3; *Halle, Saal* II U1LaA 10
ham II F2 46
hamburger ⟨I ELB 115, 3⟩
hamster I F2 48, 1
hand I LS6 19, 5
*to **hang** around II U5LaA 62
to hang out (with) II U5T 66
to **happen** I U3LaB 54
happy I U4In 62; ⟨I ELA 114, 2⟩
harbour I U5In 75, 1
hard II U1T 15
hat II U4T 55
to **hate** I U3LaA 52
*to **have** *haben* II U1In 8; *essen; trinken* II F2 47
to have (got) I U1LaA 28
to have a go ⟨II ELE 105⟩
to have a race I U2TA 44
to have dinner I U3In 50
to have on II U4T 54
to have the nerve to do sth ⟨II U5T 66⟩
to have to ⟨I ELE 120⟩
to have to (do sth) II U5LaB 64
hazel ⟨II ELF 106⟩
he I LS2 10
he'll ⟨I ELC 116, 2⟩
head I F3 73, 3
heading I U6T 94, 1
health II U1In 9, 2
*to **hear** I U2LaB 42
hear us rap ⟨I LS5 17, 6⟩
heart I F3 73, 3
hearth ⟨II ELF 106⟩
heaven ⟨II F1 18, 2⟩
heavy II U6T 78
heel ⟨II ELF 107⟩
helicopter I U7LaB 105, 6
hell ⟨II F1 18, 2⟩
Hello! I LS1 8
to say hello I U6LaB 91, 5
help I U5T 81
to **help** I U2LaB 43, 5
help yourself II F2 47
helpless I U5T 80
her I LS2 10
here I LS2 10
Here you are! I U2TA 44
hero, *pl.* **heroes** II U7In 84
heroine II U7In 84
Hey! I LS2 10
Hi! I LS1 9
*to **hide** II U2In 21, 2
high I U7LaB 105, 4
hill I U3LaB 54
him I U2LaB 42
hip-hop II U3In 34
his I LS2 10
history II U1In 9, 2
hit II U3In 35, 2
*to **hit** I U3LaB 54
hobby II U1In 9, 3
*to **hold** II U1T 15
Hold your horses! ⟨II ELE 104⟩
holiday I U6In 86
hollow II U2In 21, 2
home I U1T 32
at home I U3LaA 53, 7
old people's home II U5LaB 64

at least II U3T 42
*to leave II U3T 43, 2
to leave sb alone ⟨II F1 18, 2⟩
*to leave out II U3T 43, 2
left I LS7 21, 4
on somebody's right/left I F1 24, 2
left übrig II U6LaA 75, 3
leg I LS7 21, 4
legend II U2In 20, 2
lentils (pl.) ⟨II ELF 106⟩
less II F3 70, 1
lesson I LS7 20
*to let I LS 8
Let's check! I LSLC 22
Let's go! I LS2 10
Let's start! I LS 8
letter I U2LaB 43, 7
thank you letter I U4In 63, 4
level II U5In 61
library ⟨I ELB 115, 3⟩; II U7In 84, 2
to lie II U7T 90
*to lie I U7T 106
life, pl. lives I U7T 108, 3
light II F1 18, 2
lighthouse I U5T 80
like II U1In 9, 3
to like I LS3 12
Would you like ...? II U1In 8
What's it like? II U1In 8, 2
like (this/that) I LS6 18
line I U1T 33, 2
link II U5In 61, 1
lion ⟨II ELD 103⟩
list I LS4 14, 2
to listen (to) I LS2 11, 5
listening I LS2 11, 6
little I U1T 32
to live I U3LC 59, 3
living room I U1In 27, 4
*to be located II U6In 72
lock I U1LaB 30
long I LS3 12, 2
a long way ⟨I ELA 114, 1⟩
no longer I U7T 106; ⟨I ELD 119⟩
longbow ⟨II U2LaB 24⟩
to look I LS2 10
to look after I U3T 56
to look at I LS6 18
to look for II U1LaA 10
to look forward to II U6LaB 76
to look like I U7T 106
to look out for II U4LaB 52
to look up II U1T 16, 3
lord II U7In 85
*to lose I U2TA 44
to get lost I U3T 56
a lot of I U5LaB 78
lots of I U2In 38
you lot I U7LaA 102
loud I LS6 18
to read out loud ⟨II ELB 101, 1⟩
love I U3LaA 52
to be in love (with) II U3LaB 40, 5
to fall in love (with) II U7In 84
loved ⟨II U5T 68, 7⟩
to love I U3LaA 52
lovely I U4LaA 64
luck I U4In 63, 4
*to be lucky I U7T 107
lunch I U1LaB 30
lunchbox I U1LaB 30
lunchroom (AE) II U5T 66

M

MA II U6In 73
mad II U5T 66
madam I F2 49, 6
magazine I LS4 14
football magazine I LS4 14
magic II U7In 85
maid ⟨II U2LaB 24⟩
to mail II U5T 67
main II F2 46
maize ⟨II ELD 103⟩
*to make I LS2 11, 3
Made in Britain I U2TA 46, 4
Make A Difference Day ⟨II U5In 61⟩
to be made of II F2 47
to make a deal with sb ⟨II F1 18, 2⟩
to make sb do sth II U1LaA 10
to make the most of II U4LaB 52
man, pl. men I U1In 27
to manage to (do sth) ⟨II ELF 107⟩
manager II U3T 41
adverb of manner II U7LaA 87, 2
many I U1T 33, 4
how many I U1T 33, 4
map I U2In 39, 3
mind map I LS5 17, 4
March I U4In 62, 1
mariachi ⟨II U5LaB 64⟩
to mark I U1LC 35, 4
marked II U2LaB 25, 6
market I U2In 38
marmalade II F2 47
*to be married to I F1 24, 2
to get married ⟨I ELD 119⟩; II U2LaB 24
to marry ⟨I ELD 118⟩; II U4LC 57, 2
mask II F1 19, 4
mouse mat I U5LaB 78
match I U3LaA 53, 7
to match I LS6 18, 1
material II U5In 61, 1
Math (AE) II U5T 66
Maths I LS5 16
What's the matter? I U1T 32
May I U4In 62, 1
maybe I LS4 14
me I LS3 13, 6
Me, too. II U1In 9, 2
meal ⟨II ELD 103⟩
*to mean I U4LaB 66
mean II U5T 67
meaning II U1T 16, 3
means, pl. means II F3 71, 4
means of transport (sg. and pl.) II F3 71, 4
meat II F2 47
media pl. I U2LaA 40
*to meet I U3In 51, 4
Nice to meet you. II U1In 9, 2
to mend II U7T 91
to mention ⟨II ELB 101, 3⟩
menu II F2 47, 1
merry ⟨I ELA 114, 2⟩; II U2LaB 24
you're a mess ⟨I ELD 119⟩
mess II U5T 66
message I U7LaB 105, 6
metre I U7T 106
Mexican II F4 94
microphone II U1LaB 13
middle I U3T 57
Middle Ages II U2In 21, 2
middle school II U5In 60
might ⟨II ELB 101, 3⟩
mile I U5T 81
milk I U6In 87
to milk I U6In 87
milkman, pl. milkmen II U4LaB 52
Milky Way II U7T 91
mince pie ⟨I ELA 114, 1⟩
mind II U7LaA 86
mind map I LS5 17, 4
to change one's mind II U7LaA 86
to mind I U7LaB 104
mine II U4In 49
minus I F2 48, 4
minute I U2LaA 40
mischievous II U7In 84
to miss verpassen, nicht teilnehmen ⟨I ELE 121⟩; vermissen; verpassen, verfehlen II U1LaA 10
What's missing? I LS2 11, 4
mission II U5In 60
to mix ⟨I U4In 63, 5⟩
mixed II F2 46
mixed bag I LSLC 23, 9
mixing desk ⟨II U3T 41⟩
ml (= millilitre) I U4 63, 5
mobile I U2LaB 42
modern II U7In 85
Mom (AE) ⟨I ELE 120⟩; II U6LaB 76
moment I U6T 93, 1
Monday I U3In 50
money I U2In 38
pocket money I U2LaA 40
monster I LS1 9
month I U4In 62, 1
moose, pl. moose ⟨II U7T 90⟩; ⟨II ELC 102, 3⟩
more I U4In 63, 4
any more ⟨I ELC 116, 1⟩
not any more II U5T 66
morning I LS7 21, 2
most II U4LaB 52
most of all II U3In 34, 1
*to make the most of II U4LaB 52
mother I F1 24, 1
motorbike ⟨II ELC 102, 3⟩
mountain I U7In 100, 1

Q

R

D

similar ⟨II U7T 91, 2⟩
simple II U6LaB 76
since II U4T 55
*to **sing** I LS3 13, 6
to sing along I LS3 13, 6
singer II U3In 34, 1
sir I F2 49, 6
sister I F1 24, 1
*to **sit** I U2LaB 42
to sit (down) I LS6 19, 5
situation II U3LaB 39, 4
six I LS2 11, 5
sixteen I F2 48, 2
sixteenth I U4In 62, 1
sixth I U4In 62, 1
sixty I F2 48, 2
size I F2 49, 6
skateboard I U1LaA 28
skates *pl.* I LS3 12
skating I U4In 63, 4
skiing I F3 72
skill ⟨II ELE 104⟩
skin I U6T 93, 1
to **skip** ⟨II U6LaB 77, 5⟩
skirt I F2 49, 6
sky I U2TA 45
skyscraper I U7LaA 103, 5
slate II U4In 49
sled II U4In 49
*to go to **sleep** I U3T 57
*to **sleep** I U3T 57
slide rule ⟨II U5T 68, 7⟩
slipper ⟨II ELF 106⟩
slippery II U4T 54
slow I U5T 81
slowly I U7T 107
small I U3LaB 54
smart ⟨I ELE 121⟩
to **smash** ⟨I ELD 118⟩
smell I U6In 86
*to **smell** ⟨I ELD 119⟩; II F1 18, 1
smile I U6T 99, 1
to **smile** I U4T 68
to **smoke** ⟨I ELC 116, 2⟩;
⟨II ELC 102, 2⟩
to **smuggle** II U4LaB 53, 2
smuggler II U4LaB 52
snake I U1LC 35, 4
to **sneer** II U2T 27
to **sneeze** II U1LaA 10
snooker ⟨II U1LaA 10⟩
snow II F3 70, 2
so *so* I LS6 18
so far II U4LaB 52
so *also; deshalb* I U4LaA 64
so (that) I U3T 56
to **soak** ⟨I U4In 63, 5⟩
soap I U5LaB 78
soccer *(AE)* I U7LaB 104
social II U5In 60
society II U5In 60
sock I F2 49, 6
some *einige; etwas* I U3LaA 53, 7
some *etwas davon* ⟨I ELA 114, 2⟩
somebody I F1 24, 2
someone II U1In 9, 3
something I U3LaB 54
sometime II U5LaB 64
sometimes I F1 25, 4
somewhere II U3T 41
son II U4LaB 53, 6
song I LS3 12, 6
soon I U7T 106
sorry I LS7 20
soul ⟨II F1 18, 1⟩
sound I LS2 11, 5
sound practice I LS2 11, 5
to **sound** (like) ⟨I ELE 121⟩
to sound II U3In 34
soundman ⟨II U3T 41⟩
soup II F2 46
south I F3 72, 1
southern II U6In 72
souvenir I U5LaB 78
space I U7In 100, 2
Spanish I F4 98
*to **speak** I F4 98
speaker II U3T 41
special I F2 49, 6
special offer I F2 49, 6
*to **spell** I LS5 17, 6
spelling II U7LaA 87, 2
*to **spend** I U2In 38
spider II F1 19, 4
spine ⟨I F3 73, 3⟩
spirit ⟨II ELA 100⟩
splash I U4T 69
sponge cake ⟨I U4In 63, 5⟩
spoon I U1LaB 30, 2
sport I U7LaB 105, 4
spring II U4LaB 53, 6
spur II U6In 73
square I U2In 38
square dance II U6In 72
squeaking ⟨II U6LaB 76⟩
stable I U6In 87
stage II U1LaA 10
stage door ⟨II U5T 66⟩
to **stagger (about)** II U3T 41
stand ⟨II U3T 41⟩
*to **stand** II U5T 66
to stand (up) I LS6 19, 5
star I LS5 17, 6
pop star I U3LC 59, 3
to **start** I LS 8
Let's start! I LS 8
starter II F2 46
state I U7In 100
statement II U1LaA 12, 8
station I U7LaA 102, 2
statue I U2In 38
status II F3 71, 3
to **stay** *bleiben* I U3LaA 52; *übernachten* II U4In 48
steak II F2 46
*to **steal** II U2LaA 22
steep II U4In 49
steering wheel ⟨II ELC 102, 3⟩
step ⟨II ELF 107⟩
stepmother II U7In 84
stepsister II U7In 84
stereo I U1LaA 28
*to be **stuck** II F1 18, 2
still I U4T 68
stocking ⟨I ELA 114, 1⟩
stone I U3LaB 54
stool ⟨II ELF 107⟩
to **stop** I U2LaB 42
store ⟨I ELC 116, 1⟩
pet store ⟨I ELE 120⟩
storm I U5T 80
story I U1T 33, 4
straight *gerade; direkt* ⟨I ELD 119⟩
straight *gerade; direkt; geradewegs* I U7LaA 102
stranger II F1 19, 3
strawberry II F2 47
street I U2In 39, 3
stress II U2In 21, 2
to **stress** ⟨I ELC 117, 4⟩
stressed ⟨I ELC 116, 1⟩
to **stretch** ⟨I LS7 21, 4⟩
strict ⟨II ELB 101, 2⟩
string ⟨II ELE 104⟩
strong I U5LaA 76
student II U4LaB 52
study time ⟨II ELD 103⟩
stuff II F1 19, 5
stupid I U2TA 44
style II U6LaB 76
subject I U3LaA 52
substitute ⟨II U5LaB 65, 2⟩
success II U5In 60
suddenly I U3LaB 54
sugar ⟨I ELC 116, 1⟩; ⟨II ELD 103⟩
to **suggest** II U7LaB 89, 6
suggestion I U7LaB 105, 4
summary ⟨II U7T 91, 2⟩
summer I U7LaA 102
sun I U2LaB 42
Sunday I U1T 32
sunny I U2TA 44
sunscreen I U5LaA 76
sunshine II U5In 61
super II U3T 42
superlative II U2LaA 22, 2
supermarket I U1In 27, 2
sure I U1LaB 30
surfing I F3 72
surprise I U4T 69, 3
*to be **surprised** I U6In 87
Swahili ⟨II ELD 103⟩
sweatshirt I F2 49, 6
sweets *pl.* I U5LaB 78
sweet I U4In 63, 4
*to **swim** I U5In 75, 1
swimming I U4In 63, 4
swimming pool I U1In 27, 2
syllable ⟨I ELC 116, 1⟩;
⟨II ELB 101, 2⟩
syrup ⟨I U4In 63, 5⟩
system II U5In 61

D

T

Y

Z

Boys' names

Girls' names

Surnames

Place names

Other names

Famous names

Notizen

Notizen